새로 쓰는
주역강의

권력과 부의 조건

새로 쓰는 주역강의

뜻있는도서출판

새로 쓰는
주역강의

차례

일러두기

1. 육십사괘에 대한 괘상을 다루지 않았고 단전과 상전의 내용 또한 제외했다. 다만 본문과 괘의 명칭만을 다루었다.

2. 해설문에서 한자의 음을 표시할 때는 기본적으로 두음법칙을 따랐다. 다만 원래 음을 밝혀주는 것이 좋을 경우에는 두음법칙을 따르지 않았다.

3. 한문 본문을 해설문에 인용할 경우, 경우에 따라 해설문 끝의 괄호 안에 한문 본문을 두었다.

난해한 〈주역〉 쉽게 읽기

망설임 속에서도 〈주역강의〉를 쓴 배경   易

　객관적인 조건으로만 따져 보면 필자는 〈주역〉의 해설서를 쓸 만한 사람이 전혀 아니다. 필자는 〈주역〉 철학을 연구한 학자도 아니거니와, 누구에게서 체계적으로 〈주역〉을 배운 적도 없는 사람이다. 〈주역〉을 읽기는 했지만 동양철학에 대한 학문적인 밑바탕도 없었고 체계도 없었다.

　그래서 책을 쓰면서 내가 책을 써도 괜찮은 것인지 수없이 망설였다. 하지만 필자는 역학자(易學者)로서 〈주역〉을 읽고 또 읽은 경험을 가지고 있다. 지난 50년의 세월 동안, 흔히 하는 말로 '점쟁이'로 살아오면서 사람들에게 점(占)을 쳐주었다. 그리고 점을 좀더 잘 치기 위해 〈주역〉의 말에 의지하려고 했다. 〈주역〉이야말로 최고의 점술서(占術書)라는 말을 들었고 이 말을 믿어 의심치 않았기 때문이다.

천 번 쓰고 만 번 읽는 '천필만독(千筆萬讀)'을 거듭했다

　처음 〈주역〉을 접했을 때 〈주역〉은 이해할 수 없는 종이 묶음과도 같았다. 한마디로 "검은 것은 글자요, 흰 것은 종이"일 뿐이었던 것이다. 〈주역〉 본문

자체도 이해하기 힘들었지만 이것을 쉽게 풀어 놓았다는 해설서 또한 난해하기는 매일반이었다. 한 페이지만 읽어도 머리가 지끈거리고 눈앞이 캄캄해졌다. 하지만 점쟁이라는 직업을 가지고 있었으므로 〈주역〉 읽기는 생계를 꾸려가기 위해 더없이 절실한 일이었다. 필자는 한 글자 한 글자 〈주역〉의 뜻을 새기기 위해 골몰했다. 밤낮을 가리지 않고 읽고 또 읽은 〈주역〉은 책장이 헤어져 여러 번 새로 구해야 했다. 읽기만 한 것이 아니었다. '천필만독 (千筆萬讀)'이라 했으니 말 그대로 "천 번 쓰고 만 번 읽으면" 아무리 어려운 내용도 풀리지 않겠는가, 하는 생각을 했다. 그리고 실제로 문장을 베껴 쓰기 시작했다. 진즉에 천 번 쓰기는 마쳤을 것이나 지금도 틈만 나면 베껴 쓰기를 멈추지 않고 있다.

이와 같은 공부를 통해 나름의 독법(讀法)을 터득했고, 나름의 지혜를 얻을 수 있었다. 그리고 이 과정에서 〈주역〉이 단순한 점술서가 아니라는, 참으로 역설적인 이해를 얻었다. 이로써 그때까지 오리무중이기만 하던 〈주역〉의 구절들이 생생하게 살아 숨 쉬는 생명의 말들로 읽히는 감동을 받기도 했다. 필자가 수없는 망설임 속에서도 책을 쓴 이유는 바로 이것이다. 필자는 그동안 느꼈던 감동을 독자들과 나누고 싶었다.

〈주역〉이라는 책이 그토록 난해한 까닭　　　難

〈주역〉은 문장은 간단하지만 이해하기 어려운, 난해한 책의 대명사와도 같다. 〈주역〉은 내용 전개 방식에서 비약과 생략, 역설과 반전(反轉)이 어지럽게 난무한다. 똑같은 글자나 동일한 어구가 경우에 따라서는 서로 반대되는 의미로 사용되기까지 한다. 꼭 필요한 중간 설명이나 결론이 뭉텅이로 **빠**져 있는가 하면 각 괘(卦)의 명칭과 본문 내용이 일관성 없이 나열되어 있기도 하다. 한문 어법을 아무리 적용해도 그 의미를 정확하게 이해할 수 없는 경우도 수두룩하다.

이런 이유로 보통 사람들이 한두 번의 도전으로 〈주역〉을 끝까지 읽고 이해한다는 것은 불가능에 가까운 일이다. 하지만 필자는 〈주역〉의 난해함은 불필요하게 가중되어 온 측면이 없지 않고, 그런 만큼 어느 정도 이 난해함을 줄일 수 있는 방법도 있다고 생각한다.

〈주역〉을 점을 치기 위한 점술서로만 읽어 왔다

사람들은 아주 오래전부터 〈주역〉을 통해 앞날을 점쳐 본 후 자신이 나아갈 길, 살아갈 방향을 결정하고자 했다. 산가지가 들어 있는 산통(算筒)을 흔들어 운세를 뽑고 이 운세에 해당하는 〈주역〉의 괘를 선택해 이를 삶의 지침으로 삼고자 했던 것이다.

그래서 사람들에게 점을 쳐주는 역학자(易學者)들은 싫든 좋든 〈주역〉을 공부하지 않을 수 없었다. 필자 역시 이런 측면에서 〈주역〉을 읽기 시작했고, 어떻게 하면 좀더 정확하게 사람들의 운명을 예측할 수 있는가 하는 방법론을 알기 위해 〈주역〉 공부에 매달렸다. 그러나 50년에 이르는 경험에 따르면 〈주역〉은 점술서로서 적당한 책이 아니다. 〈주역〉에서 자신의 운명이나 오늘의 운세를 직접적으로 알고자 하는 것은, 화투짝을 떼어 보며 일진(日辰)을 보는 일과 별반 다르지 않다. 재미는 있을지 몰라도 의미는 찾기 어렵고, 뭔가 맞아떨어진다고 느낄지는 몰라도 정확성은 기대할 수 없는 것이다.

〈주역〉은 개개인의 길흉화복을 보여주는 책이라기에는 무리가 많다. 그런데 무리하게 〈주역〉의 내용을 점의 운세에 연결하다 보니, 음양오행(陰陽五行), 팔괘(八卦) 등과 관련한 복잡한 숫자와 도해가 등장한다. 이로써 〈주역〉은 원래의 내용보다 어려운 난수표와도 같은 책이 되고 마는 것이다. 운명이나 운세를 이야기한다면 차라리 다른 점술서를 공부해야 한다. 실제로도 이미 많은 역술인들이 〈주역〉을 활용해 점을 치지 않는다.

유가(儒家)의 경전으로만 〈주역〉을 읽어 왔다

〈주역〉은 유가 사상을 대표하는 사서삼경(四書三經)의 하나였다. 중국은 물론 우리나라에서도 〈주역〉은 학자들의 필독서였다. 관리의 등용문인 과거 시험에서까지 이 〈주역〉에 대한 시험을 치러야 했다. 유가 사상이 이처럼 〈주역〉을 중요시한 덕분에 〈주역〉은 동양 고전을 대표하는 첫 번째 책이라는 명성을 얻었다. 만약 〈주역〉이 단순한 점술서로만 여겨지고 점술의 비기(祕記)로만 전해져 왔다면 이러한 명성은 얼토당토않은 일이었을 것이다.

그렇지만 필자는 〈주역〉을 유가의 경전으로만 이해하는 태도에도 몇 가지 문제점이 있다고 생각한다. 유가의 경전이 되어서는 안되는 이유가 있다기보다는, 유가 사상의 일반적인 관점이나 태도와는 사뭇 다른 부분들이 너무나 많기 때문이다. 예를 들면 〈주역〉은 돈과 권력에 대해 놀라울 정도로 현실적인 태도를 가지고 있다. 심지어 도덕성이 결여된 돈과 권력에 대해서까지 그 영향력과 가치를 부정하지 않는다. 이는 유가 사상이 군자의 덕성을 앞세운다는 점을 생각해 보면 쉽게 받아들이기 어려운 부분이다. 물론 이러한 현실적 지침이나 처세의 기술까지를 유가 사상의 맥락에서 이해한다고 해서 비난받을 이유는 전혀 없다. 이런 측면에서라면 유가 사상에 대한 인식의 틀을 지금보다는 좀더 확대해야 할 부분도 없지 않을 것이다.

〈주역〉은 또한 곳곳에서 도가(道家) 사상의 주장이라고 보는 것이 더 좋을, 유가 사상과 반대되는 내용까지 포함하고 있다. 인위(人爲)의 의도를 부정하는 대신 무위자연(無爲自然)의 순진무구함을 강조하는 것이다. 〈주역〉은 곧 유가적 경세(經世) 원리와 함께 도가적 이상을 동시에 긍정한다.

〈주역〉은 유가 사상이나 도가 사상 등이 그 이론적인 기반을 닦기 이전에 만들어지고 읽혔던 책이다. 그러므로 이를 유가 사상의 경전으로만 이해하고자 하는 접근은 〈주역〉을 좀더 어렵게 만든다는 것이 필자의 생각이다.

〈주역〉보다 어려운 해설서들이 난이도를 좀더 높였다

〈주역〉은 기본적으로 그 표현이 비유적이고 상징적이어서 이해하기가 쉽지 않다. 그런데 이를 이해하기 쉽도록 해설한 해설서들이 〈주역〉의 원래 본문보다 어려운 경우가 적지 않다. 〈주역〉에 관한 책을 한 권이라도 구해서 읽어 본 이들이라면 주역 해설서가 얼마나 혼란스러운지 경험해 보았을 것이다.

〈주역〉을 해설한 이들은 이처럼 자신들의 책이 난해한 것은 〈주역〉이 너무나 심오한 사상을 담고 있기 때문이라고 주장한다. 하지만 이런 주장은 해설자 자신을 위한 변명으로밖에 볼 수 없다. 해설서가 이처럼 어려운 것은 〈주역〉을 연구하는 이들이 〈주역〉의 내용에 복잡한 설명을 덧붙였기 때문일 가능성이 높다. 〈주역〉 또는 동양철학과 관련한 자신의 이론적 틀을 일관성 있게 전개하기 위해, 굳이 없어도 좋을 내용을 추가하거나 심지어는 왜곡하기까지 한다는 것이다.

물론 〈주역〉이 심오한 철학을 담고 있는 것은 사실이다. 하지만 〈주역〉의 모든 내용이 심오해서 이해할 수 없는 것은 아니다. 〈주역〉에는 일상적인 인간사에 대해 서술한 내용이 더 많다. 심오한 철학을 이야기하는 경우라 하더라도 금세 이해할 수 있는 것도 적지 않다.

〈주역〉이 처세서라는 사실에 대한 주목이 부족했다

〈주역〉이 심오한 철학서라는 사실을 부정하는 학자들은 거의 없다. 〈주역〉에는 우주의 원리, 음양(陰陽)의 기운, 자연 만물의 법칙, 변화하는 역(易)의 철학이 담겨 있다는 것이다. 이러한 부분에 대해서는 필자 또한 동의하고 있다.

그런데 문제는 이와 같은 원리, 법칙, 철학 등이 구체적으로 어떤 것이고 인간의 삶에 어떠한 영향을 미치는 것인지에 대해서는 학자들이 분명하게 설명하지 못하고 있다는 점이다. 주장은 분명한데 그 기본 텍스트에 대한 번역과 이해가 잘못되었기 때문이다. 게다가 때로는 자신의 주장을 관철하기 위해 음양오행설(陰陽五行說), 팔괘론(八卦論), 태극론(太極論), 이기론(理氣論) 등의 이론을 무리하게 거론함으로써 오히려 혼란을 가중시키기까지 한다.

〈주역〉은 기본적으로 세상 만물의 변화 원리와 그 변화하는 모습을 밝힘으로써 다양한 인간 생활의 처세 방법과 지혜를 가르친 책이다. 그런데 필자는 이러한 관점에서의 접근이 그 중요성에 비해 부족했다고 생각한다. 〈주역〉이 현실적인 삶의 처세술을 담고 있다는 주장 또한 없지는 않았다. 하지만 유교 경전으로서 갖는 〈주역〉의 위상 때문인지, 아니면 본문 문장에 대한 이해가 부족한 탓인지 처세술의 내용에 대해 쉽고 구체적으로 해설하지 못하는 경우가 많았다.

난해한 〈주역〉을 쉽게 읽는 접근법　　解

　필자는 〈주역〉이 담고 있는 심오한 철학의 경지에 대해서는 별로 할 말이 많지 않다. 다만 일반 독자들보다는 조금 더 깊이 있는 수준에서 그 위대한 가르침을 곱씹어 볼 뿐이다. 이 책에서도 철학에 대한 깊이 있는 해설은 내 몫이 아니라고 생각했다. 하지만 필자는 그동안 역학자로 살아오면서 숱한 사람들을 만났다. 그리고 사람들이 부딪히는 구체적인 현실 문제에 있어서 만큼은 누구보다 더 많은 고민을 했다. 그런 만큼 이와 같은 경험을 바탕으로 나름의 해설을 내놓을 수 있다고 생각했다.

　그리고 필자는 〈주역〉의 가르침을 독자들에게 가능한 한 쉽게 전달하고자 했다. 독자들이 어느 책에서보다 부담 없이 이 책에 접근할 수 있도록 노력한 것이다. 어려운 내용을 쉽게 전달하려다 보니, 또한 미치지 못하거나 지나친 부분이 없을 수 없었다. 하지만 난이도를 낮추는 일에 방점을 찍고, 이러한 부분은 감수했다.

여섯 개의 효로 이루어진 괘상(卦象)을 다루지 않는다

　현재 우리가 접하는 〈주역〉의 대부분은, 모두 64개의 괘(卦)로 이루어져 있다. 그리고 이 64개의 괘는 각각 괘상(卦象), 본문, 괘의 명칭 등을 포함하고 있다. 거의 예외가 없을 정도이다.

　괘상은 효(爻) 여섯 개를 겹쳐 놓은 것으로서, 각 괘를 상징하는 기호 체계를 일컫는다. 여기서 효는 양의 성질을 표현하는 양효(—)와 음의 성질을 표현하는 음효(--)를 말한다. 괘의 본문은 대개 7행의 문장 구절을 가리키는데 괘의 의미를 직접적으로 설명한 것이다. 첫 번째 행은 7행 전체의 의미를 포

괄적으로 담고 있는 것이며 흔히 괘사(卦辭)라고 부른다. 나머지 6행은 여섯 개 효(爻)와 하나씩 연결되어 해당 효의 의미를 개별적으로 담고 있는 것이 며, 흔히 효사(爻辭)라 부른다. 괘의 명칭은 본문의 첫 글자나 처음 두 글자 를 따온 것이다.

그런데 필자는 이 책에서 괘상에 대해서는 다루지 않는다. 괘상과 본문 사 이에 떼어놓을 수 없는, 필연적인 관련성이 있다고 보지 않았기 때문이다.

괘상은 본문 이해의 걸림돌로 작용하는 측면이 있다

보통 괘상은 중국의 전설적인 제왕 복희씨(伏羲氏)가 처음 창안한 팔괘 (八卦)에서 비롯된 것으로 알려져 있다. 그리고 여기에 주(周)나라의 문왕 (文王)이 본문의 괘사와 효사를 덧붙였다고 한다. 이와 같은 주장이 사실인 지에 대해서는 이론이 없지 않다. 하지만 분명한 것은 대부분의 학자들이 괘 상을 기반으로 본문이 만들어졌고 그런 만큼 이 괘상과 본문은 긴밀하게 연 결되어 있다고 믿는다는 점이다.

그렇지만 필자는 괘상과 본문의 내용이 생각만큼 그렇게 자연스럽게 연결 되지 않는다고 생각한다. 괘상의 괘나 효가 본문의 내용과 일치하지 않는다 는 것이다. 괘상을 기반으로 본문을 덧붙인 것이라면 본문은 괘상을 풀이하 고 의미를 부여하는 내용으로 이루어져야 할 것이다. 다행히 몇몇 부분에서 는 괘상과 본문의 내용이 맞아떨어지는 경우가 있다. 하지만 적지 않은 부분 에서 괘상과 본문 내용은 아무런 연관이 없고 때로는 거꾸로 해석해야 할 경 우까지 있다.

그렇다면 지금까지 괘상과 본문을 연결시켜 온 것은 무슨 까닭에서인가? 이는 〈주역〉을 점술서로 활용하고자 한 의도와 밀접한 관련이 있다는 것이 필자의 생각이다. 곧 괘상과 본문의 연결을 통해, 괘상에 나타나는 팔괘의 8, 육십사괘의 64 등과 같은 숫자를 활용하여 만든 다양한 경우의 수를 〈주역〉 본문 내용과 연결시켜 풀이할 수 있는 근거를 확보할 수 있었다는 것이다. 이로써 점을 치는 사람은 각각의 개인들에 대해 다른 개인들과 확실하게 구별되는 점괘를 얻을 수 있었을 것이다. 그러나 괘상과 본문을 연결하여 얻는 이득은 여기까지일 뿐이다. 괘상과 본문의 연결은 본문의 내용을 이해하는 데는 오히려 장애물로 작용하는 경우가 없지 않은 것이다.

유가 사상을 강조하는 단전 및 상전을 다루지 않는다

또한 필자는 이 책에서 대부분의 〈주역〉 서적에 포함되어 있는 단전(象傳)과 상전(象傳)을 다루지 않는다. 단전과 상전은 7행으로 이루어진 본문의 괘사와 효사 뒤에 붙어 있는 것으로서 단왈(象曰), 상왈(象曰)로 시작하는 문장을 가리킨다.

일반적으로 단전과 상전은 공자(孔子)가 지은 것으로 전해진다. 하지만 공자가 살았던 시대 이후의 학자들이 한두 구절씩 은근슬쩍 덧붙여 넣었다고 보는 것이 더 개연성이 있다. 이 단전과 상전은 한 사람이 덧붙였다고 보기에는 각 문장의 분위기가 제각각이고, 다른 중국 문헌들과 마찬가지로 오랜 기간에 걸쳐 여러 사람이 끼워 넣거나 순서를 바꾼 흔적들이 곳곳에서 보인다. 학자들 사이에서도 이 문장들이 전국시대(戰國時代)에서 진한시대(秦漢時代)에 이르기까지 형성되었을 것으로 보는 견해가 우세하다.

단전과 상전은 〈주역〉을 좀더 쉽게 이해할 수 있도록 도와주는, 〈주역〉 해석의 전범(典範)으로 여겨지는 것이다. 실제로 이것은 〈주역〉 본문을 이해하는데 일정 부분 좋은 길잡이 역할을 해준다. 그런데 문제는 이러한 길잡이 역할이 본문의 내용을 원래의 취지와는 다른 방향으로 이끌어 간다는 점이다. 가령 유가 사상의 개념을 강조하려는 의도가 지나쳐 유가 사상과 관련이 없는 부분까지 무리하게 유가적으로 풀이하려는 하는 경우가 그렇다.

〈주역〉의 핵심 내용을 담고 있는 7행의 본문만을 다룬다

〈주역〉의 지혜를 얻기 위해 괘상뿐만 아니라 단전과 상전을 공부해야 한다는 사실을 부정하는 것은 아니다. 하지만 처음부터 이처럼 혼란스럽고 난해한 내용을 소개하는 것이 독자들에게는 또 하나의 난관으로 작용할 것이라는 말이다. 앞서 말했던 것처럼 〈주역〉은 본문만으로도 어렵고도 어려운 책이다. 그런데 괘상을 본문과 연결하여 다루고 여기에 단전과 상전까지 덧붙임으로써 이 난이도가 한층 더 높아지는 것이다.

다시 한번 말하지만 〈주역〉은 우주론적 철학의 심오한 원리를 담은 책이다. 뿐만 아니라 인간 사회에서의 현실적인 처세술을 담은 책이다. 〈주역〉의 본문 내용이 나타난 시대는 지배자인 군자(君子)와 피지배자인 백성의 구분이 막 생겨나기 시작했지만, 아직 도덕적인 정치와 폭력적인 정치 또는 신뢰의 인간관계와 속임수의 인간관계에 대한 구분이 명확하지 않았던 때였다. 이러한 시대에 〈주역〉은 당시의 정치 권력자나 학자들에게 어떻게 자신의 인격을 닦아야 하는지, 어떻게 인간관계를 구축해야 하는지, 어떻게 정치를 펼쳐야 하는지 등에 대한 기준을 제시했다.

현재 우리가 접하는 〈주역〉의 본문은 〈주역〉 시대의 사람들이 읽던 〈주역〉과 완전히 같은 것이라고는 할 수 없을 것이다. 하지만 괘상, 단전과 상전 등을 제외한 본문이 〈주역〉의 원래 모습과 가장 가깝다는 점은 틀림없는 사실이다. 그리고 〈주역〉에서 얻을 수 있는 지혜의 많은 부분이 이 본문에 담겨 있다. 떼어내어 읽어도 좋다는 이유만으로 이것을 떼어내자는 것이 아니다. 이것을 떼어내어 읽음으로써 〈주역〉에 훨씬 더 쉽게 접근할 수 있다는 것이다. 괘상, 단전과 상전 등을 떼어내고 읽는 일은 〈주역〉에 처음 발을 들여놓는 독자들에게는 꽤나 요령 있는 방법이 될 것이라고 확신한다.

최소한의 논리적 일관성을 가지고 해설하고자 했다

〈주역〉은 보통 전설의 제왕 복희씨(伏羲氏)가 팔괘(八卦)와 육십사괘(六十四卦)를 만들고, 중국 고대 주(周)나라의 문왕(文王)이 본문 내용을 붙였다고 전해진다. 하지만 복희씨나 문왕이 만들었다는 말은, 다만 이 〈주역〉에 권위를 부여하기 위해서일 가능성이 더 높다.

현재 우리가 보고 있는 〈주역〉은 중국 고대 사회에서 오랫동안 여러 사람들이 기록하고 정리한 성과물을 집대성한 책이며, 역사의 흐름과 함께 변화해온 것이라고 이해하는 것이 좀더 사실에 가깝다. 실제로 〈주역〉의 지은이와 관련해서는, 주나라 시대에 제사와 점복을 담당하던 다수의 사관(史官)들이 집단적으로 만들었다는 주장이 대세를 이루고 있다. 사관들이 역대 군왕의 역사, 사회의 풍속, 인간의 윤리 등에 대한 사실과 주장을 바탕으로 〈주역〉을 기록하고 편찬했다는 것이다. 이 때문에 〈주역〉에는 일관성 없는 언급들이 적지 않고 때로는 서로 모순되는 내용까지 있다.

그러므로 필자는 가능한 한 논리적 일관성을 가지고 〈주역〉을 해설하고자 했다. 이는 물론 여간 어려운 일이 아니다. 하지만 논리적 일관성을 포기할 수는 없다. 어렵다고 해서 일관성을 포기한다면 〈주역〉의 정당한 위상이 흔들리게 되고, 잡설을 순서 없이 늘어놓은 책이라는 오해를 불러일으킬 것이기 때문이다.

필자는 한문에 익숙하지 않은 독자들 또한 두려움 없이 〈주역〉에 접근할 수 있도록 노력했다. 이를 위해 한문 원문을 가능한 한 짧게 끊어 제시한 후 이를 직역(直譯)했다. 그리고 충분한 부연 설명을 추가하며 그 뜻을 다시 상세하게 풀이했다. 이와 같은 부연 설명은 때로는 너무 지나쳐서 왜곡을 낳았을 수도 있고, 때로는 너무 모자라서 오해를 불러일으킬 수도 있다. 하지만 이는 독자들의 쉬운 이해를 우선적으로 고려한 것이다. 그리고 조금 복잡하거나 생소하다 싶은 한자의 경우 페이지 아랫부분에 음(音)과 뜻(訓)을 밝혀 놓았다.

물론 〈주역〉은 한자로 쓰인 한문 책이다. 당연히 한문을 많이 알면 알수록 이해가 빠르고 쉬운 것은 틀림없는 사실이고, 한문 실력을 갖추어야 미묘한 느낌까지도 포착할 수 있다. 그렇지만 독자들은 한문 원문을 전혀 읽지 않고 해설문만을 읽어도 내용을 어느 정도 이해할 수 있을 것이다.

변화의 시대를 위한 〈주역〉 읽기　　　　　　　時

거듭 언급했던 바와 같이, 〈주역〉은 기본적으로 세상 만물의 변화 원리와 그 변화하는 모습을 밝힌 책이다. 이로써 다양하게 변화하는 인간사에서의 처세 방법과 지혜를 가르친 책이다. 전쟁이나 자연재해와 같은 위기 상황에서 살아남고, 결국에는 권력과 부를 획득하는 일에 대해 가장 현실적인 방법을 제시해 주는 것이다.

이 때문에 예로부터 많은 사람들이 〈주역〉을 곁에 두고 인생의 지침으로 삼았다. 지식인이 세상으로 나아가 공의(公義)의 뜻을 펼치려 할 때, 사업가가 많은 이들에게 이로운 사업을 펼치려 할 때, 장수가 병사들을 이끌고 전쟁에 나서 백성을 지키려 할 때, 〈주역〉은 이들에게 가장 적절한 교과서 역할을 했다. 일반 백성들 또한 사람을 만나 관계를 맺거나 살 곳을 선택할 때와 같은, 인생사의 고비마다 〈주역〉으로부터 지혜와 가르침을 얻고자 했다. 바로 이러한 측면 때문에 〈주역〉은 점술서로서 활용되었는지도 모른다. 〈주역〉은 육십사괘에 걸쳐 다양한 인간사의 주제와 상황에 대한 해결 방안을 간명하면서도 예리하게 밝혀 놓고 있다.

〈주역〉이 현실적인 처세의 철학을 담은 책으로 자리 잡은 시기는 난세였다. 나라 사이의 전쟁, 나라 안의 내전, 도적 떼의 침입, 자연 재해, 전염병의 창궐 등으로 한순간도 안심하고 있을 틈이 없었다. 어찌 보면 그 어느 때보다 빠르고 복잡하게 변화하고 있는 지금의 시대 또한 〈주역〉의 시대와 크게 다르지 않다. 이런 점에서 인간사의 변화에 대해 말하는 〈주역〉은 지금의 우리에게도 의미 있는 화두를 던져줄 수 있을 것으로 생각한다.

이 책이 〈주역〉을 한 페이지만 읽어도 숨이 막히는 대다수의 독자들에게, 〈주역〉의 참맛과 귀중한 가르침을 쉽게 전할 수 있다면 필자로서는 더 이상 바랄 것이 없을 것이다.

1. 건乾괘 ; 굳세고 쉼이 없는 하늘의 도

군왕, 군자, 아버지, 강건, 지배, 밝음

_건 _{원 형 이 정}
乾은 元亨利貞하니라.

　건(乾)은 하늘을 말한다. 곧 굳세고 쉼이 없는 하늘의 도를 가리킨다. 만
물이 비롯되는 바탕으로서, 곤괘(坤卦)의 땅과 짝을 이루어 모든 사물을 낳
아 기른다. 원형이정(元亨利貞)은 크고, 형통하고, 이롭고, 곧은 사물의 근
본 원리이다. 그렇다면 크고, 형통하고, 이롭고, 곧다는 것은 무슨 의미인가?
〈주역〉에서 이것은 사물이 생겨나서 힘차게 자라고 열매를 맺은 후 완성을
이루는 '시간의 원리'를 일컫는다.

　모든 사물은 생성기, 성장기, 결실기, 완성기의 네 단계 시절(時節)을 거치
며 하늘과 땅 사이를 채운다. 생성기인 원(元)의 시절은 아득한 혼돈의 때로

乾 **건** 하늘/ 군왕/ 해가 뜰 때 찬란하게 솟아오르는 빛의 기운/ 아버지　元 **원** 처음, 크다/ 으뜸/ 시초/ 근원
亨 **형** 형통하다/ 젊다, 힘차게 자라다/ 제사 지내다　利 **리** 이롭다/ 수확하다/ 왕성하게 활동하다/ 통하다/ 날
카롭다　貞 **정** 곧다/ 올바르다/ 고집스럽게 지키다/ 정조/ 점치다

부터 새로운 창조의 때에 이르기까지이다. 처음에는 하나였던 음(陰)과 양(陽)의 기운이 둘로 나누어지고, 원래 하나였던 굳셈과 부드러움이 이것과 저것으로 경계를 짓는다. 성장기인 형(亨)의 시절은 창조의 때로부터 사물이 힘차게 자라나는 시기이다. 원(元)의 시절에 둘로 나누어졌던 음과 양의 기운이 조화를 이루어 복잡하고 다양한 형태와 기능을 갖추어 간다. 결실기인 이(利)의 시절은 사물이 성체(成體)로서의 전형적인 모습을 갖추는 때이다. 사물이 가장 씩씩하게 활동한다. 완성기인 정(貞)의 시절은 씩씩한 활동기에서 소멸의 때에 이르기까지이다. 사물이 번창의 정점을 찍고 내려와 제자리를 지킨다.

사람의 인생 또한 이 원형이정의 시절을 따른다. 원(元)의 시절은 어머니의 뱃속에서 태아가 생겨나 세상 밖으로 나올 때까지의 출생기라고 할 수 있다. 형(亨)의 시절은 어머니의 뱃속에서 밖으로 나온 후 어른으로 성장하는 유아기와 청년기이다. 이(利)의 시절은 학업을 마친 어른이 사회에 나아가 자신의 능력을 발휘하며 왕성하게 활동하는 장년의 시기이다. 곧 인생의 전성기(全盛期)이다. 정(貞)의 시절은 활동을 마치고 물러나 자신의 뜻을 곧게 지키며 죽음을 맞이하는 노년기라고 할 수 있다.

인간이 마땅히 지켜야 할 도덕 법칙도 마찬가지이다. 원형이정의 원리는 곧 인예의지(仁禮義智)의 사덕(四德)에 해당한다. 원(元)은 인간의 선(善)한 본성으로서 인간을 도덕적인 존재로 만들어주는 인(仁)이다. 형(亨)은 인간관계를 형통하게 만들어주는 예(禮)에 해당하고, 이(利)는 인간에게 실용적인 이익을 가져다주는 의(義)에 해당한다. 정(貞)은 올바르게 일하는 법을 아는 지(智)와 연결된다.

이로써 원형이정(元亨利貞)은 각각 사물의 특성이나 역할을 의미하는 말로도 쓰인다. 물론 이러한 의미는 시간적 원리로서의 의미에서 파생되는 측면이 있다. 곧 원(元)은 크다, 근원적이다, 으뜸이다, 어지러운 혼돈이다 등의 뜻을 포함한다. 형(亨)은 젊다, 힘차게 자란다, 생동감이 넘친다, 형통하다 등의 의미를 담고 있다. 이(利)는 왕성하게 활동하다, 결실을 맺다, 수확하다, 풍요롭다, 이롭다 등의 의미를 담고 있다. 그리고 정(貞)은 곧다, 올바르다, 고집스럽게 지키다, 제자리를 지키다, 신의가 있다, 지혜롭다, 끝내다 등의 뜻을 가진다.

이것이 앞에서 건,원형이정(乾,元亨利貞)이라는 구절을 하늘의 도가 크고, 형통하고, 이롭고, 곧다고 풀이한 까닭이다.

潜龍이니 勿用이라.
잠 룡   물 용

하늘의 도가 움직이고 원형이정(元亨利貞)의 원리가 나타나는 것은 형체가 없다. 〈주역〉은 이처럼 형체가 없는 이치를 설명해야 할 때, 여러 가지 종류의 상징과 비유를 사용함으로써 그 의미를 분명하게 드러낸다. 건괘(乾卦)에 등장하는 용(龍)도 이러한 경우이다. 건괘의 용은 곧 하늘의 도이고 양(陽)의 기운이며, 위대한 군왕, 강건한 군자, 탁월한 인물을 상징한다.

잠룡(潛龍)은 숨어 있는 용, 물속에 잠겨 있는 용이라는 뜻이다. 곧 영웅의 자질을 가지고 있으나 아직 덕성을 쌓고 능력을 기르는 학업을 끝마치지 못한 군자를 가리키는 말이다. 또는 어지러운 세상을 만나 자신의 큰 뜻을 드러내지 않고 때를 기다리는 군자를 일컫는 말이다. 음양(陰陽)의 기운을 기

潛 잠 잠기다/ 자맥질하다   龍 룡 용/ 뛰어난 인물/ 군왕   勿 물 말다/ 아니다, 없다   用 용 쓰다/ 등용하다/
부리다/ 행하다/ 다스리다

준으로 말한다면, 생겨난 지 얼마 지나지 않아 여전히 혼돈의 시기에 머물러 있는 양의 기운을 가리키는 말이라고 할 수 있다. 잠룡,물용(潛龍,勿用)은 숨어 있는 용은 앞으로 나서지 않는다는 뜻이다. 아직 준비가 부족하므로 더 배우고 힘을 기른다는 것이고, 아직 때가 오지 않았으므로 인내심을 가지고 때를 기다린다는 것이다.

見龍在田이니 利見大人하니라.
<small>현 룡 재 전　　　 이 견 대 인</small>

　현룡재전(見龍在田)은 모습을 드러낸 용이 들판에 있다는 뜻이다. 현룡(見龍)은 능력과 인품을 쌓는 수련 과정을 마치고 때를 만나 마침내 세상으로 나온 군자를 가리킨다. 이는 군자가 하늘의 때를 만났다는 의미이다. 들판(田)은 형체를 구분할 수 있는 현실 세계, 사람들이 사회를 이루어 살아가는 세계를 말한다. 그리고 이 들판에 있다(在田)는 것은 군자가 하늘의 때와 대비를 이루는 땅의 허락도 얻었다는 의미이다.

　그렇지만 용은 하늘을 나는 존재인데 여전히 들판에 머물러 있다. 이것은 무슨 까닭인가? 이는 군자가 아직 큰일을 담당할 기회를 얻지는 못하고 있다는 말이다. 어떻게 해야 기회를 얻을 수 있는가? 이견대인(利見大人)은 대인을 뵙는 것이 이롭다는 뜻이다. 곧 대인을 만나 뵙고 자신의 인품과 능력을 인정받아야 기회를 얻을 수 있다는 것이다. 이(利)자는 앞서 사물의 결실기인 이(利)의 시절을 의미하는 글자로 해석했다. 그런데 여기서 이롭다는 의미로 해석하는 것은, 사물의 결실기에는 모든 것이 이로움을 얻는다고 볼 수 있기 때문이다.

見 현 나타나다 견 보다/ 마음으로 보다　在 재 있다　田 전 밭, 심다/ 사냥터, 사냥하다

대인(大人)이 어떤 사람인지에 대해서는 여러 가지 설명이 있다. 지혜와 덕(德)이 하늘과 땅의 경계에 이를 만큼 큰 성인(聖人)이라는 설명이 있는가 하면, 〈주역〉 시대에 역서(易書)를 담당하던 관원이라는 설명도 있다. 하지만 여기서는 다만 덕성과 지위를 겸비한 인물로서, 군자보다 능력이 뛰어난 실력자를 뜻한다고 본다.

군자종일건건   석척약   여무구
君子終日乾乾하여 夕惕若이니 厲无咎리라.

군자(君子)는 하늘의 도를 본받아 이를 인간 세상에서 실현하고자 하는 사람이다. 덕성과 능력을 함께 갖추고 있으며, 공공선(公共善)의 실현을 자신의 책임으로 인식한다. 지금으로 치면 정치인, 공직자, 사업가, 기업 임직원, 학자, 언론인 등 이른바 '지식인'이라고 일컫는 이들이 이 군자와 같은 이들일 것이다.

군자종일건건(君子終日乾乾)은 군자가 하루 종일 굳세고 또 굳세다는 뜻이다. 곧 굳세고 쉼이 없는 하늘의 도를 본받아, 군자 또한 자기 수양과 공의(公義)의 실천을 위한 노력을 게을리하지 않는다는 것이다. "스스로 강해지고자 노력하기를 쉬지 않는다"는 의미의 자강불식(自彊不息)이라는 말이 바로 이와 같은 군자의 노력을 표현한 것이다. 석척약(夕惕若)은 저녁에 두려워하는 듯하다는 뜻이다. 곧 군자가 하루 종일 노력하고서 다시 자신의 하루를 반성하고 근심하는 것처럼 행동한다는 것이다.

여무구(厲无咎)는 위태롭게 여기니 잘못이 없다는 뜻이다. 자신이 하는 일

終 종 마치다/ 끝내다/ (사람이) 죽다/ 이루어지다/ 끝, 마지막/ 마침내 **惕 척** 두려워하다/ 놀라다/ 근심하다/ 삼가다(몸가짐이나 언행을 조심하다) **若 약** 같다 **厲 려** 숫돌, 갈다/ 괴롭다/ 사납다/ 위태롭다 **无 무** 없다/ 아니다 **咎 구** 허물, 허물하다/ 탓하다/ 잘못, 꾸짖다, 비난하다/ 재앙/ 미움, 미워하다

을 위험하다고 여기며 위기의식을 가지니 잘못할 일이 없을 것이라는 뜻이다. 무구(无咎)는 여기서 허물이 없다, 허물할 일이 없다, 꾸짖을 일이 없다, 탓할 일이 없다, 잘못이 없다 등의 의미를 나타내는 말이다.

혹 약 재 연　　　무 구
或躍在淵이라도 无咎리라.

혹약재연(或躍在淵)은 이따금 뛰어오르는 용이 연못에 있다는 뜻이다. 자강불식의 노력을 기울인 군자가 기회를 포착하여 깊은 연못을 박차고 뛰어오르려 한다는 것이다. 자신을 끊임없이 갈고닦은 다음이라면, 자신의 뜻을 펼쳐 세상으로 나아가기 위해 용감하게 도전에 나서야 한다는 것이다.

그런데 간혹 뛰어오르면서도 여전히 연못에 있으니 이 군자는 아직 하늘로 오르는 일에 성공하지 못한 것이다. 그렇다 하더라도 자신의 능력을 시험해 본 것만으로도 이러한 시도는 충분히 의미 있는 것이다. 그래서 무구(无咎)라고 말하는 것이니 허물이 없다는 뜻이다. 도전에 나섰다가 실패한다 해도 잘못이 아니고 꾸짖을 까닭도 없다는 것이다.

비 룡 재 천　　　이 견 대 인
飛龍在天이니 利見大人하니라.

비룡재천(飛龍在天)은 날아 오른 용이 하늘에 있다는 뜻이다. 곧 군자가 최고의 기회를 얻어 성공을 거두고 있다는 말이다. 여기서 최고의 기회란 자신의 뜻을 거침없이 펼칠 수 있을 정도의 기회, 군왕의 자리에 오를 정도의 기회를 가리킨다. 곧 하늘의 때를 만났고 땅의 환경을 얻었으며, 신령과도

或 혹 혹, 혹시/ 간혹/ 어떤 사람　**躍 약** 뛰다, 뛰어오르다/ 가슴이 뛰다, 흥분하다　**淵 연** 연못, 못/ 깊다/ 조용하다　**飛 비** 날다/ 새, 날짐승

교감할 수 있는 기회를 만났다는 것이다. 하지만 하늘을 난다고 해서 아직 상황이 끝난 것은 아니며 더욱 신중하게 처신해야 한다.

이견대인(利見大人)은 대인을 뵙는 것이 이롭다는 뜻이다. 이 구절은 앞서 들판에 모습을 드러낸 용(見龍在田)에 대해 말할 때도 나왔다. 그렇다면 무엇이 다른가? 들판 현룡의 구절에서 군자는 자신보다 능력이 뛰어난 대인을 뵙고 지도를 받는 위치에 있었다. 하지만 이 하늘 비룡 구절에서의 군자는 대인 못지않은 능력을 가지고 있다. 그러므로 여기서 군자를 뵙는다는 말은 군자가 자신을 보좌할 수 있는 능력을 갖춘 대인을 만나야 자신의 뜻을 펼칠 수 있다는 의미를 나타낸다. 여기서의 대인 또한 덕성과 능력을 겸비한 인물을 뜻한다.

이 구절은 다른 사람과의 관계, 인맥의 중요성을 강조한 것이라고 조금은 적극적으로 해석할 수도 있다. 군자가 세상에 나아가 자신의 뜻을 펼치는 것은 곧 공공선(公共善)의 성취를 향해 나아가는 것이다. 이 공공선의 성취가 군자 혼자의 힘으로 이루어지는 것은 불가능하다. 다양한 직분을 수행할 수 있는 여러 협력자들이 있어야 한다.

亢^{항 룡}龍이니 有悔^{유 회}리라.

항룡(亢龍)은 너무 높이 날아오른 용, 지나치게 날아오른 용을 말한다. 하늘을 나는 비룡(飛龍)보다 더 높이 날아올라 비룡의 한계를 넘어선 것이다. 앞으로 나아가기만 하고 물러설 줄은 모르고, 더 많이 얻으려고만 하고 나눌 줄은 모른다는 것이다. 음양(陰陽)의 기운을 기준으로 말한다면, 양(陽)의

亢 항 높다/ 높이 오르다/ 지나치다/ 높이 오르다/ 자만하다　**悔 회** 뉘우침, 뉘우치다/ 후회, 후회하다/ 잘못

乾은 元亨利貞하니라.
하늘의 도는 원(元)과 형(亨)과 이(利)와 정(貞)의 시절에 두루 통한다.

潛龍이니 勿用이라.
물속에 숨어 있는 용이니 앞으로 나서지 않는다.

見龍在田이니 利見大人하니라.
모습을 드러낸 용이 들판에 있다. 대인을 뵙는 것이 이롭다.

君子終日乾乾하여 夕惕若이니 厲无咎리라.
군자는 하루 종일 굳세고 또 굳세며, 저녁에 이르러서는 두려워하는 듯하다.
스스로를 위태롭게 여기면 잘못이 없을 것이다.

或躍在淵이라도 无咎리라.
이따금 뛰어오르는 용이 연못에 있어도 허물할 일이 없을 것이다.

飛龍在天이니 利見大人하니라.
나는 용이 하늘에 있다. 대인을 뵙는 것이 이롭다.

亢龍이니 有悔리라.
너무 높이 날아오른 용이니 후회할 일이 있을 것이다.

見群龍无首하면 吉하리라.
용의 무리를 보고 머리를 드러내지 않으면 길할 것이다.

기운이 과도하게 넘쳐 교만한 태도로 악행을 일삼는 데 이른 것이다. 곧 탐욕스러운 늙은 용의 모습이다. 유회(有悔)는 후회할 일이 있다는 뜻이니, 절제하지 못하는 늙은 용은 몰락의 길을 걷고 말 것이라는 의미이다. 지나치게 날아오른 늙은 용은 젊은 현룡(見龍)과 한창때인 비룡에게 자리를 물려주지 못하는 자의 상징과도 같다.

지금의 시대에도 물러날 때를 알지 못해 결국은 후회하는 이들이 아주 많다. 성공한 정치인이나 사업가 중에는 특히 만족할 줄 모르고 더 얻고자 앞으로 나아가는 이들이 적지 않다. 이 구절은 바로 이렇게 행동하다가는 참혹한 실패를 겪고 말 것이라는 말을 하고 있는 것이다. 이 구절은 또한 물질과 기술의 혜택만을 맹신하며 자연의 섭리를 거스르는 현재의 인류에게 보내는 경고로도 읽을 수 있다.

견 군 룡 무 수　　　　길
見群龍无首하면 吉하리라.

견군룡무수(見群龍无首)는 용의 무리를 보고 머리를 드러내지 않는다는 뜻이다. 군룡(郡龍)은 물속의 잠룡(潛龍), 들판의 현룡(見龍), 뜀뛰기하는 약룡(躍龍), 하늘의 비룡, 지나친 항룡(亢龍) 등과 같은 온갖 용들이 떼를 지어 몰려든 모양을 나타낸 것이다. 머리를 드러내지 않는다는 것은 이런 용들의 무리 가운데서 함부로 앞으로 나서지 않는다는 것이다. 용은 강력한 힘을 가진 존재이지만 동시에 순종하며 헌신하는 겸손의 덕을 가진 존재이다. 이로써 우두머리 노릇을 하기 위해 다투지 않는 것이다.

群 군 무리, 무리지어 다니다　**首 수** 머리/ 우두머리/ 첫째, 으뜸　**吉 길** 길하다, 일이 상서롭다/ 좋다, 아름답거나 착하다/ 복(福), 길한 일

건괘는 군자 또한 이처럼 자신의 능력을 경솔하게 내세우지 않고, 다만 자신의 소임과 직분을 다해야 한다고 말하는 것이다. 이와 같은 겸손은 지금의 우리 또한 일상생활에서 소중하게 생각하는 가치이다. 하지만 이 가치를 항상 잊지 않고 삶의 마지막까지 간직하며 살아가는 것은 쉽지 않다.

모든 사람에게는 원형이정의 때가 있다

누군가가 태어나든 죽든, 어디선가 전쟁이 일어나든 말든, 언젠가 하늘의 별이 태어나든 사라지든, 시간은 쉬지 않고 흘러간다. 이것이 시간의 절대적인 속성이다. 그러므로 모든 것이 변한다고 말할 때 변하고 있는 것은 공간적인 것이다. 이 공간은 끊임없이 변하고, 이런 점에서 공간의 속성은 상대적이다.

그리고 이러한 절대적 시간과 상대적 공간의 결합 속에, 그 틈바구니 사이에 우리 인간의 삶이 있다. 그러므로 우리는 시간과 공간이라는 두 축의 조화 속에서만 삶을 살아갈 수 있는 것이다. 〈주역〉을 공부하는 사람들은 흔히 〈주역〉의 체계와 관련해서 일원수, 육십삼합(一元數, 六十三合)이라는 설명을 내놓기도 한다. 곧 〈주역〉 64괘 중 건괘를 제외한 63괘가 건괘를 바탕으로 하는 건괘의 부연 설명일 뿐이라는 것이다. 이는 우리의 삶이 건괘에서 말하는 시간과 공간의 조화를 통해 이루어진다는 필자의 설명과 유사한 맥락에서 나온 말이다.

건괘(乾卦)의 첫 구절은 "하늘의 도는 원형이정(元亨利貞)의 원리를 따른다"는 것이다. 〈주역〉 전체의 첫 구절이기도 한 이 말은 곧 하늘이 모든 사물을 낳고 기르는 것은 시초, 성장, 결실, 완성의 시간 원리를 따른다는 의미를 담고 있다. 이는 또한 바로 시간과 공간의 결합 속에서 모든 사물과 인간의 삶이 이루어진다는 말에 다름 아니다.

그리고 〈주역〉 시대의 사람들과 이후 동양 문화권에서 살았던 사람들은 여기에서 한발 더 나아간다. 이들은 하늘의 도와 원형이정의 원리를 기준으로 자연의 사실과 인간의 현실적 삶을 설명하고자 한 것이다. 원형이정을 곧바로 봄, 여름, 가을, 겨울의 춘하추동(春夏秋冬)으로 치환하여 말하는 것이 대표적인 경우이다. "나고 자라고 완수하고 이룬다"는 의미의 생장수성(生長遂成)이라는 표현을 사용하는 것도 같은 이유에서이다.

건괘는 형체를 볼 수 없는 하늘의 도와 원형이정의 원리를 설명하기 위해 용(龍)의 상징을 사용한다. 이 용의 상징으로는 물속의 잠룡(潛龍), 들판의 현룡(見龍), 뜀뛰기하는 약룡(躍龍), 하늘의 비룡, 지나친 항룡(亢龍) 등이 있다.

물속의 잠룡은 휘몰아치는 물속에서 무한한 잠재력을 가지고 태어난 원(元) 시절의 용이다. 영웅의 자질을 가지고 있으나 아직 자신의 뜻을 펼칠 준비를 마치지 못한 군자의 모습을 나타낸다. 들판의 현룡과 뜀뛰기하는 약룡은 세상 밖으로 나왔으나 아직 하늘을 향해 날아오르지 못한 형(亨) 시절의 용이다. 곧 하늘의 때와 땅의 환경을 얻어 자신의 뜻을 펼칠 기회를 얻기 위해 도전에 나선 군자의 모습을 표현한 것이다. 하늘의 비룡은 이(利) 시절의 용으로서, 군왕의 자리에 오를 만큼 최상의 기회를 얻은 군자의 모습을 의미한다. 너무 높이 날아오른 항룡은 하늘의 경계를 넘어 과도하게 날아오른 정(貞) 시절의 용이다. 또한 기력이 쇠해 물러날 때가 되었으나 물러나지 않는, 어리석은 군자의 모습을 가리킨다.

건괘는 마지막 구절에서 스스로 우두머리를 자처하지 않는 군룡(群龍)의 모습을 말한다. 함부로 앞으로 나서지 않고 겸손하게 최선을 다하는 태도의 소중한 가치를 강조한 것이다.

2. 곤坤괘 ; 상생(相生)하는 땅의 덕

신하, 어머니, 추종자, 부드러움, 순종, 어둠

^곤 ^{원 형 이} ^{빈 마 지 정}
坤은 元亨利하고 牝馬之貞이니라.

곤(坤)은 모든 사물이 자라나는 땅을 뜻한다. 건(乾)의 하늘과 짝을 이루고서 세상을 지탱하며, 세상의 모든 변화를 만들어낸다. 어둡고 습한 음(陰)의 기운, 사랑의 근원인 어머니, 실용적인 지혜를 갖춘 신하를 상징한다. 황혼에서 여명에 이르는 밤의 시간 동안 어둡고 두툼한 품으로 세상의 모든 사물을 포용한다.

원형이(元亨利)는 이러한 땅의 덕이 원형이정(元亨利貞)의 시절 가운데 원(元)과 형(亨)과 이(利)의 시절에 두루 통한다는 말이다. 원(元)의 시절에는 만물을 발원하도록 하고, 형(亨)의 시절에는 만물이 씩씩하게 성장하도록

坤 곤 땅, 대지/ 유순함　**亨 형** 형통하다/ 젊다, 힘차게 자라다/ 제사 지내다　**牝 빈** 암컷/ 골짜기　**貞 정** 곧다/ 올바르다/ 고집스럽게 지키다/ 정조/ 점치다

하고, 이(利)의 시절에는 왕성하게 활동하여 결실을 맺도록 한다는 것이다.

빈마지정(牝馬之貞)은 암컷 말이 고집스럽게 끝까지 달려 나간다는 뜻이다. 땅의 덕은 암컷 말처럼 광활한 땅을 끝없이 달려가면서도 하늘의 도에 대해서는 순종적이라는 점을 의미한다. 이는 또한 땅의 덕은 사물의 완성기인 정(貞)의 시절에는 더욱 순종적이어야 한다는 의미를 함축하는 것이다. 이처럼 땅의 덕을 암컷 말로 상징하는 것은, 건괘(乾卦)에서 하늘의 도를 끝없이 날아가는 용으로 상징했던 것과 짝을 이룬다. 또한 형체가 보이지 않는 땅의 덕을 나타내기 위해 암컷 말의 상징을 사용한 것이다.

君子有攸往에 先迷後得하리니 主利하니라.
군자유유왕　　　선미후득　　　　주리

군자유유왕(君子有攸往)은 군자가 향하여 갈 곳이 있다는 뜻이다. 곧 공공선(公共善)의 실현을 자신의 책무로 여기는 군자가 이러한 자신의 뜻을 펼치기 위해 먼 길을 떠나거나, 새로운 일을 시작하거나, 일을 계속 진행시켜 나간다는 것이다.

선미후득(先迷後得)은 앞으로 나서면 길을 잃고 뒤에서 따르면 얻는다는 뜻이다. 곧 음(陰)은 양(陽)을 따라 유연하게 대처해야 한다는 말이고, 신하는 군왕의 뜻을 받아 순종적으로 움직여야 한다는 말이다. 또한 이렇게 하지 않으면 무슨 일을 하든 미궁 속에 빠진 듯 갈팡질팡하며 해결책을 찾을 수 없을 것이라는 말이다. 주리(主利)는 이로움을 주관한다는 뜻이니, 만물을 자라도록 만들고 풍성하게 만들고 이롭게 만든다는 의미이다. 다시 말해 실

攸 유 바(=所)/ 곳, 장소　**往 왕** 가다/ 앞으로 나아가다/ (물품을) 보내다/ 향하다/ 과거, 옛날　**先 선** 먼저/ 앞서다　**迷 미** 헤매다, 길을 잃다/ 미혹하다/ 어지럽게 하다　**後 후** 뒤/ 늦다　**得 득** 얻다, 손에 넣다/ 만족하다/ 덕/ 이득, 이익

천의 방법을 알아 현실적인 이득을 얻을 수 있도록 한다는 것이다.

西南得朋하고 東北喪朋이 安貞吉하니라.

서남득붕(西南得朋)은 서남쪽으로 가면 벗을 얻는다는 뜻이고, 동북상붕(東北喪朋)은 동북쪽으로 가면 벗을 잃는다는 뜻이다. 곧 상생(相生)하여 서로 북돋우며 살아가면 재화와 덕망을 얻고, 상극(相剋)하여 서로 충돌하며 살아가면 재화와 덕망을 잃는다는 말이다.

서남쪽과 동북쪽을 각각 상생과 상극으로 풀이하는 것은 〈주역〉에서 말하는 방향이 오행(五行) 사상과 밀접한 관련이 있다고 보기 때문이다. 주역의 동서남북(東西南北)은 오행의 다섯 가지 원소인 금목수화토(金木水火土)와 서로 짝을 이룬다. 동(東)은 목(木), 서(西)는 금(金), 남(南)은 화(火), 북(北)은 수(水)이다. 그리고 한가운데(中)가 토(土)이다. 오행의 다섯 가지 원소는 상대방에 따라 서로 북돋우며 상생하기도 하고 서로 충돌하며 상극하기도 한다. 이를 한가운데의 토(土)를 중심으로 생각해 보면 토(土)는 화(火)와 상생하고 금(金)과도 상생한다. 각각 화생토(火生土), 토생금(土生金)이라고 하는 관계이니, 불이 흙을 낳고 흙은 쇠를 낳는다는 의미이다. 또한 토는 목(木)이나 수(水)와는 상극한다. 목극토(木剋土), 토극수(土剋水)라 말하는 것이니, 나무는 흙을 뚫고 흙은 물을 막는다는 의미이다.

여기서 방향과 오행의 대응 관계를 기준으로, 화생토(火生土)는 남생중(南生中)으로, 토생금(土生金)은 중생서(中生西)로 바꿀 수 있다. 곧 남쪽이 한가운데를 낳고 한가운데가 서쪽을 낳는다는 것이다. 남쪽과 서쪽, 또는 서

朋 붕 벗, 친구/ 무리를 이루다 **喪 상** 잃다, 잃어버리다/ 상복을 입다/ 죽다, 사망하다

남쪽은 상생의 방향이라는 의미이다. 또한 목극토(木剋土)는 동극중(東剋中)으로, 토극수(土剋水)는 중극북(中剋北)으로 바꿀 수 있으니, 동쪽이 한가운데를 뚫고 한가운데가 북쪽을 막는다는 것이다. 동쪽과 북쪽, 또는 동북쪽은 상극의 방향이라는 의미이다.

이 구절의 서남쪽과 동북쪽을 중국의 지리적 조건에 결부시켜 해석할 수도 있다. 황하 일대의 중원에서 서남쪽은 그늘이 지는 음지(陰地)이므로 또한 음(陰)의 기운을 가진 땅의 덕은 서남쪽에서 벗을 얻는다는 것이다. 그리고 햇빛이 비치는 양지(陽地)인 동북쪽에서는 벗을 잃는다는 것이다. 이러한 해석 또한 전체적인 의미는 서로 통한다.

안정길(安貞吉)은 편안한 마음으로 정도의 원칙을 지켜 나가면 길하다는 말이다. 벗들과 함께하므로 편안할 수 있지만, 벗들과만 함께하므로 자칫 제멋대로 거리낌없이 행동하기 쉽다. 그러므로 정도의 원칙을 지켜 나가야 한다고 말하는 것이다.

履霜하면 堅冰至하니라.
이 상   견 빙 지

이상(履霜)은 서리를 밟는다는 뜻이고, 견빙지(堅冰至)는 딱딱한 얼음에 이른다는 뜻이다. 겉으로 보기에는 밟으면 쉽게 부서질 만큼 약해 보여도 실제로는 강하고 견고하게 버티고 있는 음(陰)의 기운이 점차 자라나기 시작하는 모습을 묘사한 것이다.

서리는 곧 추위가 다가왔음을 알리는 신호이니, 서리를 밟으면 곧 딱딱한 얼음의 계절인 겨울이 올 것이라는 말이다. 이는 변함없이 반복되는 자연의

履 리 신, 신발/ 신다, 밟다/ 행하다 霜 상 서리 堅 견 굳다 冰 빙 얼음

법칙이지만 사람의 일도 다르지 않다. 좋은 일이든 나쁜 일이든 처음에는 사소한 기미에 불과할지라도 이것이 자라나면 경사를 불러올 수도 있고 재앙을 불러올 수도 있다는 것이다. 더욱이 땅의 덕이 지배하는 세계는 어두운 음(陰)의 세계이다. 좋은 일보다는 재앙이 닥칠 가능성이 더 높다. 미리 경계하고 대비를 해놓아야 할 것이다. 다행히 아직은 어둠의 기운이 미약한 때이다.

直方大라. 不習无不利하니라.
<small>직 방 대　　불 습 무 불 리</small>

직방대(直方大)는 곧고 반듯하고 크다는 뜻이다. 곧 땅의 덕이 이러한 것처럼 사람 또한 자연스럽게 이러한 본성을 가지고 있다는 것이다. 누가 가르쳐 주지 않아도 새로 깨우치지 않아도, 태어날 때부터 누구나 이러한 덕을 갖추고 세상으로 나온다는 것이다. 그렇다면 땅의 덕이 곧고 반듯하고 크다는 것은 무엇을 말하는 것인가? 이는 땅이 올바른 원칙, 마땅한 의리, 넓은 포용력을 가지고 있다는 것이다. 그래서 불습무불리(不習无不利)라 말하는 것이니, 굳이 힘들여 익히려 하지 않아도 이롭지 않은 것이 없다는 뜻이다.

이 구절은 성공적인 인생을 위한 처세의 원칙에 대해 말하는 것이 아니다. 이 구절에서 익히지 않아도 이롭다고 말하는 것은, 우리의 삶 또한 자연의 원리와 법칙 안에 포함되어 있으므로 이 자연의 섭리에 순응하며 살아야 한다는 의미이다. 우리의 인생에 대한 전폭적인 지지이자 격려의 말이라 할 만하다.

直 직 곧다, 바르다/ 고치다　**方 방** 모, 네모/ 바르다, 방정하다/ 방위, 방향/ 방법, 수단/ 바야흐로　**習 습** 익히다　**无 무** 없다

함 장 가 정　　혹 종 왕 사　　무 성 유 종
含章可貞이니 或從王事하여 无成有終이로다.

땅의 세계는 어둡고 축축한 음지(陰地)에 자리 잡고 있다. 그렇지만 군자는 정도(正道)의 당당한 뜻을 갈고닦아 공의(公義)를 지키고 공공선을 실현하기 위해 항상 힘을 쏟아야 한다.

함장가정(含章可貞)은 밝은 문장을 품고 있으니 올바름을 지킬 수 있다는 뜻이다. 여기서 장(章)자는 작게는 한 사람의 생각을 표현한 글을 가리키고, 크게는 한 나라의 문화와 학문의 총체를 담은 예악과 제도를 가리키는 글자이다. 이 구절은 곧 예악을 배워 학자로서의 인격을 닦고 제도를 익혀 전문 기술자로서의 능력을 쌓아나가면서도 정도의 원칙을 지키는 군자의 모습을 묘사하고 있는 것이다. 지금으로 치면 정치인, 고위 공직자, 학자, 공익 운동가 등을 비롯한 사회 지도층의 모습은, 이와 같아야 한다는 것이다.

혹종왕사(或從王事)는 간혹 군왕의 일을 따른다는 뜻이다. 예전이라면 군왕과 백성의 태평성대를 위해, 지금이라면 사회적 공익 증대를 위해 자신의 뜻과 능력을 펼친다는 것이다. 여기서 '간혹'이라고 말한 것은 늘 군왕을 따르고자 하는 마음을 가지고 있기는 하지만, 마침 때가 오면 능력을 펼치고 적절한 때를 만나지 못하면 능력을 펼치지 않는다는 것이다. 무성유종(无成有終)은 성과는 없지만 끝마침은 있다는 말이다. 자신의 성과를 내세우는 일이 없어야 진행시켜온 일을 성공적으로 마무리하여 유종(有終)의 아름다움을 거둘 수 있다는 것이다.

含 함 머금다/ 품다　**章 장** 밝다/ 글, 문장/ 모범, 본보기　**可 가** 옳다/ ~할 수 있다/ 가하다　**從 종** 좇다, 따르다/ 나아가다/ 모시다, 시중들다　**終 종** 마치다/ 끝내다/ (사람이)죽다/ 이루어지다/ 끝, 마지막/ 마침내

坤은 元亨利하고 牝馬之貞이니라.

땅의 덕은 원(元)과 형(亨)과 이(利)의 시절에 두루 통한다. 암컷 말이 끝까지 달려간다.

君子有攸往에 先迷後得하리니 主利하니라.

군자가 향하여 갈 곳이 있는데, 앞으로 나서면 길을 잃고 뒤에서 따르면 얻는다. 이로움을 주관한다.

西南得朋하고 東北喪朋이 安貞吉하니라.

서남쪽으로 가면 상생(相生)이니 벗을 얻고, 동북쪽으로 가면 상극(相剋)이니 벗을 잃는다. 편안한 마음으로 정도의 원칙을 지켜 나가면 길하다.

履霜하면 堅冰至하니라.

서리를 밟으면 딱딱한 얼음에 이른다.

直方大라. 不習无不利하니라.

곧고 반듯하고 크다. 힘들여 익히려 하지 않아도 이롭지 않은 것이 없다.

含章可貞이니 或從王事하여 无成有終이로다.

밝은 문장을 품고 있으니 올바름을 지킬 수 있다. 간혹 군왕의 일에 종사하여 성과는 없지만 아름다운 끝마침은 있다.

括囊이면 无咎无譽리라. 黃裳이니 元吉이리라.

자루를 꽉 묶으면 허물도 없고 명예로움도 없을 것이다. 황색 치마를 입었으니 크게 길할 것이다.

龍戰于野하니 其血玄黃이로다.

용들이 들판에서 전쟁을 벌이니 그 피가 하늘과 땅을 겸고 누렇게 물들인다.

利永貞하니라.

오래도록 고집스럽게 지켜야 이롭다.

괄 낭　　　무 구 무 예
括囊이면 无咎无譽리라.

　괄낭(括囊)은 자루를 꽉 묶는다는 뜻이고, 무구무예(无咎无譽)는 허물도 없고 명예로움도 없다는 뜻이다. 어두운 곤괘의 세상은 시간이 지나면서 조금씩 밝아진다. 하지만 이럴 때는 말을 더욱 조심해야 할 때다. 자루를 꽉 묶는다는 것은 입과 귀를 닫고 쓸데없는 말을 내뱉거나 뜬소문을 옮기거나 하지 않는다는 것이다. 이렇게 자루 속의 말을 신중히 하면 고난을 겪을 일도 없지만 명예를 얻을 가능성도 줄어든다. 이처럼 이 구절은 흔히 말을 경계하라는 의미로 읽힌다.

　그렇지만 이 구절에서 자루 속에 들어 있는 것은 실제의 금전일 수 있다. 자루 속에 들어있는 것이 금전이라면 이 금전 또한 말처럼 신중하게 다뤄야 한다. 실권을 가진 정치인이라면 자신의 실권이 돈과는 다른 주머니(囊)에 들어 있다는 점을 인식해야 한다. 권력과 부는 같은 주머니에 들어 있는 것이 아니다. 뇌물 수수 사건에 연루된 정치인의 추문이 드물지 않은 것은, 이 권력과 부의 경계를 구분하지 못했기 때문이다. 정치인이라면 주머니를 꽉 묶고 풀지 말아야 한다.

　그러나 큰 부자나 자산가라면 사정이 다르다. 부자, 자산가가 추구해야 할 가치는 명예로움인데, 주머니를 꽉 묶는 인색함으로는 명예로움을 얻을 수 없다. 이와 같은 절약은 그 자체로 허물이 되는 것은 아니지만(无咎) 이 때문에 명예도 얻을 수 없다는(无譽) 것이다. 맹목적으로 돈에 집착하는 일을 경계한 말이라 할 수 있다.

括 괄 묶다　囊 낭 주머니, 주머니에 넣다/ 자루, 자루에 넣다　譽 예 명예/ 기리다, 칭찬하다, 가상히 여기다

^{황 상} ^{원 길}
黃裳이니 元吉이리라.

황상,원길(黃裳,元吉)은 황색 치마를 입었으니 크게 길하다는 뜻이다. 여기서 황색 치마란 무슨 의미일까? 황색(黃)은 오행의 방위로 보면 중심에 해당하고 중용의 덕을 상징한다. 치마는 아래로 두루 펼쳐지는 모습으로 아랫사람에게 도움을 베푸는 일이나 두루 협력하는 일을 비유한다. 그러므로 황색 치마는 곧 중용의 덕을 바탕으로 한 희생과 협력을 의미한다. 이것이야말로 실권을 가진 군자의 길이자 모든 사람들이 추구해야 할 가치다.

얄팍한 지식을 바탕으로 득세하는 일이나, 돈을 벌고도 사리사욕에만 집착하는 불미스러운 삶이 아니라 자기 자리를 지키면서도 많은 이들에게 도움을 주는 삶이 가장 길하다고, 이 구절은 말하고 있는 것이다.

^{용 전 우 야} ^{기 혈 현 황}
龍戰于野하니 其血玄黃이로다.

용전우야(龍戰于野)는 용들이 들판에서 전쟁을 벌인다는 뜻이고, 기혈현황(其血玄黃)은 전쟁을 벌이는 용들의 피가 하늘을 검게 물들이고 땅을 누렇게 뒤덮는다는 뜻이다. 이는 땅(坤)의 어둠이 극한에 달해 참혹한 결과를 낳는 모습을 묘사한 것이다. 인격적인 품성을 수련하는 일은 도외시한 채, 오로지 지식이나 기술, 무술만을 연마한 소인배들이 득세하여 서로의 힘을 뽐내며 오만하게 경쟁할 때 이와 같은 일이 벌어진다. 하지만 피를 흘리는 것은 이들만이 아니다. 이와 같은 전쟁은 땅 위의 산천초목을 불태우고 평범

黃 황 누렇다/ 누런빛/ 황금/ 누런 패옥/ 황제(皇帝) 裳 상 치마 元 원 크다, 크게/ 근원, 근원적으로/ 처음/ 으뜸/ 시초 戰 전 싸움, 싸우다/ 전쟁 于 우 어조사(~에, ~에서, ~부터) 野 야 들/ 성 밖/ 촌스럽다
其 기 그, 그것/ 나, 자신 玄 현 아득하다/ 검다, 검붉다/ 깊다, 고요하다/ 오묘하다

한 사람들 또한 공포에 떨게 만든다.

이 구절은 아무리 좋은 때라도 극한에 이르면 뒤집힌다는 통찰을 담고 있다. 좌우로 진자 운동을 하며 흔들리는 추(錘)는 한쪽 끝에 이르면 반드시 방향을 바꾼다. 어둠이 끝에 이르면 희미한 빛이 나타나고, 성공이 끝에 이르면 실패의 조짐이 나타나며, 땅이 끝에 이르면 하늘의 끝이 나타나는 것이다.

이 영 정
利永貞하니라.

이영정(利永貞)은 오래도록 고집스럽게 지켜야 이롭다는 뜻이다. 이제 땅(坤)의 덕이 마지막에 이르렀고 앞으로 무슨 일이 일어날지는 알 수 없다. 그렇다고 앞으로 다가올 일을 막을 수 있는 것도 아니다. 그러므로 이럴 때일수록 앞의 구절에서 설명한 바, 땅의 덕을 유지해 나가야 한다는 것이다. 곧 곧고 반듯하고 큰 자신의 본성을 찾아 이를 따르고, 학자로서의 실력을 쌓고 말을 신중하게 하며, 중용의 도를 바탕으로 행동해야 한다는 것이다.

숲의 나무들은 함께 태풍을 견딘다

건괘(乾卦)가 하늘의 도를 말한다면, 곤괘(坤卦)는 땅의 덕을 말한다. 하늘(乾)이 여명에서 황혼에 이르는 낮의 시간 동안 높고 환한 빛으로 세상의 모든 사물을 비춘다면, 땅(坤)은 황혼에서 여명에 이르는 밤의 시간 동안 어둡고 두툼한 품으로

永 영 길다/ 길게 하다/ (시간이) 오래다/ 읊다/ 길이, 오래도록

세상의 모든 사물을 포용한다.

하늘(乾)의 도가 밝음, 강함, 지배, 남자, 아버지, 군왕, 우두머리 등을 뜻한다면, 땅(坤)의 덕은 어둠, 부드러움, 순종, 복종, 여자, 어머니, 신하, 추종자 등을 뜻한다. 하지만 이 하늘의 도와 땅의 덕은 어떤 물리적인 실체를 가리키는 것이 아니다. 이 두 가지는 상호보완적인 개념이고 서로 힘을 합쳐 모든 사물을 낳고 변화를 이끌어낸다. 하늘이 창조의 근원이라면 땅은 이를 현실 속에서 실천해 내는 힘이다.

곤괘(坤卦)는 우리 인간이 어떻게 하면 좀더 현실적인 행복을 성취할 수 있는지를 말한다. 곤괘가 말하는 세계는 기본적으로 음(陰)의 기운이 지배하는 어둠의 세계이다. 자연의 섭리를 알지 못하는 사람들의 세계, 옥신각신 각축하며 서로의 목숨까지 빼앗는 약육강식의 세계, 예의와 염치를 알지 못하는 무뢰한(無賴漢)들의 세계인 것이다. 곤괘는 이러한 세계를 딱딱한 얼음과도 같은 세계라고 말한다. 이 세계는 "인생은 괴로움이 끝이 없는 고해(苦海)"라고 말하는 불교의 세계와도 닮아 있다. 우리 인간은 이 세계의 곳곳에서 견디기 힘든 고통과 극복하기 어려운 고난을 만난다.

그렇다면 어떻게 해야 하는가? 곤괘는 이 역경을 극복하기 위한 지혜를 제공한다. 하지만 이 지혜는 과학 기술을 극한으로 발전시켜온 합리성 내지는 이성과는 구별되는 것이다.

곤괘는 우선 자신감을 가지고 자연의 섭리를 찾으라고 권고한다. 우리 인간은 배우지 않고도 살아갈 수 있는 자연적인 힘을 이미 가지고 있다. 게다가 이 힘은 곧고 반듯하기까지 한 것이다. 서로 빼앗거나 죽이려 하지 않고 함께 공존하고자 하는 선(善)한 본성이 이와 같은 것이다. 이에 곤괘는 서로 다투는 상극(相剋)보다는 서로 격려하고 돕는 상생(相生)의 자세를 가져야 한다고 강조한다. 상생의 자세를 가지면 고난을 극복할 수 있을 뿐만 아니라 재물과 덕망까지 얻을 수 있다는 것이다.

무슨 일을 하든 부정을 저지르지 않고 정도의 원칙을 따라 행동하는 것도 매우 중요하다.

재물과 돈에 대한 〈주역〉의 태도는 이례적이다. 여타 문화권에서의 철학이나 종교와 달리, 심지어는 동양 문화권에서의 유가적 전통과도 달리, 〈주역〉은 재물과 돈에 대해 기본적으로 매우 긍정적인 태도를 가지고 있다. 하지만 맹목적으로 재물과 돈만 탐하거나 집착하는 일에 대해서는 경계한다. 곤괘는 돈자루의 비유를 통해 재물과 돈을 제대로 모으고 제대로 써야 한다고 말한다. 정치인이라면 돈자루의 입구를 묶어 바깥의 돈이 들어오지 못하도록 해야 하고, 부자나 자산가라면 돈자루의 입구를 열어 돈자루의 돈이 바깥으로 나가도록 해야 한다는 것이다.

숲의 나무들은 예의와 염치를 배우지 않아도 함께 자란다. 함께 가뭄과 태풍을 이겨내며 공존한다. 곤괘는 사람 또한 이와 같은 선한 본성을 가지고 있다고 말한다. 상생의 자세로 함께 나누며 살아갈 수 있다면 혼자서는 극복하기 어려운 많은 고난을 이겨낼 수 있다는 것이다.

3.둔屯괘 : 혼란스러움 속에서 나아갈 때

험난한 생성, 망설임, 새싹, 입문자, 구애자

_둔 _{원 형 이 정} _{물 용 유 유 왕} _{이 건 후}
屯은 元亨利貞하니라. 勿用有攸往이요 利建侯하니라.

둔(屯)은 혼란스러운 가운데 자리를 잡는다는 것이다. 하늘에서 천둥이 치고 비가 내릴 때 굳은 땅을 뚫고 새싹이 어렵게 올라온다는 말이며, 이로써 사물(事物)이 하늘과 땅 사이를 어지럽게 채운다는 말이다.

원형이정(元亨利貞)은 이 혼란스러움이 사물의 시초인 원(元)의 시절은 물론, 성장기인 형(亨)의 시절, 결실기인 이(利)의 시절, 마지막인 정(貞)의 시절에 이르기까지 끊임없이 이어진다는 말이다. 물용유유왕(勿用有攸往)은 앞으로 나아가지 말라는 뜻이다. 하늘과 땅 사이에 새싹이 생겨나는 때이므로 어린 새싹이 자라나기도 전에 뽑혀 나갈 수 있는, 위태로운 상황이다.

屯 **둔** 새싹이 땅을 뚫고 올라오는 모습/ 진, 진을 치다 **준** 어렵다/ 험난하다/ 많다, 무리를 이루다 攸 **유** 바(= 所)/ 곳, 장소 往 **왕** 가다/ 앞으로 나아가다/ (물품을) 보내다/ 향하다 / 과거, 옛날 建 **건** 세우다 侯 **후** 과 녁/ 제후

그래서 군자는 자신의 자리를 잡고 머물며 함부로 나아가서는 안된다고 말하는 것이다.

이건후(利建侯)는 과녁을 세우는 것이 이롭다는 뜻이다. 후(侯)자는 산기슭에 화살이 꽂혀 있는 모습을 나타낸 글자로, 과녁을 말한다. 그리고 이 구절에서 과녁은 군자가 삶의 목표로 삼는 뜻을 의미한다. 곧 혼란스러운 상황에서 자신의 자리를 지키며 삶의 원칙과 기준, 나아갈 길을 정립해야 한다는 말이다. 후(侯)자를 제후왕으로 보아 이 구절을, 제후왕을 세우는 것이 이롭다는 의미로 풀이하기도 한다. 곧 혼란스러운 상황에서는 자신이 믿고 따를 제후왕을 결정하는 것이 좋다는 의미이다. 제후왕은 일정한 영토를 가지고 그 백성을 다스리는 군사적, 경제적 책임자를 일컫는다.

반 환   이 거 정   이 건 후
磐桓이니 利居貞하며 利建侯하니라.

반환(磐桓)은 망설이며 앞으로 나아가지 못한다는 뜻이다. 혼란스러운 세상과 처음 맞닥뜨린 후 어찌할 바를 몰라 머뭇거리는 모습을 형용한 것이다. 이거정(利居貞)은 한곳에 자리를 잡고 은거하며 올바름을 지키는 것이 이롭다는 뜻이다. 곧 성급하게 어디론가 움직이려 하기보다는 자신의 자리를 잡고 자신이 세운 뜻을 고집스럽게 지켜야 한다는 것이다.

이건후(利建侯)는 앞의 구절에서와 마찬가지로 과녁을 세우는 것이 이롭다는 뜻이다. 그런데 여기서의 과녁은 군자가 도움을 얻을 수 있는 제삼자로 해석하는 것이 보통이다. 이 과녁은 곧 군자가 목표로 삼은 뜻일 뿐만 아니

磐 반 너럭바위/ 넓다/ 머뭇거리다   桓 환 굳세다/ 크다/ 머뭇거리다/ 푯말   居 거 살다, 거주하다/ 있다/ (한곳에) 자리 잡다/ 곳, 자리, 거처하는 곳

라, 군자의 뜻을 이루어 줄 수 있는 권력자 내지는 군자의 뜻을 이끌어 줄 수 있는 현자를 의미한다는 것이다. 세상이 혼란스러울 때는 이처럼 도움을 받을 수 있는 사람을 찾아, 따르며 의지하는 것이 좋다는 의미이다.

둔 여 전 여　　　　승 마 반 여　　　　　　비 구 혼 구　　　　　여 자 정 불 자
屯如邅如하며 乘馬班如하니라. 匪寇婚媾리니 女子貞不字라가
십 년 내 자
十年乃字로다.

둔여전여(屯如邅如)는 제자리에서 머뭇거리는 듯하다가 곧이어 여기저기 떠돌아다니는 듯하다는 뜻이다. 곧 어쩔 줄 몰라 하면서도 조금씩 주변을 살펴보기 시작한다는 말이다. 승마반여(乘馬班如)는 수레를 끄는 말들이 서로 갈라지는 듯하다는 뜻이다. 여기서 승마(乘馬)는 마차를 끄는 네 마리의 말을 뜻하고, 반(班)은 이 네 마리의 말이 서로 나누어져 다른 방향으로 가려 한다는 것을 뜻한다. 어디론가 나아가고자 해도 말들이 힘을 합치지 못하면 나아갈 수 없다는 의미이다.

비구혼구(匪寇婚媾)는 도적이 아니라 화친을 구하려는 구혼자들이 온다는 뜻이다. 곧 혼란을 벗어나고자 하는 군자에게 혼인 동맹을 구하는 외부 세력이 나타난다는 것이다. 여자정불자(女子貞不字)는 여자가 고집을 지켜 잉태하지 못한다는 뜻이고, 십년내자(十年乃字)는 십년 만에 잉태한다는 뜻이다. 곧 여자 측인 군자의 세력이 구혼자들에게 결혼을 허락하지 않다가 십년이 지나서야 결혼을 허락한다는 말이다. 이는 군자가 당장은 혼인 동맹을

如 여 같다/ 모습을 나타내는 어조사(~듯하다)　邅 전 머뭇거리다/ 떠돌아다니다　乘 승 타다/ 오르다/ 수레/ 넷　班 반 나누다/ 이별하다/ 벌려 서다　匪 비 비적/ 아니다　寇 구 도둑, 도적　婚 혼 혼인하다　媾 구 화친하다　貞 정 고집스럽게 지키다/ 곧다/ 올바르다/ 정조/ 점치다　字 자 글자/ 아이를 배다/ 기르다, 양육하다　乃 내 이에/ 비로소/ 겨우

맺을 때가 아니라고 여기기 때문이다.

이 구절의 말들은 혼란스러운 세상과 맞닥뜨린 군자의 처신을 묘사한다. 둔여전여(屯如邅如)와 승마반여(乘馬班如)는 군자가 안절부절못하면서도 혼란에서 벗어나는 길을 모색해 가는 모습을 표현한 것이다. 그리고 비구혼구(匪寇婚媾) 이하의 구절은, 군자가 외부적인 영향에 대해서도 신중하게 처신하고자 하는 모습을 나타낸 것이다.

<ruby>卽<rt>즉</rt></ruby><ruby>鹿<rt>록</rt></ruby><ruby>无<rt>무</rt></ruby><ruby>虞<rt>우</rt></ruby>하여 <ruby>惟<rt>유</rt></ruby><ruby>入<rt>입</rt></ruby><ruby>于<rt>우</rt></ruby><ruby>林<rt>림</rt></ruby><ruby>中<rt>중</rt></ruby>이라. <ruby>君<rt>군</rt></ruby><ruby>子<rt>자</rt></ruby><ruby>幾<rt>기</rt></ruby>,<ruby>不<rt>불</rt></ruby><ruby>如<rt>여</rt></ruby><ruby>舍<rt>사</rt></ruby>니 <ruby>往<rt>왕</rt></ruby><ruby>吝<rt>린</rt></ruby>하리라.

즉록무우(卽鹿无虞)는 사슴에게 다가가는데 사냥꾼이 없다는 뜻이고, 유입우림중(惟入于林中)는 오로지 숲속으로 들어가기만 한다는 뜻이다. 여기서 우(虞)자는 산림과 짐승 사냥을 담당하는 관리인 우인(虞人)을 가리키는 글자이다. 곧 군자가 사냥감을 쫓아가면서 지나치게 욕심을 부려서 노련한 사냥꾼으로부터 도움을 받을 수 없는 곳까지 간다는 말이다. 혼란스러운 상황에서는 함부로 움직여서는 안되는데도 조심성 없이 홀로 움직이다가 어려움에 처한다는 것이다.

군자기,불여사(君子幾,不如舍)는 군자가 낌새를 살피는 것은 포기하는 것만 같지 못하다는 뜻이다. 곧 군자가 사냥꾼의 도움도 없이 스스로 사냥감의 낌새를 살피는 것은 사냥감을 포기하는 일보다 못하다는 말이다. 왕린(往吝)은 계속 앞으로 나아가면 궁색해진다는 뜻이다. 군자가 홀로 사냥하는 일을 계속해 나가는 것은 좋지 않다는 말이다. 혼란스러운 상황과 맞닥뜨렸을 때

卽 즉 곧/ 가깝다/ 나아가다 鹿 록 사슴 虞 우 헤아리다/ 산림 및 사냥 담당 관인, 우인 惟 유 오로지/ 생각하다, 사려하다 幾 기 기미, 기미를 알다/ 낌새, 낌새를 살피다/ 몇/ 거의 舍 사 집/ 여관/ 버리다, 포기하다 吝 린 궁색하다/ 인색하다/ 옹색하다/ 아끼다/ 부끄럽다

屯은 元亨利貞하니라. 勿用有攸往이요 利建侯하니라.

혼란스러움이 원(元)의 시절에서 형(亨)과 이(利)와 정(貞)의 시절에 이르기까지
끊임없이 이어진다. 앞으로 나아가지 말라. 과녁을 세우는 것이 이롭다.

磐桓이니 利居貞하며 利建侯하니라.

망설이며 앞으로 나아가지 못한다. 한곳에 자리를 잡고 은거하며 올바름을
지키는 것이 이롭고, 과녁을 세우는 것이 이롭다.

屯如邅如하며 乘馬班如하니라. 匪寇婚媾리니
女子貞不字라가 十年乃字로다.

제자리에서 머뭇거리다가 곧이어 여기저기 떠돌아다닌다. 수레를 끄는 말들이
서로 갈라진다. 도적이 아니라 혼인으로 화친을 구하려는 구혼자들이 온다.
여자가 고집을 지켜 잉태하지 못하다가, 십년 만에 잉태한다.

卽鹿无虞하여 惟入于林中이라. 君子幾,不如舍니
往吝하리라.

사슴에게 다가가는데 사냥꾼이 없어 오로지 숲속으로 들어가기만 한다.
군자가 낌새를 살피는 것은 포기하는 것만 같지 못하니, 계속 앞으로 나아가면
궁색해질 것이다.

乘馬班如하니 求婚媾하여 往하면 吉하여 无不利하리라.

수레를 끄는 말들이 갈라서는 것과 같다. 혼인으로 화친하려는 세력을 구하여,
앞으로 나아가면 길하고 이롭지 못할 것이 없을 것이다.

屯其膏니 小貞吉하고 大貞凶하니라.

그 은택을 베푸는 일에 혼란스러움이 있다. 작은 일에서 올바름을 지키면
길하지만, 큰 일에서는 올바름을 지켜도 흉하다.

乘馬班如하니 泣血漣如로다.

수레를 끄는 말들이 갈라서는 것과 같다. 피눈물이 물결처럼 흐른다.

에는 경험 많은 협력자를 찾아 도움을 받는 것이 좋고 독단적으로 행동하는 것은 좋지 않다는 것이다.

승마반여 　　　구혼구 　　왕 　길무불리
乘馬班如하니 求婚媾하여 往하면 吉无不利하리라.

승마반여(乘馬班如)는 수레를 끄는 말들이 갈라서는 것과 같다는 뜻이다. 또한 군자가 새로운 일을 도모하기 위해 수레에 오르지만 말들이 서로 갈라지는 바람에 나아가지 못하고 도로 수레에서 내려온다는 말이다. 여기서 말들이 서로 갈라진다는 것은 군자의 세력 내부에 분열이 일어난다는 의미를 함축하고 있다.

구혼구(求婚媾)는 혼인으로 화친하려는 세력을 구한다는 뜻이다. 곧 혼인 동맹을 통해 외부에서 힘을 합칠 세력을 찾으려 한다는 의미이다. 왕,길무불리(往,吉无不利)는 앞으로 나아가면 길하고 불리할 것이 없다는 뜻이다. 곧 외부에서 협력자를 찾는 것도 좋은 일이라는 것이다.

둔기고 　　소정길 　　대정흉
屯其膏니 小貞吉하고 大貞凶하니라.

둔기고(屯其膏)는 그 은택을 베푸는 일에 혼란스러움이 있다는 뜻이다. 곧 군왕이 자신의 권력과 재물을 백성들에게 베푸는 일에 어려움이 있다는 말이다. 이는 주변에 군왕을 돕는 신하가 없기 때문이기도 하고, 또한 베풀고자 하는 군왕의 의지가 약하기 때문이기도 하다.

소정길,대정흉(小貞吉,大貞凶)은 작은 일에서 올바름을 지키면 길하지만,

膏 고 기름/ 살진 고기/ 은혜(恩惠), 은혜를 베풀다/ 기름지다/ 기름지게 하다　凶 흉 흉하다/ 흉악하다, 사악하다/ 해치다/ 운수가 나쁘다

큰일에서는 올바름을 지켜도 흉하다는 뜻이다. 평소에 은택을 베풀지 못한 군왕은 작은 일에서는 원리원칙에 따라 일을 처리함으로써 성공을 거둘 수 있지만, 큰일을 처리할 때는 원리원칙에 따라 일을 처리해도 오히려 큰 재앙을 부르고 만다는 것이다. 여기서 큰일이란 나라의 제사나 적과의 전쟁과 같은 일을 가리키고, 작은 일은 가정을 꾸리거나 아이들을 가르치는 것과 같은 일들을 가리킨다.

<ruby>乘<rt>승</rt></ruby><ruby>馬<rt>마</rt></ruby><ruby>班<rt>반</rt></ruby><ruby>如<rt>여</rt></ruby>하니 <ruby>泣<rt>읍</rt></ruby><ruby>血<rt>혈</rt></ruby><ruby>漣<rt>연</rt></ruby><ruby>如<rt>여</rt></ruby>로다.

승마반여(乘馬班如)는 또한 수레를 끄는 말들이 갈라서는 것과 같다는 뜻이다. 여전히 군자의 세력 내부에서는 분열이 일어나고 외부의 협력자도 얻지 못한 상황이라는 의미이다. 절망스러운 상황에 몰려 있는데도 벗어날 방법은 어디에도 없다는 것이다. 읍혈연여(泣血漣如)는 피눈물이 물결처럼 흐른다는 뜻이다. 혼란스러운 세상과 맞닥뜨려 겪는 고통이 극에 달한다는 것이다.

사냥꾼의 도움을 받지 않는 사냥 초보자는 길을 잃는다

둔괘(屯卦)는 혼란스러운 세상에 맞닥뜨려 고통을 당하는 군자의 이야기이다. 둔(屯)자는 하늘에서 비가 내릴 때 굳은 땅을 뚫고 올라오는 초목의 새싹을 나타내는 글자이다. 새싹이 초목으로 성장하기까지 하늘과 땅 사이에서 온갖 고난을 겪어

泣 읍 울다   漣 연 잔물결/ 눈물 흘리다

야 하듯이, 군자 또한 이처럼 온갖 고난을 겪어야 한다.

그렇다면 이 고난을 극복하기 위해서는 어떻게 해야 하는가? 둔괘에 따르면, 군자는 우선 삶의 목표인 뜻을 세워야 한다. 또한 자신의 목표를 이루어줄 군왕이나 현자로부터 도움을 받아야 한다. 혼란스러움에서 벗어나기 위해서는 혼인 동맹을 통해 외부의 협력자를 찾을 수도 있고, 사냥터에서 사냥꾼의 도움을 받는 것처럼 경륜 있는 조력자를 찾을 수도 있다. 독단적으로 나서 함부로 행동하는 일은 가능한 한 삼가는 것이 좋다. 그래야 혼란스러움이 극에 달할 때 피눈물을 흘리며 후회하는 일을 없앨 수 있다는 것이다.

그런데 이와 같은 둔괘의 말들은, 또한 다른 방식으로 읽는 것도 가능하다. 〈주역〉의 말들은 기본적으로 음(陰)의 기운과 양(陽)의 기운의 조화로운 관계에 대한 것이다. 그리고 이 음양의 관계에 대한 말은 단지 음양의 관계에만 국한되는 것이 아니다. 이 말들은 언제나 군왕과 백성, 군자와 소인, 남자와 여자, 남편과 아내, 윗사람과 아랫사람, 친구와 친구의 관계에 대한 것으로 확대될 수 있는 것이다.

둔괘(屯卦)에서도 마찬가지이다. 둔괘는 험난함 속에서 움직이는 군자의 이야기이다. 필자도 이러한 관점에서 이 둔괘의 말들을 해석했다. 하지만 이 말들은 또한 혼란스러운 사랑의 감정과 맞닥뜨려 어려움을 당하는 청년의 이야기를 다룬 것으로 볼 수 있다. 이렇게 볼 때, 새싹을 나타내는 둔(屯)자는 곧 사랑에 빠진 청년을 상징하는 것이다. 둔,원형이정(屯,元亨利貞)이란 또한 청년의 사랑이 각각 사랑의 근원, 첫사랑, 사랑의 결실, 이별의 과정을 거친다는 의미이다. 망설이며 앞으로 나아가지 못한다는 뜻의 반환(磐桓)은, 사랑의 감정에 빠져 어찌할 바를 모르는 청년의 모습을 묘사한 것이다. 수레를 끄는 말들이 서로 갈라진다는 뜻의 승마반여(乘馬班如)는, 이성에게 다가가기 위해 네 마리의 말이 끄는 수레까지 준비하지만 그 이상 더 다가가지도 못하고 돌아오지도 못하는 청년의 마음을 나타낸다.

사냥꾼 없이 사슴에게 다가간다는 뜻의 즉록무우(卽鹿无虞)는, 사랑에 대해 냉정하게 조언해줄 조력자 없이 다만 아름다운 이성에게 온통 마음을 빼앗기는 일을 말한다. 물론 이런 사랑의 결과는 깊은 숲속에서 길을 잃는 것처럼 난감하기만 할 것이다. 피눈물이 물결처럼 흐른다는 뜻의 읍혈연여(泣血漣如)는 사랑의 파국을 맞이한 청년의 비탄을 가리킨다.

뿐만이 아니다. 둔괘의 이야기는 기업을 이끌어 가는 사장의 이야기일 수도 있다. 혼란스러운 기업 환경에 맞서는 사장은 머뭇거리며 방황하는 대신 힘을 기르며 기회를 엿보아야 한다는 것이다. 그리고 권력자로부터 도움을 받아야 한다는 것이고, 기업 내외부의 경험 많은 인물들로부터 조언을 들어야 한다는 것이다. 야심차게 도전한 사업에서 파국을 맞아 피눈물을 흘릴 때도 있다는 것이다.

이처럼 둔괘는 혼란스러움 상황에 부딪힌, 모든 사람들에 대한 이야기이다. 혼란스러운 상황에서 어찌할 바를 모르고 여기저기를 떠돌아다니는 이들, 힘 있는 권력자나 지혜로운 현자의 도움이 필요한 이들, 혼란스러움을 겪지 않는 외부자나 경험 많은 인물의 조언을 얻어야 할 이들, 그럼에도 불구하고 파국을 맞이하고 마는 이들에 대한 이야기이다.

4.몽蒙괘 ; 스스로 깨우치는 공부의 힘

어리석은 어린아이, 교사, 학생, 몽매, 교육, 공부

_몽 _형 _{비 아 구 동 몽} _{동 몽 구 아}
蒙은 亨하니라. 匪我求童蒙이요 童蒙求我니라.

 몽(蒙)은 아직 어리석고 무지몽매한 어린아이, 또는 이러한 어린아이를 가르치는 교육을 말한다. 몽(蒙)자는 무언가에 덮여 있어 아직 어두운 상태를 의미하는 글자이다. 몽,형(蒙,亨)은 이 어린아이 교육은 형(亨)의 시절인 성장기에 이루어진다는 말이다. 교육이 가장 중요한 시기가 원형이정(元亨利貞)의 시절 가운데 유아기에서 청년기에 이르는 형의 시절임을 말한 것이다.

 계몽(啓蒙)이라는 단어의 '몽(蒙)자'가 바로 이 구절에서 나온 것이다. 계몽은 "어리석은 어린아이처럼 지식수준이 낮거나 인습에 젖어 있는 사람들을 가르쳐 깨우친다"는 뜻이다. 〈격몽요결(擊蒙要訣)〉이나 〈동몽선습(童蒙先習)〉과 같은 조선조의 어린이책 제목에 쓰인 몽자 또한 여기에서 나온 것이다.

蒙 몽 어리석다/ 어리석은 어린아이/ 덮다 匪 비 아니다/ 비적 童 동 어린아이

비아구동몽(匪我求童蒙)은 내가 어리석은 어린아이를 구하는 것이 아니라는 뜻이고, 동몽구아(童蒙求我)는 어리석은 어린아이가 나를 구하는 것이라는 뜻이다. 교육자가 나서서 어리석은 어린아이를 억지로 가르치려고 해서는 안되고, 어린아이가 배우고자 하는 뜻을 가지고 있어야 한다는 것이다. 교육은 어린아이의 능동적인 자발성이 있을 때 효율적으로, 그리고 최대한으로 이루어질 수 있다. 자연적 존재로서 우리 인간은 태어날 때부터 배울 수 있는 능력을 가지고 있다. 그렇다면 중요한 것은 어린아이가 스스로 자신의 능력을 깨달을 수 있도록 기다려 주는 것이다.

초 서 고　　재 삼 독　　　독 즉 불 고　　　이 정
初筮告요 再三瀆이니 瀆則不告니라. 利貞하니라.

초서고(初筮告)는 처음 점을 치면 알려준다는 뜻이다. 어리석은 어린아이가 처음으로 점을 치듯이 무엇인가를 알고 싶어 하면 인위적인 교육 체계를 통해 어린아이를 가르치려 하지 않아도 자연의 섭리가 이를 알려준다는 말이다. 재삼독(再三瀆)은 두 번째와 세 번째는 더럽히는 것이라는 뜻이고, 독즉불고(瀆則不告)는 더럽히면 알려주지 못한다는 뜻이다. 곧 자연의 섭리가 그것을 알려주었음에도 불구하고 두 번, 세 번 질문을 반복하는 것은 자연의 가르침을 더럽히는 일이다. 그러므로 이런 경우에는 자연이 그 질문에 대한 답을 줄 수 없다는 것이다.

사실 여러 번 질문한다는 것은 배우고자 하는 어린아이의 공부가 오래 계속되었다는 의미이다. 그런데도 왜 이를 가르침을 더럽힌다고 말하는 것인

初 초 처음　筮 서 점, 점을 치다　告 고 알리다/ 깨우쳐 주다　再 재 거듭/ 둘/ 거듭하다/ 두 번 하다　瀆 독 더럽히다/ 도랑

가? 이는 처음 질문을 던질 때의 순수함이 공부의 기간이 길어지면서 억압당하거나 왜곡되기까지 하는 경우가 많기 때문이다. 인위적인 교육 체계가 이 사이에 오히려 어린아이의 눈과 귀를 막아버리는 것이다. 두 번 세 번 질문하면 알려주지 않는다는 것은 그러므로, 이처럼 순수하지 않은, 왜곡된 질문에 대해서는 자연이 더 이상의 가르침을 주지 않는다는 뜻이다. 가르쳐 주어도 소용이 없다는 말이다.

이정(利貞)은 올바름을 지키는 것이 이롭다는 뜻이다. 곧 어린아이를 가르치는 일은 어린아이의 순수함을 더럽히는 경우가 많으므로 이를 한번 더 경계한 말이다. 이(利)자는 이(利)의 시절을 의미하는 글자인데 여기서 이롭다는 의미로 해석하는 것은, 사물의 결실기에는 모든 것이 이로움을 얻는다고 볼 수 있기 때문이다. 또한 정(貞)자는 정(貞)의 시절을 의미하는 글자인데 여기서 올바름을 지킨다고 해석하는 것은, 사물의 완성기에는 지혜롭게 정도의 원칙을 지켜나간다고 여기기 때문이다.

발 몽　　이 용 형 인　　　용 탈 질 곡　　　이 왕　　　　인
發蒙은 利用刑人이니 用說桎梏하여 以往이면 吝하니라.

발몽(發蒙)은 어리석음을 드러낸다는 뜻이다. 어리석은 어린아이를 가르치는 교육의 첫걸음은 어린아이가 스스로 자신이 얼마나 어리석은지, 알지 못하는 부분이 무엇인지를 알 수 있도록 해주어야 한다는 것이다.

이용형인(利用刑人)은 형인을 쓰는 것이 이롭다는 뜻이다. 형인(刑人)은 형벌 집행을 담당하는 관원이니 지금으로 치면 판검사나 경찰이라고 할 수

發 발 피다/ 쏘다/ 드러내다　刑 형 형벌/ 형벌하다/ 죽이다　說 탈 벗다 설 말하다　桎 질 차꼬/ 족쇄/ 차꼬를 채우다/ 자유를 속박하다　梏 곡 수갑/ 쇠고랑/ 수갑으로 묶다/ 쇠고랑으로 채우다/ 붙잡다

있다. 적절한 처벌을 통해 어리석은 점이 무엇인지와 무엇을 잘못 알고 있는지를 구별할 수 있도록 해야 한다는 것이다. 용탈질곡(用說桎梏)은 차꼬와 수갑을 벗겨주어야 한다는 뜻이니, 처벌을 지나치게 해서 자유로움을 제한하는 데에 이르러서는 안된다는 것이다. 이왕,린(以往,吝)은 이로써 계속 앞으로 나아가면 옹색해진다는 뜻이다. 곧 자유로움을 제한하는 차꼬와 수갑을 가지고 교육을 계속하고자 하면 어려움에 처한다는 의미이다.

그렇지만 이와 같은 처벌을 통한 가르침은, 교육의 첫 단계에서 사용할 수는 있어도 높은 수준의 교육 방법은 아니다. 세상의 이익을 추구하는 교육으로 작은 성취를 이룰 수는 있을지 모르지만 인격적인 완성을 이룬 성공적인 지도자를 배출하기는 힘들다. 그래서 이대로 계속하면 곤란한 지경에 이를 것이라고 말하는 것이다.

포 몽　　길　　　　납 부　　길　　　자 극 가
包蒙은 吉하니라. 納婦는 吉이니 子克家하리라.

포몽,길(包蒙,吉)은 어리석음을 포용하면 길하다는 뜻이다. 곧 공감하고 배려하는 인화(仁和)로써 상대방을 껴안아서 가르친다는 것이다. 집안이든 기업이든 조직이든, 이런 도리로 교화할 수 있다면 길할 수밖에 없다.

납부,길(納婦,吉)은 부인에게 집안의 운영권을 맡기면 길하다는 뜻이다. 곧 부인을 집안의 가장 중요한 구성원으로 받아들여, 부인으로 하여금 경제적인 문제를 비롯한 집안의 대소사를 처리하도록 하면 집안이 편안해질 것이라는 의미이다. 자극가(子克家)는 아들이 집안일의 어려움을 극복한다는

包 포 포용하다/ 싸다/ 꾸러미　納 납 들이다/ 수확하다/ 받다, 받아들이다　婦 부 아내/ 며느리　克 극 이기다/ 극복하다/ 할 수 있다

뜻이다. 아들이 아버지의 인화를 보고 배우면, 설혹 어려운 일이 있더라도 집안 사람들을 포용하여 이끌어 나갈 수 있다는 것이다.

물 용 취 녀   견 금 부   불 유 궁   무 유 리
勿用取女니 見金夫하고 不有躬하여 无攸利하니라.

물용취녀(勿用取女)는 여자를 취하지 말라는 것이다. 견금부(見金夫)는 남자를 돈으로 본다는 뜻이고, 불유궁(不有躬)은 자신의 몸을 간직하지 못한다는 뜻이다. 무유리(无攸利)는 이로울 일이 없다는 뜻이다. 모든 여자를 취해서는 안된다고 말하는 것이 아니라, 남자를 돈으로 보고 돈이 없어지면 변심해 버리는 여자를 취하지 말라는 의미이다.

어리석음을 깨우치는 어린아이가 경계해야 할 일은 각종 유혹에 휘둘리는 것이다. 특히 이성의 유혹은 큰 방해가 된다. 열심히 공부해야 할 때에 이성에게 빠지면 성공을 이루기 힘들다. 어린아이의 교육에 대해 말하는 몽괘(蒙卦)에서 이성 문제를 이야기하는 것은 이와 같은 이유에서이다.

곤 몽   인
困蒙은 吝하니라.

공부하기 싫어하는 어린아이를 억지로 데려다 가르치는 것은 효과가 없다. 그래서 곤몽,린(困蒙,吝)이라고 말하는 것이니 어린아이를 곤란하게 하면 막힌다는 뜻이다. 적성에 맞지 않는 공부를 강요에 못이겨 하도록 하는 것, 경제적으로 어려운 상황에서도 교육에 집착하는 것 따위가 이러한 경우에 해당할 것이다.

이 구절은 이른바 공부와 교육의 방법론에 대한 가르침으로 읽어도 좋을

取 취 취하다   有 유 있다/ 간직하다   躬 궁 몸/ 자신/ 몸소 행하다   困 곤 괴롭다/ 곤란하다

蒙은 亨하니라. 匪我求童蒙이요 童蒙求我니라.

어린아이 교육은 성장기인 형(亨)의 시절에 이루어진다. 내가 어리석은
어린아이를 구하는 것이 아니라, 어리석은 어린아이가 나를 구하는 것이다.

初筮告요 再三瀆이니 瀆則不告니라. 利貞하니라.

처음 점을 치듯이 알고 싶어 하면 알려준다. 두 번째와 세 번째는 더럽히는
것이니, 더럽히면 알려주지 않는다. 올바름을 지키는 것이 이롭다.

發蒙은 利用刑人이니 用說桎梏하여 以往이면 吝하니라.

어리석음을 드러내는 일은 형인(刑人)을 쓰는 것이 이롭다. 차꼬와 수갑을
벗겨주어야 하며, 차꼬와 수갑을 써서 계속 앞으로 나아가면 옹색해진다.

包蒙은 吉하니라. 納婦는 吉이니 子克家하리라.

어리석음을 포용하면 길하다. 부인에게 집안의 운영권을 맡기면 길하다.
아들이 집안일의 어려움을 극복할 것이다.

勿用取女니 見金夫하고 不有躬하여 无攸利하니라.

여자를 취하지 말라. 남자를 돈으로 보고 자신의 몸을 간직하지 못한다.
이로울 일이 없다.

困蒙은 吝하니라.

어린아이를 곤란하게 하면 막힌다.

童蒙은 吉하니라.

어린아이가 스스로 깨우치도록 하는 일은 길하다.

擊蒙은 不利爲寇하고 利禦寇하니라.

어리석음을 깨뜨리는 일에서는, 도적을 위하는 것은 이롭지 않고 도적을
제어하는 것이 이롭다.

것이다. 요즘으로 말하면, 어린아이들에게 억지로 참고서와 문제집을 풀도록 만드는 일, 밤잠도 제대로 재우지 않고 학원을 보내는 일은 바람직하지 않다는 것이다. 이렇게 하기보다는 자연의 섭리를 먼저 익히고 인간 세상의 원리에 대해 함께 고민한다면 진짜 공부의 세계로 나아가게 할 수 있다는 것이다.

童^동蒙^몽은 吉^길하니라.

동몽,길(童蒙,吉)은 어린아이가 스스로 깨우치도록 하는 교육은 길하다는 뜻이다. 어린아이가 스스로 깨우치도록 하는 동몽은 억지로 가르치는 곤몽과 달리 막히는 부분이 없고 교육의 효과도 비교할 수 없을 만큼 좋다.

이 동몽은 어린아이가 세상에 대한 순수한 호기심을 간직하도록 한다. 목적이나 실용성을 염두에 두지 않는 교육, 오직 자연스러운 궁금증으로 가득한 의문의 세계에서 답을 찾도록 하는 교육이 동몽이다. 어린아이의 공부는 인위적인 학문을 위한 책이나 강의를 통해서 이루어지는 것이 아니다. 자연의 변화가 저절로 닥쳐와서 이루어지는 것이다. 어린아이의 순수함이야말로 천지(天地)와 교감하고 사계절의 변화에 동화되기 위한 필수 조건이다.

擊^격蒙^몽은 不^불利^리爲^위寇^구하고 利^이禦^어寇^구하니라.

지금까지 여러 형태의 교육을 말하면서 최종적으로 동몽의 중요성을 강조했다. 그런데 이들 교육은 기본적으로 개인적인 학습이나 수양의 차원에서

擊 격 치다/ 부딪히다/ 공격하다/ 배나 수레가 질서 있게 나아가다 　寇 구 도적/ 떼를 지어 다니며 재물을 약탈하는 사람들 　禦 어 막다/ 제어하다/ 대비하다/ 지키다

이루어진 것이다. 동몽을 향해 치열하게 정진하든, 출세를 위해 피땀을 흘리든, 곤몽을 선택하든 말든 모두 개인적인 선택의 문제인 것이다. 하지만 교육은 백년지대계라는 말이 있듯이 한 사회의 교육을 개인의 차원에만 맡겨둘 수는 없다. 공동체를 유지해 가기 위해서는 모든 구성원들에 대한 기초적인 교육이 반드시 필요하다.

이것이 이 몽괘가 격몽(擊蒙)을 말하는 까닭이다. 격몽은 어리석음을 깨뜨린다는 뜻이니, 인위적으로 행과 열을 맞추도록 하는 교육을 말한다. 여기서 교육의 목적은 구성원들로 하여금 공동체의 전통과 문화를 체득하고, 공동체의 도덕 규범과 제도화된 법을 지키도록 만드는 것이다.

불리위구(不利爲寇)는 도적을 위하는 일은 이롭지 않다는 뜻이고, 이어구(利禦寇)는 도적을 제어하는 것이 이롭다는 뜻이다. 여기서 도적이란 실제로 남의 것을 빼앗는 도적을 가리키기도 하지만, 사람들의 마음속에 있는 도둑과도 같은 마음을 가리키기도 한다. 곧 격몽을 통해 기본적인 의무교육을 실시함으로써 공동체 구성원 모두가 마음속에 이와 같은 도덕 규범을 갖추도록 해야 한다는 것이다.

억지로 하는 공부는 공부가 아니다

교육은 모든 시대의 가장 큰 문제요, 결코 놓을 수 없는 화두다. 예나 지금이나 사람들은 좋은 대학, 좋은 직장을 원하고 교육에 돈과 권력으로 가는 길이 있다고 믿는다. 하지만 교육에도 여러 가지 형태와 방식이 있다. 과연 진정한 교육의 목적은 무엇이고, 어떤 방법으로 자녀들을 지도해야 하는가?

몽괘는 바로 이와 같은 질문에 답하고 있다. 교육의 형태로 동몽(童蒙), 발몽(發蒙), 포몽(包蒙), 곤몽(困蒙), 격몽(擊蒙) 등이 있음을 열거하면서 이들 교육이 각각 어떤 의미를 담고 있는지 설명한다. 동몽은 스스로 깨우치도록 하는 교육이고, 포몽은 인화의 덕을 바탕으로 포용하는 교육이다. 그리고 발몽은 이익을 얻도록 할 수는 있으나 높은 수준의 교육은 아니며, 곤몽은 억지로 강요하는 것으로 피해야 할 교육이다. 그리고 격몽은 기초적인 의무 교육으로서 공동체의 유지를 위해 꼭 필요한 것이다.

몽괘(蒙卦)는 이와 같은 설명을 통해 교육의 진정한 목표는 자연과 인간의 합일에 있음을 강조하고 있다. 인간이 만든 논리나 기술을 가르치고 배우는 것만으로는 부족하다는 것이다. 이런 교육으로는 권력과 명성을 탐하는 이들을 얻을 수 있을지는 몰라도, 공동체가 처한 어려움을 극복하는 인재를 얻을 수는 없다. 〈주역〉 시대 옛사람들의 교육 철학, 교육에 대한 지혜가 명쾌하게 드러나는 대목이 아닐 수 없다.

그런데도 지금의 사람들은 인격적 완성을 목표로 마음을 갈고닦도록 교육하는 일은 등한시하는 경우가 많다. 그리고 오직 논리와 기술을 가르치는 일에만 매진하면 교육이 끝나는 것으로 생각한다. 이 때문에 우수한 학력과 자격증을 가지고 있는 인재임에도 불구하고 지식인으로서 갖추어야 할 도덕성이나 책임감은 찾아보기 어려운 경우가 비일비재하다. 머릿속에 지식만 가득한 멍텅구리들이 양산되고 있는 것이다. 돈을 주고 교수나 연구원 자리를 매매하는 경우까지 있고, 교수나 연구원 자리에 앉아 있으면서도 인륜의 바탕을 뒤흔드는 파렴치한들이 생겨나는 것은 이러한 까닭에서이다.

그리고 몽괘는 무엇보다도 어린아이가 스스로 깨우칠 수 있도록 가르치는 동몽(童蒙)을 강조한다. 어린아이가 스스로 궁금증을 가지고 자신의 궁금증에 대한 답을 찾아갈 수 있도록 교육해야 한다는 것이다. 곤괘(坤卦)에서 말했던 것과 같이, 우리는 이미 곧고 반듯한 본성을 가지고 있다. 중요한 것은 이 선한 본성을 스스로 찾아낼 수 있도록 가르치는 일이다. 이는 억지로 가르치는 곤몽(困蒙)으로는 가 닿을 수 없다. 억지로 교육하는 곤몽의 어려움은 학부모와 교사들이 이미 경험적으로 알고 있는 경우가 많다. 이제는 무엇이 잘못되었는지를 살피고 새로운 방안을 찾아야 할 때이다.

곧 어린아이를 가르치는 일에서는 스스로 호기심을 느끼고 스스로 질문하고 답을 얻도록 해야 한다는 것이다. 억지로 가르치려 해서는 안된다는 것이다. 요즘의 교육학자들 중에도, "중요한 것은 대답이 아니라 질문"이라는 말을 하는 이들이 있다. 몽괘가 말하는 것도 바로 이러한 질문의 중요성이다. 순수한 마음으로 하는 질문에는 그 질문 속에 이미 답이 들어 있다.

5. 수需괘 ; 역경 속에서 때를 기다림

인내, 학수고대, 기다리는 사람, 대기자

需^수는 有孚^{유부}하여 光亨^{광형}하고 貞吉^{정길}하니 利涉大川^{이섭대천}하니라.

수(需)는 기다린다는 뜻이다. 갑골문에서 수(需)자는 비를 맞고 있는 이의 모습을 나타낸 것이다. 겨드랑이 사이로 빗물이 뚝뚝 떨어질 정도로 흠뻑 젖는 상황이지만 이 사람은 언젠가는 비가 그칠 것을 믿고 기다린다. 군자가 때를 기다리는 일 또한 이와 같으니 역경 속에서도 기다리던 일이 이루어질 것으로 믿고 기다린다.

유부(有孚)는 믿음을 간직한다는 뜻이다. 때를 기다리기 위해서는 무엇을 위해 기다리는지, 기다리면 그 무엇이 정말 이루어질 것인지에 대한 목표와 확신을 가져야 한다는 것이다. 기약 없는 기다림이 얼마나 힘겨운 것인지

需 **수** 기다리다/ 비가 긋다 孚 **부** 미쁘다(믿음성이 있다)/ 믿음, 신뢰/ 알이 깨다/ 기르다, 자라다 涉 **섭** 건너다/ 걸어서 돌아다니다/ 이르다

는 모두가 아는 바이다. 하지만 이처럼 확신이 있는 기다림, 목표가 뚜렷한 기다림이라면 그 과정에 설혹 약간의 어려움이 있을지라도 무섭거나 두려울 것이 없다. 광형(光亨)은 빛이 힘차게 자란다는 뜻이니, 과연 군자가 기다리던 일과 만난다는 것이다. 정길(貞吉)은 고집스럽게 지키면 길하다는 뜻이다. 기다림의 때에는 믿음이 약해져 기다림을 포기하기 쉽기 때문에, 고집스러운 기다림의 가치를 거듭 강조한 것이다.

이섭대천(利涉大川)은 큰물을 건너는 것이 이롭다는 말이다. 군자가 자신의 뜻을 펼치기 위해 과감한 도전에 나서면 성공을 거둘 수 있다는 것이다. 이 구절은 새로운 일을 도모하는 군자를 격려하는 의미로, 〈주역〉에서 자주 쓰는 표현이다. 〈주역〉 시대에는 큰 강이나 바다를 건너는 일이 온갖 위험을 무릅써야 하는 일이었다. 하지만 성공할 것이라는 확신만 있으면 이처럼 큰 물 또한 반드시 건널 수 있다는 것이다.

수 우 교　　　　이 용 항　　　무 구
需于郊라. 利用恒이니 无咎리라.

앞의 구절은 자기 확신과 목표를 가지고 있어야 한다는 기다림의 전제 조건을 말한다. 반면 이 구절부터는 구체적인 기다림의 상황을 기다림의 장소에 빗대어 말한다. 그리고 이를 통해 기다리는 자는 어떤 원칙과 태도를 가져야 하는지에 대해서도 설명한다.

수우교(需于郊)는 성 밖 교외(郊外)에서 기다린다는 뜻이다. 군자가 거칠고 황량하며 의지할 곳 없는 성 밖에 머물러 있는 것이니, 자신이 확신과 목

郊 교 들, 야외/ 성 밖/ 성 밖에서 교제사를 지내다　**恒 항** 항상, 늘　**无 무** 없다/ 아니다　**咎 구** 허물, 허물하다, 탓하다/ 잘못, 꾸짖다, 비난하다/ 재앙/ 미움, 미워하다

표를 가지고 있는 일에서 아직 기회를 얻지 못하고 있다는 말이다. 요즘으로 치면 정치지망생이 정치권에, 취직준비생이 기업에 들어가지 못하고 있는 것이다. 아직 인재가 '재야(在野)'에 있는 상황이라고 말하면 이해하기 쉬울 것이다.

이용항,무구(利用恒,无咎)는 항상심을 지키는 것이 이롭고 탓할 일도 없다는 뜻이다. 이처럼 아직 제도권에 들어가지 못하고 비제도권에 있을 때는 각종 유혹에 쉽게 마음이 흔들릴 수 있다. 그래서 어떠한 경우든 한결같은 항상심을 지키는 일이 중요하다는 것이다. 그러므로 좋은 습관을 가지고 규칙적인 생활을 하며 충실하게 자신의 실력을 쌓아야 한다. 그래야 실패할 일이 없다. 아직은 큰물을 건너는 이섭대천(利涉大川)의 도전에 나설 때가 아니다.

需于沙라. 小有言이나 終吉하리라.
（수 우 사）（소 유 언）（종 길）

수우사(需于沙)는 모래밭에서 기다린다는 뜻이다. 군자가 청렴함을 지키면서 기다리는 모습을 상징한다. 모래는 뒤이어 나오는 진창(泥)과는 대비되는 깨끗한 장소, 깨끗한 기다림의 자세를 의미한다. 하지만 모래밭은 흔히 큰 강이나 바다의 물가에 있다. 이는 이제 군자가 큰물을 건너는 이섭대천(利涉大川)의 도전을 위해 물가에 이르렀음을 암시하는 말이다.

소유언(小有言)은 비난하는 말이 조금 있다는 뜻이고, 종길(終吉)은 끝내는 길하다는 뜻이다. 알 수 없는 위험을 감지한 주변 사람들이 불안해하며 이런저런 불평과 비난의 말들을 던지기 시작한다. 혼자만 깨끗한 척한다느

沙 사 모래/ 사막

需는 有孚하여 光亨하고 貞吉하니 利涉大川하니라.

기다림은 믿음을 간직해야 빛이 힘차게 자란다. 고집스럽게 지키면 길하다. 큰물을 건너는 것이 이롭다.

需于郊라. 利用恒이니 无咎리라.

성 밖 교외(郊外)에서 기다린다. 항상심을 지키는 것이 이로우니 탓할 일도 없을 것이다.

需于沙라. 小有言이나 終吉하리라.

모래밭에서 기다린다. 비난하는 말이 조금 있으나 끝내는 길할 것이다.

需于泥라. 致寇至리라.

진창에서 기다린다. 도적을 불러들이는 것이 지극할 것이다.

需于血이니 出自穴이로다.

흘러내리는 피 속에서 기다린다. 구멍으로부터 빠져나온다.

需于酒食하니 貞吉하리라.

술과 식사를 하며 기다린다. 고집스럽게 지켜 나가면 길할 것이다.

入于穴이라. 有不速之客, 三人來하리니 敬之하면 終吉하리라.

구멍으로 들어간다. 청하지 않은 손님 셋이 찾아올 것이니 이들을 공경하면 끝내 길할 것이다.

니, 사람이 너무 뻣뻣하면 성공할 수 없다느니 하는 트집이나 시비가 그것이다. 하지만 여유를 가지고 관대하게 처신한다면 마침내 큰 허물없이 넘어갈 수 있다. 청렴한 기다림의 결과는 나쁘지 않다. 그래서 끝내는 길하다고 말하는 것이다.

수 우 니　　　　치 구 지
需于泥라. 致寇至리라.

수우니(需于泥)는 진창에서 기다린다는 뜻이니, 이제 군자가 큰물을 건너는 이섭대천의 도전을 위해 물가의 진창으로 들어섰다는 말이다. 치구지(致寇至)는 도적을 불러들이는 것이 지극하다는 뜻이니, 이섭대천의 도전을 앞두고 근심과 어려움에 빠져 있는 것이 마치 스스로 도적을 불러들인 것과 같은 모양새라는 말이다. 진창과도 같은 재앙 속에서 기다리는 일은 나쁜 마음이 생기기 쉽고 심지어는 범죄를 초래하게 되기도 한다는 의미이다.

여기서 한번 더 곱씹어 봐야 할 것은, 진창이란 사실 외부로부터 온 것이기도 하지만 말과 행동을 조심하지 않아서 자기 자신이 초래한 것일 경우가 더 많다는 사실이다. 더욱 경건한 마음가짐과 신중한 처신으로 기다림의 자세를 유지해야 할 일이다. 그래야 실패하지 않고 큰물을 건너는 이섭대천의 도전에 나설 수 있다.

수 우 혈　　　　출 자 혈
需于血이니 出自穴이로다.

기다리던 일은 그렇지만 아무 난관도 없이 이루어지지는 않는다. 집채만

泥 니 진흙/ 진창(땅이 질어서 질퍽질퍽한 곳)/ 더러워지다　致 치 이르다/ 도달하다/ 부르다　寇 구 도적/ 떼를 지어 다니며 재물을 약탈하는 사람들　自 자 스스로/ 자신/ ~로부터　穴 혈 구멍/ 구덩이/ 굴, 동굴/ 소굴

한 파도가 몰려오고 처음 보는 수중 괴물들도 달려든다. 기다리면서 겪는 고통과 고난이 만만치 않다. 이럴 때 더욱 경계해야 할 것은 넘치는 혈기와 열정이다. 그렇잖아 위험하고 어려운 상황에서 혈기와 열정을 다스리지 못하고 우왕좌왕한다면 큰 상처를 입는다. 수우혈(需于血)은 피흘림 속에서 기다린다는 뜻이니, 기다림의 과정에서 치명적인 상처를 입어 피를 철철 흘린다는 것이다.

그렇지만 경건한 자세를 지킬 수 있다면 이러한 상처를 입는 상황이 절망적인 것만은 아니다. 출자혈(出自穴)은 구멍으로부터 빠져나온다는 뜻이니, 신중한 자세로 치열한 자기 극복의 과정을 거친다면 상처 또한 이겨낼 수 있다는 것이다. 여기서 구멍은 굳건한 자기 확신 아래 실력을 쌓으며 머물렀던 자신의 근거지이기도 하고 상처를 입었던 곳이기도 하다.

수 우 주 식　　　　정 길
需于酒食하니 貞吉하리라.

치열한 자기 극복의 과정을 거치고 나면 이제 조금씩 그동안 기다렸던 일이 가시적인 모습을 드러내기 시작한다. 이처럼 가시적인 모습이 보이면 더 이상 미래에 대한 불안감에 시달리지 않아도 된다. 자기 확신을 가지고 편안하고 느긋하게 기다릴 수 있다.

물론 가시적인 성취가 보인다고 해도 아직 갈 길은 멀다. 생각한 것보다 더 오래 기다려야 완성 단계에 이를 수 있다. 그래서 수우주식(需于酒食)이라 말하는 것이니 술과 식사를 하며 기다린다는 뜻이다. 여기서 술은 자신이 평소에 즐거워하는 일을 의미하고, 식사는 식구들과 동료들까지 챙기는 일을

酒 주 술/ 누룩으로 빚은 술

74

의미한다. 있는 힘껏 전력투구하는 일은 오래 할 수 없으니, 적절한 휴식과 충전의 시간을 가져야 오래 버티며 기다릴 수 있다. 그리고 이렇게 하면 오랜 숙원을 반드시 성취한다. 정길(貞吉)은 고집스럽게 지켜 나가면 길하다는 말이다.

입 우 혈　　　유 불 속 지 객　삼 인 래　　　　경 지　　　종 길
入于穴이라. 有不速之客, 三人來하리니 敬之하면 終吉하리라.

입우혈(入于穴)은 구멍으로 들어간다는 뜻이다. 숙원해온 일을 이룬 후 편안한 거처로 들어가 쉬는 일을 말한다. 이 편안한 거처는 앞서 뛰쳐나온 기존의 근거지가 좀더 확장된 것일 수도 있고, 새로 자리 잡은 곳일 수도 있다. 어떠한 곳이든 기존의 근거지보다는 좀더 넓고 풍요로우며 발전한 곳이다. 하지만 언제나 그렇듯 끝은 끝이 아니다. 기다림의 끝에서도 새로운 장애물, 또 다른 난관이 기다리고 있다.

그렇지만 이번에는 도움을 줄 인재들이 청하지 않아도 모여든다. 유불속지객,삼인래(有不速之客,三人來)는 청하지 않은 손님 셋이 찾아온다는 뜻이다. 이 세 손님은 세 사람의 현인(賢人)을 뜻한다. 이들은 학문적 깊이를 갖춘 지식인일 수도 있고 실용적인 기술을 갖춘 전문가일 수도 있고 훌륭한 인격자일 수도 있다. 당연히 이들 현인들은 극진하게 대접하여야 한다. 경지,종길(敬之,終吉)은 그들을 공경하면 끝내 길하다는 뜻이다. 지금까지의 신중한 자세를 잃지 말고 이들 세 현인을 공경하는 마음으로 맞이해 이들의 말에 귀 기울인다면, 끝까지 길한 시간을 유지해 나갈 수 있다는 것이다.

速 속 빠르다/ 부르다, 초청하다　**客 객** 손님　**敬 경** 공경, 공경하다/ 삼가다/ 절제하다/ 예의가 바르다

기다림은, 기다리며 실력을 쌓는 일이다

　큰일이든 작은 일이든 어떤 일을 제대로 성사시키고자 한다면 반드시 그 일에 적당한 때를 살피지 않으면 안된다. 이러한 〈주역〉의 가르침은 주역의 첫 번째 장인 건괘(乾卦)에서부터 여러 번 강조되는 것이다. 그런데 때를 살피는 일이란 곧 때를 기다리라는 말과 같다.

　중국 고대 주(周)나라 시기의 강태공(姜太公)은 빈 낚싯대를 하수(河水)에 드리우고 세월을 낚았던 인물로 유명하다. 그는 이러한 기다림을 통해 주나라 문왕(文王)의 신임을 얻어 세상에 나올 수 있었고, 마침내 주나라가 천하를 얻는 데 큰 공을 세운다. 그의 경륜이 아무리 뛰어나고 지혜가 놀라웠다고 해도, 그가 만약 기다림의 미덕을 모르고 조급하게 세상을 호령하려 했다면 주(周)나라는커녕 한 고을도 얻지 못했을 것이다.

　수괘(需卦)는 바로 이 때를 기다리는 문제를 상징적이면서도 명쾌하게 설명하고 있다. 흔히들 아직 때가 아니라거나, 때가 오기까지는 더 기다리라는 말을 많이 한다. 그런데 이 때라는 것이 무턱대고 기다리기만 한다고 저절로 오는 것일까? 수괘는 바로 이런 의문에 대해 구체적이고 현실적인 대답을 내놓는다.

　우선 때가 무르익기까지 기다리기 위해서 가장 중요한 것은 믿음이다. 기다리면 반드시 때가 올 것이고, 그러면 원하는 바를 이룰 수 있을 것이라는 자기 확신이 있어야만 기다릴 수 있다. 그리고 이러한 자기 확신은 왜 기다리는지에 대한 뚜렷한 목표를 전제로 한다. 학수고대(鶴首苦待)의 학이 목을 길게 뽑고 기다리는 것은, 기다리면 먹잇감이라는 목표를 얻을 수 있을 것이라고 확신하기 때문이다. 현실 세계에서는 왕왕 무엇을, 왜 기다려야 하는지도 모르는 채 무작정 기다리는 이들을 만나게 된다. 이건 기다림이 아니라 황하의 물이 맑아지기를 기다리는 백년하청(百年河淸)의 허송세월일 뿐이다. 항상 흐린 황하의 물은 아무리 오래 기다려도 맑아지지 않는다.

그리고 때를 기다림에는 기다림의 원칙과 방법론이 있다. 수괘에서는 이를 성 밖 교외, 모래밭, 진창 등과 같은 기다림의 장소(場所)에 빗대어 이야기한다. 기다려야 할 것이 미래의 시간이라면 지금 현재의 공간을 어떻게 활용해야 하는가를 설명하고 있는 것이다. 이로써 이 기다림이 막연한 기대나 희망이 아니라, 현재 상황에서 무엇을 할 것인가를 진지하게 고민하면서 실력을 쌓는, 적극적인 기다림이라는 깨달음을 얻을 수 있다.

적극적인 기다림이라고 해서, 얄팍한 술수나 투기를 말하는 것은 아니다. 이는 당연하다. 미래를 변화시킨다는 명분 아래, 뒤에서 억지로 상황을 조절하거나 음모를 꾸며서도 안된다. 그래서 때를 기다리는 사람이 부정적인 방법을 사용하거나 범죄를 저지르는 것은 흉(凶)한 결과를 낳을 뿐이다. 아직 기다려야 할 시기에 자신의 혈기와 열정을 다스리지 못하고 한발 앞서 일을 추진하는 것도 좋은 결과로 이어지지는 않는다. 지나치게 혈기와 열정이 왕성하면 자신의 거점을 지킬 수 없다. 가정생활에 충실하고 자기의 일을 즐기면서 여유롭게 기다리는 자세도 중요하다. 마음을 편안하게 하고 기다려야 지치지 않고 오래 기다릴 수 있다. 또한 검소하고 청렴한 생활을 유지해야 좋은 결말을 얻을 수 있다.

6.송訟괘 ; 공공선(公共善)을 실현하는 정치

송사(訟事), 송사의 말들, 정치인, 공직자, 판사

訟은 有孚하여 窒惕해야하니라. 中吉하고 終凶하리라.

송(訟)은 말로 공적인 판결을 내리는 일을 뜻한다. 송(訟)자는 말씀 언(言)자와 공평할 공(公)자가 합쳐진 글자이다. 정치적 견해 차이로 벌이는 정쟁(政爭), 주장의 시시비비를 가리는 쟁송(爭訟), 불법과 합법을 판정하는 재판 등이 모두 이 송사(訟事)의 말이다. 이 밖에 군왕이나 권력자들로부터 듣는 질책이나 백성들로부터 받는 비난도 송사의 말이라 할 수 있다.

송,유부(訟,有孚)는 송사의 말에는 믿음이 있어야 한다는 뜻이다. 송사에 참여하는 자는 능력을 갖춘 군자이거나 지위가 있는 관원(官員)인데, 이들의 말에 믿음이 없다면 송사는 어떤 의미도 없다. 이때의 믿음은 자신의 주장에

訟 송 송사하다/ 다투다/ 쟁론하다/ 꾸짖다/ 자책하다   **孚 부** 미쁘다(믿음성이 있다)/ 믿음, 신뢰/ 알이 깨다/ 기르다, 자라다   **窒 질** 막다, 막히다/ 통하지 아니하다   **惕 척** 두려워하다/ 놀라다/ 근심하다/ 삼가다

대한 믿음이기도 하지만 군왕과 권력자, 백성들로부터 받는 신뢰이기도 하다. 질척(窒惕)은 가로막혀 통하지 않을 때는 두려워하는 듯이 한다는 뜻이다. 믿음을 바탕으로 한다 하더라도 송사의 말이 가로막혀 통하지 않을 때가 있다. 이럴 때는 송사의 말이 가진 '말의 무게'를 돌아보고 마치 무엇인가를 두려워하는 것처럼 더욱 조심스러워 해야 한다는 것이다.

중길(中吉)은 중용(中庸)의 도를 지키면 길하다는 뜻이다. 중용이란 한쪽으로 치우치거나 기울어지지 않고 넘치거나 모자라지도 않으며 중심을 잡는 일이다. 이 구절은 송사에 참여하는 자라면 끊임없이 시의적인 상황을 파악하고 이 상황에 따라 유연하게 변화하면서 균형을 찾아가야 한다는 의미를 담고 있다. 여기서 주의할 점은 이 중용의 도가 산술적인 평균을 구하는 일은 아니라는 사실이다.

송사에 참여하면서 이 중용의 도를 지킨다는 것은 또한, 송사를 끝까지 끌고 가지 않고 적절한 시기에 끝내야 한다는 의미를 담고 있다. 그래서 종흉(終凶)이라고 말하는 것이니 끝까지 가면 흉하다는 뜻이다. 송사는 주장과 주장, 이익과 이익이 서로 충돌하기 때문에 발생한다. 그러므로 초기에 양보와 합의에 이르지 못하고 끝까지 가면 설혹 좋은 결과가 나오더라도 뼈아픈 상처를 남긴다.

이 견 대 인   불 리 섭 대 천
利見大人하며 不利涉大川하니라.

이견대인(利見大人)은 대인을 뵙는 것이 이롭다는 뜻이다. 곧 송사에 참여할 때는 통찰력 있는 사람을 만나 지혜를 구하는 것이 중요하다는 말이다. 불리섭대천(不利涉大川)은 큰물을 건너는 일은 이롭지 않다는 뜻이다. 송사에서 다루는 문제는 백성의 생명을 지키고 경제적인 부를 늘려주는 일과 깊

은 관련을 가지는 것이다. 이런 점에서 송사의 말을 할 때는 백성의 생명과 재산을 위협할 소지가 조금이라도 있으면 경계하고 또 경계해야 한다.

이 구절은 공공선(公共善)을 실현하는 정치는 안정적이어야 한다는 의미를 포함한다. 위험천만한 개혁보다는 조금 느리더라도 백성들이 이해하고 받아들일 수 있는 개혁이 더 바람직하다는 것이다. 때때로 열정적인 정치인이나 공직자들이 새로운 세상을 위한 모험을 마다하지 않은 경우를 보는데, 이는 실제로 매우 위험한 일이 아닐 수 없다.

不永所事면 小有言이나 終吉하리라.
(불영소사) (소유언) (종길)

불영소사(不永所事)는 섬기는 일을 받지 않는다는 뜻이다. 곧 뇌물을 제공하는 일이나 사소하게 청탁하는 일을 받아들이지 않고, 깨끗하고 투명하게 송사를 처리한다는 것이다. 그런데 이처럼 사적 이익을 탐하지 않는 경우에는 이런저런 구설수에 휘말리기 쉽다. 그래서 소유언(小有言)이라고 말하니, 작은 불평불만이 있다는 뜻이다.

그렇지만 더 큰 갈등이나 마찰은 벌어지지 않는다. 공적 송사의 영역에서는 종종 청탁이나 뇌물 제공을 통해 이루려고 했던 일보다, 청탁이나 뇌물제공이 있었다는 사실 자체가 좀더 심각하게 받아들여진다. 이번에는 작은 불평불만이 아니라 큰 비난을 낳는다. 종길(終吉)은 마지막까지 길하다는 뜻이니, 뇌물과 청탁을 받지 않으면 마무리를 잘할 수 있다는 말이다.

所 소 바(일의 방법이나 방도)/ 것/ 곳. 일정한 곳이나 지역/ 처소/ 관아   **事 사** 섬기다/ 종사하다/ 일/ 직업

^{불극송} ^{귀이포} ^{기읍인삼백호} ^{무생}
不克訟하여 歸而逋면 其邑人三百戶가 无眚하리라.

사소한 청탁이나 뇌물 제공은, 때때로 송사 참여자에게 우호적인 후원이
나 지지를 나타내는 것으로 받아들여지기 쉽다. 이때의 송사 참여자는 자신
과 이들 후원자 내지는 지지자 집단의 이익을 앞세우는 정책을 주장함으로
써, 백성들의 생명과 재산을 위협하는 결과를 낳기까지 한다. 당연히 이러한
송사는 민심 이반으로 이어질 수밖에 없다. 불극송(不克訟)은 송사를 이길
수 없다는 뜻이다. 민심이 떠난 상황에서 시비와 찬반을 다투는 송사가 벌어
지면 이 송사를 감당할 수 없다는 것이다. 귀이포(歸而逋)는 실패한 송사 참
여자가 원래의 출신지로 달아난다는 뜻이다.

기읍인삼백호(其邑人三百戶)는 그 도시의 백성들이 삼백 호에 이른다는
뜻이고, 무생(无眚)은 재앙이 없다는 뜻이다. 곧 송사가 벌어졌던 도시에서
부당한 주장을 펼치다가 실패한 송사 참여자가 떠나면 더 이상 백성들이 피
해를 볼 일은 없다는 것이다. 이 구절은 한마디로 부패한 정치, 부당한 정책
이 백성들에게 얼마나 가혹한 영향을 미치는지를 경계한 말이다.

^{식구덕} ^{정려} ^{종길} ^{혹종왕사} ^{무성}
食舊德하면 貞厲나 終吉하리라. 或從王事라도 无成하리라.

식구덕(食舊德)은 옛 조상의 은덕을 먹고 산다는 뜻이다. 곧 자신이 조세
를 거두어 쓸 수 있는 식읍(食邑)을 조상으로부터 물려받았거나, 조상의 공
덕과 업적 덕분에 벼슬자리를 얻었다는 말이다. 지금도 부친의 지역구를 물

歸 귀 돌아가다 **逋 포** 달아나다 / 도망가다 / 잡다, 체포하다 **戶 호** 집 / 지게문 **眚 생** 재앙 **舊 구** 옛 / 오래
묵다 / 늙은이 **德 덕** 덕, 덕성 / 공정하고 포용성 있는 마음 **厲 려** 숫돌, 갈다 / 괴롭다 / 사납다 / 위태롭다

訟은 有孚하여 窒惕해야하니라. 中吉하고 終凶하리라.
송사는 믿음이 있어야 하고 가로막혀 통하지 않을 때는 두려워하는 듯이
해야 한다. 중용(中庸)의 도를 지키면 길하고, 끝까지 가면 흉할 것이다.

利見大人하며 不利涉大川하니라.
대인을 뵙는 것이 이롭고, 큰물을 건너는 것은 이롭지 않다.

不永所事면 小有言이나 終吉하리라.
섬기는 일을 받지 않는다. 작은 불평불만이 있으나, 마지막까지 길할 것이다.

不克訟하여 歸而逋면 其邑人三百戶가 无眚하리라.
송사를 이길 수 없어 고향으로 달아나면 삼백 호에 이르는 그 마을
백성들에게 재앙이 없어질 것이다.

食舊德하면 貞厲나 終吉하리라. 或從王事라도
无成하리라.
옛 조상의 은덕으로 먹고 살면 올바름을 지켜도 위태로우나 끝내는 길할
것이다. 간혹 군왕을 따라 일할 경우에 성공했다 하더라도 자신의 성공으로
평가받는 일은 없을 것이다.

不克訟이라도 復卽命이면 渝安貞이라야 吉하리라.
송사를 이기지 못했더라도 다시 돌아와 명령을 받으면, 스스로 변해야 하고
즐거운 마음으로 올바름을 지켜야 길할 것이다.

訟은 元吉이라.
송사는 처음에는 길할 것이다.

或錫之鞶帶라도 終朝三褫之하리라.
간혹 군왕으로부터 보석 장식을 한 가죽 허리띠를 하사 받더라도, 아침 세
번을 마치기 전에 그것을 빼앗길 것이다.

려받아 국회의원 선거에 나서는 정치인들이 왕왕 있다. 손바닥 뒤집듯 쉬워 보이지만 이렇게 정치의 세계에 발을 들여놓는 일이 만만할 리 없다. 그래서 정려(貞厲)라 덧붙이는 것이니, 올바름을 지켜도 위태롭다는 뜻이다. 종길 (終吉)은 끝내는 길하다는 뜻이다. 이와 같은 위태로움을 알고 겸손함을 지 키며 참고 견디면 마침내는 좋은 결과를 얻을 수 있다는 것이다.

혹종왕사(或從王事)는 간혹 군왕을 따라 일한다는 뜻이고, 무성(无成)은 이룸이 없다는 뜻이다. 조상의 은덕으로 정치에 입문한 경우라면, 간혹 최고 실력자의 부름을 받아 중요한 역할을 수행해 낸다 하더라도, 모든 일이 조상 의 공으로 돌아갈 뿐 자신의 성공으로 평가받기는 힘들다는 의미이다.

불극송　　　복즉명　　　투안정　　　길
不克訟이라도 復卽命이면 渝安貞이라야 吉하리라.

불극송(不克訟)은 앞에서와 마찬가지로 실패한 송사 참여자를 뜻한다. 복 즉명(復卽命)은 돌아와 명령을 받는다는 뜻이다. 송사에 패해 달아났던 군 자 또한 때로는 돌아와 다시 중요한 역할을 담당할 수 있다는 것이다. 여기 서 명령은 군왕이나 권력자의 명령일 수도 있고, 하늘이나 민심의 명령일 수 도 있다.

실패한 송사 참여자가 다시 명령을 받는 데에는 여러 가지 이유가 있을 수 있다. 앞서 백성의 생명과 재산을 위협하는 것으로 판정받았던 주장이, 시간 이 지나면서 오히려 백성의 생명과 재산을 보호하는 것으로 판정받을 수도 있다. 불법과 비리 전력을 가지고 있다 하더라도 일정한 시간을 견딘 것으로 여겨져 복권된 것일 수도 있다. 군자가 능력 부족이나 부덕(不德)을 이유로

復 복 돌아오다　**命 명** 명하다/ 명령　**渝 투** 변하다, 바뀌다/ 달라지다　**安 안** 편안, 편안하다/ 즐거움에 빠지다

쫓겨났는데 민심이 그를 다시 불러낸 것일 수도 있다.

그런데 어떠한 경우든 복귀를 위해서는 이전의 실패에 대한 반성과 속죄가 전제되어야 한다. 그리고 아무리 사소한 일이라도 끝까지 올바름을 지켜야 한다. 그래서 투안정,길(渝安貞,吉)이라고 말하는 것이니, 스스로 변해야 하고 즐거운 마음으로 올바름을 지켜야 길하다는 뜻이다.

訟은 元吉이라.
<small>송　　원길</small>

송,원길(訟,元吉)은 송사는 처음에는 길하다는 뜻이다. 앞서 언급한 바와 같이 송(訟)자는 말씀 언(言)자와 공평할 공(公)자가 합쳐진 글자이다. 곧 송사의 말은 공공선의 실현, 공의의 확보를 위해 누군가가 앞장서서 하는 말이다. 그러므로 자신과 다른 주장이나 의견을 말하는 경우에도 그 말의 의도는 원래 길한 것이다.

문제는 이 송사가 부정과 비리로부터 나와서 억지와 불법으로 이어지는 경우일 뿐이다. 이런 일은 가능한 한 없어야 할 일이다. 하지만 한번 이와 같은 일이 벌어지면 오해나 왜곡이나 사실 은폐나 거짓말 등을 명명백백(明明白白)하게 밝혀 최대한 공정한 판결이 내려질 수 있도록 해야 한다. 시시비비가 분명하지 않은 혼란을 계속 끌고 가는 것보다, 이처럼 상황을 정리하고 넘어가는 것이 자신과 송사의 상대방은 물론 다수의 인민을 안정시키는 데 더 효과적이다.

或錫之鞶帶라도 終朝三褫之하리라.
<small>혹 석 지 반 대　　종 조 삼 치 지</small>

석(錫)은 군왕으로부터 받는 상을 가리키고, 반대(鞶帶)는 보석 장식을 한 왕의 가죽 허리띠를 가리킨다. 그러므로 혹석지반대(或錫之鞶帶)는 곧 간혹

뜻하지 않게 군왕이나 권력자로부터 신망을 얻고 총애를 받는 경우가 있다는 말이다.

지금으로 치면 '정치판'이라 할 만한 이 송사의 아수라장에서 이런 신망이나 총애는 오래가지 않는다. 민심의 지지와 신뢰 없는 권력자의 신망이나 총애는 사실 처음부터 그것을 받은 자의 것이 아니다. 그래서 종조삼치지(終朝三褫之)라고 말하는 것이니, 아침 세 번을 마치기도 전에 그것을 빼앗긴다는 뜻이다. 그만큼 버티기 어렵고 눈치를 보아야 하는 것이 송사의 세계이다.

二八

국민의 생명과 재산을 지키는 일이 정치다

수련을 통해 실력을 쌓고(蒙) 마땅한 때를 기다리다가(需) 마침내 공공(公共)의 영역에서 뜻을 펼치기 위해 다투니, 이를 송(訟)이라 한다.

이 송사에 참여하는 것은 그동안의 공부와 수행, 깨달음의 결과를 현실에 적용하는 일이다. 마땅한 때를 얻어서 공공선(公共善)의 실현과 공의(公義)의 확보를 위해 앞으로 나서는 것으로, 지금의 용어로 말하면 정치에 입문하는 것이다. 송괘(訟卦)는 이처럼 정치인의 길로 들어선 사람들에게 과연 정치란 어떤 것이고 누가 정치를 해야 하며, 그 과정에서 해야 할 일과 하지 말아야 할 일은 무엇인지, 이른바

錫 석 주다/ 하사하다/ 주석 鞶 반 가죽 허리띠/ 큰 띠 帶 대 띠, 띠를 두르다/ 장식하다 朝 조 아침/ 하루/ 조정/ (임금을) 뵈다/ 문안하다/ 만나보다 褫 치 빼앗다

'정치판'의 특성은 무엇인지 등을 설명한다.

송괘에 따르면 정치의 영역에서도 또한 가장 중요한 것은 믿음이다. 정치인은 자신의 실력을 믿고, 권력자가 자신을 믿을 수 있도록 덕성을 쌓고, 국민들이 믿을 수 있도록 신뢰를 쌓아 나가야 한다는 것이다. 이처럼 믿음을 주기 위해서는 사리사욕을 버리는 일이 중요하다. 자신이 항상 옳다는 아집도 버려야 하고 '내가 아니면 안된다'는 독선도 버려야 한다. 자신을 항상 중용의 저울에 올려놓고 치우치거나 기울어지지 않는지 살펴야 한다.

정치인에게 있어 가장 가치 있는 말은 국민들로부터 나온다. 그러므로 정치인은 다양한 형태의 언로(言路; 미디어)를 통해 이들 국민의 목소리, 즉 민심(民心)을 듣고 이를 정치의 영역에 반영해야 한다. 통찰력 있는 학자나 지식인의 조언에도 귀 기울여야 한다. 그리고 자신의 욕심이나 이익을 위해 함부로 모험을 하거나 과감하게 새로운 도전에 나서서는 안된다. 정치인은 사사로운 개인이 아니라 국민의 생명과 재산을 담보로 일하는 사람이기 때문이다. 모험과 도전은 사업가나 학자 같은 사람에게나 필요한 덕목이다.

작은 욕심으로 뇌물과 청탁에 휘둘리는 일도 금기다. 부정부패를 저지른 정치인이라면 하루빨리 정치판에서 떠나도록 해야 한다. 조상의 음덕(陰德)으로 정치에 입문할 경우에는 더욱 위태로움을 알고 참고 견뎌야 한다. 실패해서 정치판을 떠났다가 다시 부름을 받을 수도 있는데, 이럴 때는 반성과 속죄를 바탕으로 이전과는 변화된 모습을 보여주어야 한다. 겸손과 공경이 지극하면 실패를 딛고 다시 일어나 성공할 수 있다.

정치인으로 성공하기 위해서는 자신을 이끌어줄 실력자를 잘 만나는 것도 중요하다. 그런데 이 실력자가 또한 식언(食言)을 밥먹듯이 하는 변덕스러운 정치꾼일 수 있다. 이 점을 잘 살펴서 이런 실력자 아래서 살아남을 수 있는 순발력과 인내를 갖추어야 성공할 수 있다.

다시 한번 말하면, 큰 정치를 펼치고자 한다면 민심을 제대로 읽고 두려워할 줄 알아야 한다. 그리고 작은 청탁이나 뇌물로 대사(大事)를 그르쳐서는 안된다. 정치인의 실패는 낙선이나 하야(下野)가 아니라 민심에서 멀어지는 것이다. 민심을 잃으면 정치인의 생명은 끝난다.

7. 사師괘 ; 승리하는 군대의 조직과 전략

군사, 군대 조직의 원칙, 전쟁, 장수, 병사

師는 貞하고 丈人이라야 吉하고 无咎하리라.
（사）　（정）　（장인）　　（길）　（무구）

사(師)는 군사를 움직이는 일을 말한다. 사(師)자는 언덕을 중심으로 빙 둘러서 있는 군인 무리를 나타낸 글자이다. 특히 장수를 중심으로 조직적인 체계를 갖춘 군대(軍隊)를 일컫는다. 또한 군대가 나아가 치르는 전쟁을 의미할 때도 있다.

사,정(師,貞)은 군대는 올바름의 원칙을 가지고 조직되어야 한다는 뜻이다. 정도(正道)의 명분을 가지고 있어야 힘 있는 군대 조직을 갖출 수 있다는 것이다. 도리에 어긋나고 포악무도한 패도(悖道)를 바탕으로 한 군대 조직이 강력할 수 없다는 점은 당연하다. 장인길,무구(丈人吉,无咎)는 장부라야 길하고 허물할 일이 없다는 뜻이다. 정도의 명분을 바탕으로 병사를 동원할 때

師 사 군대, 군사/ 언덕을 중심으로 빙 둘러서 있는 군인 무리/ 스승　**丈 장** 어른/ 장부, 남자

는 건장한 사내들을 중심으로 해야 하고 부녀자나 어린아이를 군대에 포함
시켜서는 안된다는 것이다.

師出以律이니 否하면 臧凶하리라.

사출이율(師出以律)은 군대가 전쟁에 출전할 때에는 군율(軍律)을 엄격
하게 해야 한다는 뜻이다. 율(律)은 법률, 규율이니 여기서는 군대 조직의 군
율, 병사들이 지켜야 할 군법(軍法)을 의미한다.

옛날이나 지금이나 명령과 복종의 군율이 지켜지지 않는 군대는 군대도
아니라고 할 수 있다. 군대에서의 군율은 그만큼 중요하고도 막중한 것이다.
만약 군율이 없다면 어떻게 되겠는가? 상관은 개인적 판단에 따라 제멋대로
병사들을 통솔하고, 병사들은 상관의 명령을 듣지 않는다면 어떻게 되겠는
가? 부,장흉(否,臧凶)은 부정하면 크고 착하더라도 흉하다는 뜻이다. 곧 군
율을 따르지 않고 부정하는 군대라면 아무리 크고 좋은 군대라도 전쟁터에
서 승리를 거둘 수 없다는 것이다. 장(臧)자는 착한 군대, 큰 군대를 두루 의
미하는 글자이다.

在師에 中하면 吉无咎하여 王三錫命이로다.

재사,중(在師,中)은 전쟁터에 나갔을 때에 중용의 도를 지킨다는 뜻이다.
중용이란 한쪽으로 치우치거나 기울어지지 않고 모든 일에 적절하게 대응하
는 것을 말한다. 특히 전쟁 중인 군대에서는 하늘의 때와 땅의 지세와 병사

律 율 법률/ 규율/ 군율   否 부 아니다/ 부정하다/ 불가하다/ 없다   臧 장 착하다/ 좋다   錫 석 주다/ 하사하
다/ 주석

들의 상태를 따져 적절한 중도의 전략을 선택하는 것이 중요하다. 길무구(吉无咎)는 길하고 허물할 일이 없다는 뜻이다. 중도의 전략을 선택하면 승리를 거둘 수 있을 뿐 아니라 승전 과정에서의 피해를 줄일 수 있다는 것이다.

왕삼석명(王三錫命)은 이와 같은 군대에는 군왕이 세 번이나 상을 내린다는 뜻이다. 군대 조직이 전쟁에 나갔을 때 시의적절한 중용의 도를 지키는 것이 얼마나 중요한지 거듭 강조한 말이다.

사 혹 여 시　　흉
師或輿尸면 凶하니라.

여시(輿尸)는 수레에 깔려 죽은 시체를 뜻한다. 활, 칼, 창에 맞아 죽은 병사를 전사자라고 한다면, 수레에 깔려 죽은 병사는 안전사고 사망자라고 할 수 있다. 이처럼 안전사고 사망자가 발생하는 것은, 군대 조직이 필요로 하는 각종 군수 물자가 잘 갖추어져 있지 못하기 때문이다. 사혹여시,흉(師或輿尸,凶)은 수레에 깔려죽은 병사가 군대에 있으면 흉하다는 뜻이다. 군비(軍備)가 잘 갖추어져 있지 않을 경우 패배하는 것은 당연하다.

사 좌 차　　무 구
師左次는 无咎로다.

사좌차(師左次)는 사좌(師左)와 사차(師次)를 합친 말인데, 사좌는 군대의 후퇴를 뜻하고 사차는 군대의 방어를 뜻한다. 사좌차는 곧 군대가 후퇴하거나 자신의 주둔지에 머물러 있으면서 적을 방어하는 일을 일컫는다.

좌(左)자가 후퇴의 의미를 갖게 된 것은 전쟁 시에 기수를 후방의 높은 곳

輿 여 수레/ 가마/ 싣다, 실어나르다　　**尸 시** 주검/ 시체/ 시동, 제사 때 신을 대신하는 아이　　**左 좌** 왼쪽, 왼쪽으로 하다/ 낮은 자리/ 어긋나다　　**次 차** 버금/ 둘째/ 머무르다, 묵다

에 보내 왼손에는 후퇴를 뜻하는 청색 깃발을, 오른손에는 공격을 뜻하는 붉은색 깃발을 들도록 한 일에서 비롯되었다. 이를 계기로 청색 깃발을 들던 손의 방향(左)이 후퇴를 뜻하는 글자로 통용되기 시작했다. 차(次)자는 입에서 침이 튀는 모습을 나타낸 글자인데, 사람들이 머물러 있으면서 왁자지껄하게 이야기를 나눌 수 있는 장소라는 연상으로부터 진영(陣營), 숙영지, 숙박지 등의 의미로까지 확대되었다.

전쟁은 공격, 방어, 후퇴의 세 가지 전술을 바탕으로 이루어진다. 우리는 흔히 공격만을 의미가 있다고 생각하지만 언제 어디서나 공격만을 일삼는 것은 무리하고 무모한 일이다. 당연히 이러한 공격은 자주 패배의 원인이 되고 만다. 시간적, 환경적 상황에 따라서는 후퇴할 수도 있어야 하고, 진지를 구축하고 방어에 나서야 할 수도 있다. 무구(无咎)는 허물할 일이 없다는 뜻이다. 후퇴와 방어는 그 자체로는 실패가 아니라는 것이다. 중요한 것은 전쟁에서 최종적인 승리를 거두는 일이다.

田有禽에 利執言하니 无咎리라.
(전유금)　(이집언)　　(무구)

전유금(田有禽)은 밭에 맹금류의 새가 있다는 뜻이다. 여기서 밭은 전쟁터, 군대 조직을 가리킨다. 곧 군대의 조직 내부에 배신자나 음해 세력, 또는 적의 첩자가 있다는 것이다. 이집언(利執言)은 말을 수집하는 것이 이롭다는 뜻이다. 곧 군대 조직 내부에 배신자나 적의 첩자가 있을 경우에는 병사들의 말을 수집하여 이들을 색출해 내는 것이 좋다는 의미이다. 무구(无咎)는 또한 이처럼 병사들의 말에 귀를 기울여야, 허물할 일이 없다는 의미이다.

田 전 밭, 심다/ 사냥터, 사냥하다　禽 금 날짐승/ 맹금류의 새　執 집 잡다

師는 貞하고 丈人이라야 吉하고 无咎하리라.

군대는 올바름의 원칙을 가지고 움직여야 한다. 장부라야 길하고 허물할 일이 없다

師出以律이니 否하면 臧凶하리라.

군대가 출전할 때에는 군율을 엄격하게 해야 하니, 군율을 부정하면 좋은 군대라도 승리할 수 없다.

在師에 中하면 吉无咎하여 王三錫命이로다.

전쟁터에 나갔을 때에 중용의 도를 지키면 길하고 허물할 일이 없다. 이와 같은 군대에는 군왕이 세 번이나 상을 내린다.

師或輿尸면 凶하니라.

군대에 혹 수레에 깔려죽은 병사가 있으면 흉하다.

師左次는 无咎로다.

군대가 후퇴하거나 자신의 주둔지에 머물러 있으면서 적을 방어한다. 허물할 일이 없다.

田有禽에 利執言하니 无咎리라.

밭에 맹금류의 새가 있다. 병사들의 말을 수집하는 것이 이로우니 허물할 일이 없다.

長子帥師하니 弟子輿尸하면 貞凶하리라.

경륜 있는 장수가 군대를 통솔하고 있으니, 어리석은 장수가 병사를 수레에 깔려죽도록 만든다. 마지막에 흉하다.

大君有命하여 開國承家하되 小人勿用이니라.

군왕이 논공행상을 위한 명을 내려, 전공자에게 나라를 세울 수 있도록 해주거나 가문을 이을 수 있도록 해준다. 소인을 등용해서는 안된다.

그런데 전유금(田有禽)이라는 구절은 밭에 맹금류의 새가 있는 것이 아니라, 전쟁터에 전리품이 있다는 의미로 읽을 수도 있다. 이럴 경우 이집언(利執言)은 이 전리품을 나눌 때에는 병사들의 말을 따라야 한다는 의미로 해석할 수 있다.

장 자 솔 사 　 제 자 여 시 　 정 흉
長子帥師하니 弟子輿尸하면 貞凶하리라.

장자솔사(長子帥師)는 경륜 있는 장수가 군대를 통솔한다는 뜻이고, 제자여시(弟子輿尸)는 어리석은 장수가 병사를 수레에 깔려죽도록 만든다는 뜻이다. 곧 경륜 있는 장수가 전쟁터에서는 물론 전쟁이 끝난 후에도 군의 기강을 바로잡아 병사들을 잘 통솔하는 반면, 어리석은 장수는 전리품이나 얻으려고 무리하게 병사들을 움직이다가 안전사고까지 낸다는 것이다.

정흉(貞凶)은 마지막에는 흉하다는 뜻이니, 전쟁에서 결국 패하거나 전쟁에서 승리한다 하더라도 결과는 좋지 않을 것이라는 말이다. 조직 전체를 엄청난 재앙으로 몰아넣는 어리석은 장수의 위험에 대해 경계하고 있는 것이다.

대 군 유 명 　 개 국 승 가 　 소 인 물 용
大君有命하여 開國承家하되 小人勿用이니라.

전쟁이 승전으로 마무리되면 전공을 가려 상을 내리는 논공행상(論功行賞)이 있다. 대군유명(大君有命)은 군왕이 논공행상을 위해 명을 내린다는 뜻이다. 개국(開國)은 전공자에게 일정한 영토와 지배권을 주어 나라를 세울 수 있도록 해준다는 뜻이고, 승가(承家)는 일정한 지역의 식읍(食邑)과 조세

帥 솔 거느리다/ 앞장서다/ 본보기 수 장수/ 우두머리/ 통솔자 　 弟 제 아우/ 나이 어린 사람 　 開 개 열다/ 개척하다 　 國 국 나라 　 承 승 잇다/ 계승하다/ 받들다

권을 주어 가문을 이을 수 있도록 해준다는 뜻이다. 〈주역〉 시대 이래 동양에서 전공을 세워 개국승가의 주인공이 되는 일은 개인이나 가문에게 더할 수 없을 만큼 영광스러운 일이었다.

군왕이 논공행상의 명을 내릴 때 조심할 일은 소인을 등용하는 일이다. 여기서 소인이란 혹 무예가 특출해 전공을 세웠을지는 몰라도, 행정적인 능력과 인화의 덕은 갖추지 못한 이를 말한다. 그래서 소인물용(小人勿用)이라고 말하는 것이니, 소인을 책임과 권한이 있는 관직에 등용해서는 안된다는 의미이다. 하지만 소인이라 해도 전공이 특출한 경우 재물을 상으로 내려주는 것은 무방하다.

師工

군율(軍律) 없는 군대는 승리할 수 없다

기다림의 고통 끝에 때를 얻어 정치를 시작하니 이때가 송(訟)의 시절이다. 그런데 국가를 경영하면서 항상 평화의 시기만 계속 유지할 수는 없다. 전쟁으로 국가의 명운이 요동칠 수도 있는 것이다. 그래서 송괘(訟卦) 다음으로 사괘(師卦)를 두어 군대와 전쟁에 대해 말한다.

전쟁은 피할 수 있으면 피해야 하는 것이다. 그렇지만 〈주역〉 시대의 세계에서는 전쟁을 피할 수 없는 상황이 종종 발생한다. 지금도 세계적 단위로 생각해 보면 어느 지역에선가는 전쟁이 벌어지고 있다. 그러므로 군왕과 신하들과 장수들은 마땅히 전쟁이 언제든지 일어날 수 있다는 생각을 가지고 있어야 한다. 그래야 실제 전쟁에 대비할 수 있다. 그리고 실제로 전쟁이 일어났다면 무조건 승리해야 한다.

막강한 군대 조직을 만들고 승리하는 전쟁을 펼치려면 어떻게 해야 하는가?

　사괘는 가장 먼저 전쟁에 임하는 군대 조직에 대해 이야기한다. 전쟁에서 승리하기 위해서는 건장한 사내를 중심으로 군대를 조직해야 하고 부녀자나 어린아이를 동원해서는 안된다고 강조한다. 그 다음으로는 군율이 확립되어 있어야 한다고 말한다. 군율 없는 군대는 전쟁에서 승리할 수 없고, 어쩌다 승리한다 해도 이를 지켜낼 수 없다. 그리고 사전에 군비(軍備)를 튼튼히 하여야 한다는 점도 언급하고 있다. 군비가 갖추어져 있어야 안전사고 등의 어처구니없는 요인으로 인한 전력 손실을 줄일 수 있다는 것이다.

　사괘는 또한 최종적인 승리를 위해서는 후퇴와 방어 전략을 선택할 줄 알아야 한다고 말한다. 오로지 공격 일변도의 전략은 오히려 최종적인 패배를 불러올 가능성이 높다. 조직 내의 배신자나 첩자의 준동이 있을 경우에는 병사들의 말을 주의깊게 경청하여 이를 색출해내는 것이 바람직하다. 전쟁 후의 논공행상에서 장수는 욕심을 버려야 한다. 국가를 위해 충성을 바쳤으며 전쟁 상황에서 자신의 소임을 다했다는 명예와 자부심으로 만족할 줄 알아야 한다. 그리고 군왕은 전공자라 하더라도 능력과 덕성이 부족한 소인(小人)을 책임과 권한을 가진 관직에 등용해서는 안된다. 이러한 소인은 평상시에도 쉽게 오만해지는데, 전공으로 관직에 오른다면 반드시 큰 분란을 일으킬 것이기 때문이다.

　사괘는 전쟁에 임하는 군대 조직에 대해 이야기한다. 하지만 사괘에서 말하는 군대의 조직, 전쟁에서의 전략 등은 단지 군대 조직에만 국한되는 것이 아니다. 사괘의 말들은 기업의 사장이 다수의 임직원을 뽑아 시장 경쟁에 나서거나, 시민운동가들이 조직을 꾸려 사회를 변화시키고자 할 때도 적용할 수 있는 것이다.

8.비比괘 ; 함께 발전하는 선의의 경쟁

견줌, 경쟁, 협력, 발전과 성장, 스포츠맨십

比는 吉하니라. 原筮하여 元永貞하여도 无咎리라.
_{비　길　　　　원서　　　원영정　　　　무구}

　비(比)는 이것과 저것을 견준다는 것이니 승패를 가리는 경쟁을 의미한다. 비(比)자는 두 사람이 오른쪽을 향해 나란히 서 있는 모습을 그린 것이다.

　비,길(比,吉)은 견주어 보고 승패를 가리는 경쟁은 길하다는 뜻이다. 여기서의 경쟁이 길한 것은 이 경쟁이 적자생존의 먹잇감 쟁탈이나 무한 폭력을 사용하는 전쟁과는 다른 것이기 때문이다. 이런 동물적인 쟁탈이나 목숨을 내놓는 전쟁은 흉(凶)한 것이다. 하지만 여기서의 경쟁은 상대방에 대한 존중과 협력을 전제로 하는 발전적 비교와 견줌을 말하는 것이다. 이런 경쟁은 길하다.

　원서(原筮)는 처음으로 점을 친다는 뜻인데, 여기서는 인간의 탄생과 함

比 비 경쟁, 경쟁하다/ 비교, 비교하다/ 견줌, 견주다　**原 원** 처음/ 근원/ 벌판　**筮 서** 점, 점을 치다

게 경쟁도 시작된다는 의미이다. 그렇다면 경쟁은 또 언제 끝나는가? 인류가 존재하는 한, 그럴 일은 없다. 모든 개인과 집단과 국가가 완벽하게 행복해지지 않는 한 경쟁은 끝이 날 수 없다. 당연한 이치다. 원영정(元永貞)은 경쟁이 사물의 시작인 원(元)의 시절부터 사물의 마지막인 정(貞)의 시절까지 영원히 이어진다는 뜻이다. 무구(无咎)는 경쟁이 이처럼 이어져도 허물할 일은 없다는 뜻이다. 경쟁은 그 자체로 자연스러운 것이며 이상할 일이 전혀 아니라는 의미이다. 문제는 경쟁에 임하는 사람들의 자세이다.

不寧方來라면 後夫라도 凶하니라.

경쟁은 인간에게 피할 수 없는 것이지만, 이 경쟁에 나설 때는 정정당당한 태도와 자세, 지금으로 치면 '스포츠맨십'을 가지고 있어야 할 것이다. 그런데 경쟁의 상황에서는 모든 경쟁자가 이와 같지는 않다. 불녕방래(不寧方來)는 편안하지 않은 자가 바야흐로 온다는 뜻이다. 여기서는 경쟁에서 편안하지 못한, 정정당당하지 못한 방법으로 경쟁에 나서는 자가 나타난다는 것을 의미한다.

후부,흉(後夫,凶)은 이후 승리한 남자가 되더라도 흉하다는 뜻이다. 곧 정당하지 못한 방법으로 거둔 승리는 진정한 승리가 될 수 없다는, 오히려 화(禍)의 근원이 된다는 말이다. 부(夫)자는 머리에 비녀를 꽂은 남자를 나타낸 글자인데, 사내, 장정, 큰 사람, 성공한 사람을 뜻하고 여기서는 경쟁에서의 승리자를 뜻한다. 불합리한 경쟁, 불법적인 거래로 인한 폐해가 우리 사회에 얼마나 많은지를 생각해 보면 이 구절이 의미하는 바를 쉽게 이

寧 녕 편안하다/ 문안하다/ 차라리

해할 수 있다.

<ruby>有<rt>유</rt></ruby><ruby>孚<rt>부</rt></ruby><ruby>比<rt>비</rt></ruby><ruby>之<rt>지</rt></ruby>라야 <ruby>无<rt>무</rt></ruby><ruby>咎<rt>구</rt></ruby>리라. <ruby>有<rt>유</rt></ruby><ruby>孚<rt>부</rt></ruby><ruby>盈<rt>영</rt></ruby><ruby>缶<rt>부</rt></ruby>면 <ruby>終<rt>종</rt></ruby><ruby>來<rt>래</rt></ruby><ruby>有<rt>유</rt></ruby><ruby>它<rt>타</rt></ruby>하니 <ruby>吉<rt>길</rt></ruby>하리라.

유부비지(有孚比之)는 믿음을 가지고 경쟁한다는 뜻이고, 무구(无咎)는 허물할 일이 없다는 뜻이다. 경쟁에 나설 때는 믿음을 가지고 있어야 비난받을 일이 생기지 않는다는 것이다. 유부영부(有孚盈缶)는 믿음을 가짐에 질그릇을 가득 채워야 한다는 뜻이다. 여기서 질그릇은 소박함을 상징하는 것이고, 가득 찬 믿음이란 충분하고도 폭넓은 믿음을 의미한다.

실제의 경쟁에 있어서 필요한 믿음은 여러 가지이다. 그동안의 수련과 노력에 대한 확신, 공정한 경쟁 환경에 대한 신뢰, 승리가 영광을 가져다 줄 것이라는 믿음 등이 그것이다. 하지만 경쟁하는 상대방에 대한 신뢰야말로 없어서는 안될 필수불가결한 믿음이다. 상대방 역시 자신과 똑같은 입장에서, 똑같은 목표를 가지고, 정정당당한 자세로 경쟁에 나설 것이라는 믿음 말이다. 그래야 경쟁이 끝난 뒤에는 다시 가까워질 수 있고, 승패와 상관없이 경쟁을 경쟁 자체로 끝낼 수 있게 된다.

종래유타,길(終來有它,吉)은 경쟁이 끝날 때 상대방이 있으면 길하다는 뜻이다. 상대방의 존재를 인정하는 경쟁으로 경쟁이 끝난 후에 상대방과 다시 합쳐지는 것을 말한다. 스포츠 경기가 끝난 뒤 양 팀 선수들이 서로 끌어안고 악수를 나누고, 유니폼을 바꿔 입고 하는 모습을 돌이켜 본다면 비괘의 이 구절이 왜 이런 이야기를 하는지 짐작할 수 있다. 상대방에 대한 배려까지를 포함하는 방법으로 경쟁해야 길하다는 것이 이 구절의 가르침이다.

盈 영 차다, 그릇에 가득 차다 **缶** 부 질그릇/ 장군, 배가 불룩하고 목이 좁은 질그릇 **它** 타 다르다/ 남, 타인

比^비之^지自^자內^내니 貞^정吉^길하니라.

선의의 경쟁을 펼치기는 하지만 경쟁은 경쟁이다. 승패를 가려야 하고 이 승패에 따라 결과가 달라진다. 이런 점에서 어떻게 승리할 것인가는 중요한 문제이다. 비괘가 말하는 승리의 방법론은 비지자내(比之自內)이다. 비지자내(比之自內)는 경쟁은 자신의 내부로부터 온다는 뜻이다. 곧 경쟁에 필요한 힘은 기본적으로 자신의 내부에 있다는 의미이다. 실제로 경쟁에 임하면 우리는 자기 자신과의 싸움에서 먼저 이겨야 한다. 나아가 자신을 믿고 자신이 가진 모든 잠재적 힘을 표출시켜 경쟁에 사용해야 한다. 한마디로 정신적인 힘, 강한 집중력이야말로 승리를 위한 첫 번째 조건이라는 말이다.

하지만 자신의 잠재적 힘을 표출시킬 때는 주의해야 할 점이 있다. 자칫 과도하게 힘을 표출하여 지켜야 할 규칙까지 무시하고 내달릴 우려가 있기 때문이다. 그래서 정길(貞吉)이라고 말하는 것이니 올바른 규칙을 지켜야 한다는 뜻이다.

比^비之^지匪^비人^인이로다.

인간사 모든 일이 경쟁의 연속이다. 하지만 경쟁의 결과는 단순한 노력만으로 어찌할 수 있는 것이 아니다. 비지자내(比之自內)를 통해 자신과의 싸움에서 이긴다 해도, 경쟁에서 이기고 지는 것은 알 수 없다. 비지비인(比之匪人)은, 경쟁은 사람이 마음대로 정할 수 있는 일이 아니라는 뜻이다.

인간사 모든 경쟁에서 그 출발점이 스포츠와 같이 동일한 경우는 없다. 스포츠와 같이 동일한 규칙과 판정을 전제로 하여 이루어지지도 않는다. 불공평하다 여겨질 만큼 조건은 동일하지 않고 이른바 '행운'이라고 하는 우

比는 吉하니라. 原筮하여 元永貞하여도 无咎리라.
경쟁은 길하다. 처음 점을 칠 때부터 시작되어 영원히 계속되어도 허물할 일이 없다.

不寧方來라면 後夫라도 凶하니라.
정정당당하지 못한 방법으로 경쟁에 나서는 자가 바야흐로 오면, 이후 승리한 남자가 되더라도 흉하다.

有孚比之라야 无咎리라. 有孚盈缶면 終來有它하니 吉하리라.
믿음을 가지고 경쟁해야 허물할 일이 없다. 믿음을 가짐에 질그릇을 가득 채우는 것처럼 하면 경쟁이 끝났을 때 상대방이 있다. 길하다.

比之自內니 貞吉하니라.
경쟁은 자신의 내부로부터 오니 올바름을 지켜야 길하다.

比之匪人이로다.
경쟁은 사람의 일이 아니다.

外比之는 貞吉이로다.
몸가짐에서 외부적으로 드러나는 경쟁은 올바름을 지켜야 길하다.

顯比니 王用三驅에 失前禽하여도 邑人不誡니 吉하니라.
군왕이 사냥에 나설 때 사냥감이 달아날 길을 열어주는 삼구(三驅)의 방법을 쓰면, 맨 앞에서 달아나는 짐승을 잃어도 읍인들이 두려워하지 않는다. 길하다.

比之无首면 凶하니라.
경쟁에 나설 때 우두머리가 없으면 흉하다.

연적인 요소가 끼어든다. 그러므로 그 결과는 신의 섭리나 자연의 질서에 따른 것이라고 말할 수밖에 없는 어떤 것이다. 이 역설적인 표현이 의미하는 바는 우리는 그저 최선을 다해 경쟁에 임하고 결과에 승복해야 한다는 것일 뿐이다.

外^외比^비之^지는 貞^정吉^길이로다.

외비지(外比之)는 외부적으로 경쟁한다는 뜻이고, 정길(貞吉)은 올바름을 지켜야 길하다는 뜻이다. 이 구절은 경쟁에 나서는 사람들의 몸가짐과 같이 외부적으로 드러나는 부분에 대해 언급한 것이다. 여기서 외부란 몸, 말, 행동 등을 통해 겉으로 드러나는 경쟁의 태도를 총칭한다. 올바름을 지켜야 길하다는 것은 깨끗한 옷차림, 당당한 몸가짐, 진지한 표정, 분명한 말투, 차분한 태도 등을 갖추어야 승리할 수 있다는 의미이다.

顯^현比^비니 王^왕用^용三^삼驅^구에 失^실前^전禽^금하여도 邑^읍人^인不^불誡^계니 吉^길하니라.

단순한 스포츠가 아닌 정치판의 싸움을 생각해 보자. 이때의 싸움은 민심을 얻기 위한 경쟁이자, 자신을 비롯한 모두가 성장하고 발전하는 상생(相生)의 기회여야 한다. 이런 싸움에서는 포용하는 너그러움이 큰 몫을 차지한다. 단순히 "너 죽고 나 살자"는 식의 무한경쟁은 결국은 파국으로 끝나고 만다. 그리고 이 파국으로 인한 피해를 입어야 하는 것은 다수의 백성이다. 이러한 경쟁에서의 아량에 대해 비괘(比卦)는 사냥터의 사냥에 빗대어 설명하

顯 현 나타나다/ 드러나다 驅 구 몰다/ 말을 채찍질하여 달리게 하다 禽 금 날짐승/ 짐승/ 사로잡다 邑 읍 마을, 고을/ 도시, 도시 국가/ 식읍 誡 계 경계하다/ 스스로 삼가고 조심하다

고 있다.

현비(顯比)는 밖으로 나타나는 경쟁을 가리키는 것으로, 여기서는 군왕이 참여하는 시끌벅적한 사냥을 의미한다고 볼 수 있다. 왕용삼구(王用三驅)는 군왕은 사냥에 나설 때 삼구의 방법을 쓴다는 뜻이다. 삼구는 동서남북 네 방향 가운데 한쪽 방향은 열어 놓고 세 방향에서만 사냥감을 몰아가는 사냥법을 가리킨다. 군왕이 참여하는 사냥이라면 사냥개, 사냥꾼, 몰이꾼 등을 대규모로 동원하여 사냥터의 사냥감을 싹쓸이할 수도 있을 것이다. 그런데도 한 방향은 열어두어 사냥터의 짐승들이 달아날 수 있도록 하는 것이다. 이는 곧 사냥터의 짐승들을 몰살시키지 않는, 아량이 넘치는 사냥 방식이다.

이렇게 사냥에서는 당연히 놓치는 사냥감이 생긴다. 실전금(失前禽)이 바로 이러한 상황이다. 맨 앞에서 달아나는 짐승들은 잃는다는 것이다. 하지만 처음부터 놓칠 것을 알고 시작한 사냥이다. 군왕이 의도한 것이었으며 사냥꾼이나 몰이꾼들도 이를 알고 있었다. 읍인불계(邑人不誡)는 읍인들이 조심하지 않는다는 뜻이다. 계(誡)자는 남의 눈치를 살피며 조심하고 두려워한다는 뜻을 나타내는 글자이다. 곧 사냥감을 놓쳤지만 사냥꾼이나 몰이꾼으로 동원된 백성들이 두려움에 떨며 몸을 움츠리지 않는다는 것이다.

比之无首면 凶하니라.
비 지 무 수   흉

비지무수(比之无首)는 경쟁에 나설 때 우두머리가 없다는 말이다. 이렇게 경쟁에 나서면 흉(凶)할 수밖에 없다. 스포츠 경기를 예로 들면 우두머리(首)는 감독이고 코치며, 주장이고 선배라고 할 수 있을 것이다. 실제로 우리가 치르는 모든 경쟁에는 반드시 지도자가 필요하고 조력자가 필요하다. 이 구절은 지도자의 필요성에 대한 강조이기도 하지만 인간은 사회적 존재라는 점을 다시 이야기하는 것이기도 하다.

우리는 모두 홀로 살아가는 것이 아니므로 완전히 혼자서 참여하는 경쟁은 아예 있을 수도 없다. 지금 벌이고 있는 경쟁이 힘겨운 상황에 처해 있다면, 자신에게 필요한 지도자는 어디에 있는지 조력자는 누구인지를 먼저 찾아야 한다.

경쟁에서 승부보다 중요한 것은 발전이다

모든 삶의 과정에서 경쟁은 피할 수 없는 것이다. 우리가 인식을 하든 그렇지 않든, 그 비중이 크든 작든, 정도의 차이는 있을지 모르지만 인간은 기본적으로 경쟁에서 벗어나지 못한다. 돌이켜 보라. 우리가 실천한 일이나 참여한 일 가운데 경쟁 아닌 일이 얼마나 있었는가?

그런데 이와 같은 경쟁은 기본적으로 좋은 것이다. 경쟁은 종종 자신과 상대방을 발전시키는 원동력으로 작용한다. 개인 차원에서뿐만이 아니다. 인류 사회는 결국 경쟁을 바탕으로 유지되고 발전된다. 경쟁이 없다면 우리는 결코 현재와 같은 고도의 문명 사회를 이루지 못했을 것이다. 더 좋은 음식과 집을 얻으려는 개인 간의 경쟁, 더 수준 높은 기술과 많은 자본을 얻기 위한 집단 간의 경쟁, 경제적으로나 군사적으로 좀더 강한 힘을 갖추기 위한 국가 간의 경쟁 등이 마침내 현재와 같은 문명을 낳은 장본인인 것이다.

경쟁에서의 가장 중요한 관심사는 승부이다. 그리고 모두가 자신, 혹은 자신이 속한 무리의 승리를 원한다. 이처럼 승리를 기대하지 않는 경쟁이 있다면 이는 경쟁도 아니다. 하지만 비괘(比卦)가 말하는 경쟁은 전쟁과는 다른 것이다. 비괘가 말하는 경쟁은 어디까지나 발전의 원동력으로 작용할 수 있는 '선의의 경쟁'이다. 비괘는 이러한 선의의 경쟁에 대해 설명한다. 비괘에 따르면 경쟁에 임하는 자세와 방법에 따라 경쟁의 승패는 달라진다. 선의의 경쟁이 무엇인지 이해하고 게임의 법칙을 살펴 진정한 경쟁의 승리자가 되고자 한다면, 이 비괘를 곱씹어 읽을 일이다. 그렇다면 과연 진정한 경쟁이란 무엇이며 그 자세와 방법은 어떤 것인가?

우선 경쟁에 나서는 사람은 이길 수 있다는 자기 확신을 가지고 있어야 한다. 스포츠 경기와 같은 것은 말할 것도 없고, 정치, 사업, 공부 등의 모든 일에서 이러한 자기 확신은 필수불가결한 것이다. 경쟁의 상대방 또한 자신과 마찬가지로 정정당당한 자세로 승부에 임할 것이라는 신뢰 또한 가지고 있어야 한다. 그러나 지나치게 승부만을 의식해서도 안된다. 인간 세상에서 경쟁에 임하는 당사자들의 조건은 천차만별이고 승패는 또 이 조건과는 별개로 이루어지는 경우가 많다. 승패는 인간이 어찌해 볼 수 있는 일이 아니다.

그렇다면 진정한 승리란 어떤 것인가? 비괘는 삼구(三驅)의 비유를 통해 아름다운 승리, 아량의 덕에 대해 설명한다. 삼구란 사냥감을 몰 때 사방 중 한 방향을 열어놓아 사냥감이 달아날 수 있도록 해주는 방식을 말한다. 이는 경쟁에 있어서 상대방을 완벽하고도 철저하게 패퇴시키는 것은 결코 아름다울 수 없다는 가르침을 담고 있다.

비괘(比卦)의 경쟁은 한쪽이 다른 한쪽을 멸망시키는 쟁투(爭鬪)가 아니라 양쪽이 모두 발전의 기회를 얻을 수 있는 선의의 경쟁이다. 이 경쟁의 정정당당한 참여자들은 상대방에 대한 신뢰를 가지고 있으며 승부보다는 과정을 중시한다.

9.소축小畜괘 ; 작은 축적, 작은 행복

조금씩 쌓는 일, 저축, 부부, 짝, 동업자

^{소 축}^형^{밀 운 불 우}^{자 아 서 교}
小畜은 亨이니라. 密雲不雨니 自我西郊니라.

소축(小畜)은 작은 것을 기른다는 것이니 작은 성공, 작은 행복을 만들어 간다는 뜻이다. 이 소축은 원형이정(元亨利貞)의 시절 가운데 사물의 성장기인 형(亨)의 시절에 만들어진다. 이는 부부로 치면, 젊은 남녀가 인연을 맺은 후 가정을 꾸려나가는 시기라고 할 수 있다. 이때부터 좋은 가정을 이루기 위해 부부가 합심해서 노력해야, 이후 언젠가는 소축의 작은 행복을 얻을 수 있다는 의미이다.

그런데 이 소축(小畜)의 작은 행복은 이루기 쉬운, 만만한 일처럼 보여도 사실은 절대로 쉽지 않다. 밀운불우(密雲不雨)는 구름이 빽빽하게 끼어 있

畜 축 쌓다/ 축적, 축적하다/ 기르다/ 가축   **密 밀** 빽빽하다/ 조용하다   **雲 운** 구름   **自 자** 스스로, 몸소/ 저절로, 자연히/ 진실로/ 처음, 시초   **我 아** 나/ 우리   **西 서** 서쪽/ 새가 동우리에 깃들이다   **郊 교** 성 밖/ 국경

으나 비는 오지 않는다는 뜻이다. 이는 소축이 바야흐로 이루어질 것처럼 보여도 생각만큼 쉽게 이루어지지 않는 상황을 비유한 것이다.

자아서교(自我西郊)는 진실로 우리는 성 밖에 둥지를 틀고 있다는 뜻이다. 서(西)자는 서쪽 방향을 가리키는 글자이기도 하지만, 원래는 새 둥지를 그린 것으로 '둥지를 틀다'는 의미를 가지고 있기도 하다. 아직 비가 내리지는 않으니 성 밖 거친 들판에라도 부지런히 둥지를 만든다는 뜻이다. 앞서의 젊은 부부라면 경거망동하지 말고 좋은 가정을 이루기 위한 밑바탕을 착실히 만들어 나가야 할 것이다. 혼인 전부터 가사, 양육, 재테크 등의 집안일과 부부 각자의 경력에 대해 논의하는 요즘의 젊은이들이라면, 최소한 이러한 원리는 스스로 알고 있는 것일 터이다.

부부의 인연을 맺은 이들을 주로 하여 말했지만, 이 소축괘의 이야기는 동업자나 직원들과 함께 사업을 일으켜 성공을 얻고자 하는 사장들에게도 유사하게 적용될 수 있다.

복 자 도　　하 기 구　　길　　　견 복　　　길
復自道면 何其咎리오. 吉하리라. 牽復이라도 吉하리라.

행복을 바라지 않는 것도 아닐 텐데 그렇다면 왜 사람들은 아직 성 밖에 머물러 있는 것인가? 이는 가정의 행복이 얼마나 소중한 것인지 아직 잘 모르기 때문일 것이다. 물론 누구나 가족이 가장 소중하다고 말한다. 하지만 이것만으로는 부족하다는 것이 소축괘의 가르침이다. 더 절실하게, 모든 행복이 가정에서부터 비롯되고 이루어진다는 사실을 깨달아야 한다는 것이다.

가정의 소중함을 깨닫는 데에는 두 가지 길이 있을 수 있다. 하나는 스스로

復 복 돌아오다　**何 하** 어찌　**牽 견** 끌다/ 강요하다

깨닫는 것이요, 다른 하나는 남의 가르침을 받아들이는 것이다. 복자도(復自道)는 스스로 바른 길로 돌아온다는 뜻이니, 전자의 길을 말하는 것이다. 하기구(何其咎)는 가정의 소중함을 깨달아 돌아오는 일은 허물할 일이 없다(어찌 그것이 허물할 일일 것인가?)는 말이다.

견복,길(牽復,吉)은 강제로 끌려서 돌아와도 길하다는 뜻이다. 스스로 깨달아 돌아오는 복자도와는 달리 남의 가르침에 강제로 끌려와 가정의 소중함을 깨닫는다는 것이고, 이렇게라도 돌아오기만 한다면 또한 나쁠 것이 없다는 것이다.

與^여說^탈輹^복이니 夫^부妻^처反^반目^목이로다.

여탈복(與說輹)은 수레에 바큇살이 빠졌다는 뜻이다. 바큇살은 바퀴통에서 바퀴테를 향하여 부챗살 모양으로 뻗친 막대를 가리키는 것이다. 부처반목(夫妻反目)은 남편과 아내가 서로 흘겨보며 미워한다는 뜻이다. 이는 곧 부부의 합심이 잘 이루어지지 않는 일을 고장난 수레에 빗대어 말한 것이다. 수레에서 바큇살이 빠졌다면 목적지가 어디인지는 생각할 수도 없다. 아예 굴러가지가 않을 것이기 때문이다.

마찬가지로 가정의 터전을 마련하기 위해 힘을 쏟아야 할 때에 남편과 아내가 의견 일치를 보지 못하고 사사건건 부딪히기만 한다면 행복은 아무리 작은 것이라도 이룰 수 없다.

與 여 수레 **說 탈** 벗다 **輹 복** 바큇살 **妻 처** 아내

小畜은 亨이니라. 密雲不雨니 自我西郊니라.

작은 성공, 작은 행복은 형(亨)의 시절에 만들어진다. 구름이 빽빽하게 끼어 있으나 비는 오지 않는다. 성 밖에라도 부지런히 둥지를 튼다.

復自道면 何其咎리오. 吉하리라. 牽復이라도 吉하리라.

스스로 바른 길로 돌아온다면, 어찌 그것이 허물할 일일 것인가? 길하다. 심지어 다른 사람의 가르침에 의해 강제로 끌려서 돌아와도 길하다.

輿說輻이니 夫妻反目이로다.

수레에서 바큇살이 빠졌으니, 남편과 아내가 서로 흘겨보며 미워한다.

有孚면 血去惕出하니 无咎리라.

믿음이 있으면, 피 흘릴 일을 없애고 두려움을 몰아낼 것이니 허물할 일이 없다.

有孚攣如니 富以其鄰이로다.

믿음을 가지는 것이 이웃과 서로 얽혀 있는 듯하니, 그 부유함을 이웃과 함께 한다.

既雨既處라. 尙德載니 婦貞厲하고 月幾望이니 君子征凶하니라.

이윽고 비가 내리다가 적당하게 내린 후에는 다시 그친다. 재화가 높이 쌓여 있다. 부인은 올바름을 지켜도 위태로울 수 있다. 달이 거의 찼으니, 남편은 적극적으로 나아가면 흉하다.

有孚면 血去惕出하니 无咎리라.

　유부(有孚)는 믿음이 있다는 뜻이고, 혈거척출(血去惕出)은 피 흘릴 일을 없애고 두려움을 몰아낸다는 뜻이다. 믿음을 가지고 있다면 곤란한 일도 두려워할 일도 없다는 말이다. 여기서 혈(血)자는 유혈 사태와도 같은 재앙을 말하고 척(惕)자는 공포와 두려움을 말한다. 무구(无咎)는 허물이 없다는 뜻이다.

有孚攣如니 富以其鄰이로다.

　믿음이 있어야 한다는 원칙은 부부 사이의 덕목만은 아니다. 이웃과의 관계에서도 믿음은 필수적인 것이다. 유부연여(有孚攣如)는 믿음을 가지는 것이 얽혀 있는 듯하다는 뜻이니, 믿음을 가지고 이웃과 서로 얽혀 있는 것과 같이 관계를 맺는다는 것이다. 부이기린(富以其鄰)은 부유함을 그 이웃과 함께한다는 뜻이다. 곧 믿음으로 결속된 이웃과는 부와 재산을 나누어 써도 좋을 것이라는 말이다.

　이때의 이웃이란 물리적으로 거리가 가까운 곳에 있는 이웃만을 말하는 것이 아니다. 부유함을 얻기 위해 함께 일하는 사람, 공동의 목표를 위해 함께 노력하는 사람, 다시 말해 넓은 의미로 '한솥밥을 먹는 모든 사람'을 포함하는 것이다. 이런 의미에서 부이기린(富以其鄰)은 기업 운영에 있어서의 역할 분담이나 이득의 공유를 뜻한다고도 볼 수 있다. 동업자들과 함께 자본을 조달하고 직원들과 어울려 각자의 기술을 서로 나누고 합치는 것, 그래서

惕 척 두려워하다/ 놀라다/ 근심하다/ 삼가다　攣 련 걸리다/ 매이다/ 연관되다　鄰 린 이웃/ 돕다

생산성을 높이고 그 결과인 부를 공유하는 것, 이것이 바로 부유함을 이웃과 함께하는 일의 의미인 것이다.

既雨既處라. 尙德載니 婦貞厲하고 月幾望이니 君子征凶하니라.

기우기처(既雨既處)는 이윽고 비가 내리다가 적당하게 내린 후에는 다시 그친다는 뜻이다. 구름은 짙게 끼어도 비는 오지 않는 밀운불우(密雲不雨)의 시절도 있었지만 언젠가는 좋은 시절이 다가올 것이라는 말이다. 이는 가정의 화목이나 이웃과의 결속을 바탕으로 착실히 노력하면 반드시 소축(小畜)의 행복을 누릴 수 있다는 희망의 말이다. 밀운불우에서와 마찬가지로 기우기처에서도 비가 내리는 일은 작은 행복을 상징한다.

상덕재(尙德載)는 재화가 높이 쌓여 있다는 뜻이니, 적당히 비가 내리는 시절에 이르러 물질적 부(富)가 많이 늘어남을 말한다. 여기서 덕(德)자는 득(得)자와 통하는 글자로 이득을 의미한다. 하지만 부가 끝없이 늘어나는 일은 오히려 경계해야 할 부분이다. 그래서 부정려(婦貞厲)라고 말하는 것이니, 부인은 올바름을 지켜도 위태로울 수 있다는 뜻이다. 부인은 이럴 때일수록 높이 쌓은 부를 함께 고생한 이웃이나 동업자들과 나누어야 한다. 그리고 말과 행동을 더욱 올바르게 해야 할 것이라는 가르침이다.

남편 또한 마찬가지이다. 처음에 뜻하고자 한 바를 어느 정도 이루었으므로 이제는 만족할 줄 알아야 한다. 월기망(月幾望)은 달이 거의 찼다는 뜻이

既 기 이미, 벌써/ 원래/ 그러는 동안에, 이윽고/ 다하다   **處 처** 곳, 처소/ 때, 시간/ 살다, 거주하다/ 정착하다/ 머무르다/ (어떤 지위에) 있다   **尙 상** 오히려/ 높다/ 숭상하다   **德 덕** 덕, 덕성/ 이득   **載 재** 싣다/ 실어서 운반하다/ 이루다, 완성하다/ 쌓다   **厲 려** 숫돌, 갈다/ 괴롭다/ 사납다/ 위태롭다   **幾 기** 거의/ 기미, 기미를 알다/ 낌새, 낌새를 살피다/ 몇   **望 망** 바라다/ 기대하다, 희망하다/ 우러러 보다/ 보름, 음력 매월 15일   **征 정** 치다/ 때리다/ 정벌하다/ 토벌하다/ (먼 길을) 가다

니 이처럼 뜻을 이룬 일을 비유한 말이다. 이러한 상황에서는 더 이상 욕심을 부리거나 경솔하게 판단해서는 안된다. 군자정흉(君子征凶)은 남편은 적극적으로 나아가면 흉하다는 의미이다. 과도한 욕심을 부리거나 경솔한 판단으로 새로운 일을 벌이다가는 오히려 실패를 초래할 것이라는 말이다.

작은 행복이 큰 행복보다 크다

요즘으로 치면 '소확행(작지만 확실한 행복)'과 같은 것이라고 할 수 있을 것이다. 소축(小畜)은 작은 것을 기른다는 말로 작은 행복을 성취한다는 의미를 담고 있다. 비록 지극히 높은 수준은 아니지만, 원만하게 가정을 이끌고 이를 바탕으로 사회적으로도 성공을 거둔다는 것이다. TV 드라마에 나올 만큼 화려하지는 못하더라도 가정이 평안하고, 떠들썩한 성공은 거두지 못하더라도 웬만큼 돈 걱정은 하지 않고 살 수 있을 정도라고 이해하면 될 것이다.

이 소축괘(小畜卦)는 뒤에 나올 대축괘(大畜卦)와 함께 읽어보면 좀더 흥미를 느낄 수 있다. 대축괘는 소축괘와는 대조적으로 큰 성공을 이루려는 이들의 이야기를 담고 있는 바, 이 두 가르침의 차이를 분명하게 알 수 있다. 또한 자신이 소축을 추구해야 하는지 대축을 추구해야 하는지도 알 수 있다. 예컨대 소축을 추구하는 이들에게 가장 중요한 것은 가정이다. 하지만 대축을 추구하는 이들에게 가정은 오히려 걸림돌이 될 수 있다. 자신이 어떤 성향인지 가늠해 보아야 할 대목이다.

그런데 이 소축을 이루는 일조차도 쉬운 것은 아니다. 소축괘는 이 소축조차 이루지 못하는 것은 무엇보다도 절실함이 부족하기 때문이라고 말한다. 행복한 가정을 이루려는 마음, 성공적인 사업을 이끌어 가려는 마음이 없기 때문이다. 이런 탓으로 적극적으로 노력하지 않고 방관자처럼 굴기 때문이다. 남편과 아내, 함께 일하는 이들이 행복한 가정과 성공적인 사업의 중요성에 대해 스스로 깨닫고 힘껏 노력해야 한다. 그리고 합심하여 노력해야 한다. 소축괘는 이를 바큇살이 빠진 수레에 빗대어 말한다. 부부 사이의 합심도 중요하지만 이웃이나 동업자들과의 좋은 관계도 중요하다.

모든 일에는 때가 있다. 가정의 기초를 다질 때에는 부부가 함께 해야 할 일에 집중하고, 사업의 기반을 닦을 때에는 함께 일하는 이들과 진심을 다해 노력해야 한다. 이렇게 하다 보면 작은 행복, 작은 성공을 이룰 수 있는 때가 반드시 온다.

사람들은 종종 크고 화려한 성공에만 마음을 빼앗긴다. 그리고 화려하고 휘황찬란한 행복을 꿈꾼다. 하지만 작은 성공을 이루지 못하면 큰 성공도 이루기 어렵다. 작은 행복을 느끼지 못하면 결국은 큰 행복도 누리지 못한다. 작은 성공은 어쩌면 큰 성공보다 소중하다. 작은 행복은 어쩌면 큰 행복보다 가치 있다.

가정을 등한시한 채 이른바 바깥일에만 매달리는 이들과, 애초에 대축을 이룰 만한 자질을 타고나지 못한 이들이라면 명심해 두어야 할 가르침이다.

10. 이履괘 ; 직언(直言)하는 신하의 자세

신중함, 심사숙고하는 이인자, 측근, 참모

履虎尾라도 不咥人하니 亨하리라.
<small>이 호 미　　부 질 인　　형</small>

　이호미(履虎尾)는 호랑이의 꼬리를 밟는다는 뜻이고, 부질인(不咥人)은 그 호랑이가 사람을 물지 않는다는 뜻이다. 무슨 말인가? 호랑이의 꼬리를 밟는 일은 매우 위험한 일인데, 왜 꼬리를 밟힌 호랑이는 오히려 물지 않는다고 하는가?

　이 구절은 직언(直言)을 주고받는 신하와 군왕의 모습에 대한 비유이다. 꼬리를 밟는 자는 신하이고 호랑이는 군왕이다. 이 구절은 비판과 질정(叱正)을 서슴지 않는 신하와 너그러운 태도로 이 직언에 귀를 기울이는 군왕의 모습을 보여 준다. 하지만 신하는 군왕을 뒤따르며 군왕의 꼬리를 밟을 뿐, 군왕의 앞길을 가로막는 데까지 나아가지는 않는다. 여기서 이(履)자는 무

履 리 밟다/ 신, 신다　**虎 호** 호랑이　**尾 미** 꼬리　**咥 질** 깨물다, 물다 / 씹다　**戱 희** 웃다/ 웃음소리

엇인가를 밟는 일을 나타내기도 하지만 윗사람의 뒤를 따라가는 아랫사람의 모습을 나타내기도 하는 글자이다. 형(亨)은 사물의 성장기인 형(亨)의 시절에 모든 일이 잘 풀린다는 뜻이다. 여기서는, 신하는 형의 시절을 맞아 굳세지고, 군왕은 형의 시절을 맞아 덕을 베푼다는 의미를 나타낸다.

素履하면 往无咎리라.
<small>소 리　　　왕 무 구</small>

　군왕에게 신하의 거침없는 비판과 질정은 대부분 고통스러운 일이다. 그런데도 군왕이 이 신하의 말에 귀를 기울이는 것은 이 신하의 말이 순수한 열정에서 비롯된 것이고 군왕이 이를 알고 있기 때문이다.

　소리(素履)는 흰 바탕처럼 소박하게 군왕의 뒤를 밟아 나간다는 뜻이다. 곧 신하가 사심없이 비판하고 질정한다는 것이다. 군왕에게 이 신하의 말이 받아들여질 가능성이 적다는 점, 이를 통해 어떤 높은 관직을 얻을 수도 없다는 점에서 그의 말은 소박한 흰 바탕과 같다. 왕무구(往无咎)는 계속 앞으로 나아가도 허물할 일이 없다는 뜻이다. 신하가 직언을 계속하고 군왕이 이 직언에 귀 기울이는 일을 계속해도 괜찮다는 것이다. 군왕의 입장에서는 이 신하의 비판과 질정을 통해 자신의 일을 돌아볼 수 있을 것이다.

履道坦坦하니 幽人이라야 貞吉하리라.
<small>이 도 탄 탄　　　유 인　　　정 길</small>

　이도탄탄(履道坦坦)은 신하가 밟아 나가는 길이 굽은 곳 없이 평탄하다는 뜻이다. 군왕의 뒤를 따라가며 직언을 올리는 신하의 길은 사실 험난하

素 소 희다/ 소박하다/ 바탕/ 무늬가 없는 피륙　　**坦 탄** 평평하다/ 너그럽다/ 탄탄하다　　**幽 유** 그윽하다/ 피하여 숨다/ 멀다

다. 군왕이 이를 포용한다 해도 군왕과 신하 주변의 실력자나 아첨꾼들이 이를 가만히 보고만 있지는 않을 것이기 때문이다. 그런데도 평탄하다고 말하는 것은 무슨 까닭인가? 이는 이 신하가 스스로 일관성을 가지고 있기 때문이다. 온갖 구설수에도 흔들리지 않는 이도(履道)의 원칙을 가지고 있기 때문이다.

그렇지만 이처럼 평탄한 길을 걷다 보면 아무리 스스로 중도의 원칙을 지킨다 하더라도, 경계심이 사라지고 신중함을 잃기 쉽다. 그래서 유인,정길(幽人,貞吉)이라고 말하는 것이니 유인(幽人)의 자세로 올바름을 지켜야 길하다는 뜻이다. 유인(幽人)은 어지러운 세상을 피해 조용한 곳에 숨어 있는 은둔자를 말한다. 아무것도 구하지 않고 누군가에게 뭔가를 바라지도 않는 것이, 곧 흰 바탕처럼 직언을 쏟아내는 소리(素履)의 신하와도 같다.

眇能視하고 跛能履나 履虎尾면 咥人하니 凶하니라.

묘능시(眇能視)는 외눈박이도 볼 수 있다는 뜻이고 파능리(跛能履)는 절름발이도 걸을 수 있다는 뜻이다. 여기서 외눈박이와 절름발이는 자신의 분수나 능력을 가늠하지 못하고 무모하게 앞으로 나서는 신하에 대한 비유이다. 곧 자격이 없는 사람, 사심으로 가득한 자신을 깨우치지 못하고 스스로 사심이 없다고 착각하는 사람, 이도(履道)의 원칙을 알지 못하는 사람 등을 일컫는다.

물론 외눈박이나 절름발이도 볼 수 있고 걸을 수 있으니, 군왕에게 간언을 할 수 있다. 하지만 그 결과는 좋지 않다. 이호미질인,흉(履虎尾咥人,凶)은

眇 묘 외눈박이 能 능 능하다/ ~할 수 있다 視 시 보다/ 자세히 살피다 跛 파 절름발이/ 절뚝거리다

호랑이의 꼬리를 밟으면 사람을 무니 흉하다는 뜻이다. 곧 외눈박이나 절름발이가 사심으로 직언하면 군왕이 이런 자를 가만히 내버려두지는 않는다는 것이다.

武人은 爲于大君이로다.

간언에 나설 자격이 없는 사람도 있지만, 처음부터 간언에 나서서는 안되는 사람도 있다. 바로 무인(武人)들이다. 무인은 사리를 분별하고 선악을 판정해 군왕에게 조언하는 사람이 아니다. 직언은 성실한 자기 수양으로 중도의 덕을 쌓은 문인(文人)들이 할 일이다. 무인에게 필요한 것은 직언이 아니라 군왕에 대한 절대적인 충성일 뿐이다. 그래서 무인,위우대군(武人,爲于大君)이라 말하는 것이니, 무인은 오로지 군왕을 위할 뿐이라는 뜻이다.

무인은 심지어 군왕이 포악할 때조차도 자신의 뜻을 드러내지 않고 군왕을 위해야 한다. 무인의 간언을 용납하지 않는 것은, 이를 용납하면 나중에는 군왕이 이들의 눈치를 보는 일이 벌어지기 때문이다. 고려조의 무인정권 역사를 돌이켜 보면 짐작이 가고, 현대의 군사 정권을 살펴보더라도 수긍할 수 있는 부분이다.

履虎尾하니 愬愬하면 終吉하리라.

직언이라는, 호랑이 꼬리를 밟은 것처럼 위험천만한 일은 어떻게 해야 하는가? 그것은 두려워하는 듯이 해야 한다. 색(愬)자는 놀라서 두려워한다는 것이니, 색색(愬愬)은 몹시 놀라서 몹시 두려워한다는 뜻이다. 〈주역〉 시대

愬 색 놀라다/ 두려워하다

이래 군자를 지향하는 동양 문화권에서 '두려워한다'는 말은 대체로 군자가 말과 행동을 삼가는 것이 마치 무엇인가를 두려워하는 것처럼 한다는 의미를 가진 것이었다. 과연 직언만큼 조심스러워 해야 할 일은 세상에 또 없을 것이다.

이호미(履虎尾)는 또한 호랑이 꼬리를 밟는다는 것이니, 신하가 직언을 주저하지 않는다는 의미이다. 색색,종길(愬愬, 終吉)은 두려워하는 듯이 하면 끝내는 길하다는 말이다.

쾌 리　　정 려
夬履하니 貞厲라.

두려워하는 태도의 직언이 아닌, 굳세고 강력한 직언도 있다. 이러한 직언이 쾌리(夬履)이다. 쾌리는 과감하게 밟아 나간다는 뜻이니 통쾌한 직언을 쏟아내는 것이다. 하지만 이러한 직언은 종종 포용이나 너그러움 없이 군왕을 짓밟는 것으로 여겨진다. 오만하고 겸손하지 못한 것으로 보인다. 그런데 이런 태도로 호랑이 꼬리를 밟는다면 물려 죽을 가능성이 높다. 그래서 그 마지막은 위태롭다(貞厲)고 말하는 것이다.

사심없이 직언하는 소리(素履)는, 사실 강렬하다. 그렇다면 소리와 쾌리의 차이는 무엇인가? 무엇이 소리이고 무엇이 쾌리인가? 여기서 기준으로 삼을 수 있는 것은 때와 상황에 따라 무게중심을 찾는 중도의 원칙이 있는가의 여부이다. 그리고 직언을 하는 자가 통쾌함을 느꼈는가의 여부이다. 중도의 원칙이 있다면 소리이고, 통쾌함을 느꼈다면 쾌리이다. 그리고 무엇보다도 중요한 것은, 군왕에 대한 존중과 예의이다.

履虎尾라도 不咥人하니 亨하리라.
호랑이의 꼬리를 밟아도 그 호랑이가 사람을 물지 않으니, 모든 일이 잘
풀린다.

素履하면 往无咎리라.
신하가 흰 바탕처럼 소박하게 군왕의 뒤를 밟아 나가면, 계속 앞으로
나아가도 허물할 일이 없다.

履道坦坦하니 幽人이라야 貞吉하리라.
신하가 밟아 나가는 길이 굽은 곳 없이 평탄하니, 세상을 피해 숨어 사는
은둔자와 같다. 올바름을 지켜 길하다.

眇能視하고 跛能履나 履虎尾면 咥人하니 凶하니라.
외눈박이도 볼 수 있고 절름발이도 걸을 수 있으나, 호랑이의 꼬리를 밟으면
사람을 무니 흉하다.

武人은 爲于大君이로다.
무인은 오로지 군왕을 위할 뿐이다.

履虎尾하니 愬愬하면 終吉하리라.
호랑이 꼬리를 밟으니, 두려워하는 듯이 하면 끝내는 길하다.

夬履하니 貞厲라.
과감하게 밟아 나가니, 그 마지막은 위태롭다.

視履考祥하여 其旋하면 元吉하리라.
밟아온 흔적들을 곰곰이 생각해보고 다가올 조짐을 자세히 살펴본다. 과거로
되돌아가 한 치의 거짓도 없이 살핀다. 근원적으로 길하다.

視^시履^리考^고祥^상하여 其^기旋^선하면 元^원吉^길하리라.

시리(視履)는 밟아 온 흔적들을 곰곰이 생각해 본다는 뜻이고, 고상(考祥)은 다가올 조짐을 자세히 살펴본다는 뜻이다. 곧 지금까지 어떤 간언을 했는지 돌이켜 보고 앞으로 어떤 일들이 일어날지 예측하여 본다는 말이다. 흔히 말하는 온고지신(溫故知新)과 의미가 통한다. 기선(其旋)은 과거로 되돌아간다는 말이자 과거로 되돌아가 한 치의 거짓도 없이 살핀다는 말이다. 곧 과거의 간언을 살펴보고 잘못된 것과 잘된 것을 상세히 반성하고 앞날을 위해 좀더 나은 논리를 만들어 간언을 해야 한다는 말이다. 그래야 근원적으로 길하다(元吉)는 것이다. 이 구절은 앞으로 나아가기만 하고 물러설 줄 모르면 실패할 수 있으니 한번 더 살피라는 의미를 담고 있다.

직언은, 직언을 받는 사람이 있어야 성립한다

이괘(履卦)는 기본적으로 군왕에게 직언하는 신하의 이야기이다. 하지만 곧 일인자에게 조언하는 모든 이인자들의 이야기이기도 하다. 지금으로 치면 기업의 최고책임자에게 조언하는 임직원들, 정치권의 권력자에게 직언하는 측근 참모들, 공직 사회의 장(長)에게 바른말을 하는 공무원들, 학문 분야의 명사를 비판하는 신진

考 고 상고하다/ 고찰하다/ 자세히 살펴보다   **祥 상** 상서, 상서롭다/ 조짐/ 자세하다   **旋 선** 돌다/ 회전하다/ 되돌아오다

학자들 등도 이 이야기의 대상이 될 수 있을 것이다.

그렇지만 사실, 아랫사람의 직언을 반기는 윗사람은 그리 많지 않다. 자신의 잘못을 따박따박 이야기하는 아랫사람의 목소리를 도대체 어느 누가 달가워하겠는가? 역사적으로도 군왕이나 실력자에게 직언을 하다가 오히려 온갖 고초를 겪어야 했던 이들의 사례는 얼마든지 있다. 그러므로 직언은, 직언을 하는 아랫사람도 있어야 하지만, 직언을 받아주는 윗사람도 있어야 한다. 말하는 이와 듣는 이가 모두 도리를 지켜야 가능한 것이 직언이다.

그렇지만 직언은 또 아무나 할 수 있는 것은 아니다. 우선 직언을 할 만한 위치, 그러니까 자신이 직언을 받아들일 군왕이나 최고책임자의 측근이 아니라면 직언의 기회조차 얻지 못할 가능성이 크다. 다양한 종류의 언로(言路; 미디어)가 발달해 있는 지금도 정치, 경제, 사회 분야의 최고 실력자들에게 직언을 할 수 있는 이들은 측근들뿐이다. 이들의 역할이 사뭇 중요한 이유 중 하나가 바로 이것이다. 그런데 이 측근이라는 이들은 실력자의 비위 맞추기에 급급하여 사실과는 다른 엉뚱한 간언으로 여론을 호도하는 경우가 왕왕 있다. 이렇게 되면 정치 조직은 무너지고 기업은 위험에 빠지고 공직 사회는 위태로워진다.

이(履)란 위험을 무릅쓰고 윗사람의 잘못을 짚어 말하는 충언(忠言)이다. 물론 이 충심의 말을 아뢰는 행위에는 당연히 알맞은 때와 알맞은 방법이 있다. 이 때와 방법에 어긋나지 않는 직언이라야 윗사람의 마음을 움직이고 그 잘못을 바로잡도록 할 수 있다.

이 이괘에서는 윗사람에게 직언하는 일을, 호랑이 꼬리를 밟는 일에 비유하고 있다. 여기서 호랑이 꼬리는 이중적인 의미를 가진다. 첫 번째는 냄새나는 항문을 감추고 있는 것으로서 윗사람의 더러운 비리와 부패를 가리킨다. 두 번째는 사나운 호랑이의 힘과 권위를 나타내는 것이다. 잘못 건드리면(밟으면) 크게 화를 당할 수도 있는 부분인 것이다. 이 의미를 생각할 때 직언을 호랑이 꼬리를 밟는 일에 빗댄 것은 참으로 절묘한 것이 아닐 수 없다.

윗사람의 잘못을 비판하는 직언은 더러운 부분을 잘라내겠다는 의지의 표현이 지만, 호랑이 꼬리를 밟는 일과 같이 목숨을 걸어야 하는 매우 위험한 일이다. 따라서 직언을 할 때는 자신의 사고가 올바를 것이라는 확신과 어떤 어려움이 있어도 자신의 뜻을 관철시키겠다는 강한 의지가 있어야 한다. 하지만 직언의 배경이 떳떳하지 못하다면, 이 직언은 화를 당하기 십상이다. 직언을 위해서는 균형잡힌 시각과 때를 기다리는 인내심이 있어야 한다. 그리고 아무리 옳은 직언이라 하더라도 마치 무엇인가를 두려워하는 것처럼 조심스러운 태도를 갖추어야 한다.

무인의 경우는 직언에 나서서는 안된다. 설령 군왕이 부당한 경우라도 그 명령에 복종해야 한다. 무인의 최고 덕목은 절대적인 충성이지 개인적 신념이나 가치 판단이 아니다. 민주주의 체제인 현재의 국가에서 이 절대적인 충성의 대상은 국민이라는 점 또한 마음에 새겨야 한다.

11.태泰괘

; 오래도록 태평스러움을 지키려면

언젠가는 끝나는 태평함, 평화, 안정, 건강, 부귀

泰는 小往大來하니 吉하고 亨하니라.

태(泰)는 태평스러움을 뜻한다. 나라는 평화와 번영을 향해 나아가고 기업은 이익과 성공을 얻으며 개인은 부귀와 영달을 누린다. 태(泰)자는 원래 사람이 흐르는 물에 손을 씻는 모습을 나타낸 글자이다. 일을 마친 후 손을 씻었으므로 이제 편안하게 쉴 수 있다는 점에서 태평스럽다는 의미로 쓰이기 시작했다.

소왕대래,길(小往大來,吉)은 작은 것이 가고 큰 것이 오니 길하다는 뜻이다. 태평스러움을 누리기 위해서는 작은 것을 버리고 큰 것을 얻어야 한다는 말이다. 여기서 작은 것은 대개 게으름, 허세, 욕심, 실기(失期)의 어리석음 등을 가리키고, 큰 것은 노력, 의리와 선망, 인생에 대한 통찰, 권력 등을 가

泰 태 태평하다/ 크다/ 넉넉하다

리킨다고 할 수 있다. 하지만 작은 것과 큰 것은 '큰 것보다 작은 것', '작은 것보다 큰 것'이라는 상대적 의미를 담고 있다. 이를테면 게으름은 작고 노력은 크다고 볼 수도 있지만, 작은 게으름과 좀더 큰 게으름이 있다거나 작은 노력과 좀더 큰 노력이 있다고도 볼 수 있는 것이다.

그렇다면 이처럼 작은 것을 희생하여 큰 것을 획득함으로써 얻는 길(吉)함은 언제 마련되는가? 원형이정(元亨利貞)의 시절 가운데 형(亨)의 시절이다. 젊을 때부터 열심히 준비하고 노력해야 얻을 수 있다는 것이다.

拔茅茹하고 以其彙하여 征하면 吉하리라.

태평스러움을 얻는 데 있어서 가장 중요한 점은 미리 준비하는 태도이다. 지금 당장은 별 쓸모가 없는 것이라도 소중하게 아끼고 모아서 어려울 때 쓸 수 있도록 쌓아 두어야 한다.

발모여(拔茅茹)는 말먹이로 쓸 띠풀과 꼭두서니를 뽑는다는 뜻이고, 이기휘(以其彙)는 그 풀들을 종류별로 엮어서 모아둔다는 뜻이다. 곧 지금 당장은 필요로 하지 않지만 만약의 경우를 대비하여 말먹이를 마련해 둔다는 말이다. 정,길(征,吉)은 앞으로 나아가도 길하다는 뜻이니, 이 말먹이를 전쟁 등과 같은 비상 상황에서 사용할 수 있다는 말이다. 이처럼 평상시에 대비하는 자세가 있어야 만약의 사태가 벌어져도 여유로울 수 있다.

띠풀(茅)은 억세고 거친 여러해살이풀로 주로 돗자리 따위를 만드는 데 쓴다. 먹잇감이 많을 때는 말먹이로 쓰지 않지만, 가뭄이나 전쟁으로 먹잇감이

拔 발 뽑다/ 빼다/ 쳐서 빼앗다/ 뛰어나다 茅 모 띠풀. 띠/ 띳집 茹 여 꼭두서니/ 먹다/ 썩다 彙 휘 무리(모여서 뭉친 한 동아리)/ 동류/ 모으다

없을 때는 이를 말먹이로 쓰기도 했다. 꼭두서니(茹)는 속이 비어 있는 여러해살이 덩굴풀로 또한 말먹이용 건초로 만들어 사용했다.

包荒하고 用馮河하고 不遐遺朋하니라. 亡得이라도
尙于中行하니라.

포황(包荒)은 거친 것을 감싸 안는다는 뜻이다. 넓은 도량으로 어리석은 이들이나 미개한 집단을 두루 포용한다는 말이다. 주먹 대신 말로, 폭력 대신 교화로 상대방과 소통한다는 것이다. 용빙하(用馮河)는 맨몸으로 큰물을 건넌다는 뜻이다. 죽음을 무릅쓰는 용기와 험난함을 이겨내는 모험 정신을 간직해 나간다는 말이다. 하지만 이와 같은 도량이나 용기보다 더 중요한 것은 이렇게 성공하고 나서도 옛 친구를 잊지 않는 일이다. 이것이 불하유붕(不遐遺朋)이니, 남아 있는 옛 벗들을 멀리하지 않는다는 말이다.

망득(亡得)은 얻을 것이 없다는 뜻이고, 상우중행(尙于中行)은 오히려 중용의 도를 행한다는 뜻이다. 곧 사사로운 이득을 얻지 못한다 하더라도 치우치거나 기울어지지 않고 때와 상황에 알맞은 중용의 도를 실천해야 한다는 말이다. 이렇게 해야 태평스러움을 얻을 수 있다.

无平不陂하고 无往不復하니 艱貞无咎리라.

무평불파(无平不陂)는 비탈지지 않은 평지는 없다는 뜻이니, 세상에 평탄하기만 한 길은 없다는 말이다. 멀리 보이는 지평선과 같아서, 마냥 평평하

包 포 싸다/ 포용하다/ 꾸러미   **荒 황** 거칠다, 거칠게 하다   **馮 빙** 건너다   **河 하** 큰물/ 강/ 황하(黃河)   **遐 하** 멀다, 멀리하다   **尙 상** 오히려/ 높다/ 숭상하다   **陂 파** 비탈, 비탈지다   **艱 간** 어렵다, 어려워하다

게만 보여도 실제 지평선에서는 높은 파도가 일렁거리고 있다는 것이다. 이를 사람에 빗대어 말한다면 마냥 행복해 보이는 사람도 실은 그 나름의 어려움을 안고 있는 것이니 이를 부러워할 일은 없다는 말이기도 하다. 무왕불복(无往不復)은 돌아오지 않는 떠남은 없다는 뜻이다. 큰 꿈을 안고 현재의 자리를 떠나 큰 성공을 이룬다 하더라도 결국은 다시 현재의 자리로 돌아온다는 의미이다.

세상의 이치라는 것이 이와 같다. 평탄한가 하면 비탈지고, 행복을 이루었는가 하면 다시 현실의 어려움에 부딪힌다. 위에 있는 것은 내려오고 아래에 있는 것은 올라가며, 날이 밝아지면 다시 어두워지고 어두움이 다하면 다시 밝아진다. 태평스러운 평화가 계속되면 위태로운 재앙이 다가오고, 재앙이 일어나면 다시 안정이 찾아온다.

그래서 간정무구(艱貞无咎)라 하니, 어려움이 오래 계속되더라도 허물이 없을 것이라는 말이다. 갑작스럽게 어려운 일이 생긴다 해서 좌절에 빠지지 않고 이 어려움을 견뎌낸다면 어느새 어려움에서 벗어날 수 있다.

勿恤하라. 其孚면 于食有福하리라.
_{물 휼} _{기 부} _{우 식 유 복}

물휼(勿恤)은 근심하지 말라는 뜻이다. 태평스러움을 얻는 데 중요한 것은 운세가 돌고 돈다는 사실을 인식하는 일이다. 이러한 사실만 알고 있으면 근심할 일이 없다는 것이다. 중요한 것은 걱정과 근심 대신 자신의 인생과 일에 대한 믿음을 갖는 것이다. 기부(其孚)는 그가 믿음을 가지고 있다는 뜻이고 우식유복(于食有福)은 식량을 구하는 일에 복이 있을 것이라는 뜻이다.

恤 휼 근심하다/ 구휼하다　**孚 부** 미쁘다(믿음성이 있다)/ 믿음, 신뢰/ 알이 깨다/ 기르다, 자라다

泰는 小往大來하니 吉하고 亨하니라.

태평스러움은 작은 것이 가고 큰 것이 오니 길하다. 사물의 성장기인 형(亨)의 시절에 마련된다.

拔茅茹하고 以其彙하여 征하면 吉하리라.

말먹이 띠풀과 꼭두서니를 뽑아 그 풀들을 종류별로 엮어서 모아둔다. 앞으로 나아가면 길하다.

包荒하고 用馮河하고 不遐遺朋하니라. 亡得이라도 尙于中行하니라.

거친 것을 감싸 안고 맨몸으로 큰물을 건너며, 남아 있는 옛 벗들을 멀리하지 않는다. 얻을 것이 없더라도 오히려 중용의 도를 행한다.

无平不陂하고 无往不復하니 艱貞无咎리라.

비탈지지 않은 평지는 없고 돌아오지 않는 떠남은 없다. 어려움이 오래 계속되더라도 허물할 일이 없다.

勿恤하라. 其孚면 于食有福하리라.

근심하지 말라. 그가 믿음을 가지고 있으면 식량을 구하는 일에 복이 있다.

翩翩이로다. 不富以其鄰하여도 不戒以孚하라.

새들이 여기저기 여유롭게 날아다닌다. 그 이웃과 함께 부를 나누지 않아도, 비난하지 않음으로써 서로 믿는다.

帝乙歸妹하니 以祉元吉하니라.

제을(帝乙)이 막내딸을 시집보내니, 이로써 복을 얻고 근원적으로 길하다.

城復于隍이나 勿用師하고 自邑告命이라도 貞吝하니라.

성이 허물어져 폐허가 된다. 군대를 부를 수도 없고 자신의 옛 읍으로 찾아가 도움을 청해도 마지막은 옹색하다.

곧 믿음을 가지고 있다면 먹고사는 문제를 비롯한 경제 활동에 행복이 있을 것이라는 의미를 담은 구절이다.

翩翩이로다. 不富以其鄰하여도 不戒以孚하라.

태평성대라고 하면 우선 의식주에 대한 걱정은 없어야 할 것이라고 여겨진다. 하지만 의식주가 해결된다고 바로 태평한 세월이 오는 것은 절대 아니다. 태평성대를 위해 해결해야 할, 어쩌면 의식주보다 더 중요한 조건은 바로 공동체의 화합이다.

편편(翩翩)은 새들이 여기저기 여유롭게 날아다니는 모습을 가리키는 말이다. 곧 사람들이 어떤 위협도 받지 않고 평화롭게 오가며 생활하는 일을 상징적으로 나타낸 것이다. 불부이기린(不富以其鄰)은 그 이웃과 함께 부를 나누지 않는다는 뜻이다. 설사 아주 궁핍한 상황이라 하더라도 자신이 가진 것을 그 이웃과 나눌 줄 알아야 하는데, 그리 할 줄 모른다는 것이다. 소축괘에 나오는 부이기린(富以其鄰)이 부를 그 이웃과 함께 나눈다는 뜻이었다는 점을 살펴보면 불부이기린의 의미가 좀더 확실해질 것이다.

불계이부(不戒以孚)는 비난하지 않음으로써 서로 믿는다는 뜻이다. 가난한 상황에서 서로 나누지 않는 이웃이 있으면 서로 탓하기 쉽지만, 뭔가 사정이 있을 것이라 생각하고 믿어야 한다는 의미이다. 이처럼 서로 비난하지 않고 믿는 사람들의, 화합하는 태도는 태평스러운 시절을 유지하기 위한 중요한 조건이다. 이렇게 해야 태평스러울 수 있다.

翩 편 나부끼다/ 훌쩍 날다　鄰 린 이웃/ 돕다　戒 계 경계하다/ 비난하다

제 을 귀 매 　 　 이 지 원 길
帝乙歸妹하니 以祉元吉하니라.

　태평스러움을 지켜 나가기 위해서는 또한 도적의 침입이나 외적과의 전쟁에 대한 대비가 충분해야 한다. 이런 측면에서 이웃 국가나 집단과의 우호적인 관계는 매우 중요하다. 제을귀매(帝乙歸妹)는 제을(帝乙)이 막내딸을 시집보낸다는 뜻이고, 이지원길(以祉元吉)은 이로써 복을 얻고 대단히 길하다는 뜻이다. 곧 은(殷)나라 말기의 황제인 제을이 혼인 동맹을 맺음으로써 평화를 위한 안전장치를 마련하고자 했다는 의미이다.

성 복 우 황 　 　 물 용 사 　 　 자 읍 고 명 　 　 　 정 린
城復于隍이나 勿用師하고 自邑告命이라도 貞吝하니라.

　이제 태평성대의 시절이 마지막에 이르렀다. 혼인 동맹을 통해서 평화를 지킨 것은 어쩌면 마지막 몸부림이었을지도 모를 일이다. 성복우황(城復于隍)은 성이 산골짜기로 되돌아간다는 뜻이다. 곧 내부의 어려움과 외부의 침입으로 성벽과 궁성이 허물어져 내리는 모습을 묘사한 것이다. 여기서 성(城)은 그동안 이루어 놓았던 태평성대의 시절을 비유하는 것이다. 황(隍)자는 적의 침입을 막기 위해 성 둘레에 파 놓은 해자(垓字)를 뜻하는 글자로 주로 쓰인다. 성벽과 궁성이 해자로 허물어져 내린다 해도 의미는 크게 달라지지 않는다.

　물용사(勿用師)는 군대를 부를 수 없다는 뜻이니, 상황이 이처럼 급박한데도 전혀 준비가 되어 있지 않아 쓸 수 없다는 의미이다. 자읍고명(自邑告命)

歸 귀 시집가다, 시집보내다/ 돌아가다, 돌아오다　**妹** 매 손아래 누이/ 소녀　**祉** 지 복/ 하늘에서 내리는 행복
隍 황 산골짜기/ 해자(성 밖을 둘러싼 못)/ 공허하다

128

은 자신의 옛 읍으로 찾아가 도움을 청한다는 뜻이다. 그렇지만 띠풀이나 꼭두서니를 마련해 두지도 않았고 달려와 줄 옛 친구도 없다.

정린(貞吝)은 마지막은 옹색하다는 뜻이니, 마지막에 이르러 어려움을 겪을 수밖에 없는 상황인 것이다. 앞에서 돌아오지 않는 떠남은 없다(无往不復)고 말했던 바, 태평성대의 시절은 지나가고 쇠락과 혼란의 시절이 다가온다.

세상에 평탄하기만 한 길은 없다

태괘(泰卦)는 누구나 바라는 태평스러운 삶이 어떻게 이루어지는지를 설명한다. 태평스러운 삶을 이루기 위해서는 우선 몸과 마음이 건강해야 한다. 그리고 이를 바탕으로 작은 것을 버리고 큰 것을 얻을 수 있어야 한다.

그렇다면 좀더 구체적으로 어떤 자세를 가지고 어떤 노력을 기울여야 하는가? 태괘에 따르면, 이를 위해서는 가장 먼저 미래에 대한 대비를 철저히 해야 한다. 평화의 시절에 전쟁의 어려움을 생각하고 부유한 시절에 가난의 구차함을 생각해야 한다. 대비가 철저하게 이루어졌다면 용기와 모험 정신을 바탕으로 도전에 나서야 한다. 그리고 이 과정에서 성공을 이루었다면, 자신과 함께해준 이들로부터 신망을 잃지 않도록 해야 한다.

화무십일홍(花無十日紅)이라 했고 권불십년(權不十年)라 했다. 열흘 붉은 꽃이 없고 십년 가는 권세가 없다는 말이다. 오랫동안 곁에 붙들어 매어 두고 싶으나 때가 되면 뿌리치고 떠나가는 것이 어디 아름다움과 권력뿐이겠는가? 세상의 모든 것이 무성할 때가 있으면 쇠락할 때가 있다.

세상에 평탄하기만 한 길은 없다는 무평불파(无平不陂)의 지혜, 돌아오지 않는 떠남은 없다는 무왕불복(无往不復)의 가르침을 인식하고 있어야 한다. 운세는 돌고 돈다는 것, 오르막만 있거나 내리막만 있는 인생은 없다는 것을 알고 욕심을 자제해야 한다. 걱정과 근심 대신 자신의 인생에 대한 믿음을 가진다면 태평스러운 삶을 성취할 수 있다. 가난한 상황에서도 이웃과 함께할 줄 아는 나눔의 정신도 중요하다. 나눔은 물질이 아니라 서로의 믿음에 기초하여 이루어지는 것이다. 설혹 물질이 조금 부족하더라도 서로를 탓하는 대신 믿고 의지해야 한다.

태괘(泰卦)는 또한 태평스러움을 위해서는 기회가 있을 때 권력과 부를 차지해야 한다고 말한다. 이 말은 그리 권장할 만한 말은 아닐지도 모른다. 하지만 태괘가 전하는 가르침은 분명이 이를 권장하고 있다. 현실적으로도 이것은 엄연한 사실이기도 하다.

12. 비否괘 ; 불통(不通)의 시절을 견디는 법

오랜 막힘, 언젠가는 뚫리는 불통, 정체, 단절

<ruby>否之匪人<rt>비 지 비 인</rt></ruby>이라. <ruby>不利君子貞<rt>불 리 군 자 정</rt></ruby>하니 <ruby>大往小來<rt>대 왕 소 래</rt></ruby>로다.

비지비인(否之匪人)은 불통은 인간의 일이 아니라는 뜻이다. 불통의 운세는 인위적인 일도 아니요, 사람이 어찌할 수 있는 일도 아니라는 것이다. 그렇다면 이러한 운세란 도대체 무엇인가? 〈주역〉이 제시하는 하늘과 땅의 섭리를 생각해 볼 때 이는 시간과 공간의 부조화에서 비롯된다.

이렇게 불통의 운세가 다가오면 정말로 낭패를 보는 것은 소인이 아니라 군자이다. 소인은 제 한 몸만 지키면 되지만 군자는 더 큰 뜻을 품고 이를 펼치려 하기 때문이다. 그래서 불리군자정(不利君子貞), 곧 군자가 끝마치려 고집하는 일은 이롭지 않다고 말한다. 꽉 막힌 불통의 운세를 해결하는 일은 군자라도 쉽지 않고, 군자라서 오히려 더 곤란하다.

否 비 막히다/ 기운 없이 나른하다/ 비루하다 부 아니다/ 부정하다   匪 비 아니다

대왕소래(大往小來)는 큰 것이 가고 작은 것이 온다는 뜻이다. 앞서 태괘(泰卦)의 소왕대래(小往大來)에 대해 설명하면서 작은 것은 대개 게으름, 허세, 욕심, 실기(失期)의 어리석음 등을 가리키고 큰 것은 노력, 의리와 선망, 인생에 대한 통찰, 권력 등을 가리킨다고 말한 바 있다. 여기서도 큰 것과 작은 것이 의미하는 바는 태괘의 소왕대래에서와 유사하다. 그런데 이번에는 오고 가는 것이 태괘와는 반대이다. 이를테면 노력 대신 게으름이 오고, 인생에 대한 통찰 대신 실기의 어리석음이 오는 것이다. 이 얼마나 답답한 일인가? 불통도 이런 불통이 없다.

발 모 여　　이 기 휘　　정　　길　　　형
拔茅茹하고 以其彙하여 貞하면 吉하리라. 亨이니라.

발모여(拔茅茹)는 말먹이로 쓸 띠풀과 꼭두서니를 뽑는다는 뜻이고, 이기휘(以其彙)는 그 풀들을 종류별로 엮어서 모아둔다는 뜻이다. 이 구절은 앞의 태괘에 나오는 구절인 바, 의미 또한 유사하다. 곧 지금 당장은 필요로 하지 않지만 만약의 경우를 대비하여 말먹이를 마련해 둔다는 말이다. 만약의 사태에 대한 대비는 태평성세에도 중요한 것이지만 이 불통의 시대에는 더욱 중요하다.

정,길(貞,吉)은 올바름을 지켜야 길하다는 뜻이다. 준비하는 자세와 이 결과물은 이번에는 앞으로 나아가기 위해서가 아니라 자신의 올바름을 지키기 위해 써야 한다는 것이다. 그리고 이는 원형이정(元亨利貞)의 시절 중 형(亨)의 시절에 이루어져야 할 일이다.

拔 발 뽑다/ 빼다/ 쳐서 빼앗다/ 뛰어나다 　**茅 모** 띠풀, 띠/ 띳집 　**茹 여** 꼭두서니/ 먹다/ 썩다 　**彙 휘** 무리(모여서 뭉친 한 동아리)/ 동류/ 모으다

包承^{포 승}하면 小人吉^{소 인 길}하고 大人否^{대 인 비}하니라. 亨^형이니라.

포승(包承)은 물려받은 것을 간직한다는 뜻이다. 곧 군왕이나 윗사람의 뜻을 그대로 따른다는 의미이다. 이는 최소한 상황을 악화시키지는 않고 현상을 유지한다는 것이다. 소인길(小人吉)은 소인은 길하다는 뜻이고, 대인비(大人否)는 대인은 막힌다는 뜻이다. 다만 현상을 유지하는 일은 소인배에게는 괜찮지만 군자에게는 꽉 막혀 불통한 것이다.

소인배가 군왕이나 윗사람의 뜻을 따르는 일은, 이 불통의 시기에는 그것만으로도 나쁘지 않다. 무사안일하지만 군왕이나 윗사람의 눈치를 살피며 자신의 이득을 챙길 수 있으므로 안전하다. 반면 군자는 자신의 뜻을 펼치지 못하고 단절된 상황이 답답하기만 하다. 하지만 부당한 부귀영화를 거절하며 자신의 뜻을 굽히지 않는다. 이러한 일은 또한 원형이정(元亨利貞)의 시절 중 형(亨)의 시절에 벌어진다. 뭔가 밑바닥으로부터 새로운 것이 조금씩 움직인다.

包羞^{포 수}하니라.

포수(包羞)는 부끄러움을 받아들인다는 뜻이다. 여기서 부끄러운 일이란 곧 소인배가 윗사람의 눈치나 살피며 이득을 취하는 것을 가리킨다. 거짓말과 교언(巧言)이 넘치고 모략과 도둑질이 아무렇지도 않게 벌어지지만 아무도 부끄러움을 알지 못한다. 그러므로 이 구절이 부끄러움을 받아들인다고 말하는 것은, 그래야 한다는 것이 아니라 그래서는 안된다는 의미이다.

承 승 잇다/ 계승하다/ 받들다, 받아들이다　羞 수 부끄러워하다

否之匪人이라. 不利君子貞하니 大往小來로다.
불통의 운세는 인간이 어찌할 수 있는 일이 아니다. 군자가 끝마치려
고집하는 일은 이롭지 않으니, 큰 것이 가고 작은 것이 온다.

拔茅茹하고 以其彙하여 貞하면 吉하리라. 亨이니라.
말먹이 띠풀과 꼭두서니를 뽑아 그 풀들을 종류별로 엮어서 모아둔다.
올바름을 지켜야 길하다. 형(亨)의 시절에 이루어져야 한다.

包承하면 小人吉하고 大人否하니라. 亨이니라.
물려받은 것을 간직하면 소인은 길하지만 대인은 막힌다. 형(亨)의 시절에
벌어진다.

包羞하니라.
부끄러움을 받아들인다.

有命이면 无咎하니 疇離祉리오.
하늘의 명을 얻으면 허물이 없다. 어느 누가 복과 떨어지겠는가?

休否라. 大人吉하나 其亡其亡하니 繫于苞桑하니라.
불통의 시절이 멈추었다. 군자에게 좋은 일이나 소통의 조짐이 없어질까
염려하여 뽕나무 밑동에 묶어 둔다.

傾否니 先否後喜로다.
불통의 시절이 뒤집히니, 처음에는 막혀 있었으나 나중에는 기쁨이 있다.

有^{유명}命이면 无^{무구}咎하니 疇^{주리지}離祉리오.

불통의 상황이 계속되면서 소인배들의 부당한 득세가 극(極)에 이르렀다. 이 상황에서 벗어날 방법은 무엇인가? 이 구절에서는 그 방법으로 명을 얻는 일을 말한다. 유명,무구(有命,无咎)는 명을 얻으면 허물이 없다는 뜻이다. 이는 곧 하늘의 명령, 또는 군왕의 명령을 바탕으로 백성들의 일상생활이 영위되도록 제도를 정비하면 실패하지 않을 것이라는 의미이다. 군자가 소인배들에게 대항하여 맞설 수 있는 여건이 마련되었다. 군자라면 피하지 말고 맞서라는 것이며 도망치지 말고 덤비라는 것이다.

주리지(疇離祉)는 아무도 복(福)과 떨어지지 않는다(어느 누가 복과 떨어지겠는가?)는 뜻이다. 주(疇)자는 밭두둑이라는 뜻도 가지고 있지만 의문사로도 쓰인다. 지(祉)자는 보통 하늘이 내린 복을 뜻하는 글자이다. 곧 군왕과 백성, 군자와 소인 모두가 하늘이 내린 복을 누릴 수 있다는 말이다.

休^{휴비}否라. 大^{대인길}人吉하나 其^{기망기망}亡其亡하니 繫^{계우포상}于苞桑하니라.

극에 달했던 불통의 시절은 이제 소통의 시절로 나아가기 시작한다. 휴비(休否)는 불통의 시절이 멈추었다는 뜻이다. 군자에게 좋은(大人吉) 시절이 온 것이다. 하지만 상황이 완전히 역전된 것은 아니다. 여전히 생활하기는 어렵다. 사업으로 치자면 언제 문을 닫아야 할지 모를 만큼 위태로운 상황이 계속된다. 그래서 기망기망(其亡其亡)이라고 말하는 것이니, 겨우 생겨난

疇 주 이랑/ 밭두둑/ 누구 離 리 떠나다/ 떨어지다/ 갈라지다 祉 지 복/ 하늘에서 내리는 행복 休 휴 쉬다/ 그치다/ 휴식 繫 계 매다/ 묶다 苞 포 덤불/ 우거지다/ 무성하다/ 싸다 桑 상 뽕나무/ 뽕잎을 따다

소통의 씨앗이 '없어질까, 없어질까' 염려하는 것이다.

이럴 때일수록 군자는 계속해서 앞으로 나아가야 한다. 불통의 시기가 다시 돌아오는 일을 경계하여 먼 앞날을 내다보며 사려 깊게 말하고 행동해야 한다. 계우포상(繫于苞桑)은 뽕나무 밑동에 묶어 둔다는 뜻이다. 이는 모처럼 맞이한 변화의 조짐을 뿌리가 깊은 뽕나무 밑동에 묶어 두는 것처럼 견고하고 안정적으로 지켜 나가야 함을 말한다.

傾否니 先否後喜로다.

불통의 시절이 멈춘 이후에는 마침내 소통의 시절이 다가온다. 경비(傾否)는 불통의 시절이 뒤집혔다는 뜻이다. 대부분의 사람들은 어쩌면 이전에 포기했을지도 모른다. 하지만 군자는 끝까지 나아가 마침내 막힌 운을 뚫어낸다. 선비후희(先否後喜)는 처음에는 막혀 있었으나 나중에는 기쁘다는 뜻이다. 곧 불통의 시절이 지나간 후에 기쁨이 찾아온다는 말이다. 이 구절은 불통의 시절은 결코 오래가지 않는다는 희망의 가르침을 전해주고 있다.

노력으로 불통의 운세를 끝낼 수 있다

살다 보면 앞이 꽉 막힐 때가 있다. 이러한 불통의 시절에는 시도하는 일마다 실패하고 좋지 않는 일이 한꺼번에 일어나기까지 한다. 하지만 좌절할 일이 아니다.

傾 경 기울다/ 기울어지다 **喜 희** 기쁘다/ 즐겁다

절망에 빠져 자신의 원칙을 잃고 주변의 편법과 요령에 휘둘릴 일이 아니다. 난데 없이 종교에 빠지거나 점술에 매달릴 일도 아니다. 불통의 상황이 극(極)에 이르면 소통의 시절이 온다.

그렇다면 이와 같은 불통의 시절과 관련하여 〈주역〉이 제시하는 해법은 무엇인가? 비괘(否卦)에서는 이런 불통의 꽉 막힌 운세가 인위적인 일도 아니요, 사람이 어찌할 수 있는 일도 아니라고 말한다. 하늘과 땅의 섭리에서 비롯된 일이라는 것이다. 이처럼 꽉 막힌 불통의 운세는 군자라도 쉽게 헤쳐 나갈 수 없다. 아무리 발버둥쳐도 모든 노력은 허사로 돌아가고 상황이 풀리기까지는 오랜 시간과 인내가 필요하다. 하지만 소인배들에게 이 불통의 시절은 그리 나쁜 것만이 아니다. 오히려 윗사람의 눈치를 살피며 자신의 이득을 취할 수도 있다. 하지만 소인배들의 이러한 행동은 불통의 상황을 더욱 악화시킨다. 급기야는 온갖 욕심이 끓어 넘치며 수치스럽기 그지없는 일들이 아무렇지도 않게 벌어진다.

하지만 소인배들의 부당한 득세가 극에 달하면 불통의 시절이 멈추고 소통의 기운이 싹튼다. 여기서 비괘는 군자들이 취하는, 변화와 발전을 위해 부단히 노력하는 자세를 권장한다. 힘과 용기를 잃지 말고 절도를 지키면서 성실하게 문제를 풀어가라고 힘을 북돋워준다.

비괘에서도 마찬가지지만, 〈주역〉에서 말하는 운세란 인간의 노력으로 변화시킬 수 있는 것이다. 사실 〈주역〉이 말하는 운세란 어떤 실체를 가진 것으로서 견고하게 고정되어 있는 것이 아니다. 올바른 태도로 변화와 발전을 위해 끊임없이 노력하다 보면 주어진 운세도 얼마든지 뒤집을 수 있다. 그런데 적지 않은 이들이 이 책을 이용해서 함부로 길흉화복을 말하고 때가 되면 저절로 좋은 운이 온다는 식으로 사람들을 속인다. 안타까운 일이다.

13.동인同人괘

; 공의(公義)로 사람을 모으는 정치

뜻을 함께할 동지, 인재를 얻는 일, 정치인

_{동 인 우 야}　　_형
同人于野면 亨하니라.

　동인(同人)이란 사람들을 한군데로 모으는 일, 사람들의 뜻을 동일하게 만드는 일, 사람들을 하나로 통합하는 일을 말한다. 지금으로 치면 동인은 곧 정치(政治)라고 할 수 있다.

　정치란 과연, 같은 뜻을 가진 동지들을 불러 모아 세력을 형성하고 이를 바탕으로 좀더 많은 사람들을 설득함으로써 마침내 권력을 얻는 행위이다. 동인은 정치라는 말로 치환할 수 있는 말인 동시에 정치의 본질을 갈파(喝破)한 말이다. 이러한 동인은 대의명분을 앞세워야 하는 일이다. 곧 공의(公義)로 대중의 지지를 얻는 일인 것이다. 그러므로 친밀한 사람 사이의 사적 인연으로 사람을 모으고 뜻을 같이하려 해서는 안된다. 지연, 혈연, 학연 등과

同 동 한 가지/ 무리/ 같다, 같이하다/ 합치다/ 모이다　**野 야** 들, 들판/ 성 밖/ 촌스럽다/ 거칠다

같은 제한적 범위에서 사람을 모으려는 태도는 마땅하지 않다는 것이다. 이렇게 한다면 어떤 대의명분도 내세울 수 없다.

동인우야(同人于野)는 사람을 모으되 들판에서 한다는 뜻이다. 들판처럼 공개적인 공간에서 사사로움에 얽매이는 일 없이 사람을 모아야 한다는 것이다. 정치는 기본적으로 변화와 개혁, 발전과 미래를 위해 필요한 것이다. 현재의 권력에 매달리고 기득권에 안주하는 정치인이라면 정치인으로서의 기본 자질이 없는 사람이다. 이런 측면에서도 동인은 권력을 갖지 못한, 기득권이 없는, 아직 먼 길을 가야 하는 들판에서(于野) 시작되고 이루어져야 한다. 동인우야,형(同人于野,亨)은 이처럼 들판에서 사람을 모으면 세력이 힘차게 자라난다는 뜻이다.

이 섭 대 천   이 군 자 정
利涉大川이며 利君子貞이니라.

이섭대천(利涉大川)은 큰물을 건너는 것이 이롭다는 뜻이다. 〈주역〉의 시대에는 큰 강이나 바다를 건너는 일은 온갖 위험을 무릅써야 하는 일이었다. 그렇지만 대의를 위한 이상과 열정을 품고 넓은 들판에서 사람을 모았다면 이제 좀더 큰일을 이루기 위해 위험을 무릅쓰고 과감한 도전에 나서도 성공할 가능성이 높다는 의미이다.

하지만 이렇게 도전에 나선 경우에도 조심해야 할 것이 있다. 함께 길을 나선 사람들이 이익집단이나 사조직처럼 움직이면서 처음의 대의를 조금씩 잃어버리는 일이다. 넓은 들판에서의 대의가 아니라, 함께 도전에 나서 생사를 함께하는 조직의 이익과 논리를 우선하여 움직이기 시작하는 것이다. 이군

涉 섭 건너다/ 걸어서 돌아다니다/ 이르다

자정(利君子貞)은 바로 이런 점을 경계한 말로, 군자는 올바름을 지켜야 이롭다는 뜻이다.

同人于門이면 无咎리라.

정치인의 가장 큰 딜레마 중 하나는 백성을 위하는 정치를 펼쳐야 하지만 백성은 한결같이 자신을 지지해주지 않는다는 점이다. 요즘의 대통령이나 국회의원을 보면 쉽게 알 수 있는 일이다. 당연히 이들은 특정 집단이나 지역을 위해 일하는 사람이 아니다. 하지만 이들 개인을 지지하고 이들에게 표를 주는 것은 특정 집단이나 지역의 사람들인 경우가 적지 않다. 더욱이 정치인은 숙명적으로 당파나 파벌을 만들 수밖에 없는 사람들이다.

여기서 문제는 인재를 어떻게 발굴하고 등용할 것인가로 모아진다. 인재 등용의 문제는 정치인과 정치적 조직에 있어서 가장 큰 고민거리이다. 동인 우문(同人于門)은 사람을 모음에 문을 열어 놓는다는 뜻이니, 이 인재 등용 문제에 관한 해답을 제시해 준다. 특정 조직이나 지지자 집단이라는 친밀성에서 벗어나 공정하게 인재를 구해야 한다는 것이다. 무구(无咎)는 허물할 일이 없다는 것이니, 공정하게 인재를 구하면 실패하지 않는다는 말이다.

문을 열라는 말은 단지 인재 등용 문제에 관한 이야기만은 아니다. 이 말은 백성들이 쉽게 드나들 수 있도록 문을 개방하고 백성들을 직접 만나라는 뜻으로 읽을 수도 있다. 또한 정치인 자신의 철학과 일상생활을 만천하에 솔직하게 공개하라는 의미로도 해석할 수 있다. 지금의 정치가 공직자 재산 공개를 법적으로 규정하고 있는 것도 이 구절의 의미와 밀접한 관련이 있는 부분이다.

^{동 인 우 종} ^인
同人于宗이면 吝하니라.

동인우종,린(同人于宗,吝)은 사람을 모음에 제사를 함께 모시는 이들로 국한하면 궁색해진다는 뜻이다. 여기서 종(宗)자는 제사를 지내는 집을 의미하는 글자이다. 그리고 제사는 조상신뿐만 아니라 국가적, 학문적, 종교적 시조나 조종을 모시는 행사까지를 두루 말하는 것이다. 동인우종이라는 구절은 곧 인재를 등용할 때 혈연, 지연, 학연 등과 같은 제한적 범위의 집단에 얽매인다는 의미이다. 물론 이처럼 편협한 인재 등용은 궁색한 결과를 낳는다.

사실, 혈연, 지연, 학연 등에 기반을 둔 정치의 폐해는 우리 현대 정치사를 통해 누구나 지긋지긋하게 그 문제의 심각성을 절감하고 있는 것이다.

^{복 융 우 망}   ^{승 기 고 릉}   ^{삼 세}   ^{불 흥}
伏戎于莽하고 升其高陵하면 三歲라도 不興이리라.

정치는 항상 정정당당해야 한다. 모략과 간계로 정적을 제압하고, 과장과 속임수로 정치적 이득을 얻는다면 참다운 정치라고 할 수 없다. 이 구절은 이처럼 하는 정치인은 절대 성장할 수 없다고 강조한다.

복융우망(伏戎于莽)은 풀숲에 병장기를 몰래 숨겨 놓는다는 뜻이다. 곧 치졸한 계략과 암수를 사용해 자신의 능력보다 높은 지위에 오르려 하거나 더 큰 힘을 가지려 하는 일을 말한다. 승기고릉(升其高陵)은 높은 언덕으로 올라가 망을 본다는 뜻으로, 이리저리 눈치를 살피며 사사로운 이득을 취하

宗 종 마루, 일의 근원/ 제사/ 일족(一族), 동성   **伏 복** 감추다/ 엎드리다/ 굴복하다   **戎 융** 병장기/ 군사/ 오랑캐   **莽 망** 우거지다/ 잡초, 풀더미   **升 승** 오르다   **陵 릉** 언덕, 큰 언덕   **歲 세** 해/ 나이/ 세월/ 결실

同人于野면 亨하니라.
들판에서 사람을 모으면 힘차게 자라난다.

利涉大川이며 利君子貞이니라.
큰물을 건너는 것이 이롭고, 군자가 올바름을 지키는 것이 이롭다.

同人于門이면 无咎리라.
사람을 모음에 문을 열어 놓으면 허물할 일이 없다.

同人于宗이면 吝하니라.
사람을 모음에 제사를 함께 모시는 이들로 하면 궁색해진다.

伏戎于莽하고 升其高陵하면 三歲라도 不興이리라.
풀숲에 병장기를 몰래 숨겨 놓고 높은 언덕으로 올라가 망을 본다. 삼년이
지나도 흥할 일이 없다.

乘其墉이나 弗克攻이라야 吉하니라.
높은 성벽을 넘을 수 있으나, 실제로는 넘어가지 않아야 길하다.

同人은 先號咷而後笑하니 大師克하고 相遇하니라.
사람을 모음에 처음에는 울부짖지만 나중에는 웃는다. 큰 싸움에서 이기며
대의명분을 가진 정치 세력이 서로 만난다.

同人于郊하니 无悔니라.
사람을 모으는 일이 성 밖 먼 곳에 있으니 후회가 없다.

려 하는 일을 말한다. 물론 이렇게 해봐야 원하던 일은 일어나지 않는다. 삼세불흥(三歲不興)은 삼년(세 번의 주기, 세 번의 기회)이 지나도 흥할 것이 없다는 것이니, 이처럼 부당한 방법을 쓰는 정치는 성공하지 못한다는 말이다.

乘其墉이나 弗克攻이라야 吉하니라.

승기용 불극공 길

정치인은 또한 함부로 권력을 남용하거나 강제로 권력을 찬탈해서는 안된다. 정치적인 대의명분을 내세움으로써 민심을 얻어 권력을 잡는 것은 좋지만, 위압적인 힘을 동원하여 정치판에 뛰어들고 권력을 잡으려 해서는 안된다.

승기용(乘其墉)은 높은 성벽에 오른다는 뜻인데, 여기서는 정권을 찬탈할 정도의 무력을 가지고 있어 언제라도 권력의 성벽을 넘어갈 수 있다는 의미다. 불극공(弗克攻)은 공격하지 않는다는 뜻이다. 충분한 무력을 가지고 있어도 실제로 넘어가 공격해서는 안된다는 것이다. 사람을 모으는 정치는 화합과 발전을 위한 것이지 무력에 의한 전복을 위한 것이 아니다.

同人은 先號咷而後笑하니 大師克하고 相遇하니라.

동인 선호도이후소 대사극 상우

선호도이후소(先號咷而後笑)는 처음에는 울부짖지만 나중에는 웃는다는 뜻이다. 정치는 진실한 마음과 올바른 도리를 바탕으로 할 경우 오히려 처음에는 인정을 받지 못하는 경우가 많다. 오히려 무시당하고 핍박받는 일까

乘 승 오르다/ 타다/ 넷/ 수레 墉 용 담. 성벽 弗 불 아니다/ 근심하다/ 세차고 빠른 모양/ 달러 克 극 이기다/ 극복하다/ 할 수 있다 攻 공 치다, 때리다/ 책망하다/ 공격하다/ 불까다 號 호 부르짖다/ 큰 소리로 울면서 한탄하다/ 닭이 울다 咷 도 울다 笑 소 웃다, 웃음/ 꽃이 피다 師 사 군대, 군사/ 스승 遇 우 만나다/ 우연히 만나다/ 뜻이 맞다

지 있다. 그래서 처음에는 울부짖는다고 말하는 것이다. 하지만 자신의 원칙을 지키면서 계속 노력해 나가면 점차 그 진정성을 인정받을 수 있게 된다. 그래서 또한 웃는다고 말하는 것이다.

대사극(大師克)은 큰 싸움에서 이긴다는 뜻이고, 상우(相遇)는 서로 만난다는 뜻이다. 대의명분을 가지고 사람을 모은 두 정치 세력이 소인배 세력을 물리치고 서로 만난다는 의미이다. 서로 만난다는 말은, 두 세력이 대의를 따르는 범위 내에서는 협상하고 타협한다는 의미도 담고 있다.

同人于郊하니 无悔니라.
동 인 우 교　　　　　 무 회

정치인은 제도권 안에 있어야 한다. 정치 자체가 제도의 긍정성을 인정하고 제도의 범위 내에서 공공의 이익을 극대화하려는 활동이다. 제도를 바꾸는 일조차 제도권의 범주에서 벗어나는 일이 아니다. 하지만 정치인이 항상 제도권 안에 있을 수는 없다.

동인우교(同人于郊)는 사람을 모으는 일이 먼 곳에 있다는 뜻이다. 교(郊) 자는 아득히 먼, 성에서는 물론 들판(野)에서도 멀리 떨어져 있는 끝을 가리키는 글자로, 여기서는 사람을 모을 수 없는 곳을 가리킨다. 동인우교라는 구절은 곧 정치인으로서 제도권 밖으로 은퇴하는 일을 의미하는 것이다. 이 동인괘(同人卦)의 마지막에 이르러 이처럼 말하는 것은 의미가 깊다. 무회(无悔)는 후회가 없다는 뜻이다. 사람을 모으는 일에 실패한다면, 곧 민심을 얻지 못하면 정치인은 제도권 밖으로 나가야 한다. 이렇게 해야 후회할 일이 생기지 않는다.

郊 교 들, 야외/ 성 밖/ 성 밖에서 교제사를 지내다　**悔 회** 뉘우침, 뉘우치다/ 후회, 후회하다/ 잘못

정치는 아무나 할 수 있는 일이 아니다

사람들을 끌어 모아 마음을 하나로 만드는 것, 민심을 끌어모아 지지자 집단을 만드는 것, 혹은 이렇게 모은 사람들의 집단이 동인(同人)이다. 지금의 말로 하자면 곧 정치이다. 동인괘(同人卦)는 정치란 어떤 것인지, 정치인은 어떤 사람인지, 어떤 정치인이 성공하는지를 밝혀 주고 있다. 하늘이 원하는 정치인, 땅이 밀어주는 정치인을 꿈꾼다면 새겨들어야 할 이야기들이다.

이 동인괘는 가장 먼저, 성공하는 정치인의 첫걸음에 대해 말한다. 정치에서 성공하기 위해서는 젊은 시절 들판(野)에 나아가 사람을 모아야 한다. 기존의 권력과 기득권에 매달릴 것이 아니라 방향을 알 수 없는 험난한 들판에 서 보아야 발전적인 정치의 길을 찾을 수 있다는 것이다. 들판은 거칠고 황량하지만, 또한 누구나 자유롭게 새로운 방향을 생각하고 거침없이 이 방향으로 나아가 볼 수 있는 곳이다. 어떤 복잡한 규정이나 까다로운 제한을 받지 않아도 괜찮다.

또한 이는 정치가 닫힌 집단이나 지역에서가 아니라 활짝 열린 공간에서 이루어져야 한다는 의미도 담고 있다. 이러한 공개성과 공정성은 이후 정치의 전 과정을 거쳐 유지되어야 한다. 정치권에서 함께 일할 인재를 등용하고자 할 때도 당연히 공정하고 공개적으로 해야 한다. 뿐만 아니라 인재로 등용되고자 할 때도 그 정치 집단이 공정하고 공개적인 집단인지를 살펴야 한다.

이른바 '정치판'이라고 하는 곳은 술수와 야합, 음모와 배신이 판을 치는 곳이다. 그리고 이러한 일들을 견디고 이겨낼 수 있는 사람만이 이 정치를 할 수 있다. 〈주역〉은 이러한 현실을 부정하지 않는다. 하지만 치졸한 암수로 정치적 이득을 얻으려 해서는 안된다는 점도 강조한다. 그리고 동인괘는 또한 정치적으로 충분한 힘을 가지고 있을 때는, 대의가 아니면 기존 권력을 무너뜨리려 해서는 안된다고도 말한다. 권력을 지나치게 남용하는 일은 마땅하지 않다는 것이다.

그렇지만 정치는 역시 아무나 할 수 있는 일이 아니다. 아무리 대의명분을 가지고 진실한 마음과 올바른 도리를 지켜 나가도 오히려 폄하당하기 일쑤이기 때문이다. 동인괘는 이런 일을 '울부짖는다'는 표현으로 묘사하고 있다. 정치는 이를 견디고 이겨낼 수 있는 이들만이 할 수 있다. 그래서 동인괘(同人卦)의 마지막에서는 사람을 모으는 데 실패하면 정치권에서 떠나기를 권한다. 그래야 후회할 일이 없기 때문이다.

정치인은 넘쳐나지만 진짜 정치인은 찾아보기 어려운 요즈음이다. 권력과 자리를 탐하는 이들은 많지만, 대의명분을 구하는 이들은 많지 않다. 이익을 함께하려는 자들은 옳지 않더라도 편을 들어주지만, 뜻을 함께하려는 자들은 옳아도 폄하하고 비난하기에 바쁘다. 이와 같은 상황에서 동인괘는 다음과 같이 묻는다. 당신은 도대체 무엇을 위해 정치를 하는 것인가?

14. 대유大有괘 ; 큰 부자가 나아가는 길

큰 부자, 엄청난 재산, 풍족한 수확, 사귐

^{대 유} ^{원 형}
大有는 元亨하니라.

대유(大有)는 풍족한 수확, 엄청난 재산, 큰 부자 등을 의미한다. 대유,원형(大有,元亨)은 대유는 원(元)과 형(亨)의 시절에 이루어진다는 말이다. 곧 풍족한 수확을 거두고 엄청난 재산을 쌓아 큰 부자가 되기 위해서는 우수한 자질을 타고나야 할 뿐만 아니라 청년기에 그 기틀을 잘 만들어야 한다는 것이다. 대유자(大有者), 곧 큰 부자는 어린 시절부터 남다른 수련 과정을 거친다. 아무리 자질이 우수해도 이와 같은 과정이 없으면 결과를 얻을 수 없다.

또한 대유는 군자가 화합과 협력을 통해 백성의 마음을 소유(所有)하는 일을 뜻한다. 인의(仁義)의 덕으로 백성들의 마음을 움직이고 충서(忠恕)의 도로써 백성들의 마음을 얻는다는 것이다.

有 유 있다/ 존재하다/ 가지다, 간직하다/ 많다, 넉넉하다/ 소유, 자재(資財)

无交害면 匪咎리라. 艱則无咎리라.

무 교 해　비 구　　간 즉 무 구

큰 부자가 되기 위해서는 무엇이 필요한가? 필자가 만약 큰 재산을 가진 부자인데 이를 물려받을 아들에게 단 한 문장의 교훈을 남겨줄 수 있다면, 필자는 "친구를 가려 사귀라"는 가르침을 남겨 줄 것이다. 감언이설로 재산을 훔치려는 친구를 경계하고 재산을 유지시키거나 더 크게 불릴 수 있도록 돕는 친구를 사귀라고 거듭 당부할 것이다. 큰 재산을 가진 사람의 주변에 사람이 넘쳐나는 것은 당연한 일이다. 문제는 이들과 어떻게 사귈 것이냐이다. 필자가 만약 가진 것이 아무것도 없는 빈자(貧者)였다 해도 마찬가지이다. 아들에게 단 한 문장의 교훈을 남겨줄 수 있다면 필자는 또한 친구를 가려 사귀라고 당부할 것이다. 아무것도 없는 상황에서 작은 재산이라도 쌓기 위해서는 주변 친구들의 도움이 반드시 필요할 것이기 때문이다.

대유괘(大有卦)가 서두에서 무교해,비구(无交害,匪咎)라고 말하는 것은 이런 까닭에서이니, 사람을 사귐의 해로움이 없다면 근심할 일이 없다는 뜻이다.

그렇지만 친구를 사귀는 일은 쉽지 않다. 좋은 약은 입에 쓰고 좋은 말은 귀에 거슬리는 법이다. 좋은 친구는 귀에 거슬리는 말을 주저하지 않는다. 특히 형(亨)의 시절인 청년기에는 좋은 친구를 가려 사귀기가 매우 어렵다. 이로써 재산을 지키고 불려나가는 것도 쉽지 않다. 그래서 간즉무구(艱則无咎)라고 말하는 것이니, 어렵다고 여기면 허물할 일이 없다는 뜻이다.

无 무 없다/ 아니다　**交 교** 사귀다, 사귐/ 교제하다/ 섞이다/ 엇걸리다/ 교차하다/ 서로　**害 해** 해롭다/ 방해하다/ 손해　**艱 간** 어렵다/ 어려워하다, 어렵게 여기다

대 거 이 재　　　유 유 왕　　　무 구
大車以載하여 有攸往하니 无咎리라.

대거이재(大車以載)는 큰 수레에 짐을 가득 싣는다는 뜻이고, 유유왕(有
攸往)은 앞으로 나아갈 곳이 있다는 뜻이다. 곧 재산을 크게 운용하기 위해
사업을 일으켜 원만하게 경영해 나간다는 의미이다. 우수한 자질을 타고 났
고 남다른 수련 과정을 거쳤으므로 막중한 짐을 짊어져도 감당할 수 있다.
그러므로 실패할 일이 없다(无咎). 다만 한 가지 주의할 점은 수레에 짐을 가
득 실을 때는 균형을 잘 잡아야 한다는 것이다. 균형을 생각하지 않고 짐을
실었다가는 아무리 큰 수레라도 얼마 가지 못해 균형을 잃고 쓰러지고 말 것
이기 때문이다.

공 용 형 우 천 자　　　소 인 불 극
公用亨于天子하나 小人弗克하니라.

큰 부자의 일은 자신의 사업을 원만하게 경영해 나가는 것만이 아니다. 공
적인 일에 참여하는 것도 큰 부자의 일이다. 요즈음의 대기업 회장들, 혹은
세계적인 다국적 기업의 경영인들을 예로 들어 보자. 이들은 자신의 이끄는
기업의 경영뿐만 아니라 국가와 사회에도 영향력을 행사한다. 중요한 여론
형성에 의견을 내고 의사 결정 과정에 참여하며, 사회 복지 사업에 적지 않
은 자금을 투자하기까지 한다. 공용형우천자(公用亨于天子)는 왕공이 천자
를 위하여 제사나 잔치를 베푼다는 뜻이다. 큰 부자는 자신을 공적인 존재로
생각하며 자신의 재산을 공적인 목적에 사용한다는 것이다.

載 재 싣다/ 실어서 운반하다　**公 공** 공평하다/ 공평무사하다/ 공적인 것/ 귀인/ 제후, 왕공　**亨 형** 제사를 지
내다/ 형통하다/ 젊다/ 힘차게 자라다

大有는 元亨하니라.

큰 부자는 원(元)의 출생기에 타고나야 할 뿐만 아니라 형(亨)의 청년기에 그
기틀을 잘 만들어야 한다.

无交害면 匪咎리라. 艱則无咎리라.

사람 사귀는 일의 해로움이 없다면 근심할 일이 없다. 사람 사귀는 일을
어렵게 여기면 허물할 일이 없다.

大車以載하여 有攸往하니 无咎리라.

큰 수레에 짐을 가득 싣고 앞으로 나아가니 실패할 일이 없다.

公用亨于天子하나 小人弗克하니라.

왕공은 천자를 위하여 제사나 잔치를 베푼다. 소인은 그렇게 할 수 없다.

匪其彭이면 无咎리라.

몸가짐과 행동을 함부로 하지 않고 검박하게 하면 탓할 일이 없다.

厥孚交如하니 威如면 吉하리라.

그 믿음을 가지고 사귀며 위엄 있게 행동하면 길하다.

自天祐之라. 吉无不利로다.

하늘에서 그를 돕는다. 길하고 이롭지 않은 것이 없다.

하지만 소인은 천자의 제사와 같은 큰일을 감당할 능력을 가지고 있지 못하다. 능력을 가지고 있다 하더라도 자신의 부를 오로지 독차지할 생각만 한다. 자신의 부를 오로지 자신의 것으로만 여기고 사회적 부의 일부로 여기지 않는다. 소인불극(小人弗克)은 소인은 할 수 없다는 뜻이다. 능력이 부족하고 욕심이 많은 소인은 공적인 일을 하지 못한다는 것이다.

^{비 기 방}　　　^{무 구}
匪其彭이면 无咎리라.

방(彭)자는 사물이 무성한 모양, 사람이 교만을 부리는 모양을 뜻하는 글자이다. 여기서는 큰 부자가 요란하게 치장하고 거만하게 행동하는 일을 가리킨다. 비기방,무구(匪其彭,无咎)는 곧 몸가짐과 행동을 함부로 하지 않고 검박하게 하면 탓할 일이 없다는 말이다. 실제로 사회적 존경을 받는 부자들은 많은 재물을 가졌다고 해서 교만을 부리거나 허세를 떨지 않는다.

^{궐 부 교 여}　　　^{위 여}　^길
厥孚交如하니 威如면 吉하리라.

앞서 큰 부자가 가장 주의를 기울여야 할 일은 친구를 사귀는 문제라고 말한 바 있다. 이 대유괘(大有卦)가 말하는 친구는 문자 그대로의 친구만을 말하는 것이 아니다. 큰 사업을 위해 함께 일하는 임직원, 같이 어울리는 주위의 모든 관계자와 지인을 아울러 말하는 것이다. 그렇다면 이들과는 어떻게 사귀어야 하는가?

궐부교여(厥孚交如)는 그 믿음을 가지고 사귄다는 뜻이다. 여기서 궐(厥)

彭 **방** (사물이) 무성한 모양/ 교만을 부리는 모양/ 곁　厥 **궐** 그, 그것　孚 **부** 미쁘다(믿음성이 있다)/ 믿음, 신뢰/ 알이 깨다/ 기르다, 자라다　威 **위** 위엄, 위엄 있다/ 두려워하다

자는 그, 그것을 의미하는 글자로 기(其)자와 같다. 그리고 교(交)자는 다리를 꼬고 편안하게 앉아 이야기하는 사람의 모습을 나타낸 글자이다. 궐부교여라는 구절은 곧 주변 사람에 대한 신뢰를 가지고 다정하게 말하고 행동한다는 말이다. 하지만 이것만으로는 부족하다. 큰 부자는 막중한 책임을 감당해야 할 사람이다. 다리를 꼬고 이야기할 정도로 주변 사람들을 편안하게 대하기만 하다가는 주변 사람들이 안일하거나 오만해질 우려가 있다. 위여,길(威如,吉)은 두렵게 하면 길하다는 뜻이니, 자칫 안일하거나 오만해질 우려가 있는 주변 사람들에게 위엄있게 행동하여 두려워하도록 만들어야 한다는 의미이다.

자 천 우 지　　　길 무 불 리
自天祐之라. 吉无不利로다.

풍성한 수확을 거두고 엄청난 재산을 쌓아 큰 부자가 되는 일에도 끝이 없을 수는 없다. 쌓인 것이 있으면 또한 흩어지는 것이 있기 때문이다. 하지만 자신의 부를 탐욕스럽게 독차지하지 않고 자신의 생활을 검박하게 하며, 주변 사람들을 진실하게 대한다면 재산이 흩어진다 해도 하늘의 복을 받을 수 있다. 자천우지(自天祐之)는 하늘에서 그를 돕는다는 뜻이니, 바로 이러한 이유에서다. 당연히 길하고 이롭지 않은 것이 없다(吉无不利).

自 자 스스로, 자신/ 저절로/ 진실로/ ~로부터　**祐 우** 돕다/ 도움, 천지신명의 도움/ 복

하늘이 낸 부자는 무엇이 다른가?

대부유천(大富由天)하고 소부유근(小富由勤)한다는 말이 있다. "큰 부자는 하늘에서 오고 작은 부자는 부지런함에서 온다"는 뜻이다. 큰 부자는 하늘의 운세가 따라 주어야 될 수 있지만 작은 부자는 누구나 부지런히 일하면 될 수 있다는 것이다. 그렇다면 이 하늘이 돕는 큰 부자는 과연 어떤 부의 철학을 가진 이들인가? 대유괘(大有卦)는 바로 이 질문에 대한 대답을 내놓고 있다.

대유자(大有者), 곧 큰 부자는 재산과 부는 물론 명예와 권력까지도 많이, 그리고 크게 가지고 있는 사람을 일컫는다. 이 정도의 큰 부자는 태동기인 원(元)의 시절에 이미 그 운세가 정해진 사람이며, 성장기인 형(亨)의 시절에 이와 같은 큰 부를 감당할 수 있는 능력을 갈고닦는 사람이다. 출생과 성장의 과정이 평범하지 않으므로 큰 부자의 인생은 남다를 수밖에 없다.

대유괘가 묘사하는 큰 부자의 모습은 다음과 같다. 큰 부자는 어린 시절부터 사람을 사귀는 데 주의를 기울인다. 그리고 항상 막중한 책임감을 가지고 큰 사업 경영에 뛰어들어 중용의 균형 감각을 가지고 헤쳐 나간다. 큰 부자가 경영하는 것은 자신의 기업만이 아니다. 큰 부자는 종종 국가와 사회의 존립과 발전에도 영향력을 미친다. 이처럼 중요한 역할을 하면서도 스스로의 생활은 검박하고 겸손할 뿐이다. 창졸간에 이룬 부를 독차지하고 부를 과시하며 사람들의 질시를 받는 소인과는 천양지차의 모습이라고 할 수 있다. 큰 부자는 주변 사람들을 신뢰하고 친절하게 대하면서도 품위와 위엄을 잃지 않는다.

많이 가졌다고 해서 진실로 행복한 것은 아니다. 부자들 중에는 많은 이들의 생계를 책임져야 하고 가진 것을 유지하고 키워야 한다는 부담감에서 벗어나지 못한 채 개인적으로 불행한 삶을 사는 이들도 적지 않다. 재산을 제대로 운용하지 못해 하루아침에 파멸에 이르는 부자들도 어렵지 않게 볼 수 있다. 이들이 정말 하늘이 낸 부자였는지는 알 수 없다. 설령 하늘이 냈다 하더라도 매사에 조심하고 두려워해야 큰 재산을 유지할 수 있다.

농사에서 큰 수확을 거두려면 좋은 씨앗을 뿌려야 하고 생장기에 부지런히 가꾸어야 한다. 큰 부자도 그렇다. 하늘의 운세를 타고나야 하고 청년기에 인격과 능력을 쌓기 위해 남다른 수련 과정을 거쳐야 엄청난 재산을 얻을 수 있다. 과연 큰 부자의 조건은 무엇인가? 큰 부자는 보통 사람과 어떻게 다른가?

15.겸謙괘 ; 능력자가 자신을 낮추는 겸손

겸허, 겸양, 겸퇴, 벼가 머리를 숙이는 일

<ruby>謙<rt>겸</rt></ruby>은 <ruby>亨<rt>형</rt></ruby>하니 <ruby>君子有終<rt>군 자 유 종</rt></ruby>이니라.

　겸(謙)은 곧 겸손함이니 덕을 갖추고 있으면서도 잘난 체 앞으로 나서지 않는 일이다. 또한 겸허함과 겸양함과 겸퇴(謙退)함으로 어려운 상황에 자신을 낮추고 다른 사람에게 양보하는 일이다. 겸(謙)자는 인격과 능력을 두루 갖춘 사람이 자신을 낮추어 말하며 벼처럼 고개를 숙인다는 의미를 나타내는 글자이다. 참고로 겸(兼)자는 고개를 숙인 벼를 손에 쥔 모습을 가리키는 것이다.

　겸,형(謙,亨)은 이 겸손의 덕은 기본적으로 원형이정(元亨利貞)의 시절 가운데 형(亨)의 시절인 청년기에 쌓아야 한다는 의미이다. 하지만 여기서의 형(亨)자는 또한 형통하다는 의미를 나타낸다. 군자는 겸손해야 형통하다는

謙 겸 겸손, 겸손하다/ 공손, 공손하다/ 사양하다/ 공경하다

것이고, 겸손함은 언제 어디서나 형통할 수 있다는 것이다. 군자유종(君子有終)은 군자는 끝마침이 있다는 뜻이다. 군자는 죽을 때까지 겸손함을 지킴으로써 오히려 존경과 칭송을 받는다. 스스로 낮춤으로써 높아지고 스스로 감춤으로써 오히려 빛나는 것이다. 이는 소인이 욕심을 이기지 못하고 스스로 자랑하는 마음을 숨기지 못하여 좋은 결과를 얻지 못하는 것과는 대비되는 모습이다.

겸 겸 군 자   용 섭 대 천   길
謙謙君子니 用涉大川이라도 吉하니라.

겸겸군자(謙謙君子)는 겸손하고 겸손한 군자라는 뜻이니 군자 가운데서도 가장 겸손한 군자를 가리킨다. 이와 같은 군자는 자신을 낮추는 가운데 끊임없이 자신의 인격적 덕성과 실질적 능력을 갈고닦는다. 이로써 현실을 제대로 파악하는 냉철함과 이에 대처할 만한 지식과 기술을 동시에 갖춘다. 자신의 능력을 정확히 알고 있으니 불가능한 일은 없다.

용섭대천(用涉大川)은 큰물을 건너는 데 쓴다는 뜻이니, 인품과 능력을 갖춘 가장 겸손한 군자는 너무나 위험해서 일견 무모해 보이는 일도 해낼 수 있다는 말이다. 겸손하고 겸손하므로 모든 이들이 와서 그를 돕는다. 그러므로 이처럼 큰일에 도전해도 성공을 거둘(吉) 수 있다.

명 겸   정 길
鳴謙이니 貞吉하니라.

명겸(鳴謙)은 소리가 나는 겸손이라는 뜻이다. 명(鳴)자는 수탉이 횃대에 올라 크게 우는 모습을 나타내는 글자로, 여기서는 군자가 겸손하고 겸손하

涉 섭 건너다/ 걸어서 돌아다니다/ 이르다　**鳴 명** 울다/ 새와 짐승이 울음소리를 내다/ 명성을 드날리다

여 널리 이름이 알려지는 일을 말한다. 자세를 낮추고 가만히 있어도 그 겸
손함에 대한 소문이 사방으로 퍼진다. 하지만 겸손의 명성이 높아지면 계속
겸손을 지켜 나가는 일이 쉽지 않다. 자칫 오만해져 잘난 체하기가 쉽다. 그
렇기 때문에 정길(貞吉)이라고 말하는 것이니 더욱 올바름을 지켜야 길하다
는 뜻이다.

勞謙이니 君子有終하여 吉하니라.

노겸(勞謙)은 노력하는 겸손이라는 뜻이다. 끊임없이 공부하고 수련하여
수고롭게 겸손의 원칙을 깨닫는다는 뜻이다. 태어나면서 아는 생이지지(生
而知之)나 배워서 아는 학이지지(學而知之)로 겸손의 덕을 깨닫지는 못했
지만, 고생하여 얻는 곤이지지(困而知之)로 겸손의 덕을 깨닫는다는 것이
다. 군자유종,길(君子有終,吉)은 군자에게 아름다운 끝마침이 있어 길하다
는 뜻이다. 노력하여 겸손한 군자 또한 죽을 때까지 겸손의 덕을 지켜 나간
다면 존경과 사랑을 받을 것이라는 말이다.

无不利니 撝謙하니라.

휘겸(撝謙)은 베풀면서도 겸손하다는 뜻이다. 휘(撝)자는 손을 높이 올려
서 휘젓는 모습을 나타내는 글자로, 여기서는 누구에게나 널리 겸손한 군자
의 모습을 가리키는 것이다. 가장 낮은 곳에 자리한 이들에게도 고개를 숙이
고 자신을 낮추는 것이 바로 이 휘겸이다. 당연히 아주 곤란한 상황에 처한
다 하더라도 이롭지 않을 일이 없으니(无不利) 가장 낮은 이들까지 이 군자

勞 로 노력하다/ 힘쓰다 **撝 휘** 찢다/ (높이 올려서) 휘두르다/ 겸손하다/ 자신을 낮추다

謙은 亨하니 君子有終이니라.

겸손의 덕은 청년기인 형(亨)의 시절에 쌓아야 한다. 군자는 아름다운 끝마침이 있다.

謙謙君子니 用涉大川이라도 吉하니라.

겸손하고 겸손한 군자이니 큰물을 건너는 데 써도 길하다.

鳴謙이니 貞吉하니라.

명성이 높은 겸손이니 더욱 올바름을 지켜야 길하다.

勞謙이니 君子有終하여 吉하니라.

힘써 노력하는 겸손이니 군자에게 아름다운 끝마침이 있어 길하다.

无不利니 撝謙하니라.

베풀면서도 겸손한 것은 이롭지 않은 것이 없다.

不富以其鄰이면 利用侵伐하여도 无不利하니라.

그 이웃과 함께 부를 나누지 않으면, 그를 습격하여 칼로 베어도 불리할 것이 없다.

鳴謙이니 利用行師하여 征邑國하니라.

나라가 겸손의 명성이 높으니, 군사를 출정시키는 것이 이롭고 이웃 나라를 정벌한다.

를 도울 것이기 때문이다.

不富以其鄰이면 利用侵伐하여도 无不利하니라.

불부이기린(不富以其鄰)은 그 이웃과 함께 부를 나누지 않는다는 뜻이다. 설사 아주 궁핍한 상황이라 하더라도 자신이 가진 무엇이든 그 이웃과 나눌 줄 알아야 한다. 소축괘(小畜卦)에 나오는 부이기린(富以其鄰)이 부를 그 이웃과 함께 나눈다는 뜻이었다는 점을 생각해 보면 불부이기린의 의미가 좀더 확실해질 것이다. 그런데 부유한데도 그 부를 나누지 않는다는 것이다. 이러한 불부이기린은 겸손의 덕, 겸양의 도를 기준으로 생각해 보면 있을 수 없는 일이다.

그래서 이용침벌(利用侵伐)이라 하고 무불리(无不利)라고 말하니, 곧 이러한 이웃을 습격하여 칼로 베어도 괜찮고 불리할 것이 없다는 뜻이다. 겸손한 군자는 주변 사람 모두에게 자신을 낮추어야 하지만 만약 탐욕으로 부를 독차지하고 이웃을 해치는 자가 있다면 이를 응징해야 한다는 말이다.

鳴謙이니 利用行師하여 征邑國하니라.

겸괘(謙卦)가 강조하는 겸손과 겸양과 겸허는 이처럼 무력을 사용할 수도 있는, 현실적 대응력을 갖춘 실력자의 덕목이다. 힘이 없고 무지해서 남에게 당하기만 하는 것, 현실이 허무하다고 도피하는 것은 〈주역〉이 말하는 덕목이 아니다. 옳은 것은 지키고 그른 것은 완력을 써서라도 바로잡는 것이 〈주역〉이 강조하는 겸손의 덕이다.

侵 침 침범하다, 침노하다/ 습격하다   伐 벌 치다/ 정벌하다/ 찌르다

이용행사(利用行師)는 군사를 출정시키는 것이 이롭다는 뜻이고 정읍국 (征邑國)은 이웃 나라를 정벌한다는 뜻이다. 앞서의 이용침벌(利用侵伐)이 군자 개인의 차원에서 사리사욕만 챙기는 이웃을 습격하여 칼로 베는 것이 라면, 이 구절은 곧 자국의 이익만을 취하려 하는 이웃 나라를 공격해 제압 하는 것을 가리킨다. 명겸(鳴謙)은 겸손함의 명성이 국가적인 차원에서까지 높다는 점을 말한다. 이 구절은 무도한 이웃 나라를 공격할 때 겸손한 나라 라는 명성을 바탕으로 제삼국의 도움을 얻을 수 있다는 의미까지 내포하고 있다.

겸손은, 지도자가 갖추어야 할 가장 중요한 덕목이다

겸(謙)이란 겸손함이요, 겸허함이요, 겸양함이다. 곧 군자라면 반드시 갖추어야 할 최고의 덕목 가운데 하나이다. 동양 문화의 고전인 〈예기〉에서는 "견문이 넓고 분명하게 기억하고 있으면서도 겸양할 줄 아는" 이를 군자라고 말하면서 겸손을 군자의 가장 중요한 조건으로 강조하고 있다.

그렇지만 많은 지식을 가진, 똑똑한 사람이 겸손하기는 참으로 어려운 일이다. 특히 평범한 사람들에게는 가장 이루기 어려운 덕목이기도 하다. 그래서 이 겸괘 (謙卦)에서는 군자가 되기 위해서는 젊은 시절부터 겸손의 덕을 쌓아야 하고 이를 끝까지 지켜 나가야 한다고 말한다. 이러한 군자만이 잘 익은 벼가 고개를 숙이는 것처럼 진정한 겸손의 경지에 이를 수 있다.

겸괘에서는 겸손의 모습을 크게 네 가지로 나누어 설명한다. 타고난 자질에 따라

도달할 수 있는 겸손의 경지가 다르고 현실 생활의 와중에서 펼쳐 보일 수 있는 겸손의 방식이 또 별도로 있기 때문이다. 말하자면 정치인의 겸손과 경영인의 겸손이 다르고, 종교인의 겸손과 학자의 겸손과 예술가의 겸손이 다르며, 초월자와 생활인의 겸손이 다르다는 것이다. 겸괘에서 말하는 네 가지 겸손은 각각 겸겸(謙謙), 명겸(鳴謙), 노겸(勞謙), 휘겸(撝謙)이다.

겸겸은 겸손하고 겸손한 것으로, 겸손 자체에까지 겸손한 성인(聖人)과 현자(賢者)의 겸손함이다. 이런 경지는 하늘이 내린 군자가 아니면 이를 수 없으니, 이 경지에 이른 군자라면 하늘과 땅의 섭리와 인간사의 도리에 대해 알지 못하는 바가 없고 이루지 못할 일도 없다. 그러면서도 오히려 고개를 숙이는 것이다. 명겸은 겸손함의 명성이 높은 상황을 일컫는다. 이 명성을 통해 다수의 주변 사람, 또는 주변 국가의 도움을 얻을 수 있다. 하지만 자칫 거만해져서 잘난 체하기 쉽기 때문에 조심해야 한다. 노겸은 평범한 사람들이 노력해서 얻을 수 있는 겸손함을 말한다. 군자가 고난과 시련을 겪으면서도 기꺼이 고개를 숙임으로써 이 노겸의 길로 나아간다. 휘겸은 누구에게나 널리 겸손한 것이다. 가장 낮은 이들에게까지 고개를 숙이므로 아주 곤란한 상황에서도 도움을 얻을 수 있다.

한편 겸괘에서 말하는 겸손은 불의하고 탐욕스러운 소인들에게까지 고개를 숙이는 것이 아니다. 무조건적인 사랑과 자비는 많은 종교가 금과옥조로 여기는 덕목이다. 유교에서도 인의(仁義)를 군자가 갖추어야 할 최상의 덕목으로 내세운다. 하지만 〈주역〉은 유교의 가장 중요한 경전임에도 불구하고 이와는 사뭇 다른 처세의 철학을 가르친다.

이 겸괘는 사리사욕을 앞세워 이득을 취하는 정의롭지 못한 세력이 있다면 이를 무력으로 응징할 수 있다고 주장한다. 탐욕스러운 이웃을 습격하여 칼로 베거나, 무도한 이웃 나라를 공격하여 무너뜨리는 일까지도 가능하다는 것이다.

16. 예豫괘 ; 현실성 있는 계획의 즐거움

미래에 대한 예측, 통찰, 계획과 실천, 즐거움

^예 ^{이 건 후 행 사}
豫하니 利建侯行師니라.

예(豫)는 보통 열광한다, 즐거워한다는 의미로 풀이한다. 하지만 이 예에
는 기쁨의 의미도 있지만 미리 계획한다는 의미가 더 강하다. 군자는 편안한
기쁨의 시간을 보낼 때도 언제 닥쳐올지 모르는 위험과 괴로움의 시간을 예
측하고 그 대비책을 계획해 놓아야 한다는 의미를, 이 예가 함축하고 있다는
것이다.

이건후행사(利建侯行師)는 과녁을 세우고 군대를 훈련함이 이롭다는 뜻
이다. 곧 이 구절의 의미는 평화의 시기에 침략이나 반란에 대비한 계획을
미리 세워 놓아야 실제로 문제가 발생했을 때 군대를 출병시켜 제압할 수 있
다는 것이다. 후(侯)자는 과녁을 가리키는 글자인데 제후왕을 의미하기도 한

豫 예 미리/ 미리 계획하다/ 기뻐하다, 열광하다, 즐기다　**侯 후** 과녁/ 제후　**師 사** 군대, 군사/ 스승

다. 제후왕을 의미하는 것으로 보면, 이 구절은 제후왕을 세워 군대를 훈련한다는 뜻으로 풀이할 수 있다. 전체적인 의미는 크게 다르지 않다. 참고로 제후왕은 일정한 영토를 가지고 그 백성을 다스리는 군사적, 경제적 책임자를 일컫는다.

鳴豫하니 凶하니라.

명예(鳴豫)는 계획을 미리 시끄럽게 발설한다는 의미로 풀 수 있다. 중요한 계획을 미리 시끄럽게 발설하는 것이 흉(凶)한 일이라는 점은 말할 필요도 없다. 지금도 정치인들이 입안 중인 정부 정책이나 자신이 속한 정당이나 단체의 비공식적 주장을 함부로 발설했다가 물의를 빚는 경우가 허다하다. 이런 일을 생각해 보면 이 구절의 의미를 쉽게 이해할 수 있을 것이다.

介于石이니 不終日이라. 貞吉이리라.

개우석(介于石)은 돌 사이에 끼워 놓는다는 뜻이고, 부종일(不終日)은 하루를 마치지 않는다는 뜻이다. 곧 돌 사이에 끼워 놓는 것처럼 계획을 실천하려는 의지가 강해 하루를 마치지 않고 이를 실행한다는 말이다. 정길(貞吉)은 처음 세운 계획을 고집스럽게 지켜 나가야 길하다는 뜻이다. 계획을 세우는 일과 함께 이를 실천하려는 자세가 군건해야 하고 이를 끝까지 유지해야 성공할 수 있다는 가르침이다.

개우석(介于石)은 대만 총통이었던 장개석(蔣介石)의 자(字)로도 유명하다. 장개석은 중국 국민당의 지도자로서 항일 전쟁에 참여하던 시기, 본명인

鳴 명 울다 **介 개** 끼다/ 사이에 들다/ 소개하다/ 강직하다/ 단단한 껍질, 갑옷

豫하니 利建侯行師니라.

미리 계획하니, 과녁을 세우고 군대를 훈련함이 이롭다.

鳴豫하니 凶하니라.

계획을 시끄럽게 발설하니 흉하다.

介于石이니 不終日이라. 貞吉이리라.

돌 사이에 끼워 놓은 것처럼 의지가 강해 하루를 마치지 않고 계획을
실천한다. 고집스럽게 지켜 나가야 길하다.

盱豫悔요 遲有悔리라.

눈을 부릅뜨고 올려다보아야 하는 계획은 후회를 낳는다. 일이 더뎌져 후회할
일이 있다.

由豫하여 大有得이니 勿疑朋이면 盍簪하리라.

미리 세운 계획으로 말미암아 큰 소득을 얻는다. 무리를 의심하지 않으면
비녀를 꽂듯 아름다울 것이다.

貞하면 疾恒不死이니라.

정성을 다하면, 화살에 맞아도 오랜 시간 동안 죽지 않는다.

冥豫成이니 有渝면 无咎리라.

어리석은 계획이라도 이루어질 수 있으니, 바뀌는 것이 있으면 허물할 일이
없다.

중정(中正)과 함께 '개석'을 자로 사용했다. 이는 항일 전쟁에서 승리하겠다는 굳은 실천 의지를 다지기 위한 것이었다.

盱豫悔요 遲有悔리라.

우예(盱豫)는 눈을 부릅뜨고 올려다보아야 하는 계획을 뜻한다. 곧 분수에 넘치는 계획을 말한다. 자신의 처지와 여건을 고려하지 않은, 지나친 욕심을 가지고 세운 것으로 자신이 도저히 감당할 수 없는, 비현실적인 계획이 우예이다. 이런 계획은 실행 단계에 들어서면 후회를 낳을(悔) 수밖에 없다. 지유회(遲有悔)는 일이 더뎌져 후회할 일이 있다는 뜻이니, 이처럼 분수에 넘치는 계획은 진행이 지체돼 더욱 후회할 일이 생기게 된다는 의미이다.

由豫하여 大有得이니 勿疑朋이면 盍簪하리라.

강한 의지를 바탕으로 현실성 있게 세운 계획이라고 해도 모든 계획이 탈없이 이행될 수 있는 것은 아니다. 또 다른 조건이 필요하다. 이 구절에서는 함께 계획을 추진하는 이들에 대한 신뢰가 무엇보다도 중요하다고 말한다.

유예,대유득(由豫,大有得)은 미리 세운 계획으로 말미암아 큰 소득을 얻는다는 뜻이다. 군대를 출병시킬 정도의 권력이나 국가의 경제를 좌우할 정도의 재물이 여기서 말하는 큰 소득에 해당할 것이다. 미리 계획을 세운 덕택에 큰 권력이나 큰 재물을 얻을 것이라는 말이다. 그리고 계획을 무리 없이 추진하기 위해서는 주변의 동료들을 신뢰해야 한다. 물의붕(勿疑朋)은

盱 우 쳐다보다/ 부릅뜨다/ 검고 아름다운 눈 遲 지 늦다/ 더디다/ 지체하다 由 유 말미암다/ 까닭, 이유 疑 의 의심하다/ 괴이하게 여기다 盍 합 덮다/ 합하다 簪 잠 비녀(여자의 쪽 찐 머리가 풀어지지 않도록 꽂는 장신구)/ 꽂다

무리를 의심하지 말라는 뜻이니, 함께 일하는 주변 동료들을 신뢰해야 한다는 말이다. 군대 출병이나 국가 경제를 좌우하는 정도의 계획을 추진하면서 주변 사람들을 의심하는 것은 자연스러운 일이다. 하지만 이렇게 의심해서는 된다는 것이다.

합잠(盍簪)은 비녀를 꽂는다는 뜻이다. 몸을 씻고 옷을 입은 후에 거울 앞에 앉아 화장을 한 여인이 마지막으로 머리를 손질하고 비녀를 꽂는다. 비녀를 꽂는 일은 여인의 몸치장이 마무리되는 최종 단계이다. 주변 동료들을 신뢰하고 계획을 추진해야 이렇게 아름답고 잘 정돈된 최종 결과에 도달할 수 있다는 말이다.

貞하면 疾恒不死이니라.
정   질 항 불 사

정(貞)자는 곧다, 올바름을 지킨다는 뜻으로 흔히 쓰인다. 〈주역〉에서는 사물의 완성기인 정(貞)의 시절을 의미하는 것으로 쓰인다. 여기서는 정성을 다한다는 뜻이다. 당초 세웠던 계획을 정성을 다해 지켜 나간다는 말이다. 질항불사(疾恒不死)는 화살에 맞아도 오랜 시간 동안 죽지 않는다는 뜻이다. 질(疾)자는 원래 사람이 화살에 맞은 모습을 표현하는 글자였는데, 이후 '죽지 않을 정도의 병질'을 의미하는 글자로도 쓰이기 시작했다.

곧 이 구절의 의미는 계획을 실천함에 정성을 다하면 얼마간의 틈이나 하자, 괴로움이 있다 하더라도 오래도록 계획을 유지해 나가면서 버틸 수 있다는 것이다. 어떤 일의 계획을 세웠으면 끝까지 방심하지 말고 최종 목표에 도달해야 의미가 있다는 가르침이다.

貞 정 정성을 다하다   **疾 질** 질병(죽지 않을 정도의 병질)/ 괴로움/ 하자   **恒 항** 항상, 늘

^{명 예 성}　　^{유 투}　^{무 구}
冥豫成이니 有渝면 无咎리라.

　명예(冥豫)는 어두운 계획이라는 뜻이니, 어리석은 계획이나 무지(無知)한 계획을 말한다. 계획은 계획일 뿐이어서 현명한 계획이라고 해서 반드시 성공하는 것도 아니고 어리석은 계획이라고 해서 반드시 실패하는 것도 아니다. 비록 어리석은 계획이었다 하더라도 얼마든지 이루어질(成) 수 있다. 유투,무구(有渝,无咎)는 바뀌는 것이 있으니 탓할 일이 없다는 뜻이다. 곧 어리석은 계획이라도 이루어지면 기존의 상황과는 달리 변화하는 부분이 있을 것이니 괜찮다는 것이다.

계획도 중요하지만, 실천이 좀더 중요하다

　새해에는 신년 계획을 세우고, 새로운 월이나 주에는 월간 계획이나 주간 계획을 세우며, 저녁에는 그 다음날의 계획을 세운다. 지극히 작고 개인적인 계획도 있고 회사나 조직 차원의 계획도 있고 국가 경영을 위한 계획도 있을 것이다. 모든 일은 계획을 세우면서 시작되고 계획을 따라 마무리된다.

　그렇지만 모든 계획이 성공을 거두지는 못한다. 여기에는 각각 다른 100가지의 이유가 있다. 예괘(豫卦)는 이를 계획 자체가 잘못된 것일 수도 있지만 이보다는 계획의 실천 과정에서 난관에 부딪히기 때문이라고 말한다. 그래서 첫머리에서 계

冥 명 어둡다/ 깊숙하다　**渝 투** 변하다, 바뀌다/ 달라지다

획의 중요성을 언급한 후에는 곧장 계획의 실천 문제에 집중한다. 다시 말해 계획을 세우는 일도 중요하지만 이를 굳센 의지로 실행해 나가는 실천이 더 중요하다는 가르침이다. 작심삼일(作心三日)의 늪에서 늘 계획만 되풀이하는 이들이 새겨들을 부분이다.

예괘는, 계획을 세우기 전에 자신의 능력과 주변 환경을 잘 살펴 실현 가능한 목표를 세워야 한다고 충고한다. 그렇지 않으면 몸과 마음만 상하고 후회만 남게 된다는 것이다. 무리한 계획을 세우는 것은 계획을 세우지 않는 것과 다를 바 없다.

세워진 계획을 미리 발설하는 일도 있어서는 안될 일이다. 국가의 대사나 회사의 경영과 관련된 계획일 경우 경쟁자에게 정보가 노출되어 위기를 초래할 수도 있을 것이기 때문이다. 개인적인 차원에서도 계획을 미리 떠벌리고 다니는 사람치고 실천 의지가 강력한 경우는 드물다. 반드시 해내겠다는 결연한 의지로 세운 계획이라면 굳이 남들에게 떠벌릴 까닭이 없다. 하지만 계획을 이행하는 일은 혼자 할 수 있는 일이 아니다. 또한 하늘과 땅의 섭리에 어긋나는 계획은 성사될 수 없다. 함께 일하는 동료들을 믿고 의심하지 않아야 계획 완수라는 최종 결과를 얻을 수 있다.

흥미로운 점은 무지하고 어리석은 계획도 때로는 좋은 결과를 가져올 수 있다는 언급이다. 잘못된 계획이 간혹 성공을 거두기도 하는 경우에 대한 설명이다. 이 역시 계획보다는 실천의 중요성을 중시한 가르침이다. 이 점, 결과를 중시하는 〈주역〉의 사고 방식을 드러낸 것이라 할 수 있다.

남다른 성공의 이면에는 항상 남다른 계획이 있다. 남들과 똑같이 계획하고 실행하는 이에게는 남다른 성취를 이룰 여지가 아예 없다. 어제와 다른 오늘, 올해와 다른 내년, 남다른 인생을 위한 계획이란 과연 어떤 것인가?

17. 수隨괘 : 장부를 따르는 추종자의 도

함부로 나서지 않는 뒤따름, 신하, 아랫사람

隨는 元亨利貞이니 无咎리라.
<small>수　원형이정　무구</small>

　수(隨)는 따른다, 추종한다는 뜻이다. 마땅한 도리를 따르는 일과 알맞은 때를 기다리는 일을 의미한다. 뿐만 아니라 군자가 다른 사람을 뒤따르고 다른 사람이 군자를 추종하는 일을 가리킨다. 군자가 윗사람으로서 아랫사람에게 고개를 숙이고 귀한 사람으로서 천한 사람에게 자신을 낮출 수 있다면 사람들이 그를 마음으로부터 따른다. 원형이정,무구(元亨利貞, 无咎)는 이러한 추종자의 도를 지키면 원형이정(元亨利貞)의 시절 언제라도 실패할 일이 없다는 뜻이다. 윗사람 앞으로 나서지 않고 윗사람을 섬기고 모시는 추종자는 언제 어떤 상황에서라도 곤란을 겪을 일이 없다는 것이다.

隨 수 따르다/ 추종하다　**元 원** 처음, 크다/ 으뜸/ 시초/ 근원　**亨 형** 형통하다/ 젊다, 힘차게 자라다/ 제사 지내다　**利 리** 이롭다/ 수확하다/ 왕성하게 활동하다/ 통하다/ 날카롭다　**貞 정** 곧다/ 올바르다/ 고집스럽게 지키다/ 정조/ 점치다

官有渝^{관유투}면 貞吉^{정길}이라. 出門交^{출문교}면 有功^{유공}이리라.

관유투(官有渝)는 벼슬자리에 변화가 있다는 뜻이다. 사회적 혼란, 경제 환경의 변화 등으로 인해 추종자가 처리하는 업무나 맡고 있는 직위 또한 달라진다는 의미이다. 대체로 업무나 직위가 주도적인 역할을 하는 것에서 종속적인 역할을 하는 것으로 낮아진 일을 가리킨다. 정길(貞吉)은 올바름을 지켜야 길하다는 뜻이니, 이처럼 업무나 직위가 낮아진 때일수록 자신의 몸을 백성 수준으로 낮추어 더욱 정도의 원칙을 지켜 나가야 한다는 것이다.

출문교(出門交)는 문을 열고 나가 사람들을 만난다는 뜻이다. 변화의 시기에는 문을 닫고 제한적인 관계자들만 만나 업무를 추진하기보다는 문밖으로 나가 여러 사람들을 만나 그 의견을 듣고 투명하게 일을 처리해야 한다는 말이다. 이미 알고 지내던 관계자들만 만나다 보면 사사로운 감정이 개입되고 자칫 밀실 야합으로까지 이어질 가능성이 크다. 그러므로 변화하는 상황에 대처하는 데는 한계가 있을 수밖에 없다. 여기서 추종자가 문밖에서 만나 따르는 사람들은 추종자의 윗사람일 수도 있고 아랫사람일 수도 있다.

係小子^{계소자}면 失丈夫^{실장부}하리라.

변화의 시기에는 크고 작은 일이 도처에서 터지고 어제의 친구가 오늘의 적이 되기도 하며 어제까지 일면식도 없던 사람이 친한 친구처럼 나를 찾아오기도 한다. 이럴 때 엉뚱한 사람만 만나고 다니면 진짜 의미 있는 사람을 잃게 된다.

官 관 벼슬, 버슬아치/ 관직 **渝 투** 변하다, 바뀌다/ 달라지다 **功 공** 공, 공로

계소자(係小子)는 소자와 관계를 맺는다는 뜻이고, 실장부(失丈夫)는 이로 인해 장부를 잃는다는 뜻이다. 여기서 소자는 아첨꾼, 기회주의자, 어리석고 무지한 자, 소인배, 병사, 아랫사람, 서민, 백성 등을 가리킨다고 할 수 있다. 그리고 장부는 대장부, 군자, 대인(大人), 지혜로운 현자(賢者), 장수, 윗사람, 관리 등을 가리킨다고 할 수 있다. 그래서 이 구절은 보통 소인과 관계를 맺다가 장부를 잃어서는 안된다는 의미로 해석한다.

계 장 부　　실 소 자　　　　수 유 구 득　　　이 거 정
係丈夫면 失小子하리니 隨有求得하나 利居貞하니라.

계장부(係丈夫)는 장부와 관계를 맺는다는 뜻이고, 실소자(失小子)는 이로 인해 소인을 잃는다는 뜻이다. 이 구절에서 장부와 소자가 가리키는 바는 바로 윗구절에서와 동일하지만 이 구절의 문장 구조는 바로 윗구절을 뒤집어 놓은 것과 같다. 하지만 이 구절의 의미는 보통 윗구절과 유사한 것으로 해석한다. 장부와 관계를 맺고 소인과의 관계는 청산해야 한다는 것이 그것이다.

수유구득(隨有求得)은 장부를 따르면 이득을 얻는다는 뜻이다. 여기서 장부를 따른다는 것은 장부가 가지고 있는, 옳은 도리, 정당한 행동, 선한 마음을 따른다는 것이다. 이렇게 하면 추종자가 자신의 인격을 쌓고 능력을 기르는데 크게 얻을 것이 있다는 말이다. 그러므로 권력자나 부자를 따름으로써 사적인 이득을 구하고자 하면 안된다. 그래서 이거정(利居貞)이라고 말하니, 오직 올바른 도리를 지켜야 이롭다는 뜻이다.

係 계 매다/ 이어매다/ 묶다/ 잇다/ 끈, 줄/ 혈통, 핏줄　**丈 장** 장부, 남자/ 어른

隨는 元亨利貞이니 无咎리라.
추종자의 도를 지키면 원형이정(元亨利貞)의 시절 언제라도 실패할 일이 없을
것이다.

官有渝면 貞吉이라. 出門交면 有功이리라.
벼슬자리에 변화가 있으면, 올바름을 지켜야 길하다. 문을 열고 나가
사람들을 만나면 공(功)이 있을 것이다.

係小子면 失丈夫하리라.
소인과 관계를 맺으면 늠름한 장부(丈夫)를 잃을 것이다.

係丈夫면 失小子하리니 隨有求得하나 利居貞하니라.
늠름한 장부(丈夫)와 관계를 맺으면 소인을 잃을 것이다. 장부를 따름에
이득이 있으나 올바름에 머물러야 이롭다.

隨有獲이면 貞凶이리라. 有孚在道하여 以明이면
何咎리오.
장부를 따르면서 빼앗는 일이 있으면 올바름을 지켜도 흉할 것이다. 믿음을
가지고 도를 살피며 이로써 밝게 한다면 어찌 허물할 일이 있겠는가?

孚于嘉니 吉하니라.
신뢰하여 크게 칭찬하니 길하다.

拘係之하니 乃從維之하고 王用亨于西山하니라.
그를 붙잡아 매어 두니 추종자들이 갇혀 있는 그의 구원을 바라며 그를
따른다. 군왕이 서산(西山)에 올라가 제사를 지내며 하늘의 뜻을 묻는다.

隨有獲이면 貞凶이리라. 有孚在道하여 以明이면 何咎리오.

수유획(隨有獲)은 장부를 따르면서 빼앗는 것이 있다는 뜻이다. 곧 권력자나 부자를 따르면서 호가호위(狐假虎威)하여 약탈을 일삼거나 부당한 이득을 취하는 일을 말한다. 정흉(貞凶)은 올바름을 지켜도 흉하다는 뜻이니, 장부를 따르면서 부당한 일을 계속하면 불행해진다는 말이다.

그렇다면 이 어려운 시기에 군자가 따라야 할 따름의 원칙은 무엇인가? 수괘(隨卦)는 이와 관련하여 유부재도,이명(有孚在道,以明)을 말한다. 믿음을 가지고 도를 살피고 이로써 밝게 하라는 뜻이니, 자신이 하는 일에 대해 믿음을 가지며 종사하는 일을 처리함에 대해 도리에 부합하게 하며 이를 투명하게 공개하라는 의미이다. 이렇게 하면 어찌 허물이 있을 수 있겠느냐(何咎)는 것이다.

孚于嘉니 吉하니라.

누구라도 추종자의 도를 지극하게 지켜 나가면 윗사람의 믿음을 얻을 수 있다. 백성은 군자로부터, 병사는 장수로부터, 군자와 장수는 군왕으로부터 신임을 받는다. 군왕조차도 다수의 백성과 군자들로부터 지지를 받는다. 지금이라면 임직원은 대표로부터, 공직자는 기관의 장(長)으로부터, 국회의원과 대통령은 다시 국민으로부터 지지를 받는 일과 같다고 할 수 있다.

부우가(孚于嘉)는 신뢰하여 크게 칭찬한다는 뜻으로, 추종자의 도를 지극

獲 획 빼앗다/ 얻다, 획득하다/ 짐승을 잡다/ 일이나 때의 마땅함을 얻다　嘉 가 기리다, 칭찬하다/ 아름답다/ 뛰어나다/ 훌륭하다

하게 지켜 신뢰와 지지를 주고받는 윗사람과 아랫사람의 모습을 묘사한 것이다. 윗사람이 아랫사람을 신뢰하여 큰 상을 내려 칭찬한다는 것이다. 참고로 가(嘉)자는 원래 좋은 음식을 내려 그 공적을 기리는 모습을 나타낸 글자이다.

拘係之하니 乃從維之하고 王用亨于西山하니라.

구계지(拘係之)는 그를 붙잡아 매어둔다는 뜻이다. 여기서 그는 군왕을 따르는 신하이고 군자를 따르는 백성이고 윗사람을 따르는 아랫사람이다. 이제 그는 구속되어 얽매인 상황, 감시를 받는 상황에 처하고 말았다. 누군가 도와주지 않으면 목숨이 달아날 수도 있는 처지인 것이다. 내종유지(乃從維之)는 이 사실을 아는 사람들이 갇혀 있는 그의 구원을 바라며 그를 따른다는 말이다. 군사 독재 시절 감옥에 갇혔던 야당 지도자의 형국이 이와 유사했을 것이다.

군자나 백성들만 이처럼 곤란한 상황에 처하는 것은 아니다. 군왕 또한 백성들의 신뢰와 지지를 잃으면 새장 속의 새와 같은 신세가 되고 만다. 하지만 군왕에게도 기회는 있다. 이것이 형우서산(亨于西山)이다. 이 구절은 서산에 올라가 제사를 지낸다는 뜻이니, 군왕이 자신의 정치를 반성하고 하늘의 뜻을 다시 묻는 일이다. 군왕도 이처럼 상황이 어려우면 추종자의 원칙을 지켜야 한다는 말이요, 어떤 상황에서든 가장 중요한 것은 백성들의 신뢰와 지지라는 점을 강조한 것이다.

拘 구 붙잡다/ 잡다, 체포하다   乃 내 이에   維 유 바, 밧줄/ 벼리/ 매다/ 오직

장부를 따를 것인가, 소인을 따를 것인가?

모난 돌이 정 맞는다는 말이 있다. 윗사람의 뜻을 받들어야 할 자리에 있는 사람이 윗사람 앞으로 나서다가 화를 당하는 경우를 경계한 말이다. 이와는 달리 나서지 않고 윗사람을 보좌하는 처세술을 요약한 것이 수괘(隨卦)의 이야기이다. 윗사람의 뒤를 따르며 성실하고 겸손하게 윗사람을 섬기고 모시는 추종자의 생활 철학이라고 할 수 있다.

이런 추종자는 우선 큰 고난을 당할 일이 별로 없다. 앞으로 튀어나온 '모난 돌'이 아니기 때문이다. 하지만 도전 정신이 부족하고 모험을 감행할 용기도 없기 때문에 크게 이룰 일도 없다. 그렇지만 요즈음과 같이 상하 관계가 복잡하고 언제 어디서 무슨 일이 벌어질지 예측하기 어려운 격변의 시대에는 윗사람의 뒤를 따르는 추종자조차 위험과 고난에 처하기 십상이다. 자신의 잘잘못과 상관없이 주변 환경이 얼마든지 어려워질 수 있는 것이다. 수괘에서는 이처럼 어려운 시기에 처한 사람들이 과연 어떻게 처신하고 행동해야 하는지를 해설하고 있다.

수괘(隨卦)는 우선 어려운 때에도 허물없이 살아가려면 사람을 잘 판단할 줄 알아야 한다고 말한다. 사사로운 이득을 앞세우는 소인을 멀리하고 성실과 신의의 덕을 지닌 장부를 가까이하라는 것이다. 하지만 상대를 판단하려면 자신을 먼저 알아야 한다. 나와 상대를 모두 알아야 하는 것이다. 시대 상황의 변화 추이도 읽을 줄 알아야 한다. 이렇게 한다면 아무리 어려운 상황에서도 헤쳐 나올 길을 찾을 수 있다는 것이다.

이 수괘는 변화의 시대를 살아가는 추종자들을 위해 행동 준칙을 제시한다. 첫 번째는 자신이 종사하고 있는 일에 대한 확신을 가지라는 유부(有孚)이고, 두 번째는 행동과 일처리를 도리에 부합하도록 하라는 재도(在道)이다. 그리고 마지막으로는 이 모든 과정을 투명하고 공개적으로 진행하라는 이명(以明)이다.

앞에 나서지 않고 묵묵히 따르기를 좋아하는 사람들에게는 허물이 없다. 그러나 세상은 점점 복잡하고 혼란스러워져서 평범한 사람들조차 허물없이 살아가기가 쉽지 않다. 자신의 위치를 지키면서 평화롭게 세상을 살고자 하는가? 그렇다면 시대를 관찰하고 믿을 만한 사람을 가려 사귀며 주변을 깨끗이 해야 한다.

18.고蠱괘 ; 부귀의 비정상성을 고치는 일

존경받지 못하는 부귀, 부패 척결, 곡식벌레

蠱는 元亨하고 利涉大川이나 先甲三日이요 後甲三日이라.

고(蠱)는 비정상적인 부귀를 말한다. 비정상적일 만큼 크고 비정상적일 정도로 괴이하고 비정상적으로 부패한 부귀를 말한다. 고(蠱)자는 곡식 통 덮개에 몰려든 곡식벌레 떼를 묘사한 글자이다.

비정상적일 만큼 큰 부귀이므로 아무나 얻을 수 있는 것은 아니다. 개같이 벌어서 정승같이 쓰겠다는 사람은 많아도 막상 개같이 벌지 못하는 이가 대부분인 이치와 같다. 그래서 고,원형(蠱,元亨)이라 말하는 것이니, 이 비정상적인 부귀는 이미 태어나기 전인 원(元)의 시절에 만들어지고 성장기인 형(亨)의 시절에 부풀어 오른다는 말이다. 위대한 영웅만 타고나는 것이 아니

蠱 고 곡식 통 덮개 위의 곡식벌레/ 뱃속벌레/ 기생충/ 정신병/ 미혹하다 **先 선** 먼저/ 이전, 예전/ 앞선 사람/ 돌아가신 선조/ 앞, 앞서다/ 앞으로 가다 **甲 갑** 첫째 천간, 십간의 첫 번째/ 갑옷/ 껍질

라 비정상적인 악한 또한 타고난다는 것이다. 걸출한 호걸만이 남다른 성장 과정을 거치는 것이 아니라 비정상적인 악한 또한 남다른 성장 과정을 거친다는 것이다.

또한 이 비정상적인 부귀는 용기 있는 도전과 험난한 고난의 과정을 거쳐 달성된 것이라고 설명한다. 이섭대천(利涉大川)은 큰물을 건너는 것이 이롭다는 뜻이니 곧 이 부귀가 달성되는 일에서의 위험성을 강조한 말이다. 이 부귀가 원(元)과 형(亨)의 시절에 험난한 고난의 과정을 통해 이루어진 것이라는 점만 생각하면 이는 당연히 권장되어야 할 부귀일 것이다. 그런데 왜 이 부귀를 비정상적이라며 깎아내리는가?

이는 이 부귀가 선갑삼일(先甲三日)과 후갑삼일(後甲三日)의 특성을 동시에 가지고 있기 때문이다. 여기서 갑(甲)은 갑을병정(甲乙丙丁)과 무기경신임계(戊己庚辛壬癸)의 천간(天干)에 나오는 갑이다. 선갑삼일은 갑의 앞 세 번째 날인 신(辛)을, 후갑삼일은 갑의 뒤 세 번째 날인 정(丁)을 의미한다. 그리고 신(辛)은 신랄하고 날카롭다는 뜻으로, 비정상적인 부귀가 달성되는 과정이 그만큼 고통스럽고 심지어는 다른 사람들에게 해악을 끼친다는 의미를 가지고 있다. 정(丁)은 나무가 우뚝 솟아오른 것과 같이 굳센 장정의 모습을 뜻하는 것으로, 이로써 다수의 사람들이 상해를 입을 수 있고 이 화가 자신에게까지 미친다는 의미를 가지고 있다.

요컨대 다른 사람에게 해악을 끼치며 차지한 부귀이기 때문에 이 부귀가 비정상적이라고 하는 것이다. 게다가 정당하지 못한 방법으로 부귀를 얻을 경우 이 비정상적인 부자와 귀인에게는 간사한 소인배들만이 들락거린다. 썩어 가는 곡식 통 위로 몰려드는 곡식벌레들의 모습과 조금도 다를 바 없는 장면이다.

간 부 지 고　　유 자 고　　무 구　　　　여 종 길
幹父之蠱니 有子考면 无咎하리니 厲終吉하리라.

비정상적인 부귀가 가진 가장 큰 위험은 중독성이다. 돈과 권력의 맛을 흔히 마약에 비유하거니와 이를 가장 극명하게 보여 주는 것이 이 고괘(蠱卦)의 사례이다.

간부지고(幹父之蠱)는 아버지의 곡식벌레를 바로잡는다는 뜻이다. 아버지의 타락한 부귀와 이에 기생하는 더부살이들을 물리친다는 의미이다. 유자고(有子考)는 아들이 깊이 헤아린다는 뜻이니, 다행히 이 아버지에게 아들이 있으면 그가 아버지의 타락한 부귀와 그 병폐를 깊이 조사해 고친다는 말이다. 고(考)자는 곰곰이 생각해 보고 조사하여 견주어 보고 분명하게 밝힌다는 뜻을 나타내는 글자이다. 이렇게 하면 당연히 탓할 일이 없다(无咎)는 것이다.

여종길(厲終吉)은 괴롭지만 끝내는 길하다는 뜻이다. 아들이 아버지의 곡식벌레를 잡는 과정은 순탄하지만은 않다. 그래서 괴롭다고 말하는 것이다. 그래도 아들이 바로잡으려는 의지를 가지고 있으므로 끝내는 괜찮을 것이라고 덧붙이는 것이다.

간 모 지 고　　불 가 정
幹母之蠱니 不可貞이니라.

간모지고(幹母之蠱)는 어머니의 곡식벌레를 바로잡는다는 뜻이다. 어머니의 간사한 부귀와 여기에 빌붙는 더부살이들을 물리친다는 의미이다. 불

幹 간 바로잡다/ 담당하다, 맡다/ 종사하다/ 줄기/ 몸, 중요한 부분/ 근본　　**考 고** 상고하다/ 고찰하다/ 자세히 살펴보다　　**厲 려** 괴롭다/ 숫돌, 갈다/ 사납다/ 위태롭다

蠱는 元亨하고 利涉大川이나 先甲三日이요
後甲三日이라.

비정상적인 부귀는 원(元)의 시절에 만들어지고 형(亨)의 시절에 부풀어
오른다. 그리고 큰물을 건너는 모험을 통해 이루어진다. 하지만 이는
자신에게는 물론 다른 사람들에게도 신랄하고, 화(禍)를 낳는다.

幹父之蠱니 有子考면 无咎하리니 厲終吉하리라.

아버지의 곡식벌레를 바로잡으니 아들이 깊이 헤아리면 허물할 일이 없다.
괴롭지만 끝내는 길하다.

幹母之蠱니 不可貞이니라.

어머니의 곡식벌레를 바로잡으니 곧게 할 수 없다.

幹父之蠱니 小有悔나 无大咎리라.

다시 한번 아버지의 곡식벌레를 바로잡으니 조금은 후회할 일이 남지만 크게
허물할 일은 없다.

裕父之蠱하여 往하면 見吝하리라.

아버지의 곡식벌레를 용납하여 계속 유지해 나가면 부끄러움을 당한다.

幹父之蠱니 用譽니라.

아버지의 곡식벌레를 바로잡으니 명예를 얻는다.

不事王侯하여 高尚其事하니라.

군왕과 제후왕을 섬기지 않고 그 자신의 정치적 신념을 높여 숭상한다.

가정(不可貞)은 곧게 할 수 없다는 뜻이니, 지나치게 곧게 바로잡으려 해서는 안된다는 말이다. 어머니의 부패는 자발적인 것이 아니라 아버지의 부패에서 유래한 것일 가능성이 높다. 그렇기 때문에 이 구절은 어머니의 부패를 강하게 바로잡으려 하였다가는 오히려 모자(母子) 관계를 위협할 수 있다는 우려를 나타낸 것이라고 할 수 있다.

^{간 부 지 고} ^{소 유 회} ^{무 대 구}
幹父之蠱니 小有悔나 无大咎리라.

비정상적인 부귀의 유혹은 끊어버리기가 쉽지 않다. 앞서 아버지의 곡식벌레를 바로잡았지만 여전히 아버지의 곡식벌레는 창궐한다. 과연 단숨에 아버지의 타락과 그 더부살이들의 병폐를 없앨 수가 없었던 것이다.

어쩔 수 없이 다시 한번 간부지고(幹父之蠱)의 일을 진행해 부귀의 비정상성을 고친다. 그런데 이처럼 거듭되는 부패 척결은 또한 부자 관계에도 악영향을 미친다. 아버지와 그 더부살이들에게도 원망과 회한이 남고 아들에게도 안타까움과 죄책감이 남는다. 그래서 소유회(小有悔)라고 말하니 조금은 후회스러움이 있다는 뜻이다. 그렇지만 후회스럽더라도 큰 허물은 없는 일이니(无大咎) 이러한 부패 척결은 계속 밀고 나가야 할 일이다.

^{유 부 지 고} ^왕 ^{견 린}
裕父之蠱하여 往하면 見吝하리라.

아버지의 비정상적인 부귀는 단번에 과감하게 바로잡아야 한다. 이 비정상적인 부귀는 이미 오랫동안 온갖 의혹과 병폐의 터전이 되어 왔다. 바로잡

悔 회 뉘우침, 뉘우치다/ 후회, 후회하다/ 잘못   **裕 유** 너그럽다, 관대하다/ 넉넉하다, 넉넉하게 하다/ 받아들이다, 용납하다/ 여유

을 수 있는 기회를 놓치면 이후 심각한 괴란(壞亂)을 당하고 만다.

유부지고(裕父之蠱)는 아버지의 곡식벌레를 용납한다는 뜻이다. 아버지와 그 더부살이들의 탐욕과 악행을 단호하게 처리하지 못하고 어물어물 머뭇거리며 결단을 내리지 못한다는 의미이다. 유(裕)자는 넉넉하다, 너그럽게 받아들이다, 관대하다 등의 뜻을 가지고 있는 글자이다. 이렇게 하면 당연히 상황은 점점 더 어려워지고 결국은 감당할 수 없는 지경에 이른다. 왕,견린(往,見吝)은 계속하면 부끄러워진다는 뜻이니, 아버지의 비정상적 부귀에 대한 너그러운 태도를 계속 유지해 나가면 치욕을 당할 것이라는 말이다.

幹父之蠱니 用譽니라.

비정상적인 부귀의 독기(毒氣)는 정말 강력하면서도 끈질기다. 이것은 끊임없이 변종을 낳으면서 사람들을 괴롭히는 역병과도 같다. 그러므로 이 일을 성공적으로 마무리할 수 있다면 이보다 더 명예로운 일은 없다. 간부지고(幹父之蠱)는 또한 아버지의 곡식벌레를 바로잡는다는 뜻인데, 여기서는 이 부패 척결에 성공한다는 의미까지 담고 있다. 이는 어떤 찬양의 말로도 부족한 일이므로, 명예를 얻는다(用譽)고 말한다.

不事王侯하여 高尙其事하니라.

〈주역〉에서 아버지와 아들은 종종 군왕과 신하에 대한 비유로 쓰인다. 여기서도 마찬가지이다. 곡식벌레를 잡는 일은 한 집안의 일이기도 하지만 한 나라의 일이기도 하다. 간부지고(幹父之蠱)는 곧 군왕의 비정상적인 권력과

譽 예 명예/ 기리다, 칭찬하다/ 가상히 여기다

간신배들의 병폐를 군자인 신하가 바로잡는다는 의미를 담고 있는 것이다. 그렇지만 군왕의 비정상적인 권력은 끝내 바로잡을 수 없는 경우도 있다. 이때 자신의 정치적 소신을 펼칠 수 없었던 군자는 어떻게 해야 하는가?

이 구절은 군왕의 비정상성을 바로잡을 수 없었던 신하가 정치권을 떠나 은둔하는 장면을 보여준다. 불사왕후(不事王侯)는 군왕과 제후왕을 섬기지 않는다는 뜻이다. 곧 군자가 정치인이나 공직자로서의 직무와 직위를 떠나 은둔한다는 의미이다. 고상기사(高尙其事)는 그 자신의 일을 높여 숭상한다는 뜻이니, 이렇게 은둔한 군자가 자신의 정치적 신념을 지키고 좀더 높고 가치 있는 일을 추구한다는 말이다.

선악(善惡)이 뒤섞인 부귀가 더욱 해로울 수 있다

돈과 권력에는 여러 가지가 있다. 목숨을 살리는 돈과 권력이 있고 목숨을 죽이는 돈과 권력이 있으며, 지극히 개인적인 돈과 권력도 있고 지극히 사회적인 돈과 권력도 있으며, 깨끗한 돈과 권력도 있고 더러운 돈과 권력도 있다. 하지만 돈과 권력은 변함없는 일관성을 가지고 한 자리를 지키고 있는 것이 아니다. 돈과 권력은 때와 상황에 따라 다양하고 복잡하게 변화하는 것이다. 목숨을 살리면서 동시에 목숨을 죽이기도 하는 돈과 권력도 있고, 개인적인 것도 아니고 사회적인 것도 아닌 돈과 권력도 있고, 깨끗함과 더러움이 뒤죽박죽 섞여 있는 돈과 권력도 있다.

고(蠱)자에는 곡식 통 덮개에 달라붙은 곡식벌레라는 뜻 외에 독(毒), 독기(毒氣)라는 뜻도 있다. 고(蠱)는 곧 독처럼 해로운 돈과 권력이다. 하지만 반드시 더럽다고만 할 수는 없고 반드시 법적으로 처벌할 만큼 불법적인 악도 아니다. 긍정과 부정, 합법과 불법, 선과 악, 병폐와 치유, 곡식과 곡식벌레가 도저히 경계를 알 수 없을 정도로 뒤섞여 있다. 쓸 수도 없고 쓰지 않을 수도 없으며, 버릴 수도 없고 버리지 않을 수도 없다. 비정상적일 정도로 괴이하고 비정상적으로 뒤죽박죽 뒤섞여 있다.

이 고괘의 비정상적인 부귀는 사리사욕을 바탕으로 하는 것이다. 그리고 타고난 기질을 바탕으로 용기 있는 도전과 위험천만한 고난의 과정을 거쳐 획득하는 것이다. 지금과 같은 자본주의적 관점에서 본다면, 이 부귀 성취의 과정에는 오히려 권장해야 할 측면이 없지 않다. 그렇지만 이 부귀는 이웃의 아픔을 들여다볼 줄 모르고, 이웃과 함께 나눌 줄도 모른다. 부자와 권력자에게 빌붙는 더부살이들의 탐욕만이 꿈틀거린다. 물론 이것조차 불법적이고 해로운 것이라고까지는 할 수 없다.

이런 점에서 이 부귀를 길하다거나 흉하다는, 선하다거나 악하다는 이분법으로 구분하기는 힘들다. 하지만 이 괴이함과 모호함과 교묘함이 더 문제다. 구분할 수 없기 때문에 더 해롭고 치명적이다. 괴란의 이유가 된다.

앞에서 부자들의 사회적 책임에 대해 언급한 바가 있다. 이 고괘의 이야기 또한 그 연장선에서 이해하면 반드시 깨우치는 바가 있을 것이다.

19. 임臨괘 ; 마음을 움직이는 다스림의 도
아랫사람에게 다가감, 다스리는 자, 리더십

임 원 형 이 정 지 우 팔 월 유 흉
臨은 元亨利貞이니 至于八月하면 有凶하리라.

임(臨)이란 다스림을 뜻한다. 임(臨)자는 원래 허리를 굽혀 술 잔 세 개를 내려다보는 관원(官員)의 모습을 나타낸 것이다. 곧 어떤 일이나 사태와 맞닥뜨리는 일을 말한다. 여기서는 윗사람이 아랫사람을 너그럽게 감싸 안아 받아들이거나, 군왕이 몸을 숙여 백성에게 다가감을 의미한다. 곧 친림(親臨)이요, 군림(君臨)이라 할 수 있는 것이다.

이러한 다스림의 덕은 원형이정(元亨利貞)의 시절 언제나 존재한다. 그래서 임,원형이정(臨,元亨利貞)이라고 말하는 것이다. 사람은 평생 이 다스림의 골짜기에서 벗어날 수 없다. 인간 사회에는 언제나, 항상, 반드시, 이 다스림의 관계가 존재한다. 그러므로 친림이나 군림 자체가 길하다거나 흉하다

臨 림 임하다(어떤 사태나 일에 직면하다)/ 다스리다, 통치하다/ 비추어 밝히다

고 할 수는 없다. 문제가 되는 것은 다스리거나 다스림을 당하거나 하는 사실이 아니라, 이 다스림의 행동이 벌어지는 시기나 형태이다.

지우팔월(至于八月)은 팔월에 이르렀다는 뜻이고 유흉(有凶)은 흉함이 있다는 뜻이다. 그렇다면 왜 팔월이 되면 흉하다는 것인가? 여기서 팔월은 자축인묘(子丑寅卯) 진사오미신유술해(辰巳午未申酉戌亥)의 십이지지(十二地支)에서 유(酉)에 해당한다. 유(酉)는 오행으로는 금(金)이고 금(金)은 무력과 폭력성을 상징한다. 팔월은 곧 무력과 폭력성이 최고점에 이르는 시기인 것이다. 그러므로 팔월에 이르렀다는 말은 무력이 가장 왕성한 팔월에 그 폭력성을 가지고 다스리는 것, 다시 말해 강압적인 철권통치가 이루어진다는 사실을 말하는 것이다. 이러한 통치는 모든 다스림의 형태 가운데서도 가장 먼저 배제되어야 한다. 그래서 흉하다(凶)고 하는 것이다.

咸^{함 림}臨이니 貞^{정 길}吉하니라.

함림(咸臨)은 감동시켜 다스린다는 뜻이다. 함(咸)자는 창을 들고 다 같이 함성을 외치는 모습을 표현하는 글자이다. 여기서는 장수가 병사들을 감동시켜 따르게 하는 것처럼 윗사람이 아랫사람을 감동시켜 따르게 하는 것을 의미한다. 감동시켜 따르게 하므로 다스리는 자의 마음이 다스림을 받는 자의 마음과 완전히 하나가 된다. 그런데 감동이란 것이 모든 사람에게 일률적인 것일 수 없기 때문에 윗사람은 이럴 때일수록 더욱 정도를 지켜 모든 아랫사람을 공평하게 대해야 한다. 그래서 정길(貞吉)이라고 말하는 것이니, 올바름을 지켜야 길하다는 뜻이다.

咸 함 다(남거나 빠진 것이 없이 모두)/ 두루 미치다/ 감동시키다/ 소금기/ 짜다

^{함 림} ^{길 무 불 리}
咸臨이니 吉无不利하나라.

임괘(臨卦)에서 말하는 다스림은 다만 국가 정치와 공공 영역에서의 다스림만을 말하는 것은 아니다. 다스림이 있는 모든 시간, 모든 장소에 해당하는 것이다. 기업, 사회 단체, 가정 등의 모든 조직에 해당하는 것이다.

그러므로 때로는 이 다스림을 따르지 않는 아랫사람이 있을 수 있다. 이럴 때는 거듭 함림(咸臨)의 덕을 사용하여 다스려야 한다. 하지만 여기서의 함림은 엄격한 위엄으로 아랫사람을 이끌 수 있다는 의미를 은연중에 내포하고 있다. 이는 군왕이 명령을 내리고 장수가 군령(軍令)을 내리는 것과 같다. 길무불리(吉无不利)는 길하고 이롭지 않을 것이 없다는 뜻이니, 엄격한 위엄을 가지고 다스려야 괜찮다는 말이다.

^{감 림} ^{무 유 리} ^{기 우 지} ^{무 구}
甘臨이니 无攸利하나라. 既憂之면 无咎리라.

감림(甘臨)은 달달하게 다스린다는 뜻이니, 말 그대로 감언이설(甘言利說)을 통한 다스림, 사탕발림의 정치를 말한다. 이는 달콤한 유혹으로 지금 당장의 어려움에서만 벗어나려는 얄팍한 술수이다. 이러한 다스림이 괜찮을 까닭이 없다. 그래서 무불리(无攸利)라 말하는 것이니, 이로울 일이 없다는 뜻이다. 기우지(既憂之)는 그러는 동안에 그 일을 근심한다는 뜻이다. 곧 감언이설을 늘어놓으면서도 이후에 닥쳐올 일을 걱정한다는 말이다. 앞서의 강압적 철권통치에 비해서는 그나마 다행한 일이니, 탓할 것은 없다(无咎)고 말한다.

甘 감 달다, 달게 여기다/ 맛이 있다/ 상쾌하다　　**既 기** 그러는 동안에, 이윽고/ 이미, 벌써/ 원래/ 다하다
憂 우 근심, 걱정/ 병, 고통/ 근심하다(속을 태우거나 우울해하다), 걱정하다

臨은 元亨利貞이니 至于八月하면 有凶하리라.

다스림의 덕은 원형이정(元亨利貞)의 시절 언제나 존재한다. 팔월에 이르러 무력(武力)에 의한 다스림이 행해지면 흉하다.

咸臨이니 貞吉하니라.

감동시켜 다스리니 올바름을 지켜야 길하다.

咸臨이니 吉无不利하니라.

감동시켜 다스리니 길하고 이롭지 않은 것이 없다.

甘臨이니 无攸利하니라. 旣憂之면 无咎리라.

감언이설(甘言利說) 따위로 달달하게 다스리니 이로울 것이 없다. 그러는 동안에 이후 닥쳐올 일을 근심한다면 탓할 것은 없다.

至臨이니 无咎하니라.

지극하게 정성을 다하여 다스리니 실패할 일이 없다.

知臨이니 大君之宜니 吉하니라.

지적 자산을 바탕으로 다스리니, 이는 군왕이 마땅히 해야 할 일이며 이렇게 해야 길하다.

敦臨이니 吉无咎하니라.

돈독하게 다스리니 길하고 허물할 일이 없다.

至臨이니 无咎하니라.

^{지 림}   ^{무 구}

지림(至臨)은 지극하게 다스린다는 뜻이다. 곧 절실하게 아랫사람과 친밀해지고자 하여 정성을 다하여 다스리는 것을 말한다. 아무리 곤란한 상황에 처하더라도 윗사람은 이를 회피하지 말고 최선을 다해야 한다는 이야기이다. 그래야 실패할 일이 없다(无咎). 이 지극한 다스림은 다스리는 자에게 권유하는 장려 사항이 아니라, 다스리는 자의 필수 요건이라 할 수 있다.

^{지 림}   ^{대 군 지 의}   ^길

知臨이니 大君之宜니 吉하니라.

지림(知臨)은 지적으로 다스린다는 뜻이고, 대군지의(大君之宜)는 군왕이 마땅히 해야 한다는 뜻이다. 이는 시대에 따라 발전하는 지적 자산을 군왕을 비롯한 윗사람이 적극적으로 활용해야 한다는 말이다. 당연히 군왕은 발전하는 지적 자산을 다 알 수가 없다. 그러므로 여기서 중요한 것은 실제적인 지식과 기술을 갖춘 전문가를 관리자로 등용하는 일이다.

이 구절은 앞에서는 군왕이나 윗사람의 지식을 말하지만, 실제로는 다스림의 도와 함께 실무 능력을 갖춘 관리자들의 역할을 강조하는 것이다. 정치, 문화, 교육, 외교 등의 분야는 물론이려니와 식량, 과학, 기술, 의료, 군사 등의 분야에서 정책에 대한 전문성을 가지고 이를 일관되게 실행할 수 있는 전문가는 매우 중요하다. 물론 이 전문가는 아랫사람을 감동시켜 다스릴 수 있고 절실한 마음으로 정성을 다하는 사람이어야 한다.

至 지 지극하다/ 이르다(어떤 장소나 시간에 닿다), 도달하다   宜 의 마땅하다/ 마땅히 ～해야 한다/ 알맞다/ 아름답다/ 마땅히

敦 림 　 길 무 구
敦臨이니 吉无咎하니라.

　돈림(敦臨)은 돈독하게 다스린다는 뜻이다. 다스리는 자는 높은 곳에서 내려와 낮은 곳의 아랫사람에게 다가가되, 인자한 마음과 높은 덕으로 다스려야 한다는 말이다. 길무구(吉无咎)는 길하고 허물할 일도 없다는 것이니, 돈독하게 다스리는 일의 결과가 이와 같다는 것이다. 포용력과 사랑에 의한 친림(親臨)이야말로 가장 아름다운 다스림일 것이다.

누구에게나, 누군가를 다스려야 할 때가 있다

　사람이 모여 살기 시작한 이래, 다스림이라는 사건이 없었던 적은 없다. 아무리 작은 집단이라도 반드시 리더가 있고 따르는 사람이 있기 마련이다. 사회의 가장 작은 단위인 가정에는 가장이 있고, 마을에는 이장이 있고, 나라에는 대통령이 있다. 크든 작든, 모든 집단에는 반드시 다스리는 자와 다스림을 받는 자가 있는 것이다. 어찌 보면 우리의 모든 행위 역시 다스리는 행위가 아니면 다스림을 받은 행위에 속한다. 어떤 경우에는 다스리고 어떤 경우에는 다스림을 받는다.

　임(臨)은 이처럼 다스림의 행위 중에서도 특히 누군가를 다스리는 것을 일컫는다. 옛날 말로는 군림(君臨)이나 친림(親臨), 지금의 말로는 통치나 정치와도 같은 의미를 가진 말이 임(臨)일 것이다. 이 다스림은 일방적인 통치만을 말하는 것은

敦 돈 도탑다(서로의 관계에 사랑이나 인정이 많고 깊다)/ 돈독하다/ 힘쓰다

아니다. 이 다스림은 자신보다 아랫사람에게 다가가 무언가를 베풀어 주고 알려주는 일을 포함한다. 넓은 의미의 지도와 훈육, 지시와 방향 제시 등을 모두 포괄하는 일이 임(臨) 속에 들어 있는 다스림의 의미이다. 지금이라면 통치자가 아니라 리더, 다스림이 아니라 다가감이나 인도(引導)라고 하는 것이 더 적당할 수도 있다.

임괘(臨卦)는 이렇게 누군가를 다스리는 자의 원칙을 말하고 있다. 어떤 자세로 어떻게 다스려야 올바른 다스림인지를 설명하고 있는 것이다. 지금이라면 또한 리더십의 본질을 밝힌 것이라고 할 수 있다. 어떤 일을 하든지 리더십이 필요하다는 것은 상식이다. 최근에 리더십에 관련된 안내서나 교육 프로그램이 부지기수로 나오고 있다는 점이 이에 대한 증거이다.

임괘(臨卦)는 이런 다스림의 원칙을 네 가지로 정리하여 알려준다. 함림(咸臨), 지림(至臨), 지림(知臨), 돈림(敦臨)이 그것이다. 함림(咸臨)은 아랫사람을 감동시켜 다스리는 것이고, 지림(至臨)은 절실한 마음으로 정성을 다하여 다스리는 것이고, 지림(知臨)은 지적 자산을 적극적으로 활용하여 다스리는 것이고, 돈림(敦臨)은 인자한 마음으로 돈독하게 다스리는 것이다. 임괘는 바로 이 네 가지 원칙을 따라야 제대로 다스릴 수 있다고 말한다. 자신이 리더라면, 이 원칙에 비추어 자신에게 부족한 것이 무엇인지 생각해 보아야 할 것이다.

'말을 듣지 않는 부하를 다스리는 101가지 방법' 따위와 같은 실용적이고 구체적인 정보가 아닐지는 모르겠다. 하지만 모든 리더십의 원칙이 이 네 가지 원칙 속에 내포되어 있음을 알고 이 깊은 의미를 되새긴다면, 틀림없이 좀더 특별한 가르침을 얻을 수 있을 것이다.

20. 관觀괘 ; 깊고 넓은 관찰의 지혜

조심스러운 관찰, 나라의 풍속을 통찰하는 관광, 성찰, 관조

^관觀은 ^{관 이 불 천}盥而不薦이면 ^{유 부 옹 약}有孚顒若하리라.

관(觀)은 본다는 것이다. 하지만 단순히 보이는 대로 보는 것이 아니라 사물을 깊이 들여다보며 관찰(觀察)한다는 의미를 가지고 있다. 보이지 않는 현상의 이면을 보고 사태의 본질을 깨닫는 것이다. 참고로 관(觀)자는 큰 눈을 가진 황새가 보는 모습을 표현한 글자로, 황새처럼 높은 나무 위에 올라가 좀더 넓고 좀더 멀리 본다는 의미를 나타낸다. 이 점 단순히 보이는 대로 보는 일을 의미하는 글자인 견(見)자와는 구별된다.

관이불천(盥而不薦)의 관(盥)은 몸을 씻는다는 뜻이고, 불천(不薦)은 움직이지 않는다는 뜻이다. 곧 제사를 올리는 것처럼 목욕재계를 하고서는 제

觀 관 보다/ 보이게 하다/ 관찰하다/ 황새, 황새처럼 멀리 본다 **盥 관** 대야/ 깨끗하다/ 씻다, 양치질하다 **薦 천** 드리다, 올리다/ 늘어놓다/ 천거하다 **顒 옹** 엄숙하다/ 우러르다/ 공경하다/ 온화한 모양, 공경하는 모양 **若 약** 같다/ 사물의 모습을 형용하는 말(마치 ~하는 듯하다)

사를 올리지 않고 부동(不動)의 자세를 취한다는 의미이다. 유부옹약(有孚顒若)의 유부(有孚)는 믿는다는 뜻이고, 옹약(顒若)은 공경하는 것처럼 한다는 뜻이다. 마음으로는 자기 자신에 대한 신뢰를 가지고 몸가짐은 조심스럽게 하여 정성을 기울이는 모습을 보여준다는 말이다.

이 구절은 깊고 넓은 통찰력을 바탕으로 사물을 관찰하는 이의 자세를 묘사한 것이다. 여기서의 관찰은 흔히 군왕이나 군자가 백성의 생활과 풍속을 살피는 것으로 풀이한다. 그리고 백성이 군왕이나 군자의 믿음과 정성을 흠모하여 바라보는 것이라고 풀이한다. 이 관찰은 또한 군왕이나 군자가 자기 자신을 들여다보는 것일 수도 있고 백성들이 어떤 신적인 존재를 우러러보는 것일 수도 있다.

童觀이니 小人无咎요 君子吝이니라.

동관(童觀)은 어린아이처럼 본다는 말이다. 철없는 어린아이처럼 세상을 단순하게만 바라본다는 것이다. 어린아이가 이처럼 세상을 바라보는 것은 탓할 일이 아니다. 평범한 사람들 또한 이 어린아이처럼 단순하게 사물을 보아도 큰 문제가 되지 않는다. 그래서 소인무구(小人无咎)라고 하니, 어린아이처럼 보아도 탓할 것이 없다는 뜻이다.

그렇지만 군자의 경우는 다르다. 군자린(君子吝)은 군자는 옹색해진다는 뜻이니, 복잡한 세상을 경영해야 할 군자가 어린아이처럼 단순하게 세상을 본다면 큰일이라는 것이다.

咎 구 허물. 허물하다. 탓하다/ 잘못. 꾸짖다. 비난하다/ 재앙/ 미움. 미워하다 吝 린 궁색하다/ 인색하다/ 옹색하다/ 아끼다/ 부끄럽다

<ruby>闚<rt>규</rt></ruby><ruby>觀<rt>관</rt></ruby>이니 <ruby>利<rt>이</rt></ruby><ruby>女<rt>여</rt></ruby><ruby>貞<rt>정</rt></ruby>하니라.

여기서 〈주역〉의 성격과 관련하여 한 가지 언급하고 넘어갈 것이 있다. 기본적으로 〈주역〉이 상정하는 독자는 군자, 군왕, 유학자, 관원(공직자), 부자, 재산가 등의 실력자들이다. 자연스럽게 중요한 등장인물 또한 이들인 경우가 대부분이다. 권장할 만한 이상적 인간형으로 제시되는 인물도 이들이다. 이런 점에서 〈주역〉은 위대한 통치, 남다른 축부(蓄富), 학문적 성취 등을 이들에게 촉구하고 그 비결을 제시하는 일종의 성공 지침서라 할 만하다.

그런데 〈주역〉의 이런 성격은 어린아이, 여성, 평범한 백성 등의 사회적 지위나 권리를 배제하는 결과를 낳고 만다. 〈주역〉에도 때로는 어린아이, 여자, 평범한 백성들도 등장한다. 하지만 이들이 이상적 인간형으로 제시되는 경우는 거의 없다. 이들은 독자로조차 여겨지지 않는다. 지금의 관점으로 보면 남성 실력자 중심적인 〈주역〉의 이러한 측면은 불편하게 느껴질 수도 있을 것이다. 그렇지만 어린아이는 말할 것도 없고 평범한 백성들이 아예 글조차 읽을 줄 몰랐던 〈주역〉 시대의 상황을 어느 정도는 감안할 필요가 있다.

규관(闚觀)은 문틈으로 엿본다는 뜻이고, 이여정(利女貞)은 여자들이 올바름을 지켜야 이롭다는 뜻이다. 이 구절은 여자들의 경우 조심스레 상황을 살피기 위해 몰래 엿보는 일이 있을 수 있고 이렇게 엿보아도 무방하다는 의미를 담고 있다. 하지만 이처럼 엿보아서는 상황을 분명하게 관찰할 수도 없고 모든 것이 어렴풋하기만 하다. 그러므로 이처럼 몰래 엿볼 때에는 더욱 올바름을 지켜야 한다고 말하는 것이다.

闚 규 엿보다/ 잠깐 보다/ 훔쳐 보다

물론 이처럼 몰래 엿보는 일은 군자에게는 있을 수 없는 일이다. 군자는 높은 나무 위에 올라선 학처럼, 깊고 넓게, 당당하게 상황을 살필 수 있어야 한다.

觀我生하여 進退하니라.
_{관 아 생} _{진 퇴}

관아생(觀我生)은 '나' 자신이 살아온 길을 깊이 들여다본다는 뜻이고, 진퇴(進退)는 나아가고 물러난다는 뜻이다. 꼭 자신의 살아온 과거와 현재, 자신의 한계와 능력을 확실히 살핀 후 이를 바탕으로 미래를 예측하여 나아가고 물러날 바를 결정한다는 의미이다. "나는 누구인가"라는 질문을 통해 자신을 반성하고, 자신을 객관화시켜 이해한 다음 움직이라는 것이다.

觀國之光이니 利用賓于王하니라.
_{관 국 지 광} _{이 용 빈 우 왕}

관국지광(觀國之光)은 나라의 영광을 본다는 뜻이고, 이용빈우왕(利用賓于王)은 군왕에게서 빈객의 예우를 받는다는 뜻이다. 세상의 흐름과 국가 경영의 도를 알고서 국운을 번영케 할 경륜과 능력을 갖추었다면 왕으로부터 큰 대접을 받는 것은 당연한 일이다. 빈(賓)자는 손님, 손님으로 대접하다는 뜻을 가진 글자이지만, 군자가 군왕을 위해 벼슬을 맡아 일할 경우에도 종종 쓰였던 글자이다. 그러므로 이 구절은 뛰어난 통찰력을 갖추고 있는 군자라면 관직을 맡아 자신의 뜻을 펼칠 수 있다는 의미도 내포하고 있다.

물론 여기서도 관국지광의 범위를 좀더 좁은 범위로 국한시켜 보아도 괜찮다. 가정에서든 기업에서든 어떤 사태가 벌어졌을 때 이 사태의 본질을 꿰

我 아 나/ 우리　**進 진** 나아가다/ 오르다　**退 퇴** 물러나다/ 물리치다/ 쇠하다/ 겸양하다　**賓 빈** 손, 손님/ 손님을 대접하다/ 복종하다, 따르다

觀은 盥而不薦이면 有孚顒若하리라.

관찰함은, 제사를 올릴 때처럼 목욕재계를 하고서는 사물을 자세히 살핀다는 것이다. 이렇게 하면 자신에 대한 믿음을 가지고 남을 공경하는 것처럼 할 것이다.

童觀이니 小人无咎요 君子吝이니라.

어린아이처럼 보니, 소인은 탓할 일이 없으나 군자는 옹색해진다.

闚觀이니 利女貞하니라.

문틈으로 엿보니, 여자들은 문틈으로 엿보아도 무방하지만 올바름을 지켜야 이롭다.

觀我生하여 進退하니라.

나 자신이 살아온 길을 깊이 들여다보고 나아가고 물러난다.

觀國之光이니 利用賓于王하니라.

나라의 풍속과 경제와 지리를 관찰하니 군왕에게서 빈객의 예우를 받는다.

觀我生하되 君子면 无咎리라.

나 자신이 살아온 길을 깊이 들여다보되, 군자답다면 탓할 일이 없다.

觀其生하되 君子면 无咎리라.

다른 사람의 삶을 깊이 들여다보되, 군자답다면 탓할 일이 없다.

뚫어보고 향후 추이를 알아보는 능력이 있다면 최고의 대접을 받을 수 있다.

우리가 흔히 쓰는 관광(觀光)이라는 단어는, 이 구절에서 유래했다. 그러므로 관광이란 그저 유흥을 즐기거나 휴식을 취하는 일과는 다른 일이다. 곧 나라의 문화적 풍속과 경제적 상황과 지리적 환경 등을 살펴 정치인, 또는 지식인으로서의 지혜를 쌓고 국가의 미래를 가늠해 보는 일이 관광이라는 말이다.

觀我生하되 君子면 无咎리라.
관 아 생   군 자   무 구

세상에는 신기한 능력을 가진 사람들이 많다. 관상을 보는 사람, 미래를 보는 사람, 사람의 마음을 읽는 사람…. 하지만 이들도 정작 자신의 마음과 자신의 미래에 대해서는 알지 못한다. 세상의 모든 관찰이 사실은, 자기 자신에게서 시작된다는 것을 모르기 때문이다.

관아생(觀我生)은 또한 자신이 살아온 길을 깊이 들여다본다는 뜻이고, 군자,무구(君子,无咎)는 군자답다면 탓할 일이 없다는 뜻이다. 앞에서의 관아생(觀我生)은 자신의 거취를 결정할 때의 판단 기준이라는 의미를 가진 것이다. 여기서는 이러한 거취를 결정해야 할 때가 아니더라도 언제나 자신의 과거와 현재를 살펴 자신을 성찰해야 한다는 의미를 나타낸다. 군자(君子)라는 단어는 형용사적인 의미를 나타내는 것으로 '군자답다면'으로 풀이할 수 있다. 이 구절의 의미는 곧 자신의 살아온 과거와 현재의 이력을 성찰해 볼 때 그것이 군자답다면 괜찮다는 것이다.

无 무 없다/ 아니다   咎 구 허물, 허물하다, 탓하다/ 잘못, 꾸짖다, 비난하다

<ruby>觀<rt>관</rt></ruby> <ruby>其<rt>기</rt></ruby> <ruby>生<rt>생</rt></ruby>하되 <ruby>君<rt>군</rt></ruby><ruby>子<rt>자</rt></ruby>면 <ruby>无<rt>무</rt></ruby><ruby>咎<rt>구</rt></ruby>리라.

관아생(觀我生)이 자신의 삶을 들여다보는 것이라면, 관기생(觀其生)은 다른 사람의 삶을 들여다보는 것이다. 군자,무구(君子,无咎)는 또한 군자답다면 탓할 일이 없다는 뜻이니, 자세히 관찰해본 다른 사람의 삶이 성실하고 아름다운 군자의 그것이라면 그를 신뢰하고 따라도 좋다는 의미이다.

높은 나무 위의 황새는 멀리 본다

관(觀)이란 관찰한다는 말이다. 이 말은 눈으로 대상의 특성을 파악한다는 뜻도 가지고 있지만, 읽는다, 알아챈다, 헤아린다, 자세히 본다, 높은 곳에서 내려다본다, 멀리 본다 등의 뜻을 포함하고 있기도 하다. 자신을 돌이켜 보고 상대방을 이해하고 존중하며, 과거와 현재를 고찰하고, 미래를 예측하는 것, 이것이 관(觀)이다. 관(觀)은 관찰이면서 동시에, 심찰(審察)이고 성찰(省察)이며 통찰이라는 것이다.

이 관찰의 도를 깨달은 사람은 어떤 장애물도 없이 살아갈 수 있다. 학교에서 학위를 취득하지 않아도 지혜가 생기고, 이익을 탐하지 않아도 부족함이 없으며, 인간관계를 위해 애쓰지 않아도 진실한 사람들이 모여든다. 이보다 더 큰 삶의 철학이 어디 있겠는가? 이 관찰의 지혜를 가지고 있으면 또한 만물의 근원과 만사의 원리를 모두 알 수 있으니, 굳이 점을 치지 않아도 미래를 볼 수 있다. 그러므로 어떤 상황에서도 자신이 가야 할 길과 삶의 방향을 잃지 않는다. 그야말로 거칠 것이 없는 삶을 살 수 있다는 것이다. 욕심나지 않는가?

〈주역〉이 우리에게 들려주는 이야기가 바로 이와 같다. 미래에 대한 아리송한 길흉화복의 예언이 아니라, 어떤 상황에서도 가야 할 길을 잃지 않도록 해주며 어떤 어려움에 처하더라도 이를 타개하고 전진할 수 있도록 해주는 인생의 지혜를 전해 주는 것이다. 이 점을 잊어서는 안된다. 그래야 〈주역〉에서 정말로 미래를 위한 길을 찾을 수 있다.

점쟁이를 만나면 일시적으로 난관을 타개할 방책을 얻을 수는 있겠으나, 이는 말 그대로 임시방편일 뿐이다. 게다가 이렇게 해서 한번 위기를 넘기면 이후로는 문제가 생길 때마다 누군가의 도움을 받아야 한다. 그리고 그 방책이 실제 상황에 맞지 않을 때는 그나마 방책으로서의 효과도 발휘하지 못한다. 그렇다고 점쟁이가 책임을 지는 것도 아니다. 그렇다면 직접 〈주역〉을 읽는 것이 더 좋다. 〈주역〉을 읽으면 〈주역〉에서 시간과 공간을 초월하여 모든 상황에 들어맞는 해결의 방도를 찾을 수 있을 것이다.

그렇다면 사물을 어떻게 관찰해야 하는가? 관괘(觀卦)는 관이불천(盥而不薦)과 유부옹약(有孚顒若)의 자세를 말한다. 관이불천은 마음을 닦아 재물욕, 식욕, 색욕, 명예욕, 수면욕 등의 오욕(五慾)을 정리한 상태, 즉 고요하게 움직이지 않는 부동심(不動心)의 상태에 이르는 것이다. 유부옹약은 자기 자신에 대한 믿음을 가지고 정성을 기울이는 것이다. 곧 이러한 자세로 사물을 자세히 관찰하면 사물의 원리가 확연히 보일 것이라는 말이다.

그러나 관찰의 방법론에서 경계해야 할 일도 있다. 어린아이처럼 보는 것과 몰래 엿보는 것이 그것이다. 어린아이처럼 보는 것은 사심 없이 단순하게 본다는 점에서는 큰 문제될 것이 없다. 하지만 복잡한 세상을 살펴야 할 군자에게는 너무 순진무구한 관찰의 태도이다. 몰래 엿보는 일 또한 당당하게 관찰해야 할 군자의 태도는 아니다.

관괘는 또한 관찰해 보아야 할 대상으로 세 가지를 꼽는다. 관아생(觀我生), 관기생(觀其生), 관국지광(觀國之光)이 그것이다. 관아생(觀我生)은 자기 자신이 살아온 길을 돌이켜 본다는 것이니, 가장 먼저 살펴보아야 할 대상은 자기 자신이라는 말이다. 자신이 군자다운 삶을 살았는지 살펴보고 이를 기준으로 거취를 결정해야 한다. 관기생(觀其生)은 다른 사람의 삶을 살펴본다는 것이니, 다른 사람이 아름다운 군자인지를 살펴보고 그에게서 배우라는 의미이다. 관국지광(觀國之光)은 나라의 풍속, 경제, 지리 등을 살펴 국운의 향방을 통찰하라는 의미이다.

관괘는 이처럼 자신을 알고 상대방을 알고 상황을 아는 세 가지의 관찰을 통해, 어떠한 상황에 처하더라도 나아갈 바를 찾고 취해야 할 행동을 결정할 수 있다는 가르침을 준다.

21. 서합噬嗑괘 ; 강력한 법 집행의 도

범죄자를 처벌하는 일, 형관(刑官), 경찰, 판검사

噬嗑은 亨하니 利用獄하니라.

서합(噬嗑)의 서(噬)는 아랫니와 윗니로 음식을 씹는다는 뜻이고, 합(嗑)은 음식을 씹으면서 입을 꼭 다물고 있다는 뜻이다. 딱딱하거나 부피가 큰 음식을 흘리지 않고 잘 씹어 먹는다는 의미를 나타낸다. 이 서합괘에서는 경찰과 사법 업무를 담당하는 형관(刑官)의 활동을 가리킨다. 서합,형(噬嗑, 亨)의 형(亨)은 바르고 힘차다는 뜻이다. 형관의 활동은 분명한 기준에 의해 엄격하게 집행되어야 한다는 것이다.

형관의 활동을 음식을 씹어 먹는 일에 비유한 것은 그 행위의 유사성 때문일 것이다. 윗니와 아랫니가 서로 맞물릴 때는 강력하고, 음식을 남김 없이 잘게 씹어 부서뜨릴 때는 치밀하고, 씹기를 거듭할 때는 공평한 맛을 내는

噬 서 씹다, 먹다/ 깨물다/ 삼키다, 빼앗다 嗑 합 입을 다물다 獄 옥 옥, 감옥/ 판결/ 죄

서합(噬嗑)의 행위가, 범죄자를 체포하고 현장을 조사하고 시시비비를 가리는 경찰 및 사법 활동과 크게 다르지 않다는 것이다. 여기서 윗니는 양(陽)인 하늘의 기운을, 아랫니는 음(陰)인 땅의 세력을 상징하는 것으로 볼 수도 있는데, 이는 경찰 및 사법 활동 또한 조화를 이루어야 한다는 점을 나타낸다.

이용옥(利用獄)은 옥사(獄事)의 과정을 적용하는 것이 이롭다는 뜻이다. 아무리 중대한 범죄라 해도 명확한 법적 기준과 정당한 법적 절차에 따라 죄인을 다스려야 한다는 것이다. 그래야 반역, 살인, 도둑질, 원한, 배신 등 범죄의 전후 사정과 진위가 밝혀져 억울한 사람이 생기지 않는다. 또한 향후 또 다른 범죄까지 예방할 수 있다.

구 교 멸 지　　　무 구
履校滅趾니 无咎하니라.

교(校)는 나무로 만든 차꼬를 뜻하고, 지(趾)는 발뒤꿈치를 뜻한다. 구교멸지(履校滅趾)란 형벌을 내리는 방법을 말하는 것으로, 곧 죄인에게 나무 차꼬를 신게 하여 발뒤꿈치가 보이지 않도록 한다는 것을 의미한다. 죄인은 이렇게 해서 달아나지 못하도록 해야 허물이 없다는(无咎) 것이다. 이처럼 발에 나무 차꼬를 신도록 하는 것은 비교적 가벼운 형벌에 속한다.

서 부 멸 비　　　무 구
噬膚滅鼻니 无咎하니라.

서부(噬膚)는 살코기를 씹는다는 말이다. 여기서 살코기는 귀한 음식으로 재물을 상징하므로, 살코기를 씹는다는 것은 이런 재물과 관련된 사건을 조

履 구 신, 신다/ 짚신/ 가죽신　**校 교** 차꼬(죄수를 가두어 둘 때 쓰던 형구)/ 학교/ 장교/ 부대, 군영　**滅 멸** 멸하다/ 멸망하다/ 없어지다/ 빠뜨리다/ 숨기다/ 잠기다　**趾 지** 발　**膚 부** 살갗, 피부/ 제육(돼지고기), 저민 고기　**鼻 비** 코

사한다는 말이다. 그렇다면 고기는 어떻게 씹는 것인가? 천천히 오래 씹어서 코로 냄새를 맡을 수 없을 때까지 씹어야 한다. 그래서 멸비(滅鼻)라고 말하는 것이니, 코로 맡는 냄새를 없앤다는 뜻이다. 곧 오래도록 꼼꼼하게 사건을 조사해야 한다는 것이다. 재물과 관련된 사건은 여러 사람이 복잡하게 얽혀 있을 뿐만 아니라 합법과 불법, 이득과 손실의 경계가 분명하지 않은 경우가 많기 때문이다. 이렇게 해야 나중에라도 탓할 일이 없게(无咎) 사건을 마무리할 수 있다.

지금도 경제 관련 사건은 여간 까다로운 게 아니다. 범죄의 요건도 모호하고 상대방의 의도나 사건의 결과 등을 객관적으로 밝혀 범죄 사실을 입증하는 일도 쉽지 않기 때문이다. 관련된 사건 당사자가 수십 명, 수백 명에 이르는 경우도 적지 않고, 때로는 국민 경제 전체를 고려해야 할 때도 있다. 그러므로 살코기를 씹는 것처럼 천천히 자세하게 살펴야 한다고 말하는 것이다.

噬腊肉하다가 遇毒이니 小吝이나 无咎리라.
<small>서 석 육　　우 독　　소 린　　무 구</small>

석육(腊肉)은 오래된 살코기, 즉 썩은 냄새가 풀풀 나는 고기를 말한다. 진즉에 씹어 먹었어야 할 고기인데 아직까지 먹지 못한 것이다. 이 썩은 고기는 여기서는 오랜 기간 해결하지 못한, 해묵은 비리 사건을 가리킨다. 그러므로 서석육(噬腊肉)은 곧 이처럼 썩은 고기 같이 냄새가 나는, 해묵은 사건을 다시 파헤친다는 말이다.

썩은 고기는 당연히 해롭고 치명적인 독을 가지고 있다. 그래서 우독(遇

腊 석 포, 포육(얇게 저며서 양념을 하여 말린 고기)/ 햇볕에 쬐어 말리다　肉 육 고기　遇 우 만나다/ 우연히 만나다　毒 독 독, 해독/ 작은 분량으로 병을 고치다/ 죽이다

噬嗑은 亨하니 利用獄하니라.

딱딱한 음식을 씹는 일은 바르고 힘차다. 형관(刑官)이 법을 집행하는
옥사(獄事)도 이와 같이 하는 것이 이롭다.

屨校滅趾니 无咎하니라.

죄인에게 나무 차꼬를 신게 하여 발뒤꿈치가 보이지 않도록 한다. 허물할 일이
없다.

噬膚滅鼻니 无咎하니라.

코로 냄새를 맡을 수 없을 때까지 오래도록 살코기를 씹듯이 사건을
조사한다. 허무할 일이 없다.

噬腊肉하다가 遇毒이니 小吝이나 无咎리라.

썩을 고기를 씹는 것처럼 해묵은 사건을 조사하다가 독을 만난다. 조금은
궁색해질 것이나 허물할 일은 없다.

噬乾胏하여 得金矢나 利艱貞하니 吉하리라.

마른 밥찌꺼기를 씹는 것처럼 파렴치한 사건을 조사하여 쇠 화살촉을 얻는다.
상황이 어렵더라도 올바름을 지키는 것이 이롭다. 길하다.

噬乾肉하여 得黃金하니 貞하면 厲无咎니라.

마른 고기를 씹는 것처럼 부정 축재 사건을 조사하다가 은닉한 황금을
얻는다. 올바름을 지키면 위태롭더라도 탓할 일은 없다.

何校滅耳니 凶하리라.

죄인에게 차꼬를 어깨에 메도록 하여 귀가 보이지 않도록 한다. 흉하다.

毒)이라고 말하는 것이니 독을 만난다는 뜻이다. 이때 이 독의 피해를 입는 주체는 형관이다. 물론 그렇다고 해서 형관으로서 썩은 고기를 그냥 내버려 두라는 말은 아니다. 소린,무구(小吝,无咎)는 조금 궁색해질 것이나 허물할 일은 없다는 뜻이다. 해묵은 사건이라도 성실하게 해결해 나가다 보면, 약간의 어려움이 있겠지만 마침내는 소기의 성과를 거둘 것이라는 말이다.

<ruby>噬<rt>서</rt></ruby><ruby>乾<rt>건</rt></ruby><ruby>胏<rt>자</rt></ruby>하여 <ruby>得<rt>득</rt></ruby><ruby>金<rt>금</rt></ruby><ruby>矢<rt>시</rt></ruby>나 <ruby>利<rt>이</rt></ruby><ruby>艱<rt>간</rt></ruby><ruby>貞<rt>정</rt></ruby>하니 <ruby>吉<rt>길</rt></ruby>하리라.

건자(乾胏)는 마른 밥찌꺼기를 말하는 것으로, 여기서는 양심을 저버린 파렴치한 범죄를 비유한 것이다. 서건자(噬乾胏)는 곧 이처럼 파렴치한 반인륜 범죄 사건을 다시 조사한다는 말이다. 득금시(得金矢)는 쇠 화살촉을 얻었다는 뜻이다. 이는 또한 뇌물 수수 사건 따위를 조사하다가 이 사건에 고위층 실력자가 연루되어 있다는 단서를 잡게 된 상황을 비유한 것이다.

이렇게 되면 형관의 입장에서는 상황이 매우 곤란해질 수 있다. 하지만 이럴 때일수록 정도의 원칙을 지켜 나가야 한다. 그래서 이간정(利艱貞)이라고 말하는 것이니, 어렵더라도 올바름을 지키는 것이 이롭다는 뜻이다. 그래야 길하다(吉)는 것이다. 앞서 썩은 고기를 내버려 둘 수 없었던 것처럼 이번 경우에도 그냥 내버려 두어서는 안된다. 끝까지 가야 한다.

<ruby>噬<rt>서</rt></ruby><ruby>乾<rt>건</rt></ruby><ruby>肉<rt>육</rt></ruby>하여 <ruby>得<rt>득</rt></ruby><ruby>黃<rt>황</rt></ruby><ruby>金<rt>금</rt></ruby>하니 <ruby>貞<rt>정</rt></ruby>하면 <ruby>厲<rt>려</rt></ruby><ruby>无<rt>무</rt></ruby><ruby>咎<rt>구</rt></ruby>니라.

서건육(噬乾肉)은 마른 고기를 씹는다는 뜻이다. 곧 오래 저장하기 위해 말린 포를 씹는다는 것이니, 여기서는 오랫동안 불법적으로 축재한 재산을

乾 건 마르다, 건조하다/ 하늘 **胏 자** 밥찌꺼기 **矢 시** 화살

은닉한 사건과 같은 경우를 말한다. 득황금(得黃金)은 말린 포를 씹다가 황금을 얻는다는 뜻이니, 재산 은닉 사건을 조사하다가 마침내 은닉 재산을 찾았다는 말이다.

그렇지만 이것으로 끝은 아니다. 형관의 어려움은 계속 이어진다. 부정한 방법으로 엄청난 재산을 모을 수 있을 정도의 권력자라면, 게다가 이를 은닉하기까지 할 수 있는 고위층이라면 자신의 은닉 재산을 지키기 위해 무슨 짓이든 할 것이기 때문이다. 쇠 화살촉 하나를 찾아냈을 때도 시련이 만만치 않았는데, 이 경우는 그보다 더한 난관이 부딪힐 것이 뻔하다. 권력자가 형관에게 직간접적인 압력을 가할 수도 있다. 자칫 잘못하다가는 형관 자신의 자리나 목숨까지도 위험에 처할 수 있다.

하지만 다른 방법은 없다. 사건의 전모를 밝히고 은닉 재산을 회수하기 위해 정도의 원칙으로 조사를 계속해야 한다. 이렇게 하면 어렵더라도 큰 허물은 없다. 그래서 정,려무구(貞,厲无咎)라 말하는 것이니, 올바름을 지키면 위태롭더라도 탓할 일은 없다는 뜻이다.

하 교 멸 이　　흉
何校滅耳니 凶하리라.

앞서 형벌을 내리는 방법으로 구교멸지(屨校滅趾)에 대해 말한 바 있다. 이 구절에 나오는 하교멸이(何校滅耳) 또한 형벌을 내리는 방법을 말한다. 의문사로 쓰이는 하(何)자는 하(荷)자가 같은 뜻으로도 쓰인다. 하(荷)자는 메다, 짊어지다의 뜻을 가진다. 하교멸이(何校滅耳)는 곧 죄인에게 차꼬를 어깨에 메도록 하여 귀가 보이지 않도록 한다는 것을 의미한다. 이렇게 해서

何 하 메다/ 어찌

죄인이 앉은 자리에서도 옴짝달싹하지 못하도록 만든다는 것이다.

앞서 발에 차꼬를 신기는 구교멸지가 비교적 가벼운 형벌이었다면 어깨 위로까지 차꼬를 씌우는 하교멸이는 가장 엄중한 형벌에 속하는 것이다. 죄인의 죄악이 너무 중대하여 이렇게 처벌해도 흉한(凶) 결과를 없앨 수는 없다. 나라를 뒤흔드는 부패 비리 사건, 고위층 실력자의 반인륜 범죄 연루 사건, 부정 축재 재산 은닉 사건 따위의 죄인이기 때문일 것이다.

火雷

이빨은 모든 음식을 공평하게 씹어 삼킨다

서합(噬嗑)은 음식을 입에 넣고 씹어 먹는다는 말이다. 우리가 일상적으로 하는 행동이지만 자세히 들여다보면 이 말 속에는 무자비하고 격렬한 움직임이 포함되어 있다. 딱딱한 것이든 부피가 큰 것이든, 모든 음식은 입안에 들어가는 순간 깨어지고 부서지고 으스러져 제 형체를 잃어버리고 만다. 이빨이 하는 일이 이것이다. 위에서 무리없이 소화시키려면 이렇게 해야 한다. 어물어물 대충 씹어 삼켰다가는 소화 불량을 불러일으킬 것이기 때문이다.

서합괘(噬嗑卦)는 이처럼 음식을 씹어 먹는 행위를 통해 죄인들을 어떻게 다룰 것인지에 대해 말한다. 말하자면 지금의 경찰, 검찰, 판사 등에 해당하는 형관(刑官)을 이빨에 비유하고 죄인을 음식에 비유하여, 음식의 종류에 따라 어떤 방식으로 씹고 어떤 방법으로 삼켜야 하는지를 설명하는 것이다. 서합괘는 범죄자를 다루는 모든 사법 활동에 대한 화두를 제공하고 있다.

범죄를 다루는 형관은 신중함을 갖추고 엄격하게 법을 집행해야 한다. 사사로운 마음을 배제하고 최대한 공적으로, 공정하고 공평하게 죄인을 다루어야 허물이 없다. 지금의 법적 원칙을 들어 말하면, 인간은 누구나 법 앞에서 평등한 존재이므로 죄가 확정되기 전까지는 무죄로 추정하여 인권을 보호해 주어야 한다. 그리고 서둘러 범죄를 확정하려고 해서는 안된다. 치밀한 추리와 조사, 확실한 증거를 바탕으로 최대한 객관적으로 판단해야 억울하고 무고한 사람에게 형벌을 내리는 오류를 피할 수 있다.

권력과 부를 가진 실력자를 조사할 때에는, 특히 강한 정의감을 가지고 있어야 한다. 사건이 복잡하게 얽혀 있어 합법과 불법의 경계가 불분명한 데다, 막강한 힘을 갖춘 실력자가 직간접적인 압력을 가해 올 수도 있는 것이다. 하지만 정의를 지키려는 의지만 있다면 끝내 뜻을 이루고 명예를 얻을 수 있다.

사회를 건강하게 유지하기 위한 사법 활동은 불가피한 것이다. 이를 담당하는 형관(刑官)은 모든 죄를 끝까지 추적하여 반드시 처벌해야 한다. 그 과정에는 유혹도 있고 압력도 있으며, 짐작조차 할 수 없는 어려움이 숨어 있다. 이를 이겨내고 공평무사하게 범죄자를 다루어야 진정한 형관이라고 할 수 있다.

22. 비賁괘 ; 마음을 드러내는 꾸밈의 도

아름다움에 대한 추구, 치장, 화장, 장식

賁는 亨하니 小利有攸往하니라.
<small>비 형 소 리 유 유 왕</small>

비(賁)는 아름답게 꾸민다는 말이다. 성실한 마음을 바탕으로 하여 밖으로 드러나는 몸과 얼굴을 치장한다는 것이다. 옛날이나 지금이나 이런 치장은 젊은 시절의 특권이다. 그래서 비,형(賁,亨)이라고 말하는 것이니, 꾸밈은 청년기인 형(亨)의 시절과 통한다는 뜻이다.

실제로 젊을 때는 누구나 외모가 가장 큰 걱정거리이다. 여드름 하나 때문에 밤잠을 설치고 위험을 무릅쓰고 다이어트를 하는 것이 젊은 시절의 일이다. 하지만 나이가 들면서 결국은 외모가 행복을 보장해 주지는 않으며 외모보다 중요한 것들이 더 많다는 사실을 깨닫게 된다. 한마디로 외모가 아름답

賁 비 꾸미다/ 장식하다/ 섞이다. 순수하지 않다 **분** 크다. 거대하다/ 날래다/ 아름답다 **攸 유** 바(=所)/ 곳. 장소 **往 왕** 가다/ 앞으로 나아가다/ (물품을) 보내다/ 향하다 / 과거. 옛날

다면 좋기는 하지만 외모가 절대적인 무언가는 아니라는 점을 알게 된다는 것이다. 이를 이 비괘(賁卦)에서는 소리유유왕(小利有攸往)이라고 표현한다. 곧 앞으로 나아가는 데 조금 유리한 점이 있을 뿐이라는 말이다.

이 당연한 이치를 지금의 젊은이들은 너무나 소홀하게 여긴다. 외모가 뛰어나면 취직에 도움이 될 수는 있다. 하지만 이렇게 취직한 곳에서 성취감을 느끼기는 어렵다. 그리고 이렇게 사회생활을 시작한 인생이 성공적일 확률 또한 희박하다. 또한 외모가 뛰어나면 좀더 높은 수익을 올릴 수는 있다. 하지만 이렇게 번 돈으로 얼마나 큰 부를 이룰 것인가? 인생의 성공과 행복은 외부에서 주어지는 것이 아니라 자기 자신에게서 만들어지는 것이다. 외부의 다른 무엇, 예컨대 재물, 조건 좋은 이성(異性), 인기 따위로부터 얻는 만족과 행복은 물거품과 같다.

賁其趾니 舍車而徒로다.

비기지(賁其趾)는 자신의 발을 꾸민다는 뜻이다. 이는 밖으로 드러나는 꾸밈 중에서도 가장 낮은 수준의 꾸밈을 말하는 것이다. 그런데 몸을 꾸미면 자랑을 하고 싶은 것이 사람의 마음이다. 내보일 일이 없다면 외형을 그리 요란하게 꾸미지도 않았을 것이다. 사거이도(舍車而徒)는 수레를 버리고 걸어간다는 뜻이니, 치장한 발을 내보이기 위해 수레에 타지 않는다는 말이다.

한번 상상해 보자. 비싼 신발을 구입해 신은 한 여인이 있다. 비싼 반지를 자랑하고 싶어 아프지도 않은 이마에 자주 손을 올리는 중년 부인처럼 이 여

趾 지 발 舍 사 집/ 여관/ 버리다, 포기하다 徒 도 무리(모여서 뭉친 한 동아리)/ 제자, 문하생/ 걸어다니다, 보행하다

인도 자신의 신발을 자랑하고 싶어 안달이 났다. 그래서 수레를 타지 않고 걸어서 가는 것이다.

賁其須로다.

비기수(賁其須)는 사내가 수염을 꾸민다는 말이다. 그런데 수염은 원하는 모양으로 자라지도 않고 인위적으로 만들 수도 없는 것이다. 게다가 수염은 턱을 따라 움직일 뿐이다. 아무리 열심히 아름답게 만들어 봐야 턱의 아름다움에는 아무 영향도 미치지 못한다. 이 구절은 마음의 본모습을 외면하고 외형적인 모습에만 집중하는 일이 얼마나 허망한 것인지를 말해준다.

_{비 여 유 여}　　　_{영 정 길}
賁如濡如하니 永貞吉하리라.

비여유여(賁如濡如)는 꾸밈이 반짝반짝 빛나는 듯하다는 뜻이다. 여기서 여(如)자는 모습을 형용하는 말이다. 이 구절은 곧 치장이 아주 다채롭고 광택이 날 정도로 대단하다는 의미를 나타낸다. 그런데 이와 같이 극단적인 아름다움은 오래도록 유지하기가 쉽지 않다. 그러므로 영정길(永貞吉)이라고 말하는 것이니, 오래도록 올바름을 지켜야 길하다는 뜻이다.

_{비 여 파 여}　　_{백 마 한 여}　　_{비 구}　_{혼 구}
賁如皤如하며 白馬翰如하니 匪寇면 婚媾리라.

시간이 지나면서 많은 이들이 너도나도 경쟁적으로 외모를 꾸미는 일이 생긴다. 과연 누가 진실한 마음을 가진 군자인지, 누가 사악한 마음을 숨긴

須 수 모름지기(사리를 따져 보건대 마땅히)/ 틀림없이/ 수염　濡 유 (물에) 적시다, 젖다/ 윤(潤)이 나다, 윤기가 있다/ 부드럽다　皤 파 희다/ 머리가 하얗게 센 모양　翰 한 흰 말, 백마/ 희다, 깨끗하다/ 깃, 깃털/ 날개/ 붓, 모필/ 편지

賁는 亨하니 小利有攸往하니라.

아름답게 꾸미는 일은 청년기인 형(亨)의 시절과 통한다. 앞으로 나아가는 데 유리한 점이 있다.

賁其趾니 舍車而徒로다.

여인이 자신의 발을 꾸미니, 수레를 버리고 걸어간다.

賁其須로다.

사내가 자신의 수염을 꾸민다.

賁如濡如하니 永貞吉하리라.

꾸밈이 반짝반짝 빛나는 듯하니, 오래도록 올바름을 지켜야 길할 것이다.

賁如皤如하며 白馬翰如하니 匪寇면 婚媾리라.

몸치장이 희끗희끗 소박하며 백마가 빠르게 달리는 듯 평범하다. 도적이 아니면 혼인을 청하는 자일 것이다.

賁于丘園이니 束帛戔戔이면 吝하나 終吉이리라.

동산을 잘 꾸미니, 혼례를 위해 약속한 비단이 적고 하찮다. 옹색해 보이긴 하지만 마지막에는 길할 것이다.

白賁면 无咎리라.

희게 꾸미며 소박하게 하면 허물이 없을 것이다.

도적인지를 알 수 없는 상황이 벌어지는 것이다.

비여파여(賁如皤如)는 몸치장이 희끗희끗하다는 뜻이니, 다채로운 색을 사용하지 않고 소박하게 만든 옷을 입었다는 말이다. 백마한여(白馬翰如)는 백마가 빠르게 달리는 듯하다는 뜻이니, 또한 장신구를 달지 않은 말을 타고 온다는 말이다. 이 구절은 곧 소박한 옷을 입은 사내가 평범한 말을 타고 다가오는데 그 정체를 알 수 없다는 사실을 나타낸다. 특별한 색깔이나 장신구로 치장하고 있으면 쉽게 구별할 수 있겠지만, 흔한 옷을 입고 백마를 탔으니 도대체 구별할 수가 없다.

비구,혼구(匪寇,婚媾)는 도적이 아니면 혼인을 청하는 자라는 뜻이니, 도적인지 구혼자인지 알 수 없다는 것이다. 곧 외형적 치장으로 마음을 알 수 없는 상황에서 정체불명의 사내를 보고 오락가락 의심하는 장면을 묘사한 것이다. 어떠한 경우에라도 밖으로 드러나는 상대방의 치장에 대해서는 의혹의 눈길을 보낼 수 있고, 그래야 괜찮을 것이라는 의미를 함축하고 있는 구절이다.

賁于丘園이니 束帛戔戔이면 吝하나 終吉이리라.
<small>비 우 구 원　　　속 백 전 전　　　인　　　종 길</small>

비우구원(賁于丘園)은 동산을 잘 꾸민다는 뜻이니, 곧 집, 집안의 동산, 살림살이 등을 잘 정돈해 놓은 모습을 가리킨다. 속백전전(束帛戔戔)은 혼례를 위해 약속한 비단이 적고 하찮다는 뜻이다. 곧 신혼집 살림살이는 잘 갖추었지만 혼수품은 약소하다는 말이다. 이는 다른 사람들에게는 옹색해(吝) 보이는 일이다. 하지만 옛날이나 지금이나 신혼집 살림살이가 화려한 혼수

丘 구 언덕　園 원 동산　束 속 묶다/ 동여매다/ 약속하다　帛 백 비단　戔 전 적다

품보다 더 중요하다. 그래서 종길(終吉)이라고 말하는 것이니, 마지막에는 길하다는 뜻이다. 결국은 실속을 챙기며 잘 살 수 있을 것이라는 말이다.

白賁^{백 비}면 无咎^{무 구}리라.

백비(白賁)는 희게 꾸민다는 의미이다. 백(白)자는 흰색을 뜻하는데, 꾸미지 않은 질박한 바탕을 가리키는 의미로도 종종 쓰인다. 백비(白賁)는 곧 소박한 치장으로 본바탕의 진실성을 잃지 않는다는 말이다. 무구(无咎)는 허물이 없다는 뜻이다. 이처럼 소박하게 꾸미는 일에 비난할 일이 있을 리가 없다. 인위적인 가식이 없는 있는 그대로의 모습, 내면의 아름다움이 드러나는 자연스러운 치장이 곧 이 백비이다. 비괘(賁卦)가 말하는 꾸밈 중 최고의 꾸밈이라고 할 수 있다.

치장은 다만 작은 이익을 가져다 줄 뿐이다

진실과 선심(善心)과 아름다움, 곧 진선미(眞善美)의 세 가지 중 아름다움의 문제만큼 복잡한 것이 없다. 다른 가치들과는 달리 아름다움에 대한 추구는 훈련이 필요 없다. 진실이나 선심의 경우, 오랜 교육과 자기 수양의 과정을 거친 이들이라야 진심으로 좋아하고 추구할 수 있는 가치이다. 하지만 아름다움은 어떠한 교육이나 수양의 과정을 거치지 않은 이들도 향유하고 탐닉할 수 있다. 중간에 그만두는 경우도 없다. 죽음의 순간에 이를 때조차 아름답게 죽고 싶어 한다.

아름다움에 대한 추구는 한마디로 인간의 원초적 본능이다. 하지만 아름다움이라는 가치를 얼마나 절대적인 것으로, 얼마나 중요한 것으로 여길 것인가의 문제는 여전히 논쟁거리로 남아 있다. 아름다움의 기준이나 분류에 관한 문제 역시 유사 이래 가장 골치 아픈 것으로 여겨져 왔다.

어쨌거나 외적 아름다움에 대한 인정과 수용은 최근 들어 그 폭이 점점 넓어지고 있다. 예를 들면 요즈음의 성형술이나 화장술은 예전 같았으면 도덕적 비난을 면하기 어려웠을 수도 있는, 파격적인 모습을 보여준다. 하지만 아무리 외적인 아름다움의 추구를 용인한다 하더라도 어디까지 용인할 것인가 하는 문제는 사라지지 않고 있다. 정답이 없는 문제인 것이다.

이런 사정 때문인지 아름다움에 대한 이번 비괘(賁卦)의 이야기는 다른 괘의 이야기에 비해 명쾌하지가 않다. 다만 전체적으로, 치장은 작은 이익을 가져다 줄 뿐이므로 좀더 중요한 밑바탕에 관심을 기울이라는 입장을 유지한다. 이런 점에서는 조금 시시하다는 느낌이 드는 것도 어쩔 수 없다. 〈주역〉 시대의 미의식과 지금의 미의식, 비괘 기록자의 미의식과 필자의 미의식이 너무나 큰 차이를 가지고 있기 때문에 이런 생각이 드는 것일 수도 있다. 만약 지금과 같이 외모의 아름다움이 진실과 선심을 압도하는 시대에 〈주역〉이 쓰였다면 어땠을 것인가? 아마도 상당히 혼란스럽고 난감하면서도 착잡했을 것이다. 지금 필자의 심정이 그렇다.

봄에는 지천으로 꽃이 피고 여름에는 하늘을 삼킬 듯 신록이 넘실거린다. 가을에는 단풍으로 온 산이 불타고 겨울에는 눈 덮인 들이 온통 고요하다. 자연이 철마다 제 몸을 꾸미듯 사람도 누구나 자신의 몸을 꾸민다. 하지만 아무리 꾸며도 아름답지 않은 까닭은, 단지 마음을 꾸미지 못해서일 뿐이다.

23.박剝괘 ; 꽉 막힌 시절을 견디는 법

산산조각 남, 때려 부숨, 소멸, 희망 없는 날들

剝_박은 不利有攸往_{불 리 유 유 왕}하니라.

박(剝)은 산산조각이 나는 것이니, 서로 연결되어 있는 기운이 막히고 협상과 대화의 고리가 끊어지는 상황이다. 극한의 고통이 뒤따르며 희망은 보이지 않는다. 이와 같은 박(剝)의 운세로는 어떤 일도 진행해 나가기 어렵다. 그래서 불리유유왕(不利有攸往)이라고 말하는 것이니, 어떤 일이든 계속 진행시켜 나가는 것은 이롭지 않다는 뜻이다.

박(剝)의 기운이 덮치면 앞뒤가 막혀 나아갈 수 없다. 음(陰)의 기운이 꽉 차고 양(陽)의 기운은 거의 소멸한 상태이다. 나라의 경우라면 간신배가 득세하여 군자가 대부분 쫓겨난 상황이며, 개인의 경우라면 실패와 질병과 악운이 반복해서 몰려오는 상황이다. 집은 무너지고 길은 끊기며, 물건은 부서

剝 박 벗기다/ 벗겨지다/ 깎다/ 다치다/ 상처를 입히다/ 찢다/ 산산조각내다

지고 음식은 썩는다. 조직은 와해되고 사람들도 찾아오지 않는다.

이와 같은 절망의 나락에 빠져 있을 때 가장 소중한 것은 희망이다. 절망에서 탈출할 구체적인 방법이 생기지 않더라도 절대로 버려서는 안되는 것이 희망의 불씨이다. 희망이 보이지 않는데 어떻게 희망의 불씨를 꺼뜨리지 말라는 말인가? 희망이 보이지 않아도 시간이 흐르면 운은 바뀌게 마련이다. 실패가 극한에 이르면 성공의 징조가 나타나고, 질병이 극한에 이르면 치유의 기운이 솟아난다. 악운이 극한에 이르면 행운의 씨앗을 싹틔워 준다. 절망도 극한에 이르면 희망을 보여준다. 달은 차면 기울고, 기울면 다시 찬다.

^{박 상 이 족} ^{멸 정} ^흉
剝牀以足이니 蔑貞이라. 凶하니라.

박상(剝牀)은 평상(平牀)을 부순다는 뜻이고, 이족(以足)은 다리로써 한다는 뜻이다. 상(牀)은 평상, 마루, 책상 등을 뜻하는 글자인데, 여기서는 이해 관계자들이 모여 대화와 협상을 진행하는 자리를 의미한다. 족(足)은 이 평상의 다리를 뜻하는 것으로, 여기서는 대화와 협상의 기반을 의미한다. 이 구절은 대화와 협상의 자리를 작파하면서 향후 대화와 협상을 재개할 일말의 가능성까지 없애버린다는 의미를 담고 있는 것이다.

멸정(蔑貞)은 곧게 서 있는 것을 업신여긴다는 뜻이다. 곧 평상에서 다리가 곧게 서 있는 것, 대화와 협상의 기반을 유지하는 것이 얼마나 중요한지를 알지 못한다는 말이다. 당연히 이는 몹시도 흉한(凶) 일이다.

牀 상 상/ 평상(平牀)/ 침상/ 책상/ 마루　蔑 멸 업신여기다/ 멸하다　貞 정 곧다/ 올바르다/ 고집스럽게 지키다/ 정조/ 점치다

박 상 이 변   멸 정   흉
剝牀以辨이니 蔑貞이라. 凶하니라.

변(辨)은 평상의 위와 아래를 나누는 횡목(橫木)으로 평상의 핵심 뼈대와
도 같은 것이다. 여기서는 대화와 협상의 핵심 문제, 핵심 인물, 핵심 목표 등
을 의미한다. 그러므로 박상이변(剝牀以辨)은 곧 대화와 협상의 자리를 작
파하면서 대화와 협상의 핵심 사항을 파괴해 버린다는 의미를 담고 있다. 멸
정(蔑貞)은 또한 곧게 서 있는 것을 업신여긴다는 뜻이다. 곧 평상에서 횡목
이 버텨주는 것, 대화와 협상의 핵심 뼈대를 유지하는 것이 얼마나 중요한지
를 알지 못한다는 말이다. 또한 흉한(凶) 일이다.

박 지   무 구
剝之는 无咎니라.

박지(剝之)는 박,박지(剝,剝之)를 줄인 것이니, 곧 부숨, 그것을 부순다는
뜻이다. 어려울 때일수록 그 부숨이라는 사실, 그 부숨을 신경쓰고 있다는
사실까지 부숴 버리면, 이 꽉 막힌 기운을 뚫어낼 수 있다는 것이다. 박(剝)
은 박(剝)으로 대하라는 것이지만, 눈에는 눈, 이에는 이로 대응하라는 말은
아니다. 박(剝)의 기운에 순응하면서 먼 미래를 보고 참고 견뎌 내라는 말이
다. 그래야 허물이 없다(无咎)는 것이다.

은인자중(隱忍自重)이라는 말이 이 경우에 어울리는 말이다. 꽉 막힌 파
탄의 형국이 자신의 잘못으로 일어난 것은 아니지만 자리를 피해 숨는 것도
방법일 수 있다. 몸을 숨겨 자신을 드러내지 않고 참고 견디며 신중하게 행
동해야 하고, 섣불리 앞으로 나서려 해서는 안된다는 것이다. 자신의 몸을

辨 변 나누다/ 분별하다/ 밝히다/ 바로잡다/ 구별, 분별

218

보존하는 것이 첫 번째요, 자신의 뜻을 간직하는 것이 두 번째이다. 모든 것이 무너지는 상황에서 자신의 것만 무너지지 않도록 할 수는 없다.

剝牀以膚니 凶하니라.

박상이부(剝牀以膚)는 평상을 부수면서 상판으로써 한다는 뜻이다. 다리도 없고, 뼈대도 없는 상황에서 이제는 상판마저 벗겨져 나가는 형국이다. 이는 곧 그동안 진행되어 왔던 대화와 협상이 파국을 맞았을 뿐만 아니라 대화나 협상이 있었다는 사실조차 부정당하는 일을 묘사한 것이다.

앞서 박상이족(剝牀以足)으로 다리를 부수고 박상이변(剝牀以辨)으로 뼈대를 부술 때는, 곧게 서 있는 것을 업신여긴다는 의미의 멸정(蔑貞)을 덧붙여 말한 바 있다. 그런데 여기서 상판을 벗겨내면서는 이러한 부연조차 없다. 평상이라고 할 수 있는 것이 아무것도 없으니 뭐라 덧붙일 말도 없는 것이다. 흉하다(凶)고 말하지 않을 수 없는 상황이다.

貫魚하여 以宮人寵하면 无不利리라.

그렇다면 이런 고통과 절망의 시간을 어떻게 견뎌 내야 하는가? 이런 상황에서는 당연히 적극적인 타개책을 모색할 수는 없다. 그저 감내하는 수밖에 다른 방법이 없는 것이다. 오히려 문제를 키우고 상황을 불리하게 만드는 일만 피할 수 있어도 다행이다. 그래서 박괘(剝卦) 또한 불리하지 않은(无不利) 정도의 자세만을 강조한다.

관어(貫魚)는 물고기를 말리려고 꼬챙이에 나란히 꿰어 놓은 것을 말하고,

貫 관 꿰다/ 꿰뚫다/ 이루다/ 착용하다/ 적중하다/ 돈꿰미 寵 총 사랑하다, 괴다/ 총애하다

剝은 不利有攸往하니라.
산산조각이 나는 박의 운세로는 일을 계속 진행시켜 나가는 것이 이롭지
않다.

剝牀以足이니 蔑貞이라. 凶하니라.
대화의 평상(平牀)을 부숨에 다리를 부순다. 곧게 서 있는 것을 업신여긴
것이다. 흉하다.

剝牀以辨이니 蔑貞이라. 凶하니라.
대화의 평상(平牀)을 부숨에 평상의 위와 아래를 나누는 횡목(橫木)을
부순다. 곧게 서 있는 것을 업신여긴 것이다. 흉하다.

剝之는 无咎니라.
부숨이라는 생각 자체를 부숨은 허물이 없다.

剝牀以膚니 凶하니라.
대화의 평상(平牀)을 부숨에 평상의 상판을 부순다. 흉하다.

貫魚하여 以宮人寵하면 无不利리라.
물고기를 말리려고 꼬챙이에 꿰어놓는 것처럼 나란하게 집안사람들을
총애한다. 이롭지 않은 것이 없을 것이다.

碩果不食이라. 君子得輿하고 小人剝廬리라.
씨앗 열매를 먹지 않는다. 군자는 수레를 얻고 소인은 오두막을 부순다.

이궁인총(以宮人寵)은 한 집안에 있는 사람을 총애하는 것을 말한다. 박(剝)의 기운이 덮치면 협상 상대방과의 사이에 비난과 욕설이 난무하고 멱살잡이(전쟁) 끝에 돌아서서 다시는 보지 않는 날들이 이어진다. 이런 때는 같은 편, 한 집안 내에서도 서로 헐뜯고 싸우는 일이 잦아진다. 하지만 그럴수록 윗사람은 아랫사람을 모두 똑같이 사랑해야 한다. 곧 꼬챙이에 물고기를 꿰어 말리는 것처럼 공평하고, 공정하게 아랫사람을 대해야 서로 미워하는 마음을 누그러뜨리고 화합을 이끌어 낼 수 있다. 각각의 개인 또한 자신이 통제할 수 있는 것들만이라도 가지런히 정돈해 놓아야 한다.

석과불식   군자득여   소인박려
碩果不食이라. 君子得輿하고 小人剝廬리라.

석과불식(碩果不食)은 씨앗 열매를 먹지 않는다는 뜻이다. 군자득여(君子得輿)는 군자는 수레를 얻는다는 뜻이고, 소인박려(小人剝廬)는 소인은 오두막을 부순다는 뜻이다.

박(剝)의 기운이 넘쳐나면 세상이 악인(惡人)들의 득세와 아귀다툼으로 난장판이 되고 만다. 흉년, 기근, 전쟁 등이 일어나고 당장 먹고사는 문제를 해결하기조차 어려워진다. 그러나 이렇게 사나운 시기에도 훗날을 위해 씨앗만은 먹어 없애지 말고 남겨 두어야 한다. 그래야 다시 농사를 도모할 수 있다. 군자가 수레를 얻었다는 것은, 씨앗을 키워 다시 열매를 얻듯 군자가 자신의 몸을 보존하고 뜻을 지킴으로써 난장판의 시대를 끝낸다는 말이다. 그렇지만 소인은 어려움을 견디지 못하고 씨앗마저 먹어치우니 훗날의 희망마저 사라지고 만다.

碩 석 크다/ 머리가 크다/ 단단하다 輿 여 수레/ 가마/ 싣다/ 실어나르다 廬 려 오두막/ 농막/ 주막

아무 희망이 없다 해도, 작은 씨앗은 남겨 두어야 한다

음(陰)의 기운과 양(陽)의 기운이 적절하게 섞여 조화를 이루면 편안하고 아름답다. 그렇지만 음양의 기운 중 어느 한쪽이 넘치거나 모자라면 어지럽고 추한 난장판이 벌어진다. 박괘(剝卦)는 바로 이처럼 음양의 조화가 무너져 극심한 혼란과 어려움이 겹치는 시기를 어떻게 견뎌 내야 하는지에 대해 이야기하고 있다.

박(剝)의 시절은 음의 기운이 극도로 강해지고 양의 기운은 거의 소멸된 때이다. 모든 것들이 파국을 맞이하고 상상도 할 수 없었던 재앙이 몰려온다. 나라에는 간신배가 들끓고 도처에서 난이 일어난다. 백성들의 생활은 극도로 궁핍해져 농민들은 아껴둔 씨앗까지 먹어 없애는 상황에 이른다.

박괘에서는 기본적으로 박(剝)은 불리하다고 말한다. 하지만 이 불리함 가운데서도 다음의 세 가지를 아주 흉한 것이라고 한다. 박상이족(剝牀以足), 박상이변(剝牀以辨), 박상이부(剝牀以膚)가 그것이다. 여기서 상(牀)은 평상, 마루, 책상, 밥상 등을 뜻하는 글자이다. 말하자면 이 상은 합리적인 협상의 테이블이고 행정 업무를 처리하는 책상이고, 함께 모여 대화를 나누는 밥상이다. 박상(剝牀)이란 곧 이와 같은 대화와 협상의 상이 무너지고 엎어진 것을 말한다. 이렇게 무너지고 엎어진 대화와 협상은 그 파국의 정도가 점점 더 치명적인 방향으로 흘러간다.

박상이족(剝牀以足)은 상의 다리가 부러진 형국이니 대화와 협상의 기반이 무너졌다는 것이다. 박상이변(剝牀以辨)은 상의 뼈대가 부서진 형국이니 대화와 협상의 핵심 축이 파괴되었다는 것이다. 해결의 실마리를 찾기는커녕 대화와 협상은 파국을 맞이하고 마는 것이다. 박상이부(剝牀以膚)는 상의 상판을 벗겨낸 형국으로, 이제 대화와 협상은 그 존립 자체조차 부정당하는 것이다. 상판까지 없는 상은 상이라고도 할 수 없는 것이다. 이제 파국의 고통은 모든 백성의 생활 밑바닥까지 파고들고 모두가 생존을 걱정해야 하는 일이 벌어진다.

그렇지만 이와 같은 파국의 이야기로만 끝나는 것은, 〈주역〉의 세계가 아니다. 어지러운 난장판의 한가운데도 숨 쉴 곳이 있고 파국의 끝에는 새로운 씨앗이 움튼다. 박괘는 박(剝)의 기운이 꽉 차 있는 난장판의 한가운데서는 박(剝)으로 대응하라고 가르친다. 욕심을 버리고 상황의 추이를 지켜보며 몸과 뜻을 보존하라는 것이다. 자신이 통제할 수 있는 범위에서 사람 사이의 관계를 원만하게 유지하고 사물을 가지런히 정돈해 두는 것도 필요하다. 또한 아무리 상황이 극에 달해도 미래를 위한 씨앗은 남겨 두어야 한다고 가르친다. 굶주림을 견디지 못하고 씨앗마저 먹어 치우면 그야말로 다시는 기회를 얻을 수 없다.

시도하는 일마다 실패하고 도와주는 사람 하나 없으며 빚은 눈덩이처럼 불어만난다. 도망갈 방법이라고는 목숨을 버리는 것밖에 없어 보인다. 하지만 이처럼 꽉 막힌 시절도 지나간다. 그 어려움을 견뎌 내면 또 언제 그랬냐는 듯 밝은 빛이 비추기 마련이다. 희망이 없는가? 그렇다면 박괘를 읽을 일이다.

24.복復괘 ; 인재가 자유롭게 돌아오는 일

군자의 도를 회복함, 민주적인 정치 환경, 복귀

_복 _형 _{출 입 무 질} _{붕 래 무 구}
復은 亨이라. 出入无疾하고 朋來无咎하니라.

　복(復)은 걸어서 성으로 돌아가는 모습을 표현한 것으로, 몸이 아팠다가 회복한다는 의미도 나타낸다. 여기서는 혼란스럽고 병든 세상에서 다시 건강하고 질서가 잡힌 세상이 돌아오고 군자의 도가 펼쳐지는 시기가 돌아오는 일을 의미한다. 이처럼 새로운 기운이 태동할 때는 젊고 힘찬 힘이 넘쳐난다. 이처럼 젊고 힘찬 기운을 〈주역〉은 형(亨)이라고 말한다.

　출입무질(出入无疾)은 들어오고 나가면서 화살에 맞아 다칠 일이 없다는 뜻이다. 질(疾)자는 화살에 맞아 다쳤지만 죽지는 않을 정도의 상태를 가리킨다. 파국의 시기에 군사들에 의해 자주 통제되던 성문 출입이 평화의 시기

復 복 돌아오다, 돌아가다/ 회복하다/ 겹치다/ 중복되다/ 되풀이하다/ 고하다 **부** 다시/ 거듭하여　**疾 질** 질병 (죽지 않을 정도의 병질)/ 괴로움/ 하자/ 병을 앓다/ 병에 걸리다　**朋 붕** 벗, 친구/ 무리, 무리를 이루다

가 돌아오면서 자유로워졌다는 말이다. 이제 백성들은 언제나 어디로든 자유롭게 오갈 수 있다. 붕래무구(朋來无咎)는 군자의 무리가 돌아와도 곤란해질 일이 없다는 뜻이다. 인의(仁義)의 덕을 가진 정치가들, 예의의 형벌 제도에 밝은 관인들, 군사 분야의 장수들, 생산과 이재에 밝은 재력가들이 돌아온다.

반 복 기 도　　　　칠 일 래 복　　　이 유 유 왕
反復其道하여 七日 來復하니 利有攸往하니라.

반복기도(反復其道)는 그 길을 되풀이하여 돌아온다는 뜻이니, 곧 정치가, 관인, 장수, 재력가 등 여러 군자의 무리가 성문으로 뚫린 큰길로 되풀이하여 돌아오는 모습을 묘사한 것이다. 칠일래복(七日 來復)은 칠일 동안 돌아오고 돌아온다는 뜻이다. 곧 군자의 도가 회복되는 일은 한순간에 이루어지는 것이 아니라는 말이다. '칠일'이라고 말하는 것에는 여러 가지 설명이 있지만, 대체로 음의 기운이 물러나고 양의 기운이 나아가는 데는 칠일, 또는 일곱 번의 과정을 거쳐야 한다는 의미로 풀이한다. 하늘과 땅의 운세가 그렇다는 것이다. 그래서 이유유왕(利有攸往)이라고 말하는 것이니, 일을 계속 진행하는 것이 이롭다는 뜻이다.

이제 소인배들의 난장판이 끝나고, 군자의 도가 펼쳐지는 새로운 세상이 열린다. 지금으로 치면 거주 이전의 자유, 사상의 자유, 집회의 자유, 정치적 선택의 자유가 있는 민주주의 정치 환경이 만들어지는 것이다. 여러 정치 집단이 자신의 소신을 밝히며 지지를 얻기 위해 토론하고 경쟁한다.

來 래 오다/ 돌아오다/ 부르다　攸 유 바(=所)/ 곳, 장소　往 왕 가다/ 앞으로 나아가다/ (물품을) 보내다/ 향하다/ 과거, 옛날

불 원 복　　　무 지 회　　　원 길
不遠復하고 无祗悔하면 元吉하리라.

　군자의 도가 회복되는 일에는 부침이 있다. 여러 군자의 무리가 돌아오므로 각각의 신념과 주장이 다르다. 소인배들의 발악도 미약하긴 하지만 없을 수 없다. 자칫 이때가 회복의 시기가 아니라고 오해할 수도 있는 일이다. 하지만 군자가 자신의 소신을 포기할 정도는 아니며 계속 일을 진행시켜 나가도 괜찮다. 그래서 불원복(不遠復)이라고 말하는 것이니, 회복을 멀다고 여기지 않아야 한다는 뜻이다. 여기서 멀지 않다는 것은 회복할 때까지 시간이 오래 걸리지 않는다는 것이고, 회복할 곳까지의 거리가 멀지 않다는 것이다.

　또한 이 돌아옴의 시기에는 간혹 의욕이 넘치기도 하고 간혹 상대방을 오해하기도 하여 잘못을 저지를 수 있다. 이러한 잘못은 빠르게 인정하고 고쳐 나가야 한다. 소인은 잘못을 다른 사람에게 미루지만 군자는 빠르게 시인하고 고친다. 그래서 무지회(无祗悔)라고 말하는 것이니 잘못을 편안하게 여기지 않아야 한다는 뜻이다. 그래야 근원적으로 길하다(元吉). 잘못을 저지르고도 이 잘못에 머물러 있는 일이야말로 가장 큰 잘못이다.

　지금과 같은 민주주의 정치에서도 다르지 않다. 자신의 뜻이 아무리 훌륭하다 여겨지더라도 다수로부터 인정받지 못할 경우도 많다. 이럴 때일수록 좌절에 빠지지 말고 시간을 들여 다수를 설득할 수 있어야 한다. 그리고 혹 자신의 잘못은 없는지 돌이켜 보고 잘못이 있으면 빠르게 시인하고 이를 고쳐야 한다.

遠 원 멀다, 멀게 여기다/ 심오하다/ 먼 조상　**祗 지** 공경하다/ 땅 귀신/ 다만/ 뿐　**悔 회** 후회, 후회하다/ 뉘우침, 뉘우치다/ 잘못

226

休^휴復^복이니 吉^길하니라.

휴복(休復)은 여유롭게 돌아온다는 뜻이다. 무슨 일에서든 급한 성정을 자제하지 못하고 서둘러 성과를 얻고자 한다면 누구든 뜻을 이루기 어렵다. 하물며 세상의 질서를 건강하게 회복해 가는 일이므로 더 말할 것이 없다. 휴복,길(休復,吉)은 여유롭게 돌아와야 하고, 그래야 길하다는 말이다. 앞서 칠일래복(七日 來復)이라 하여 칠일 동안 돌아온다고 말한 것과도 상통하는 말이다.

頻^빈復^복이니 厲^여无^무咎^구리라.

빈복(頻復)은 얼굴을 찡그리며 돌아온다는 뜻이다. 새로운 나라를 만들다 보면 격랑의 파도를 수없이 넘어야 한다. 의지가 확고하지 못하고 내면이 불안정한 이들은 이러한 상황이 힘겹기만 하다. 그래서 한번에 돌아오지 못하고 돌아오다가 되돌아가고 다시 돌아오다가 되돌아가기를 반복하며 얼굴을 찡그리는 것이다. 여무구(厲无咎)는 위태로우나 허물은 없다는 뜻이니, 찡그리고 돌아오는 회복 또한 그리 나쁜 것은 아니라는 말이다.

군부 독재가 끝나고 문민정부가 들어서면서 벌어졌던 우리 사회의 갈등을 상기해 보자. 촛불 시위로 대통령이 탄핵당하면서 우리 사회가 겪었던 혼란을 돌이켜 보자. 이와 같은 어려운 고비를 이겨 내야 진정한 민주주의가 시작될 수 있다. 민주주의의 성숙을 위해 기꺼이 갈등과 혼란을 무릅쓰고 개혁을 향해 앞으로 나아가야 한다.

頻 빈 찡그리다. 찌푸리다/ 자주/ 빈번히/ 급하다, 절박하다/ 나란하다/ 친하다

復은 亨이라. 出入无疾하고 朋來无咎하니라.

군자의 도가 돌아오는 때에는 힘찬 기운이 넘쳐난다. 성문을 들어오고
나가면서 화살에 맞아 다칠 일이 없다. 군자의 무리가 자유롭게 돌아와도
곤란해질 일이 없다.

反復其道하여 七日來復하니 利有攸往하니라.

그 길을 되풀이하여 돌아와 칠일 동안 계속 돌아온다. 일을 계속 진행시켜
나가는 것이 이롭다.

不遠復하고 无祗悔하면 元吉하리라.

군자의 도가 돌아오는 일을 멀다고 여기지 않고 또한 후회할 일을 곧바로
고친다. 근원적으로 길할 것이다.

休復이니 吉하니라.

여유롭게 돌아오니 길하다.

頻復이니 厲无咎리라.

얼굴을 찡그리며 돌아오니, 위태로우나 허물할 일은 없을 것이다.

中行獨復이로다. 敦復이니 无悔하니라.

중용의 도를 행하며 홀로 돌아온다. 두텁게 회복하니 후회할 일이 없다.

迷復이니 凶하고 有災眚하리라. 用行師면 終有大敗하고
以其國君이 凶하여 至于十年不克征하리라.

길을 잃고 헤매며 돌아오니 흉하고 내·외부적인 재앙이 생긴다. 군사를
출병시키면 끝내는 크게 패하고, 이로써 그 나라의 군왕이 흉하여 오랜
시간이 지나도 이길 수 없을 것이다.

중 행 독 복　　　　돈 복　　　무 회
中行獨復이로다. 敦復이니 无悔하니라.

　중행(中行)은 중도를 행한다는 뜻이고, 독복(獨復)은 홀로 돌아온다는 뜻
이다. 곧 치우침이나 기울어짐이 없는 중용(中庸)의 자세로 일을 진행해 나
가려다가 주변 사람들의 지지를 잃는다는 의미이다. 왼쪽과 오른쪽, 진보와
보수의 가운데 지점에서 균형을 잡으려다가 양쪽 모두로부터 배척을 당하는
것과 같은 모습이다.

　돈복(敦復)은 두텁게 회복한다는 뜻이고, 무회(无悔)는 후회가 없다는 뜻
이다. 윗사람이나 아랫사람과 신의 있고 인자한 덕으로 화합하는 관계를 형
성함으로써, 군자의 도가 펼쳐질 수 있도록 해야 한다는 것이다. 돈(敦)자는
원래 이웃들에게 나눠주기 위해 양고기를 삶는 모습을 표현한 것이다. 여기
서는 양고기를 삶아 대접하며 새로운 세상을 만들어 가고자 하는 군자의 너
그러운 모습을 묘사한 것으로 이해해도 무방하다.

미 복　　　흉　　유 재 생　　　　　용 행 사　　종 유 대 패
迷復이니 凶하고 有災眚하리라. 用行師면 終有大敗하고
이 기 국 군　　흉　　　지 우 십 년 불 극 정
以其國君이 凶하여 至于十年不克征하리라.

　아직 군자의 도가 펼쳐지지 않았는데, 복(復)의 기운이 급격하게 꺾인 형
국이다. 그래서 미복,흉(迷復,凶)이라고 말하는 것이다. 길을 잃고 헤매며
돌아오는 것이니 흉하다는 뜻이다. 복괘의 마지막에 이르러 길을 잃었으므
로 이제는 끝끝내 돌아올 수 없다. 그러므로 유재생(有災眚)이라고 말하는

獨 독 홀로, 혼자/ 다만, 오직/ 장차/ 홀몸, 홀어미, 외로운 사람/ 외롭다　敦 돈 도탑다(서로의 관계에 사랑이
나 인정이 많고 깊다)/ 돈독하다/ 힘쓰다　迷 미 헤매다, 길을 잃다/ 미혹하다/ 어지럽게 하다　災 재 재앙, 재
앙을 내리다/ 화재　眚 생 재앙

것이니, 외부로부터 천재지변(災)이 몰려오고 스스로의 잘못으로 인한 재앙(眚)까지 일어난다는 말이다.

용행사(用行師)는 군사를 출병시킨다는 뜻이고, 종유대패(終有大敗)는 끝내는 크게 패한다는 뜻이다. 복(復)의 기운이 꺾이며 돌아오는 군자들이 길을 잃고 헤맬 때에는 무슨 일을 시도해도 성공하기가 힘들다. 작은 일도 성공할 가능성이 없으니, 군사를 출병시켜 적군에 맞서 싸우는 일도 마찬가지이다. 이기국군,흉(以其國君,凶)은 이로써 그 나라의 군왕이 흉하다는 뜻이다. 이 군사를 출병시키는 나라의 군왕 또한 무사할 수가 없다는 것이다.

지우십년불극정(至于十年不克征)은 십년이 지나도 얻을 수 없다는 뜻이다. 곧 군사를 출병시켜 크게 패한 나라와 그 나라의 왕은 십년이 지나도 아무것도 얻지 못한다는 말이다. 십(十)자는 열 번, 열 배, 전부를 뜻하는 글자이고, 여기서는 끝까지 얻을 수 없다는 의미를 나타낸다.

XI

군자의 도는 민주주의의 원칙과 다르지 않다

약 3,000년 전에 쓰인 〈주역〉은 복괘(復卦)에서 군자의 도가 펼쳐지는 세상에 대해 묘사하고 있다. 그런데 이 묘사를 꼼꼼히 살펴보면 군자의 도가 이루어지는 세상이 지금의 민주주의와 크게 다르지 않다는 점을 알 수 있다. 복괘가 보여주는 출입무질(出入无疾), 붕래무구(朋來无咎), 반복기도(反復其道)의 장면이 바로 그 것이다.

출입무질(出入无疾)은 성문을 들어오고 나가는데 화살에 맞을 일이 없다는 뜻이다. 지금의 민주적 관점에서 보면, 곧 국민이 생존권과 거주 이전의 자유를 가진다는 말이다. 붕래무구(朋來无咎)는 서로 다른 능력과 생각을 가진 군자의 무리가 걱정없이 성문 안으로 돌아올 수 있다는 뜻이니, 또한 민주주의 사회에서 사상의 자유, 집회의 자유가 보장되는 것과 유사한 것이다. 반복기도(反復其道)는 성문 앞의 큰길을 따라 되풀이하여 돌아온다는 것이니, 지금의 관점으로는 정치적 선택의 자유를 누릴 수 있다는 말과 다르지 않다.

지금 지구상에는 200개가 넘는 나라가 있는데 이 나라들 대부분이 민주주의를 표방하고 있다. 모두가 자신들이 민주주의를 실천하고 있다고 말한다. 무력으로 국민의 뜻을 꺾어버리는 군사정권도, 수십 년 동안 온갖 만행을 저지른 독재자도 민주주의라는 명칭을 버리지 않는다. 하지만 얼마나 많은 나라가 실제로 민주적 제도를 바탕으로 민주 정치를 실천하고 있는지는 알 수 없다.

복괘는 복(復)의 다양한 양상에 대해 언급한다. 휴복(休復)은 여유롭게 돌아온다는 뜻으로 서두르지 않는 정치 활동을 말한다. 빈복(頻復)은 의지가 확고하지 못한 자가 얼굴을 찡그리며 힘겹게 정치 활동에 나선다는 뜻이다. 독복(獨復)은 중용의 정치 활동을 통해 균형감 있는 정치를 실현하려다가 양쪽으로부터 배척당하는 것이다. 돈복(敦復)은 인의와 두터운 덕으로 화합하는 정치 활동을 말한다. 미복(迷復)은 신념 없는 정치 활동으로 길을 잃고 헤매다가 끝끝내 군자의 길로 돌아오지 못하는 것을 말한다.

지금 만날 수 있는 현실 정치인의 모습도 여기에서 크게 벗어나지 않을 것이다. 자신의 진퇴를 잘 아는 정치인, 작은 이익을 따라 철새처럼 자리를 옮겨 다니는 정치인, 이상은 높으나 조직과 융화하지 못하는 정치인, 중도 노선을 표방하다가 아무것도 얻지 못하는 정치인, 훌륭한 인품으로 상대방의 마음을 움직이는 정치인, 신념 없이 정치에 발을 들여놓았다가 금세 사라진 정치인 등이 그렇다.

물론 이 복괘의 가르침은 반드시 정치 영역에 대한 것만은 아니다. 기업, 비정부 기구, 동아리, 가족 집단 등의 모든 조직에서도 그에 걸맞은 가르침을 얻을 수 있다. 정치인뿐만 아니라 우리 모두가 이 복괘의 이야기와 멀지 않은 곳에 있다.

25. 무망无妄괘 ; 거짓 없는 무위(無爲)의 삶

거짓 없음, 순진무구, 무위자연, 욕심 없음, 계획 없음

无妄은 元亨利貞하니라.

망(妄)은 거짓, 망령스러움 등을 의미한다. 그러므로 무망(无妄)은 이러한 거짓, 망령스러움 등이 없다는 뜻을 가진다. 하지만 무망은 보통 망(妄)의 단순한 부정보다는 더 많은 의미를 나타낸다. 곧 아이와 같은 순수성, 사람의 힘을 들이지 않는 자연, 자연에 대한 순응, 인위가 없는 무위(無爲), 계획과 욕심이 없는 자연스러움 등을 표현하는 데도 이 말을 쓴다는 것이다.

이러한 무망(无妄)은 많은 사람들이 삶의 목표로 추구해온 것이다. 하지만 이러한 상태를 실제로 성취할 수 있는 사람은 거의 없거나, 있다 하더라도 아주 적다. 평범한 범인(凡人)들은 망(妄)에 집착하는 삶을 살고 있다. 인위적인 의도를 가지고 계획을 세우고 욕심을 부리며, 자신과 자연을 변화시

无 무 없다/ 아니다 妄 망 거짓/ 망령되다, 망령스럽다/ 허망하다/ 헛되다/ 속이다/ 제멋대로, 함부로

키기 위해 부지런히 땀을 흘린다. 이런 점에서 이 망(妄)에 열중하는 삶 또한 건강한 삶임에는 틀림없다. 하지만 무망의 경지와는 멀리 떨어져 있는 것 또한 사실이다. 그래서 평범한 범인들은 무망(无妄)을 이룬 이들을 성인(聖人), 현인(賢人), 도사(道士)라 부른다. 이는 자신들과는 전혀 다른 세계에서 자신들은 상상조차 할 수 없는 성취를 이룬 이들에 대한 깊은 존경심의 표현일 것이다.

무망은 원형이정(元亨利貞)의 시절 언제라도 통하는 것이다. 곧 무망의 경지를 타고난 사람은 인생의 모든 시간을 이 무망의 상태에서 보낸다는 말이다. 또한 평범한 범인들도 형(亨)의 시절이나 이(利)의 시절이나 정(貞)의 시절 언제라도 이 무망의 가치를 깨달아 수양을 쌓을 수 있다는 말이기도 하다.

其匪正이면 有眚하여 不利有攸往하니라.
기 비 정   유 생   불 리 유 유 왕

기비정,유생(其匪正,有眚)은 그것이 정도가 아니라면 재앙이 생긴다는 뜻이다. 곧 무망의 삶과 무망을 향한 수양에 사사로운 욕심이나 진실하지 못한 행위가 개입해 있다면 이는 곧 스스로 재앙을 불러오는 일이나 마찬가지라는 것이다. 불리유유왕(不利有攸往)은 이렇게 일을 진행시켜 나가는 것은 이롭지 않다는 뜻이니, 곧 정도를 지키지 않고 무망을 향한 수양을 계속하거나 거짓으로 무망의 말을 훔쳐 사용한다면 이는 자기 자신까지 망칠 수 있는 일이라는 것이다.

그러므로 무망(无妄)의 삶은 함부로 넘볼 수 있는 것이 아니다. 이를 넘보는 것은 도시 생활에 지친 이들이 시골 마을로 가서 살고 싶다고 말하는 일

眚 생 재앙

234

과 유사하다. 하지만 이러한 생각을 바탕으로 실제로 시골 마을로 갔다가는 십상팔구 적응하지 못하고 뼈아픈 실패만을 겪는다. 도시 생활에 지친 탓에 쉬고 싶다는 생각을 하는 것은 자연스럽다. 하지만 이러한 생각은 안일하고 현실 회피적인 마음으로부터 비롯된 것일 뿐이다. 시골 생활조차 이러한데, 무망의 삶은 더 말할 필요도 없는 것이다.

无妄이니 往吉하리라.

앞 구절에서는 무망(无妄)이 얼마나 엄격한 진실성을 바탕으로 하는 것인지, 얼마나 엄정한 순수성을 바탕으로 하는 것인지, 얼마나 성취하기 어려운 것인지를 설명했다. 자칫 쉽게 보고 덤볐다가는 오히려 치명적인 재앙을 겪을 것이라는 경고도 했다. 하지만 이것이 무망의 삶을 결코 달성할 수 없는 것이라는 절대적 불가론은 아니다. 무망,왕길(无妄,往吉)은 순수한 마음으로, 진실하게 가면 길하다는 뜻이다. 말 그대로 아이처럼 천진난만한 순수함을 가진다면 이 무망을 향해 가는 일도 어렵지 않다.

不耕穫하며 不菑畬하니 則利有攸往하나니라.

평범한 농부들은 묵은 밭을 봄마다 새로 갈아엎고, 황무지를 개간하여 새 밭을 만든다. 이로써 더 많은 농작물을 심고 더 많은 수확을 얻으려 한다. 의도를 가지고 계획을 세우고 이 계획을 이루려는 욕심에 열심히 노력하는 것이 이들의 생존 방식이다.

耕 경 밭을 갈다/ 경작하다/ 농사에 힘쓰다　**穫 확** 거두다/ 벼를 베다/ 수확하다　**菑 치** 묵정밭/ 황무지/ 일구다, 개간하다　**畬 여** 새밭(개간한 지 세 해 또는 이태 지난 밭)/ 개간하다, 밭을 일구다

无妄은 元亨利貞하니라.
거짓 없는 무망의 삶은 원형이정(元亨利貞)의 시절 언제라도 통한다.

其匪正이면 有眚하여 不利有攸往하니라.
그것이 정도(正道)가 아니라면 재앙이 생긴다. 이렇게 일을 진행시켜 나가는
것은 이롭지 않다.

无妄이니 往吉하리라.
순수한 마음으로, 진실하게 가면 길할 것이다.

不耕穫하며 不菑畬하니 則利有攸往하니라.
묵은 밭을 갈아엎지 않고서 수확하며 황무지를 개간하지 않고서 새 밭을
얻는다. 이와 같이 계속 농사를 짓는 것이 이롭다.

无妄之災니 或繫之牛일새라. 行人之得하고
邑人之災하니라.
무망을 향한 삶이 재앙을 당하는 것은 그것을 소와 같은 재물에 묶어 두기
때문이다. 지나가던 사람이 그것을 얻어가고 마을 사람들이 화를 당한다.

可貞이니 无咎리라.
사사로운 욕심에 휘둘리지 않고 올바름을 지킬 수 있다면 탓할 일이 없다.

无妄之疾이니 勿藥有喜리라.
무망을 향한 삶이 질병에 걸리니 약을 쓰지 않아도 기쁨이 있다.

无妄에 行하면 有眚하여 无攸利하니라.
의도가 없는 무망의 삶에서 의도를 가지고 길을 선택하면 재앙이 생긴다.
이로울 것이 없다.

하지만 무망(无妄)의 농부는 이렇게 하지 않는다. 불경확(不耕穫)은 묵은 밭을 갈아엎지 않고서 수확한다는 뜻이고, 불치여(不菑畬)는 황무지를 개간하지 않고서 새 밭을 얻었다고 여긴다는 뜻이다. 곧 딱딱한 땅에서 잡초와 함께 자라는 농작물을 수확하는 것이 무망의 농부가 농사를 짓는 방법이다. 이들에게는 어떤 의도나 계획도 없고 욕심도 없다. 이렇게 해도 농사를 계속 짓는 데 문제가 없고 오히려 유리한 것이 있다. 그래서 즉이유유왕(則利有攸往)이라 말하는 것이니, 계속 농사를 짓는 것이 이롭다는 뜻이다.

〈성경〉에는 들에 핀 백합화처럼 입을 것을 걱정하지 말라는 말이 있다. 하느님이 다 알아서 먹이고 입혀 준다는 것이다. 〈성경〉의 이 말이 의미하는 바는 무망괘(无妄卦)의 이 구절이 말하는 바와 크게 다르지 않다. 수행자에게 바리때 하나와 가사 한 벌 외에는 재물을 쌓아 두지 못하도록 했던 부처의 가르침도 이와 다를 것이 없다.

무 망 지 재　　혹 계 지 우　　　　행 인 지 득　　　읍 인 지 재
无妄之災니 或繫之牛일새라. 行人之得하고 邑人之災하니라.

무망지재(无妄之災)는 무망을 향한 삶이 재앙을 당한다는 뜻이고, 혹계지우(或繫之牛)는 간혹 그것을 소에 묶어 둔다는 뜻이다. 여기서 그것(之)은 무망의 삶을 가리키고 소(牛)는 재물에 대한 욕심을 가리킨다. 곧 자연스러운 무망의 삶을 살 때는 재물에 대한 욕심을 가지면 안되는데, 이 무망의 삶을 소라는 재물에 연결시킴으로써 재앙을 당한다는 말이다. 무망을 향한 삶에서 가장 경계해야 할 것은 재물에 대한 욕심이다.

그렇다면 무망을 향한 삶에서 재물 욕심을 부린 결과는 무엇인가? 재물을

繫 계 매다/ 묶다/ 이어매다/ 잇다/ 얽다

많이 얻어 세속의 부자로서 잘 살 수 있는가? 말할 것도 없이, 그렇지 않다는 것이 무망괘의 말이다. 행인지득(行人之得)은 지나가던 사람이 얻는다는 뜻이고, 읍인지재(邑人之災)는 마을 사람들이 화를 당한다는 뜻이다. 곧 아무 관계도 없는 행인이 묶어 두었던 소를 가져가고, 평소 알고 지내던 마을 사람들이 손해를 본다는 것이다. 무망을 향한 삶을 살던 사람이 욕심을 내면, 이처럼 엉뚱한 사람이 이득을 보고 가까운 사람들에게는 변고가 생긴다.

가 정   무 구
可貞이니 无咎리라.

무망괘는 앞에서, 무망의 길을 향해 가면서 욕심을 내다가는 재앙을 면치 못한다고 경고하고 있다. 하지만 무망의 길을 걷는 사람이 어린아이처럼 순수한 마음을 굳게 지킬 수 있다면, 그리고 사사로운 욕심에 휘둘리지만 않는다면 걱정할 일이 없다. 가정,무구(可貞,无咎)라 말하는 것은 바로 이러한 이유에서다. 이 구절은 올바름을 지키면 탓할 일이 없다는 뜻이다.

무 망 지 질   물 약 유 희
无妄之疾이니 勿藥有喜리라.

무망지질(无妄之疾)는 무망을 향한 삶이 질병에 걸린다는 뜻이고, 물약유희(勿藥有喜)는 약을 쓰지 않아도 기쁨이 있다는 뜻이다. 여기서 질병은 무망을 향한 수양 중에 생기는 병, 말하자면 사사로운 욕심이나 흐트러진 의지, 질병을 없애고자 하는 의도를 가리킨다. 이러한 질병은 약으로 나을 수 있는 것이 아니고 누군가의 도움으로 해결할 수 있는 것이 아니다. 스스로 깨달아야 본연의 자세로 돌아와 무망의 삶을 향해 계속 나아갈 수 있다.

藥 약 약, 약초/ 고치다, 치료하다

无妄에 行하면 有眚하여 无攸利하니라.

무망(无妄)은 무언가를 기대하고서 어떤 행동을 하는 것이 아니다. 목적이나 목표가 있는 삶, 의도를 가지고 이를 위해 애쓰는 삶은 무망의 삶이 아니다. 무망의 삶은 저절로 그렇게 되는 자연의 법칙을 따르는 삶이다.

행,유생(行,有眚)은 길을 다니면 재앙이 있다는 뜻이다. 여기서 행(行)자는 원래 네 갈래로 뻗은 사거리를 표현한 것에서 길, 길을 다니다, 가다 등의 의미를 뜻하게 되었다. 그런데 앞서 무망의 농부가 황무지에서 농사를 지었던 일과 견주어 보면, 무망의 떠돌이가 네 갈래 사거리에서 특정한 방향을 정하고 가는 일은 그리 자연스러운 일이 아니다. 그러므로 재앙이 생긴다고 말하는 것이다. 그리고 다시 이로울 일이 없다(无攸利)고 덧붙이는 것이다.

이와 같은 재앙에 대한 경고는 앞에서도 이미 두 번이나 있었던 것이다. 마지막에 이를 다시 강조함으로써 무망괘는 무망이 그만큼 이르기 어렵다는 점, 무망을 삿되게 이용해서는 절대로 안된다는 점을 거듭 강조하고 있다.

계획하지 않은 것이 계획한 것보다 좋을 수 있다

무망(无妄)은 망령됨이 없다는 뜻이다. 거짓, 속임수 등과 같은 것뿐만 아니라 의도, 계획, 욕심 등도 망령됨으로 보고 이러한 망령됨이 없는 것을 무망이라고 한다.

이러한 무망(无妄)의 삶은 실제로 성취할 수 있는 사람은 아주 적다. 무망의 삶을 살기로 작정하고 무망의 삶을 사는 이들은 범인과는 다르다. 먹고 자고 입는 것,

가고 오는 것, 생각하고 말하는 것이 모두 다르다. 이들은 날마다 욕심을 버리는 게 아니라 아예 욕심이 무엇인지도 모른다. 자연을 사랑하고 가까이하는 것이 아니라 아예 자연의 일부로 산다. 이와 같지 않다면 무망(无妄)과는 거리가 있다. 무망의 삶을 살고 싶다고 말하면서도 좋은 옷, 좋은 음식을 탐하고 명예과 돈을 추구한다면 어떻게 될 것인가? 속된 말로 사짜, 비슷한 말로 사이비(似而非)가 된다.

세속적인 삶, 특히 정치와 경제 문제에 대한 충고를 고려해 볼 때, 〈주역〉은 분명 무망의 삶을 긍정하고 이를 높게 평가한다. 하지만 그렇다고 해서 망(妄)의 삶을 살아가는 범인들의 땀과 노력을 경멸하거나 비난하는 것은 아니다. 〈주역〉은 욕심을 부리며, 자신과 자연을 변화시키기 위해 부지런히 땀을 흘리는 범인들에게도 큰 박수를 보낸다.

이 무망괘의 이야기는 노자(老子)의 무위자연(無爲自然) 철학과 큰 차이를 느낄 수 없을 만큼 유사한 측면이 있다. 어쩌면 노자는 이 무망괘의 이야기를 읽으며 자신의 철학을 발전시켰을지도 모른다. 노자(老子)는 다음과 같이 말했다.

"총명과 지혜를 끊어버리면 백성의 이익이 백배로 늘어날 것이다. 인의(仁義)의 덕을 끊어버리면 백성들이 효성스럽고 자애로워질 것이다. 정교하고 편리한 물건을 없애 버리면 도적이 없어질 것이다. 무위(無爲)의 덕으로 다스리면 다스려지지 않는 것이 없다. 천하는 불가사의한 그릇이어서 인위적으로 어찌할 수 있는 것이 아니다. 잘하려고 애쓰면 실패하고, 꽉 잡고 장악하려 하면 천하를 잃고 만다."

실제로 없는 것이 있는 것보다 낫고, 다스리지 않는 것이 다스리는 것보다 나으며, 모르는 것이 아는 것보다 나은 경우는 헤아릴 수 없을 만큼 있다. 하지만 이처럼 모든 인위적인 의도를 없애고 사물을 있는 그대로 놓아 두는 것은 참으로 어려운 일이다. 어떤 경우는 알지 못해서 무리하게 시도하고, 어떤 때는 알면서도 어쩔 수 없어서 부딪히는 것이 평범한 범인들이다.

무망의 삶을 추구하는 일은 매우 고단하다. 진정한 무망의 삶에 이르는 일은 몹시도 어렵다. 무망괘는 이 무망의 삶이 얼마나 이르기 어려운 경지인지를 반복해서 말하고 있다. 무망의 삶을 추구하다 보면 정신적인 고양의 상태에서 살 수는 있을지 몰라도 물질적인 궁핍은 피하기 어렵다. 그리고 무망의 철학과 사사로운 욕심을 뒤섞거나 무망을 바라보는 삶의 방향을 끝까지 유지하지 못하면 오히려 재앙이 생긴다는 것이 이 무망괘의 경고이다.

26. 대축大畜괘

; 철저한 준비가 필요한 축적

크게 키움, 권력과 재물을 매우 크게 쌓음, 성공

대 축　　이 정　　불 가 식　　길　　이 섭 대 천
大畜은 利貞하니 不家食하면 吉하니 利涉大川하니라.

　대축(大畜)은 크게 쌓는다는 뜻이다. 재물은 물론 권력이나 학문적 업적 등을 산처럼 쌓아 올린다는 것이다. 이정(利貞)은 이러한 대축이 원형이정 (元亨利貞)의 시절 가운데 결실기인 이(利)의 시절과 완성기인 정(貞)의 시절에 이루어진다는 말이다. 사람은 중장년 이후의 원숙한 연배가 되어야 대축을 이룰 수 있다는 것이다. 이는 앞서 조금씩 쌓아 올리는 소축(小畜)이 성장기인 형(亨)의 시절에 이루어지는 것과는 대조적인 것이다.

　불가식(不家食)은 집에서 밥을 먹지 않는다는 뜻이다. 곧 나라의 녹봉으로 함께 일하는 동료들과 식사를 하고 가족과 식사를 하지는 않는다는 말이다. 이 말은 또한 크게 쌓은 재물을 집안일을 위해 쓰는 것이 아니라 바깥일

畜 축 쌓다/ 축적, 축적하다/ 기르다/ 가축　涉 섭 건너다/ 걸어서 돌아다니다/ 이르다

을 위해 기꺼이 내놓는다는 의미도 내포하고 있다. 언뜻 가족을 내팽개치고 집안일에는 신경도 쓰지 않는다는 이야기로 여겨질 수도 있다. 보기에 따라서는 그런 것이다. 이 대축괘(大畜卦)는 그래야 길하고(吉), 정말로 세상 사람들이 칭송할 만한 큰일을 할 수 있다고 말하고 있다. 미상불 큰 재물을 쌓거나 위대한 업적을 이룬 이들의 성공담 중에는 가정사를 소홀히 한 이야기가 없지 않다.

이섭대천(利涉大川)은 큰물을 건너는 것이 이롭다는 뜻이니, 온갖 위험을 무릅쓰고 도전에 나서는 일을 묘사한 것이다. 크게 쌓아 올리기 위해 용기, 결단력, 추진력을 가지고 다른 이들은 엄두도 내지 못하는 위험천만한 모험을 감행해도 괜찮다는 것이다. 그래야 대축을 이룰 수 있다는 것이다.

有厲니 利己니라.
<small>유 려</small> <small>이 기</small>

유려(有厲)는 위태로움이 있다는 뜻이고 이기(利己)는 자기를 이롭게 한다는 뜻이다. 곧 큰물을 건너기 위해 물에 뛰어든 자가 자기 자신만을 이롭게 하는 일을 하면 위태로움이 있을 것이라는 말이다. 대축(大畜)을 이루는 사람은 개인 차원의 작은 성공, 작은 이익에 연연하는 사람이 아니다. 그의 앞에는 더 큰일, 나라의 장래와 공동체의 내일이 걸린 문제가 놓여 있다. 그러니 당연히 자신만을 이롭게 하는 사사로운 욕심(利己)에 매달리면 대축을 이룰 수 없고 위태롭기만 하다.

이기(利己)의 기(己)자를 이(已)자로 보기도 한다. 이 경우 유려,이이(有厲,利已)는 위태로움이 있으니 그만 두는 것이 이롭다는 뜻이다. 곧 대축을 이루려는 사람은 모험을 감행해야 하지만 무턱대고 뛰어들어서는 안된다는 의미이다.

여 설 복
輿說輹이로다.

여설복(輿說輹)은 수레를 끌면서 바퀴 굴리는 방법을 말한다는 뜻이다. 소축괘(小畜卦)에는 여탈복(輿說輻)이라는 구절이 나오는데, 이때는 설(說)자를 탈(說)자로 읽어 말하다는 의미가 아니라 벗겨진다는 의미로 풀었다. 곧 여탈복(輿說輻)을 수레에서 바큇살이 빠진다는 의미로 해석했던 것이다. 하지만 여기서는 이렇게 보기 어렵다. 대축괘의 전체적인 이야기와 앞뒤의 구절들을 고려할 때 그냥 설(說)로 읽고 '말하다'는 뜻으로 풀어야 자연스럽다. 복(輹)은 수레와 굴대를 연결시켜 고정하는 장치인 둔테를 가리키는 것으로, 여기서는 바퀴 굴리는 방법을 의미한다.

수레(輿)는 대축이라는 목표를 일컫고, 바퀴 굴리는 방법(輹)은 이 목표를 이루기 위한 구체적인 책략과 전술을 가리킨다. 곧 크게 쌓기 위해서는 대축이라는 목표, 그리고 이를 위한 책략과 전술을 치밀하게 살피고 이를 말로 표현할 수 있어야 한다는 것이다. 대축은 혼자서 이룰 수 있는 것이 아니므로 이처럼 목표와 책략을 말로 전달할 수 있는 능력은 없어서는 안되는 것이다.

앞서 대유괘(大有卦)에서는 대거이재(大車以載)라 하여 군자는 큰 수레에 짐을 싣고 먼 길을 간다고 말한 바 있다. 군자가 이렇게 할 수 있는 것은 수레에 대해 잘 알기 때문이다. 수레의 구조를 알고 수레를 끌고 가는 방법을 알고 짐의 균형을 잡을 줄 알기 때문이다. 이와 마찬가지로 대축을 이루기 위해서는 그 목표를 명확히 하고 그 방법을 치밀하게 하여 구체적으로 실행해야 한다는 뜻이다.

輿 여 수레 **說 설** 말하다 **輹 복** 둔테, 수레와 굴대를 연결시켜 고정하는 장치/ 바큇살

^{양 마 축} ^{이 간 정} ^{일 한 여 위} ^{이 유 유 왕}
良馬逐하고 利艱貞하니 日閑輿衛면 利有攸往하리라.

양마축(良馬逐)은 좋은 말이 달린다는 뜻이니, 곧 대축을 이룰 준비가 된 군자가 이제 막 본격적인 여정을 떠난다는 말이다. 이간정(利艱貞)은 어려움이 있더라도 올바름을 지킴이 이롭다는 뜻이니, 준비된 군자라 하더라도 대축을 이루기는 쉽지 않고 숱한 경쟁자들 가운데서 온갖 어려움에 시달릴 것이라는 말이다. 또한 이럴 때일수록 정도의 원칙을 지켜야 한다는 말이다.

일한여위(日閑輿衛)는 수레를 끌고 사방을 막아 지키는 일을 날마다 익힌다는 뜻이다. 한(閑)자는 한가로움을 뜻하는 글자인데, 여기서는 이처럼 한가로울 때 훈련하고 연습한다는 의미로 쓰였다. 수레를 끄는 일과 사방을 막아 지키는 일은, 대축을 이루는 과정에서 필요한 책략과 전술을 상징하는 것이다. 곧 대축을 이루기 위해서는 날마다 책략과 전술을 갈고 다듬어야 한다. 이렇게 해야 대축의 목표를 향해 계속 앞으로 나아가도 불리할 것이 없다(利有攸往).

^{동 우 지 곡} ^{원 길}
童牛之牿이니 元吉하니라.

동우(童牛)는 어린 송아지를 가리키고, 곡(牿)은 소가 사람을 들이받지 못하도록 횡목을 대는 일을 가리킨다. 동우지곡(童牛之牿)은 곧 송아지의 뿔에 횡목을 댄다는 뜻이니, 송아지가 함부로 날뛰지 못하도록 하여 가르치고

良 량 좋다/ 뛰어나다/ 어질다/ 아름답다/ 착하다/ 참으로　**逐 축** 쫓다, 뒤쫓아 가다/ 내쫓다/ 물리치다/ 다투다　**艱 간** 어렵다, 어려워하다/ 괴로워하다　**閑 한** 한가롭다/ 막다/ 보위하다　**衛 위** 지키다/ 보위하다/ 호위하다/ 막다/ 아름답다　**童 동** 어린아이/ 어린 양이나 소/ 종복　**牿 곡** 우리(마소를 기르는 곳)/ 쇠뿔에 가로 댄 나무/ 우리에 넣어 기르다

大畜은 利貞하니 不家食하면 吉하니 利涉大川하나라.

큰 축적은 결실기인 이(利)의 시절과 완성기인 정(貞)의 시절에 이루어진다.
집에서 밥을 먹지 않으면 길하니 큰물을 건너는 것이 이롭다.

有厲니 利已니라.

위태로움이 있으니, 자기 자신만을 이롭게 하고자 하는 까닭이다.

輿說輹이로다.

수레를 끌면서 바퀴 굴리는 방법을 말한다.

良馬逐하고 利艱貞하니 日閑輿衛면 利有攸往하리라.

큰 축적을 위해 좋은 말을 타고 달린다. 어려움이 있더라도 올바름을 지키는
것이 이로우니, 수레를 끌고 사방을 막아 지키는 일을 날마다 익힌다. 앞으로
계속 나아가도 이롭다.

童牛之牿이니 元吉하나라.

송아지가 함부로 날뛰지 못하도록 송아지의 뿔에 횡목을 대니 근원적으로
길하다.

豶豕之牙니 吉하나라.

불깐 돼지의 튼튼한 이빨과 같다면 길하다.

何天之衢니 亨하나라.

하늘의 네 갈래 길을 자신의 어깨 위에 짊어지고 다닐 만큼 천시(天時)에
통달해 있다면 형통하다.

보호하는 일을 일컫는다. 농경 사회에서는 소가 각 가정의 큰 일꾼이었다. 그러므로 어린 송아지는 장차 크게 성공할 인재, 대축을 이룰 인물을 상징한다. 이런 송아지를 정성스럽게 교육하는 것은, 이보다 더 보람 있는 일이 없을 만큼 훌륭하다. 그래서 이 일은 근원적으로 길하다(元吉)고 말한다.

豶豕之牙니 吉하니라.

분시지아(豶豕之牙)는 불깐 돼지의 이빨을 뜻한다. 불깐 돼지는 새끼를 낳기 위한 돼지가 아니라 도축하여 고기를 시장에 내다 팔기 위한 돼지이다. 이 불깐 돼지에게서 가장 중요한 것은 음식을 씹어 삼킬 수 있는, 살을 찌우는데 필요한 영양분을 섭취할 수 있도록 하는, 튼튼한 이빨이다.

여기서 시장에 내다 팔 불깐 돼지는 지금으로 치면, 돈을 벌기 위한 수단인 사업체와 같은 것이다. 그리고 이 돼지의 이빨은 바로 사업을 일구는 데 필요한 자금, 시설, 인적 네트워크 등을 잘 갖추어 놓는 일을 나타낸다. 사업이든 정치든 학업이든, 이와 같은 사전 준비가 잘 되어 있어야 별 탈 없이 추진할 수 있다. 그러므로 이와 같은 불깐 돼지의 이빨과 같이 한다면 길하다(吉)고 말하는 것이다.

何天之衢니 亨하니라.

하천지구(何天之衢)에서 하(何)자는 하(荷)자와 통하는 글자로 메다, 짊어지다, 담당하다 등을 뜻하고, 구(衢)자는 네 갈래로 뻗은 사거리를 뜻한다.

豶 분 불깐 돼지, 거세한 돼지/ 거세하다/ 제거하다   豕 시 돼지   牙 아 어금니, 이   何 하 메다/ 어찌   衢 구 네거리/ 갈림길/ 길, 도로

하천지구(何天之衢)는 곧 하늘의 네 갈래 길을 자신의 어깨 위에 짊어지고 다닐 만큼 천시(天時)에 통달해 있다는 말이다. 형통하지(亨) 않을 수 없는 것이다.

남다른 사람이 남다른 성공을 쟁취한다

대축괘(大畜卦)는 크게 쌓는 일에 대해 말한 괘이다. 작은 행복을 만들어가는 지혜를 말했던 소축괘(小畜卦)와 짝을 이루는 괘이다.

물론 여기서 크게 키워서 얻는 것은 재물만이 아니다. 권력, 학문적 성취 등과 같은 일도 크게 축적해서 이룰 수 있는 것이다. 키우는 과정에서 작은 이익이나 성과에 연연하지 않고 큰 성과를 이루고자 하는 것이 대축이라고 할 수 있다. 작은 행복을 중요하게 여기는 이들도 있지만, 사실 좀더 많은 이들은 무엇이든 크게 이루고자 하는 원대한 욕망을 가지고 있다. 하지만 크게 이루어낸 사람은 아주 적다.

누구나 성공을 꿈꾸고, 또 누구나 기왕이면 더 큰 성공을 꿈꾼다. 하지만 정치에서든 사업에서든 학문에서든, 정말로 큰 성공을 거두는 사람은 그리 많지 않다. 평범한 범인들이 밤잠을 잊고 노력해도 이루지 못하는, 정말 큰 성공을 이루는 사람들만의 비결은 무엇인가? 어떻게 하면 크게 키워 크게 쌓을 수 있는가? 대축괘는 바로 이 질문에 대한 답을 이야기한다.

수신제가(修身齊家)와 치국평천하(治國平天下)라는 말은 누구나 한 번쯤은 들어 보았을 것이다. 자신의 몸을 수양하고 집안 살림살이를 살핀 다음, 나라를 다스리고 천하를 평화롭게 하는 일로 나아가야 한다는 말이다. 그리고 이 말은 아마도 유가(儒家) 사상을 대변하는 가장 중요한 말일 것이다. 하지만 〈주역〉의 대축괘는 이것과는 조금 다른 내용의 말을 한다. 자신의 재물을 가정을 위해서가 아니라 나라와 공동체를 위해 쓸 수도 있다고 말하는 부분이 그것이다. 이 말은 가정을 내팽개치라는 말처럼 여겨지기도 하는데, 실제로도 그러한 부분이 있다는 것이다. 그래서 대축을 향해 위험을 무릅쓰는 일에는 종종 가족의 희생이 뒤따른다. 가족들이 경제적인 어려움을 겪어야 하는 일이 비일비재하다. 때로는 정신적인 고통과 스트레스까지 가족들에게 전가되는 경우가 있다.

대축(大畜)을 추구하는 이들은 사물을 크고 넓은 시각으로 본다. 그런 만큼 소소한 부분을 놓치기 쉽고 세세한 진행을 파악하지 못하는 경우가 많다. 그러나 아무리 큰 일이라도 작은 부분에서 어그러지기 시작하면 결국은 실패할 수밖에 없다. 항상 공부하는 자세로 현장을 익히고 실무를 챙겨야 한다. 사사로운 욕심으로 이익을 따지고 이익을 얻기 위해 수단과 방법을 가리지 않는 사람은 대축을 이룰 수 없다는 점도 알아야 한다. 대축을 이루는 사람은 말과 행동이 순수하고 위선과 거짓이 없다.

대축을 위한 물질적 기반을 마련하는 것도 중요하지만, 능력 있는 인재를 발굴하고 사람과의 사귐을 신중히 하여 지혜로운 이들이 주변에 모여들도록 해야 한다. 또한 대운(大運)을 얻어 하늘의 때, 곧 천시(天時)와 함께해야 한다.

27.이頤괘 ; 일상생활 속 군자의 도

위턱과 아래턱으로 음식을 씹음, 군자의 수양

_이 _{정길} _{관이} _{자구구실}
頤는 貞吉이니 觀頤면 自求口實하리라.

이(頤)란 턱을 움직여 음식을 먹는다는 말이다. 위턱과 아래턱이 조화를 이루어 음식을 씹고 삼키고 마셔서 자신의 몸을 기른다는 것이다. 이 턱(頤)의 도는 정도를 바탕으로 이루어져야 길하기에 이,정길(頤,貞吉)이라고 말한다. 음식은 신선하고 상하지 않은 것을 여러 번 씹어 삼켜야 하고 그렇지 않은 경우는 몸을 해칠 수 있다는 것이다. 물론 이러한 턱(頤)의 도는 단지 음식에만 적용할 수 있는 것은 아니다.

관이(觀頤)는 턱을 자세히 본다는 뜻이니, 음식을 먹는 턱(頤)의 도를 깊이 성찰한다는 말이다. 곧 자신과 다른 사람의 처지를 살펴보고 사물의 과거와 현재와 미래를 내다보는 것이다. 턱(頤)의 도를 실행하는 군자의 특징은 무

頤 이 턱/ 아래턱/ 기르다/ 보양하다

250

엇인가? 이들은 이미 모든 자연의 섭리를 알고 있기에, 행동에 거칠 것이 없다. 말이 음양의 조화에 정확하게 일치하고 행동 또한 말과 다르지 않은 것이, 마치 위턱과 아래턱이 음식을 먹는 것과 같다. 그래서 자구구실(自求口實)이라 말하는 것이니, 스스로 입과 실제 행동의 일치를 구한다는 뜻이다.

舍爾靈龜하고 觀我朶頤하니 凶하니라.
<small>사 이 영 귀　　관 아 타 이　　　흉</small>

영귀(靈龜)는 미래의 길흉을 예지하는 신령스러운 거북을 가리키고, 사이영귀(舍爾靈龜)는 이 거북을 버린다는 뜻이다. 이 구절은 곧 미래를 미리 알수 있는 판단력을 잃는다는 의미를 가지고 있다. 턱(頤)의 도를 통해 얻을 수있는 가장 중요한 능력 중 하나가 사물의 과거와 현재는 물론 미래까지를 꿰뚫어보는 것이다. 그런데 이런 예지력이 상실되었다는 것이다. 그러므로 이는 흉하다(凶).

그렇다면 왜 예지력이 상실되는가? 독단과 사리사욕으로 눈이 멀었기 때문이다. 관아(觀我)는 오로지 자신의 삶을 자세히 들여다본다는 뜻이다. 앞서 관괘(觀卦)에서는 관찰의 형태를, 자신의 삶이 군자다운지를 들여다보는 관아생(觀我生), 나라의 풍속과 살림살이를 살펴보는 관국지광(觀國之光), 다른 사람의 삶이 군자다운지를 관찰하는 관기생(觀其生)으로 말한 바 있다. 그런데 여기서는 이 세 가지 가운데 관아생에만 집착하는 것이다. 그러므로 자신과 상대방 사이에서 조화를 이룰 수 없고 나라의 상황에 따른 판단 또한 내리지 못한다. 미래에 대한 예지력이 마비되는 것이다.

舍 사 집, 가옥/ 버리다, 포기하다　爾 이 너/ 그(其)/ 이(此)/ ~뿐　靈 령 신령/ 혼령/ 귀신, 도깨비/ 정신, 감정/ 천제/영적인 존재　龜 귀 거북/ 거북 껍데기/ 등골뼈/ 본뜨다　朶 타 늘어지다/ 나뭇가지가 휘휘 늘어지다

타이(朶頤)는 턱을 늘어뜨리고 있다는 뜻이니, 이런 턱으로는 음식을 씹을 수도 없고 말도 제대로 할 수 없다. 이 구절은 음양의 조화를 이루지 못하고, 예지력이 마비된 군자의 모습을 묘사한 것이다.

顚頤면 拂經이니 于丘頤하면 征凶하리라.

전이(顚頤)는 턱이 이마에 붙었다는 뜻이고, 불경(拂經)은 다스림을 어긋나도록 한다는 뜻이다. 곧 군자가 턱(頤)의 도를 이루지 못하고 세상을 다스리는 일에 나서면 안된다는 말이다. 이렇게 세상을 다스리는 일에 나서면 자신의 오만과 탐욕을 절제하지 못해 세상을 해칠 뿐이다. 우구이(于丘頤)는 언덕에 올라 턱으로 사람을 부린다는 뜻이고, 정흉(征凶)은 다스림을 계속해나가면 흉하다는 뜻이다. 또한 턱을 이마에 붙인 군자가 권력을 잡고 일을 계속하면 안된다는 것이다.

拂頤면 貞凶이니 十年勿用이라. 无攸利하니라.

불이(拂頤)는 위턱과 아래턱을 어긋나도록 한다는 뜻이다. 곧 음양의 조화를 알지 못한 채 턱(頤)의 도를 중도에 포기한 상태를 가리킨다. 이럴 경우는 아무리 정도를 지킨다 하더라도 끝내는 흉할(貞凶) 수밖에 없다. 십년물용(十年勿用)은 턱을 어긋나도록 하면 십년 동안 쓸 수 없다는 뜻이고, 무유리(无攸利)는 이런 상태로는 이로울 일이 없다는 뜻이다.

顚 전 엎드러지다/ 뒤집히다/ 거꾸로 하다/ 이마/ 정수리 拂 불 떨치다/ 사악(邪惡)함을 털다/ 거스르다/ 어기다, 어긋나다, 위배되다 經 경 지나다/ 다스리다/ 글/ 경서(經書)/ 날, 날실/ 도리(道理)/ 땅의 경계 丘 구 언덕/ 구릉/ 무덤/ 마을/ 모으다

전 이   길   호 시 탐 탐   기 욕 축 축   무 구
顚頤면 吉하니 虎視耽耽하며 其欲逐逐하니 无咎하리라.

전이,길(顚頤,吉)은 턱이 이마에 붙어 있으면 길하다는 뜻이다. 그런데 이전의 구절에서는 턱이 이마에 붙은 전이(顚頤)의 군자는 세상을 다스리면 안된다고 말한 바 있다. 그런데 여기서는 대뜸 턱이 이마에 붙으면 길하다고 말한다. 무엇이 다른가? 앞에서 이마에 붙은 턱은 언덕 위에 올라가 사람을 부리는 턱이다. 세상을 다스리는 일에 참여할 자질이 아닌데 어쩌다 높은 지위에 오른, 잘못된 턱인 것이다. 그런데 이 구절에서의 턱은 이마에 붙은 턱이지만 높은 지위에 올라 세상을 호령하는 턱은 아니다.

호시탐탐(虎視耽耽)은 호랑이가 눈을 부릅뜨고 먹이를 노려본다는 뜻이니, 높은 지위에 오를 기회를 노리며 가만히 형세를 살피는 일을 가리킨다. 기욕축축(其欲逐逐)은 그 욕심을 쫓아내고 쫓아낸다는 뜻이니, 높은 지위에 오르고자 하는 탐욕을 절제하는 일을 가리킨다.

이 구절은 곧 턱이 이마에 붙긴 했으나 또한 순수한 열정, 절제의 인내력을 가지고 있다는 것을 의미한다. 이 점 이전의 구절에서 이마에 붙은 턱이 오만했던 것과는 다르다. 그러므로 탓할 일이 없는(无咎) 것이다.

불 경   거 정 길   불 가 섭 대 천
拂經이면 居貞吉하고 不可涉大川하니라.

불경(拂經)은 또한 다스림을 어긋나도록 한다는 뜻이고, 거정길(居貞吉)은 거처함에 올바름을 지키면 길하다는 뜻이다. 곧 자신의 경험과 능력, 철

虎 호 범, 호랑이/ 용맹스럽다 **視 시** 보다 **耽 탐** 즐기다, 즐거워하다/ 열중하다/ 탐구하다 **欲 욕** 하고자 하다, 바라다/ 장차 ~하려 하다/ 좋아하다/ 욕심 **逐 축** 쫓다, 쫓아내다/ 뒤쫓다, 뒤따라가다/ 도망가다 **居 거** 살다, 거주하다/ (한곳에) 자리 잡다/ 벼슬을 하지 않다/ 은거하다/ 곳, 자리 **涉 섭** 건너다

頤는 貞吉이니 觀頤면 自求口實하리라.

턱으로 음식을 먹는 일은 올바름을 지켜야 길하다. 턱을 자세히 보면 입과
실제 움직임이 일치할 것이다.

舍爾靈龜하고 觀我朶頤하니 凶하니라.

신령스러운 거북을 버린다. 자신만을 자세히 들여다보며 턱을 늘어뜨리고
있다. 흉하다.

顚頤면 拂經이니 于丘頤하면 征凶하리라.

턱을 뒤집어 이마에 붙이면 다스림을 어긋나도록 한다. 언덕에 올라 턱으로
사람을 부린다. 이와 같이 계속해 나가면 흉하다.

拂頤면 貞凶이니 十年勿用이라. 无攸利하니라.

위턱과 아래턱을 어긋나도록 하면 올바름을 지켜도 흉하다. 십년 동안 쓸 수
없다. 이로울 것이 없다.

顚頤면 吉하니 虎視耽耽하며 其欲逐逐하니 无咎하리라.

턱을 뒤집어 이마에 붙이면 길하다. 호랑이가 눈을 부릅뜨고 먹이를 노려보며
그 욕심을 쫓아내고 쫓아낸다. 허물할 일이 없을 것이다.

拂經이면 居貞吉하고 不可涉大川하니라.

다스림을 어긋나도록 하면, 거처함에 올바름을 지켜야 길하다. 큰물을
건너서는 안된다.

由頤이니 厲吉하고 利涉大川하니라.

이유가 있어 턱으로 음식을 먹으니 위태로우나 길하다. 큰물을 건너는 것이
이롭다.

학이 현재의 흐름에 맞지 않는 군자는 사람을 부리며 세상을 다스리면 안된다는 것이다. 다만 자신이 머물러 지내는 곳에서 사람으로서의 기본 도리를 다하는 것으로 좋다는 것이다. 불가섭대천(不可涉大川)은 큰물을 건너서는 안된다는 뜻이니, 이 군자는 큰일을 위한 도전에 나서 모험을 감수하는 일도 삼가야 한다.

오랜 시간 몸과 마음을 다하여 갈고닦은 능력을 세상에 나와 펼치는 것은 적절한 때와 자리를 얻어야만 가능한 일이다. 자신의 철학이 현재의 시류와 맞지 않는다면 행동을 삼가고 때를 기다려야 한다.

유 이　　여 길　　이 섭 대 천
由頤이니 厲吉하고 利涉大川하니라.

그렇다면 누가 세상을 다스리며, 누가 위험을 무릅쓰고 도전에 나서야 하는가? 자신에게 그 때가 온 것을 어떻게 알 수 있는가? 이러한 질문에 답하기는 쉽지 않지만, 조짐을 살핌으로써 어느 정도 알 수 있다고는 답할 수 있다. 어떤 일이든 때가 되면 조짐이 나타나기 마련이다.

유이(由頤)는 인연이 있어 턱으로 음식을 먹는다는 뜻이다. 유(由)자는 여기서 사람 사이의 인연, 어떤 일의 인과 관계를 의미하는 바, 연유(緣由)나 이유(理由)라는 단어에 쓰이는 유(由)자가 바로 이런 뜻이다. 유이(由頤)는 곧 연유가 있는 사람이 나타나거나 인과 관계가 있는 사건이 일어나면, 이 조짐을 살펴 세상을 다스리는 일에 나선다는 말이다. 여길(厲吉)은 위태로운 일이 있지만 괜찮다는 뜻이고, 이섭대천(利涉大川)은 과감하게 도전에 나서서 위험을 무릅써도 성공할 수 있다는 뜻이다.

由 유 말미암다/ 까닭. 이유

도(道)는 산중이 아니라 일상생활 속에 있다

턱은 위턱과 아래턱이 맞아야 한다. 그래야 음식을 잘 씹을 수 있고 말소리가 새어나가지 않아 의사소통을 원활하게 할 수 있다. 그래야 얼굴 모양도 제대로 갖추어진다. 이 맞물림과 움직임이 턱(頤)의 도이다. 그리고 이 간단한 이치 속에 세상 만물의 도가 들어 있다는 것이 이괘(頤卦)의 이야기이다.

필자가 '턱(頤)의 도(道)'라고 표현하기는 하지만, 사실 턱(頤)과 도(道)는 다른 개념이다. 턱은 〈주역〉에서 말하는 한 가지 방식이고, 도(道)는 도가(道家) 사상에서 말하는 방식이다. 턱은 세속적이고 현실적인 세상에서 하늘과 땅, 음(陰)과 양(陽)의 이치를 깨달아 여기에 순응한다는 의미를 담고 있다. 반면 도는 다분히 탈세속적인 개념이며 사람의 세상보다는 신선의 세상에 가깝다. 도가 사상에서 말하는 도(道)에 가까운 〈주역〉의 개념은 무망(无妄)이다. 하지만 이러한 기본적 성격만 이해한다면 굳이 턱과 도를 엄밀하게 나눌 필요는 없을 것이다.

〈주역〉이 속세의 도(道)를 말하면서 굳이 턱을 선택한 것은 무슨 이유인가? 턱은 우선 음식을 씹고 말을 하는 데 있어서 가장 중요한 기관이다. 개인의 생존과 사회 생활에 꼭 필요한 기관이라는 말이다. 그러므로 보이지 않는 세상 너머의 어떤 진리가 아니라 생존과 공동체 생활을 위해 꼭 필요한 생활의 원칙을 설명하기 위해, 이보다 더 적절한 비유를 찾아내기는 쉽지 않다.

턱은 또한 위턱과 아래턱이 있으니, 각각 하늘과 땅, 양(陽)과 음(陰)을 상징한다. 이 두 가지가 함께 있으면서 조화를 이루어야만 진정한 도(道)가 발현될 수 있다. 나와 너의 공생, 자신과 상대방의 조화, 형이상학적인 깨달음과 형이하학적인 현실 생활의 균형을 표현하는 데 이보다 더 적절한 것이 어디 있겠는가?

〈주역〉이 생각하는 도(道)는 우리가 상상하는 도와는 많이 다르다. 이러한 차이는 우리가 도인(道人)이라고 여기는 이들의 모습을 떠올려 보면 극명하게 드러난다. 도인이라고 하면 우리는 흔히, 옛날식 옷을 입고 나타나 괴팍한 행동을 서슴지 않는 사람, 다른 사람의 눈을 피해 산중에 틀어박혀 혼자 은둔하는 사람, 이해할 수 없는 말을 하며 자신만의 세계에 갇혀 있는 사람 등을 상상한다. 이러한 도인에 대한 우리의 느낌은, 뭔가 존경스럽긴 하지만 가깝게 지내기는 어려운 사람이라는 것이다.

하지만 〈주역〉이 말하는 도인은 이보다는 훨씬 더 현실적이다. 뜬구름 잡는 이야기로 상대방을 현혹하는 사람, 탈속(脫俗)을 미끼로 혹세무민하는 사람이 아니라는 것이다. 〈주역〉의 도인은 말 그대로 길을 아는 사람이고, 구체적인 방법과 방향을 아는 사람이다. 천지와 만물의 운행 원리를 궁구하여 자연의 법칙을 깨닫고, 자신과 주변 상황을 함께 성찰하여 나아가고 물러날 때를 결정할 줄 아는 사람이다. 이는 현실 세계를 중시하는 모든 종교가 강조하는 삶의 법칙이기도 하다.

거듭 말하자면 〈주역〉의 도는 허무맹랑한 술법이 아니다. 현실에 적응하지 못한 자들을 위한 도피처가 아니다. 〈주역〉의 도는 실생활에 충실하면서도 타인과 자연을 배려할 줄 아는 지혜, 발전적이고 긍정적으로 미래를 열어 나가는 구체적인 방법을 일컫는 것이다.

28.대과大過괘
; 역량을 크게 지나치는 책임
크게 지나침, 무모한 도전, 동량지재(棟梁之材)

_{대 과} _{동 요} _{이 유 유 왕} _형
大過는 棟撓니 利有攸往하여 亨하니라.

대과(大過)는 너무 지나치다는 말이다. 곧 역량과 책임 사이의 괴리를 뜻한다. 군자가 자신의 한계에 비해 너무 위험한 일을 감당해야 할 경우, 돌아올 길을 생각하지 못하고 너무 험난한 길을 간 경우가 이런 경우에 해당한다. 동요(棟撓)는 용마루가 휘었다는 뜻이니, 지붕이 용마루에 비해 지나치게 무거운 탓에 용마루 재목이 이를 감당하지 못한다는 것이다.

이유유왕(利有攸往)은 그래도 계속 일을 진행시키는 것이 이롭다는 뜻이다. 용마루가 휘었는데도 계속 일을 진행하라는 것은 무슨 말인가? 이는 너무 지나쳤으므로 방향을 되돌려 역(逆)으로 일을 진행시켜야 한다는 것을 의

過 과 지나다/ 경과하다/ 초과하다/ 지나치다/ (분수에) 넘치다/ 왕래하다/ 과거   棟 동 용마루(지붕 가운데 부분에 있는 가장 높은 수평 마루)/ 용마루 마룻대   撓 요 어지럽다/ 휘다/ 굽히다/ 흔들리다/ 구부러지다

미한다. 곧 지나친 상태에서 주저앉아 있으면 안된다는 말이다. 용마루가 휜 것은 원래 휜 재목을 썼기 때문이 아니라 지붕이 너무 무거워서 결과적으로 휜 것이다. 역량과 책임의 괴리가 외부적인 영향으로 인해 생긴 일이라는 것이다. 다행히 아직 일이 시작되는 단계이고 소인배들이 위세를 떨치는 시기도 아니다. 중용의 덕을 바탕으로 소신껏 일을 되돌려 진행시켜 나간다면 형통할(亨) 수 있다.

藉用白茅니 无咎하리라.

자용백모(藉用白茅)는 흰 띠풀로 자리를 짜서 쓴다는 뜻이니, 곧 겸손하고 절약하는 생활을 상징한다. 크고 묵직한 기와가 아니라 작고 가벼운 띠풀로 자리를 짜서 지붕에 이엉으로 얹는다면 용마루가 휘어질 리가 없는 것이다. 이 구절은 번듯한 기와를 쓸 수도 있는데 소박한 띠풀 이엉을 얹는 것이므로 지붕을 만드는 군자의 신중함에 대해 말한 것이다. 무구(无咎)는 허물할 일이 없다는 뜻이니, 일을 처음 시작할 때는 이처럼 신중하게 해야 괜찮다는 것이다.

枯楊生稊하며 老夫得其女妻하니 无不利하니라.

용마루에 비해 지나치게 무거운 기와지붕을 올리는 것만이 대과(大過)가 아니다. 대과의 사례는 우리 주변에서 쉽게 찾아볼 수 있다. 남자와 여자가 혼인을 하는 경우에도 음(陰)과 양(陽), 시간과 공간이 조화를 이루지 못하는

藉 자 자리, 깔개/ 깔다   茅 모 띠풀, 띠/ 띳집   枯 고 마르다/ 초목이 시들다/ 마른 나무   楊 양 버들, 버드나무   稊 제 싹, 움   妻 처 아내/ 시집보내다

大過는 **棟撓**니 **利有攸往**하여 **亨**하니라.

너무 지나쳐서 용마루가 휜다. 일을 거꾸로 진행시켜 나가는 것이 이롭다.
형통하다.

藉用白茅니 **无咎**하리라.

흰 띠풀로 자리를 짜서 지붕 위에 올려 쓴다. 허물할 일이 없을 것이다.

枯楊生稊하며 **老夫得其女妻**하니 **无不利**하니라.

죽은 버드나무에서 새싹이 돋고, 늙은 지아비가 젊은 아내를 얻는다. 이롭지
못할 것이 없다.

棟撓니 **凶**하니라.

용마루가 휘었으니 흉하다.

棟隆은 **吉**하나 **有它吝**하니라.

용마루 재목이 높고 크면 길하다. 뱀처럼 굽어 있으면 옹색하다.

枯楊生華하여 **老婦得其士夫**하니 **无咎无譽**하니라.

죽은 버드나무에 꽃이 피고, 늙은 과부가 젊은 남편을 얻는다. 탓할 일도 없고
칭송할 일도 없다.

過涉滅頂이라. **凶**하나 **无咎**니라.

지나치게 무리해서 물을 건너다가 정수리가 물에 잠긴다. 흉하지만 탓할 데는
없다.

대과를 찾아볼 수 있다.

고양생제(枯楊生稊)는 죽은 버드나무에서 새싹이 돋는다는 뜻이고, 노부득기녀처(老夫得其女妻)는 늙은 지아비가 젊은 아내를 얻는다는 뜻이다. 늙은 사내가 젊은 여자를 아내로 얻었으니 고목에 싹이 나는 것처럼 아름다울 것이다. 하지만 이것은 대과에 해당하는 일이다. 그런데도 이 구절에서는 이를, 이롭지 못할 것은 없다(无不利)고만 말한다. 이는 이 일이 용마루가 휠 정도의 대과(大過)는 아니라는 의미이다. 그러므로 그저 그런대로 괜찮다는 것이다.

동요   흉
棟橈니 凶하니라.

동요,흉(棟橈,凶)은 용마루가 휘었으니 흉하다는 뜻이다. 이 대과괘(大過卦)의 첫 구절에서도 용마루가 휘었다는 구절이 나오는데 그때는 일을 되돌려 진행시켜 나가면 괜찮다고 했다. 그런데 여기서는 다시 이를 흉하다고 말하고 있는 것은 무슨 까닭인가? 이는 원래부터 용마루 재목이 휜 것을 사용했기 때문이다. 굽은 재목은 아무리 단단하고 외형이 좋아도 용마루로 쓸 수 없다. 쓰면 흉하다. 아무리 능력이 뛰어나다 하더라도 품성이 바르지 못한 인재라면 쓸 수 없다는 말이다.

동륭   길   유타린
棟隆은 吉하나 有它吝하니라.

동륭,길(棟隆,吉)은 용마루 재목이 높고 크면 길하다는 말이고, 유타린(有它吝)은 뱀처럼 굽어 있으면 옹색하다는 말이다. 여기서 융(隆)자는 질감이

隆 룡 높다/ 크다. 성대하다/ 두텁다   它 타 다르다/ 어지럽다/ 다른 사람

거칠어 보여도 단단하고 곧은 재목을 가리키고, 타(它)자는 색깔이 화려해 보여도 뱀처럼 구불구불 휘어 있는 재목을 가리킨다. 이 구절은 군자의 능력과 품성에 대한 비유이다. 외모는 꾀죄죄해 보여도 품성이 곧고 단단하여 대인(大人)의 기상을 가진 인재라면 길하고, 외모는 훤칠해 보여도 품성이 곧고 단단하지 못하여 소인배의 옹졸함을 가진 인재라면 큰일에 쓸 수 없다는 것이다.

고 양 생 화　　　노 부 득 기 사 부　　　무 구 무 예
枯楊生華하여 老婦得其士夫하니 无咎无譽하니라.

이 구절은 앞서 늙은 지아비가 젊은 아내를 얻는다고 했던 구절과 짝을 이룬다. 고양생화(枯楊生華)는 죽은 버드나무에 꽃이 핀다는 뜻이고, 노부득기사부(老婦得其士夫)는 늙은 과부가 젊은 남편을 얻는다는 뜻이다. 그럴듯해 보이지만 또한 자연의 섭리를 거스르는 대과(大過)의 일이다. 무구무예(无咎无譽)는 탓할 일도 없고 칭송할 일도 없다는 뜻이다. 또한 그저 그런대로 괜찮다는 말이다.

과 섭 멸 정　　　흉　　무 구
過涉滅頂이라. 凶하나 无咎니라.

과섭(過涉)은 지나치게 무리해서 건넌다는 말이다. 무모한 도전, 한계치를 초과하는 투자, 계란으로 바위치기 식의 전쟁 등을 의미한다. 멸정(滅頂)은 물을 건너다가 정수리가 물에 잠긴다는 뜻이니, 실패, 쪽박, 패망 등 돌이킬 수 없는 몰락을 당한다는 것이다. 감당할 수 없는 도전에 나서고, 빚에 빚을

華 화 빛나다/ 찬란하다/ 화려하다/ 꽃　**譽 예** 기리다, 칭찬하다/ 칭송하다/ 즐기다/ 명예/ 칭찬, 좋은 평판
涉 섭 건너다/ 걸어서 돌아다니다　**滅 멸** 멸하다/ 멸망하다/ 불이 꺼지다/ 숨기다/ 죽다/ 잠기다　**頂 정** 정수리

얻어 투자하고, 무모한 전쟁을 벌인다면 파멸을 맞이할 수밖에 없다.

그래서 흉하다(凶)고 말하는 것이다. 그런데 곧바로 허물이 없다(无咎)는 말을 덧붙였다. 무슨 뜻인가? 지나치게 무리해서 물을 건너다가 파멸을 맞는다면 흉한 것은 당연한데, 다시 허물이 없다고 하니 무슨 말인가? 이는 이 파멸이 스스로 초래한 것이기 때문에 다른 사람을 탓할 수가 없고, 어디에 하소연할 곳도 없다는 말이다.

〈주역〉에서는 종종 이섭대천(利涉大川)이라 하여, 큰물을 건너는 것이 이롭다고 말한다. 그런데 여기서는 지나치게 무리해서 건너면 파멸에 이른다고 말한다. 무엇이 다른가? 이 두 가지 도전의 결과가 다른 것은 이 도전이 천시(天時)에 알맞은 것인지, 도전할 여건이 갖추어져 있는지에 따른 것이다. 시간과 공간이 조화를 이룬 상황에서 도전에 나서는 것이 이섭대천(利涉大川)이고, 그 조화를 얻지 못한 것이 과섭멸정(過涉滅頂)이다.

너무 무거운 지붕이 용마루를 휘게 한다

〈논어〉에 과유불급(過猶不及)이라는 말이 나온다. 정도(正道)를 지나치는 것은 정도에 미치지 못한 것과 같다는 말이다. 지나치게 무리하게 도전에 나서는 일을 경계한 것이다.

어떤 물건이든 정해진 용도에 맞게 사용해야 하는데 정해진 용도를 초과하여 엉뚱한 곳에 사용하면 이 물건을 사용해 진행하려던 일 전체를 망치고 만다. 사람의 경우는 더 말할 것도 없다. 자신의 그릇을 알지 못하고 무조건 많이만 담으려 하면 실패의 쓴맛을 볼 수밖에 없다. 자신이 가진 능력의 한계치를 뛰어넘는 일을 책임질 경우 일을 이루기는커녕 파멸의 구렁텅이로 빠뜨리고 만다는 것이다. 인재를 등용할 때도 마찬가지이다. 능력이 충분하다고 자부하며 앞으로 나서기만 하는 소인배를 잘못 등용하면 일을 그르치고 만다.

대과괘(大過卦)는 이처럼 역량을 뛰어넘는 도전과 이로 인해 몰락하고 마는 이들에 대해 이야기하고 있다. 대과(大過)는 너무 지나치다는 말이니, 지붕의 무게를 감당할 수 없는 재목을 용마루로 쓰는 경우에 비유할 수 있다. 이럴 경우 용마루는 조금씩 휘다가 결국은 부러지고 만다. 그리고 대과(大過)의 오류를 피할 수 있는 가장 좋은 방법은 겸손과 절약이라고 말한다.

대과괘에 따르면, 늙은 사내가 젊은 아내를 얻거나 늙은 부인이 젊은 남편을 얻는 일 또한 대과이다. 당장은 아름답고 행복해 보일지 몰라도 결국은 서로에게 무거운 짐을 지우는 셈이니 '너무 지나치다'는 것이다. 시간과 공간이 조화를 이루어야 하는데, 서로 다른 시간을 살아온 이들이 부부로 만났으니 조화를 이루기가 힘들다는 의미이다.

겉보기에는 거칠어도 단단한 재목은 기둥과 들보로 쓰이지만, 모양은 아름다워도 굽은 재목은 쓸모가 없다. 마찬가지로 외모가 훤칠한 인재라 하더라도 품성이 곧고 단단하지 못하면 큰일을 함께 도모할 수 없다. 꾀죄죄해 보여도 마음 쓰는 것이 진실한 사람이야말로 기둥이나 들보와 같은 동량지재(棟梁之材)라 할 수 있다. 세상 돌아가는 일이 모두 이와 같은 이치 속에 있다.

29.감坎괘 ; 함정 속의 함정에서 탈출하는 법

구덩이, 세상의 모든 난관, 설상가상(雪上加霜)

習坎이니 有孚維心하면 亨하고 行有尙하리라.

습감(習坎)은 거듭 움푹 파인 구덩이에 빠진다는 뜻이다. 사업의 실패, 연인과의 결별, 도덕적 타락, 범죄의 유혹 등 사람이 당할 수 있는 모든 종류의 곤경과 난관을 겪는다는 말이다.

이 위험한 구덩이에 빠진 사람은 어떻게 해야 탈출할 수 있을 것인가? 감괘(坎卦)는 가장 먼저 믿음을 가져야 한다고 말한다. 탈출할 수 있다는 믿음이 있어야 마음을 굳세게 먹고 탈출의 길을 찾을 수 있다. 믿음이 없으면 적극적으로 탈출할 길을 모색하지도 않을 것이니 이 사람이 찾을 수 있는 유일한 길은 자포자기일 뿐이다. 계란을 층층이 쌓아 올린 것과 같은 누란지세

習 습 익히다/ 배우다/ 연습하다/ 거듭하다/ 반복하다　坎 감 구덩이(땅이 움푹하게 파인 곳)/ 험하다, 험난하다/ 고생하다/ 괴로워하다　維 유 바, 밧줄/ 벼리/ 매다/ 오직　尙 상 높다/ 숭상하다/ 가상히 여기다/ 오히려

(累卵之勢)의 위기 상황일수록 믿음이 중요하다. 그래서 유부유심(有孚維心)이라고 말하는 것이니, 믿음을 가지고 흔들리는 마음을 꽉 붙들어 맨다는 뜻이다.

형,행유상(亨,行有尙)은 형통하여 행동에 가상하게 여길 일이 있다는 뜻이다. 믿음을 가지고 있으면 일이 잘 풀려 칭찬할 만한 일이 있을 것이라는 말이다. 곧 위험한 구덩이에서 탈출할 길이 열린다는 것이다.

習坎에 入于坎窞하니 凶하니라.

습감(習坎)은 또한 거듭 구덩이에 빠진다는 뜻이다. 입우감담(入于坎窞)은 구덩이 속의 작은 구덩이 속으로 들어간다는 말이다. 담(窞)자는 움푹 파인 구덩이 아래의 작은 구덩이를 가리키는 글자이다. 깊은 함정에 빠졌는데 그 속에서 또다시 그 아래의 더 깊은 함정에 빠진다는 말이고, 어려움에 처했는데 그 속에서 또다시 그보다 더한 어려움에 처한다는 말이다. 감옥에 갇혔는데 그 속에서 또다시 죄를 범한다는 말이다. 최악도 이런 최악은 없는 상황이다. 이와 같은 상황이 흉한(凶) 것은 굳이 말하지 않아도 알 수 있는 일이다.

이럴 때일수록 더 신중하게 생각하고 그동안의 생각이나 행동을 변화시켜 대응해야 한다. 얕은 술수로 빠져나오려고 하면 더 큰 어려움에 봉착하고 만다. 사실 처음 구덩이에 빠졌던 일부터가 얕은 술수 때문이었을 가능성이 높은데, 더 얕은 잔꾀를 부린다고 해서 구덩이에서 나올 수 있을 리 만무한 것이다.

窞 담 구덩이/ 바닥의 작은 구덩이/ 옆으로 난 구멍

坎有險하나 求小得하리라.

<small>감 유 험　　 구 소 득</small>

감유험(坎有險)은 구덩이 속에 위험이 있다는 뜻이고, 구소득(求小得)은 작은 것을 구하여 얻는다는 뜻이다. 구덩이의 위험에서는 물론 구덩이에서도 단숨에 탈출할 수 있다면 이보다 더 좋은 일은 없을 것이다. 하지만 이렇게 할 수는 없다. 자신의 노력으로 얻을 수 있는 것은 공간적인 힘인데 구덩이에 빠지는 어려움은 대체로 시간적인 구속이기 때문이다. 우선 위험을 줄이는 것부터 해야 한다. 그래서 작은 것을 구한다(求小)고 말하는 것이다.

늪에 빠진 사람은 일단 빠져나오려고 발버둥치는 게 보통이다. 하지만 이렇게 해서는 절대로 늪에서 빠져나올 수 없다. 오히려 더 깊은 바닥으로 가라앉을 뿐이다. 스스로 이 상황에서 벗어나는 일은 쉽지 않다. 늪 바깥의 어떤 것을 이용하거나, 빠지지 않은 사람의 도움을 구하는 것이 좋은 방법일 수 있다.

來之坎坎이니 險이라. 且枕하면 入于坎窞하리니 勿用하니라.

<small>내 지 감 감　　 험　　 차 침　　 입 우 감 담　　 물 용</small>

내지감감,험(來之坎坎,險)은 다가오는 것이 구덩이와 구덩이인데 이 구덩이가 깊다는 말이다. 곧 자신이 어느 쪽으로 나아가든 사방이 구덩이일 것이니 위험천만한 형국이라는 것이다. 차침(且枕)은 또한 베개를 베고 있다는 뜻이니, 사방이 구덩이인데 대비책을 세우기는커녕 태평하게 잠을 자며 시간을 보낸다는 말이다. 이렇게 시간을 보낸 결과는 참담하다. 또다시 구덩이 아래의 구덩이에 빠진다(入于坎窞). 물용(勿用)은 쓰지 말라는 말이니, 이런

險 험 험하다/ 높다, 험준하다/ 음흉하다　　**且 차** 또/ 장차　　**枕 침** 베개, 베다/ 잠자다/ 긴 물건 밑에 괴는 물건

상황에서는 베개를 쓰지 말라는 것이다.

바닥의 바닥인 줄 알았는데 그 밑에 바닥이 또 있는 형국이다. 사실 누구에게든 이와 같은 상황이 바로 다음 순간 발밑에 펼쳐질 수 있다. 누구든 삶을 소중하게 여기는 이라면 마땅히, 언제 어떤 위험이 닥칠지 모른다는 생각으로 두려워하면서 대비책을 마련해 두어야 할 것이다.

<ruby>樽酒<rt>준 주</rt></ruby><ruby>簋貳<rt>궤 이</rt></ruby>를 <ruby>用缶<rt>용 부</rt></ruby>하여 <ruby>納約自牖<rt>납 약 자 유</rt></ruby>면 <ruby>終无咎<rt>종 무 구</rt></ruby>하리라.

그렇다면 구덩이에 빠진 사람은 어떤 자세로 생활해야 하는가? 가만히 은둔해 있으면서 때를 기다려야 하는가? 아니면 모든 수단을 다 동원하여 탈출 방안을 찾아내야 하는가? 감괘(坎卦)는 탈출을 모색하되 겸손하고 소박하게 하라고 말한다.

준주궤이(樽酒簋貳)는 술 한 통과 기장밥 두 그릇을 말하는 것이니, 손님을 위해 준비한 밥상이 검소하면서도 정성스럽다는 것이다. 기장밥이 두 그릇인 것은 여러 사람을 두루 대접하는 것이 아니라 한 사람만을 맞아들여 친밀하게 대접한다는 의미를 나타낸다. 준(樽)은 아직 거르지 않은 술을 담아 놓는 술단지를 뜻하고 궤(簋)는 기장밥을 담아 놓는 그릇을 뜻하는데, 여기서는 술과 밥을 가리킨다. 용부(用缶)는 배가 불룩하고 목 좁은 아가리가 있는 질그릇을 사용한다는 말이다. 또한 검박한 태도를 표현한다.

납약자유(納約自牖)는 검박한 밥상을 환한 들창으로 들여보낸다는 말이

樽 준 술통, 술단지/ 아직 거르지 않은 술을 담아 놓는 술단지 　**酒 주** 술　**簋 궤** 제기 이름/ 기장밥을 담아 놓는 제기/ 기장밥　**貳 이** 둘/ 버금　**缶 부** 장군(배가 불룩하고 목 좁은 아가리가 있는 질그릇)　**納 납** 들이다/ 수확하다/ 바치다, 헌납하다　**約 약** 맺다/ 약속하다/ 묶다, 다발을 짓다/ 검소하게 하다, 줄이다/ 갖추다　**牖 유** 들창(들어서 여는 창)/ 밝은 창/ 남쪽으로 난 창

니, 값비싸고 은밀한 물건이 아니라 밝고 정직한 마음을 선물한다는 뜻이다. 구덩이에 빠진 상황에서는 귀한 식재료로 밥상을 화려하게 차릴 수 없다. 이렇게 차리려고 해서도 안된다. 준비할 수 있는 식재료를 가지고 참되고 순수한 마음을 담아 차리는 것으로 족하다. 이렇게 해도 마지막까지 허물할 일은 없다(終无咎)는 것이다.

_{감 불 영} _{지 기 평} _{무 구}
坎不盈에 祗旣平하면 无咎리라.

감불영(坎不盈)은 구덩이에 물이 가득 차 있지 않다는 말이고, 이런 이유로 자신이 구덩이에 완전히 빠지지는 않는다는 말이다. 완전히 빠지지 않았으니 어떤 진퇴양난의 위태로운 상황에 몰려 있지는 않은 것을 말한다. 그리고 이것은 구덩이 속으로 빠져들어갈 때의 일이 아니라 구덩이 속에서 빠져나올 때의 일이다. 검소한 밥상을 정성스럽게 대접하는 준주궤이(樽酒簋貳)의 태도 덕분에 손님의 도움을 얻었고, 이제는 자기 자신의 힘만으로도 구덩이에서 빠져나올 수 있는 위치에 다다른 것이다.

지기평(祗旣平)은 밥상을 물린 이를 공경하면 평평해진다는 말이다. 기(旣)자는 원래 식사를 끝마치고 돌아앉아 있는 사람의 모습을 가리키는 글자였다. 곧 스스로 구덩이에서 빠져나올 수 있는 상황에서도, 밥상을 대접한 이를 더욱 정중하게 모신다면 구덩이에서 완전히 빠져나와 평평한 곳으로 올라올 수 있을 것이란 의미이다. 이렇게 하면 탓할 일이 없다(无咎)는 것은 당연하다.

盈 영 차다/ 가득하다/ 충만하다   祗 지 공경하다/ 땅 귀신/ 다만/ 뿐   旣 기 이미, 벌써/ 이윽고/ 다하다/ 식사를 끝마치고 돌아앉아 있는 사람의 모습   平 평 평평하다/ 바닥이 고르고 판판하다/ 고르다

習坎이니 有孚維心하면 亨하고 行有尙하리라.

거듭 움푹 파인 구덩이에 빠진다. 믿음을 가지고 흔들리는 마음을 꽉 붙들어
매면 형통하다. 행동에 가상히 여길 일이 있다.

習坎에 入于坎窞하니 凶하니라.

구덩이에 빠짐에, 구덩이 속의 작은 구덩이 속으로 들어가니 흉하다.

坎有險하나 求小得하리라.

구덩이 속에 위험이 있으나, 작은 것을 구하여 얻는다.

來之坎坎이니 險이라. 且枕하면 入于坎窞하리니
勿用하니라.

다가오는 것이 구덩이와 구덩이인데 이 구덩이가 깊다. 또한 베개를 베고
있으면 구덩이 아래에서 또다시 구덩이에 빠질 것이니, 베개를 쓰지 말라.

樽酒簋貳를 用缶하여 納約自牖면 終无咎하리라.

술 한 통과 기장밥 두 덩어리를 질그릇에 담아 환한 들창으로 들여보낸다.
끝내 허물할 일은 없을 것이다.

坎不盈에 祗旣平하면 无咎리라.

구덩이에 완전히 빠지지는 않은 상황에서 밥상을 물린 이를 공경하면
평평해진다. 이렇게 하면 탓할 일이 없다.

係用徽纆하고 寘于叢棘하여 三歲不得이니 凶하니라.

팔과 다리를 단단히 묶고 가시나무 울타리 감옥 안에 가둔다. 삼년 동안
용서를 얻지 못하니 흉하다.

^{계 용 휘 묵} ^{치 우 총 극} ^{삼 세 불 득} ^흉
係用徽纆하고 寘于叢棘하여 三歲不得이니 凶하니라.

지금까지 구덩이에 빠진 사람의 위험과 구덩이에서 탈출하고자 하는 사람의 자세에 대해 주로 이야기했다. 이 구절에서는 마지막으로 가장 최악의 경우, 절대로 빠져나올 수 없는 구덩이를 예로 들어 애초부터 구덩이에 빠지지 말 것을 당부하고 있다.

계용휘묵(係用徽纆)은 팔과 다리를 단단히 묶는다는 뜻이다. 휘(徽)는 다리를 밧줄 세 가닥으로 묶는 일을 가리키고, 묵(纆)은 팔을 노끈 두 가닥으로 묶는 일을 가리킨다. 곧 중죄를 지은 사람을 꼼짝달싹하지 못하도록 결박한다는 것이다. 치우총극(寘于叢棘)은 가시나무 울타리에 둔다는 뜻이다. 총극(叢棘)은 빽빽하게 심어 놓은 가시나무 울타리를 가리키고 이는 감옥을 의미한다. 〈주역〉 시대에는 감옥 주위에 가시나무를 심어 죄수가 탈출하지 못하도록 했다. 유배지의 죄인들이 외부인과 접촉하지 못하도록 죄인의 거처에 가시나무를 심어 가두는 일을 위리안치(圍籬安置)라 하는데, 바로 이와 같이 한다는 것이다.

삼세부득(三歲不得)은 삼년 동안 용서를 얻지 못한다는 말이다. 〈주역〉 시대에 삼년 동안 풀려나지 못하고 갇혀 있었던 것은 매우 큰 죄를 지어 매우 엄한 처벌을 받았다는 뜻이다. 이렇게 큰 죄를 지었으므로 흉하다(凶)고 한다.

함정 중에서도 가장 깊은 함정이고 장애물 중에서도 가장 높은 장애물이

係 계 매다/ 이어매다/ 묶다/ 잇다/ 끈, 줄/ 혈통, 핏줄 **徽 휘** 밧줄/ 굵은 세 겹 밧줄/ 다리를 밧줄 세 가닥으로 묶는 일 **纆 묵** 노, 노끈/ 두 겹 노끈/ 팔을 노끈 두 가닥으로 묶는 일 **寘 치** 두다/ 일정한 곳에 두다/ 차다/ 채우다 **叢 총** 떨기(식물이 더부룩하게 된 무더기)/ 숲/ 모이다/ 더부룩하다 **棘 극** 가시, 가시나무

며, 난관 중에서도 가장 큰 난관인 것이다. 벗어날 방법이 없다. 게다가 단순한 운세의 문제가 아니라 범죄를 저질러 감옥에 갇힌 상황이다. 이처럼 엄한 처벌을 받아도 할 말이 없다. 〈주역〉에서는 이런 경우 탈출할 방법이 가르쳐주지 않는다. 탈출할 방법이 없기 때문이다.

바닥의 바닥에는 또 하나의 바닥이 있다

감(坎)은 움푹 파인 구덩이이니, 인생을 살면서 맞닥뜨리는 최악의 위험을 뜻한다. 누구나 살다 보면 뜻하지 않게 함정에 빠질 수도 있다. 감괘(坎卦)는 이러한 구덩이의 위험과 어쩔 수 없이 빠진 구덩이에서 다시 살아나오는 일에 대해 설명한다. 〈주역〉 식의 서바이벌 전략이라고 할 만하다.

그렇다면 부지불식간에 구덩이에 빠진 사람은 어떻게 탈출해야 하는가? 일단 구덩이에 빠진 사람은 어떻게든 빠져나오려고 발버둥을 치기 마련이다. 온갖 꾀를 부리고 모든 인맥을 동원하며, 불법의 경계를 넘나드는 거짓말도 서슴지 않는다. 하지만 발버둥칠수록 좀더 깊숙하게 가라앉는 늪처럼, 얄팍한 술수나 불법적인 방법으로는 결코 구덩이에서 탈출할 수 없다는 것이 감괘(坎卦)의 충고이다. 이렇게 하다가는 이미 빠진 구덩이에서 그 아래의 더 깊은 구덩이로 빠져든다는 것이다. 심한 경우 생각지도 못했던 일로 송사(訟事)에 휘말렸다가 유죄를 받아 감옥에 갇혀야 할 수도 있다는 것이다.

해결책은 다시 기본으로 돌아가는 것이다. 이럴 때일수록 더욱 자기 자신을 희생해 남을 위한 일에 발 벗고 나서야 한다. 그동안 잘못 살아왔기 때문에, 그리고 그동안 지은 죄가 있어 구덩이에 빠진 것이라 여기고 남을 위한 헌신으로 그 값을 치러야 한다. 말로는 쉬운 일 같지만 절대로 쉬운 일이 아니다. 자기 자신이 구덩이에 빠진 급박한 상황에서 남을 먼저 생각하라는 말이니 실천하기 쉬울 리 없다. 하지만 이렇게 하나하나 공덕을 쌓아나가야 구덩이에서 탈출할 길이 열린다.

그리고 정성이 깃든 자세로 사람을 대해야 한다. 고관대작들을 불러 놓고 값비싼 접대를 하면서 살 길을 찾지 말고, 진실로 자신을 위로하고 도울 사람을 찾아 소박하더라도 정중하게 대접하라는 말이다.

하지만 가장 중요한 것은 믿음을 가지는 일이다. 구덩이에서 반드시 빠져나올 수 있을 것이라는 믿음이 있어야 한다. 자신의 능력과 품성에 대한 자신(自信), 선량한 인간성에 대한 신뢰, 앞으로의 상황이 나아질 것이라는 확신 등이 있어야 한다. 그래야 희망을 가질 수 있고 그래야 수단과 방법을 찾을 수 있으며, 그래야 그동안의 생각이나 행동을 변화시킬 수 있고 그래야 일말의 가능성이 열린다.

〈쇼생크 탈출〉이라는 영화가 있다. 억울한 누명을 쓴 한 사내가 20년의 감옥 생활 끝에 탈옥에 성공하는 이야기를 그리고 있다. 이 사내는 억울하게 감옥에 들어왔지만, 이런 상황에서도 동료 죄수들의 권익을 위해 앞장선다. 도서관을 만들고 클래식 음악을 틀어준다. 하지만 동시에 숟가락과 쇠망치 하나로 자신이 빠져나갈 수 있는 땅굴을 판다. 부패한 교도소장의 돈을 깜쪽같이 빼앗을 수 있는 계략을 만들어 둔다. 영화가 상영되는 두 시간여 동안 관객들은 사내가 보여주는 자기 확신과 침착함, 그리고 남을 돕는 자세에 매료되지 않을 수 없다. 그리고 마지막에 이르러서는 사내가 보여준 치밀한 전략과 전술에 감탄하게 된다.

이 영화의 줄거리가 바로 감괘(坎卦)의 이야기와 크게 다르지 않다. 모티브를 이 감괘(坎卦)에서 가져온 것이 아닐까 여겨질 정도이다.

지금 당신이 이처럼 최악의 상황에 처해 있다고 여기는 이라면, 우선 눈을 감고 지나온 인생을 돌이켜 보라. 당신이, 이 구덩이에서 헤어 나올 수 있다는 분명한 믿음을 가지고 있는가? 도와줄 사람이 있는가? 그 사람은 돈으로 매수해야 할 사람인가, 아니면 진실로 당신을 믿고 도와줄 수 있는 사람인가? 혹 지금 주변에 당신의 도움을 기다리고 있는 사람은 없는가? 이런 생각을 하다 보면 틀림없이 그동안은 보이지 않던 새로운 길이 눈앞에 보이기 시작할 것이다.

30. 이離괘 ; 세상을 밝히는 젊음의 열정

열정적인 청년, 과도한 활력, 활기, 분리, 혼란

離^이는 利貞^{이정}이라. 亨^형에 畜牝牛^{축빈우}하면 吉^길하리라.

이(離)는 그물을 본 새가 흩어져 날아가는 것이다. 새들이 흩어져 날아가는 모습이 혼란스럽지만 그물 주변은 열기로 달아오른다. 이정(利貞)은 이러한 혼란의 열기가 원형이정(元亨利貞)의 시절 가운데 장년기인 이(利)의 시절과 노년기인 정(貞)의 시절에 일어난다는 말이다. 혼란의 열기는 보통 형(亨)의 시절인 청년기에 달아올라야 하는데 이(利)와 정(貞)의 시절에 뜨거워지니 안될 일이다.

그렇다면 이처럼 장년기 이후에 혼란의 열기에 휩싸이지 않으려면 어떻게 해야 하는가? 형,축빈우(亨,畜牝牛)는 청년기인 형(亨)의 시절에 암소를 기

離 리 떠나다/ 떼어놓다/ 갈라지다/ 흩어지다, 새들이 흩어져 날아가다 **畜 축** 쌓다/ 축적, 축적하다/ 기르다/
가축 **牝 빈** 암컷

른다는 말이다. 곧 장년기 이후에 뜨거워지지 않으려면 청년기에 암소처럼 일하거나, 또는 암소를 기르는 것처럼 하여 꾸준한 생활 태도를 만들어 두어야 한다는 것이다. 암소는 평생 쟁기질을 하거나 수레를 끌면서 일하고 새끼까지 낳아 기르며, 죽은 이후에는 고기까지 남겨준다. 그리고 어떤 상황에서든 꾸준하게 앞으로 나아간다. 그래서 암소를 길러두면 길하다(吉)고 하는 것이다.

곧 청년기에 쉬지 않고 부지런히, 뚜벅뚜벅 여유롭게, 남들이 뭐라 하든 자신의 속도를 지키며 살아야 한다는 것이다. 자신의 처지를 혼란스러워 하거나 허황한 열정으로 들뜨지 않아야 한다. 흔히 중요한 것은 속도가 아니라 방향이라는 말을 하거니와 바로 이 암소를 키우는 일 또한 이와 유사한 것일 터이다.

이 착 연　　경 지　　무 구
履錯然하니 敬之면 无咎리라.

이착연(履錯然)은 신발이 뒤죽박죽 뒤섞여 있는 듯하다는 말이다. 입구가 좁은 식당에 손님들이 발 디딜 틈 없이 몰려들어 마구 신발을 벗어놓고 아무도 정리하지 않는 상태가 바로 이런 모습일 것이다. 신발장은 없고 신발 위에 신발이 있고 각각의 신발짝이 이리저리 흩어져 있다. 무질서하고 불규칙한, 매우 어지러운 상황이 벌어지고 있는 것이다. 이와 같은 상황이 만들어지는 것은 이(離)의 운세가 밀어닥쳐 사람들이 모두 지나친 열기로 들떠 있기 때문이다.

履 리 신, 신발/ 신다/ 밟다　錯 착 섞다/ 섞이다/ 어긋나다/ 어지럽히다　然 연 그러하다/ 틀림이 없다/ 명백하다/ ~이다/ ~듯하다/ 그렇다면, 그런데, 그러나　敬 경 공경하다

열기라는 것은 기본적으로 위로 솟아오르는 기운이며, 자신이 남보다 잘났다는 터무니없는 마음에서 비롯되는 것이다. 그러므로 이 무질서를 바로잡고 혼란을 끝내기 위해서는 이 자만심을 억제해야 한다. 곧 자신을 낮추고 상대방을 올리려는 겸손한 마음과 공손한 자세를 먼저 갖추어야 한다. 그래서 경지(敬之)라고 말하는 것이니 그를 공경해야 한다는 뜻이다. 그래야 허물이 없다(无咎)는 것이다.

黃離면 元吉하리라.

황리(黃離)는 황색의 새들이 흩어져 날아간다는 뜻이다. 여기서 황색은 오행으로 보면 모든 만물을 끌어안는 대지이고, 방위로 따지면 동서남북 어느쪽으로도 치우치지 않은 중앙에 해당한다. 곧 황색은 자연의 법칙을 거스르지 않는 중용을 상징한다. 황리(黃離)는 넘치는 탐욕으로 지나치지도 않고 빈약한 정성으로 모자라지도 않은 군자의 덕이 사방으로 퍼져 나간다는 의미를 담고 있는 것이다. 당연히 근원적으로 길하다(元吉). 그리고 이와 같은 중용의 덕이라면 혼란의 열기 또한 근원적으로 다스릴 수 있다.

日昃之離라. 不鼓缶而歌하여 則大耋之嗟면 凶하니라.

앞의 구절이 묘사하고 있는 것은 사람의 인생으로 치면, 청년기와 장년기에 해당하는 장면일 것이다. 뒤죽박죽 흩어져 있는 신발의 모습은 곧 인생 청년기의 것이고, 황색의 새들이 날아가는 모습은 인생 황금기의 그것이다.

昃 측 기울다/ 해가 기울다/ 하오   **鼓 고** 북/ 북소리/ 치다, 두드리다/ 악기를 연주하다/ 맥박, 심장의 고동 **缶 부** 장군(배가 불룩하고 목 좁은 아가리가 있는 질그릇)   **耋 질** 늙은이/ 칠팔십 세의 노인   **嗟 차** 탄식하다/ 감탄하다/ 탄식/ 감탄

離는 利貞이라. 亨에 畜牝牛하면 吉하리라.
혼란의 열기가 이(利)의 시절과 정(貞)의 시절에 일어난다. 형(亨)의 시절에
암소를 기르면 길할 것이다.

履錯然하니 敬之면 无咎리라.
신발이 뒤죽박죽 뒤섞여 있는 듯하다. 상대방을 공경하면 허물할 일이 없을
것이다.

黃離면 元吉하리라.
황색의 새가 흩어져 날아간다. 근원적으로 길하다.

日昃之離라. 不鼓缶而歌하여 則大耋之嗟면 凶하니라.
해가 기울면서 여전히 뜨겁다. 질그릇을 두드리며 노래 부르지 않는다.
경륜 있는 노인이 탄식을 하는 지경에 이르면 흉하다.

突如其來如니 焚如로다. 死如棄如라.
갑작스럽게 그것이 오는 듯하니 그것이 마치 불타오르는 듯하다. 죽은 시체를
바구니에 담아 내다버리는 듯하다.

出涕沱若하며 戚嗟若하니 吉하리라.
끊임없이 눈물을 흘리며 슬프게 울며, 두려운 마음으로 근심하고 한탄한다.
길할 것이다.

王用出征이면 有嘉니 折首獲하고 匪其醜면 无咎리라.
군왕이 정벌하러 나서면 좋은 일이 있다. 우두머리의 귀를 자르고 그 무리의
귀는 자르지 않는다. 허물할 일이 없을 것이다.

또한 이것은 하루의 햇빛에 견주어보면 뜨거운 상오(上午)와 빛나는 정오의 모습일 것이다.

하지만 인생의 황금기는 길지 않고 한순간 지나가 버린다. 이제 하오(下午)로 접어들면서 해가 정점을 지난다. 일측지리(日昃之離)는 해가 기울면서 여전히 뜨겁다는 말이다. 하지만 이제는 적극적으로 새로운 일을 만들어 나가기보다는 수확과 마무리를 생각해야 할 때다. 그리고 탐욕과 오만을 버리고 겸손하고 소박한 생활을 해야 한다. 불고부이가(不鼓缶而歌)는 질그릇을 두드리며 노래부르지 않는다는 뜻이고, 즉대질지차(則大耋之嗟)는 노인이 탄식을 한다는 뜻이다. 여기서 부(缶)는 질그릇으로 겸손하고 소박한 생활을 상징하는 것이고, 대질(大耋)은 경험이 많고 지혜로운 노인을 가리킨다.

곧 장년기에 접어든 이후에는, 자리에서 물러나 고개를 숙이고 검소하게 살아야 한다는 것이다. 언제까지나 샴페인을 터뜨리며 호들갑을 떨 일은 아니라는 것이다. 지혜로운 노인이 탄식하는 지경에까지 이르면 흉함(凶) 수밖에 없다.

돌 여 기 래 여　　분 여　　　사 여 기 여
突如其來如니 焚如로다. 死如棄如라.

바로 앞의 구절에서 지혜로운 노인이 탄식한 것은 다가올 재앙을 알고 있었기 때문이다. 돌여기래여(突如其來如)는 갑자스럽게 그것이 오는 듯하다는 말이고, 분여(焚如)는 그것이 마치 불타오르는 듯하다는 말이다. 그 재앙이 다가오는 것이 놀랍도록 갑작스러워서 숲이나 건물이 삽시간에 화재에

突 돌 갑자기/ 갑작스럽다　**如 여** 같다/ 어떠하다/ ～같다, ～듯하다(모습을 형용하는 말)　**焚 분** 불사르다(불에 태워 없애다)/ 타다/ 불태우다/ 넘어지다　**棄 기** 버리다

휩싸이는 듯하다는 것이다. 여(如)는 감탄을 나타내는 말인데 '듯하다' 정도
의 의미로 풀이할 수 있다.

사여기여(死如棄如)는 죽은 시체를 바구니에 담아 내다버리는 듯하다는
뜻이다. 또한 다가온 재앙에 허둥지둥 당황스러워하다가 죽음을 맞이하는
것과 같다는 것이다. 하오가 되어 서늘해질 듯하였으나 아직 이(離)의 열기
는 무서울 만큼 높다. 그래서 질그릇과 함께 즐거워하는, 겸손하고 소박한
생활을 강조했던 것이다.

출 체 타 약　　　척 차 약　　　길
出涕沱若하며 戚嗟若하니 吉하리라.

그렇다면 이제 어떻게 해야 하는가? 어떻게 이 햇빛의 뜨거움을 식혀야 한
단 말인가? 특별한 방도가 있을 수 없다. 앞의 몇 구절에서 설명했던 바, 꾸
준함과 공경스러움과 중용의 덕을 더욱 지켜 나가야 한다. 그리고 과거의 경
솔함과 교만함을 뉘우치고 잘못을 빌어야 한다. 출체타약(出涕沱若)은 끊임
없이 눈물을 흘리며 슬프게 운다는 말이고, 척차약(戚嗟若)은 두려운 마음
으로 근심하고 한탄한다는 말이다. 곧 과거의 잘못을 반성한다는 의미를 나
타낸다. 이렇게 해야 그래도 괜찮다(吉)고 할 수 있다.

왕 용 출 정　　　유 가　　　절 수 회　　　비 기 추　　　무 구
王用出征이면 有嘉니 折首獲하고 匪其醜면 无咎리라.

개인적인 차원의 혼란이라면 이처럼 꾸준함과 공경함과 중용의 덕을 지키
고 스스로 반성함으로써 어느 정도 해결할 수 있다. 하지만 국가 차원의 혼

涕 체 눈물/ 울다/ 눈물을 흘리며 울다　沱 타 눈물이 흐르는 모양/ 물갈래　戚 척 친척/ 근심하다, 염려하다/
슬퍼하다　嘉 가 기리다, 칭찬하다/ 아름답다/ 뛰어나다/ 훌륭하다　折 절 꺾다/ 자르다　首 수 머리/ 우두머
리　獲 획 빼앗다/ 얻다, 획득하다/ 짐승을 잡다　醜 추 못생기다

280

란이라면 어떻게 해야 하는가? 군왕이 직접 나서야 한다. 군왕이 직접 나서서 무질서를 바로잡고 혼란의 원인을 제거해야 나라가 유지될 수 있다.

왕용출정(王用出征)은 군왕이 정벌하러 나선다는 말이고, 유가(有嘉)는 좋은 일이 있다는 말이다. 지도자가 앞장서서 혼란스러운 나라를 바로잡으니 백성들 모두가 기뻐한다는 의미이다. 절수획(折首獲)은 우두머리의 귀를 자른다는 뜻이고, 비기추(匪其醜)는 그 무리의 귀는 자르지 않는다는 뜻이다. 곧 우두머리를 죽여 혼란의 근원을 없애되, 그 추종자나 병졸들은 너그럽게 포용한다는 것이다.

〈주역〉 시대의 병졸들은 대부분 억지로 끌려온 백성들이었다. 그러므로 이처럼 아량을 베푸는 것이 혼란이 다스려진 이후에는 여러모로 유리했다. 그래서 이처럼 해야 허물이 없다(无咎)고 말하는 것이다.

젊음의 열정으로 세상은 아름다워진다

살다 보면 누구나 주체할 수 없는 열정에 사로잡힐 때가 있다. 유난히 이런 성정이 강한 사람도 있지만, 누구나 한 번쯤은 다 겪는 일이다. 특히 가치관이 정립되지 않은 상태에서, 세상의 온갖 아름답고 추한 것들에 직접적으로 노출되기 시작하는 청소년기에는 누구나 이런 혼란스러운 열의(熱意)에 사로잡히곤 한다. 그래서 이 시기를 질풍노도(疾風怒濤)라 일컫기도 하는 것이다.

이러한 열정이 나쁜 것만은 아니어서, 성장기의 사람들에게는 바람직한 측면도 있다. 이 열정을 바탕으로 사회적 현상을 다른 시간에서 바라보며 비판하고 부정하며 사회의 발전에 새로운 동력을 제공한다는 것이다. 뿐만 아니라 이러한 비판과 부정의 경험을 계기로 삼아, 자신을 긍정하고 이웃을 사랑하는 지혜를 얻기도 한다는 것이다.

그렇지만 지나친 열정은 분명 거리낌 없는 방종과 제멋대로의 무질서를 초래하고 만다. 청소년기에 이를 짧게 경험하고 넘어간다면 크게 탓할 일은 아닐 수도 있다. 하지만 이런 방종과 무질서가 오랫동안 계속될 경우, 자기 자신은 물론 주변 사람들에게까지 큰 해악을 미친다. 열정이 낳는 뜨거움은 반드시 무언가를 태워야만 사그라든다. 그 희생물은 열정을 일으킨 자신일 수도 있고 이웃 사람들일 수도 있으며, 하나의 조직이나 사회 공동체일 수도 있다. 과도한 열정은 적절하게 다스리고 식혀야 할 대상인 것이다.

이괘(離卦)에서는 과도한 열정은 장년기와 노년기에 생길 경우 특히 심각한 문제를 낳는다고 말한다. 이들은 가정과 사회의 중심을 잡아 주어야 할 중추(中樞)이다. 그런데도 과도한 열정으로 오히려 상황을 혼란스럽게 만드는 데 앞장선다면 가정과 사회의 존립 자체가 어려워질 수 있다는 것이다.

이(離)는 함께 붙어 있어야 할 것들이 떨어지는 일을 가리킨다. 붙어 있는 것들은 그것이 서로 떨어지는 순간 소음과 열기가 생긴다. 그리고 곧바로 떨어진 것들은 서로 부딪히며 마찰하기 시작한다. 이괘(離卦)는 이처럼 붙어 있어야 할 것들이 조화를 이루지 못하고 떨어져서 서로 갈등을 일으키는 상황, 이로 인한 열기와 혼란과 무질서에 대한 이야기를 들려준다.

그렇다면 어떻게 해야 이(離)의 상황에서 벗어나 혼란의 열기를 식힐 수 있는가? 어떻게 해야 떠나버린 그녀 때문에 밤마다 잠을 설치며 폭음을 일삼는 방황을 마무리할 수 있으며, 어떻게 해야 아버지와 아들 사이의 끝없는 불화를 종식시킬 수 있는가? 어떻게 해야 갈라진 남과 북이 대립을 끝낼 수 있는가?

이괘는 꾸준한 생활 태도와 남을 공경하는 자세를 지켜야 한다고 말한다. 아울러 자연의 법칙을 거스르지 않는 중용의 덕을 쌓아야 한다고 주장한다. 장년기에 접어든 이후로는 겸손하고 소박한 생활을 유지하고, 혹시라도 갑작스러운 재앙을 맞으면 뼈를 깎는 노력으로 반성하라는 것도 이괘의 권고이다.

31.함咸괘

; 느낌을 주고받는 교감(交感)의 덕

느낌, 서로 감응(感應)함, 감흥, 다정다감, 사랑

_함 _{형 이 정} _{취 녀 길}
咸은 亨利貞하니 取女吉하리라.

함(咸)은 느낌을 받아 마음을 움직이는 모든 일이다. 곧 무엇인가와 접촉한 후 마음속에서 어떤 움직임이 일어나 반응하는 감응(感應)을 말한다. 그리고 스스로 무엇인가의 힘을 느끼는 것일 뿐만 아니라 무엇인가 또한 나의 힘을 느끼는 것이다. 자연 만물에 대해서, 남에 대해서, 자기 자신에 대해서 서로 느낌을 주고 느낌을 받는 교감(交感)의 덕이 함(咸)인 것이다.

형이정(亨利貞)은 이러한 교감의 덕이 사물의 성장기인 형(亨)의 시절과 결실기인 이(利)의 시절과 완성기인 정(貞)의 시절에 두루 이루어진다는 말이다. 원래 하나인 원(元)의 시절에는 서로 통할 일이 없으므로 이는 당연한

咸 함 서로 감동시키다/ 교감하다/ 감응하다/ 두루 미치다/ 소금기/ 짜다/ 다, 모두 **取 취** 가지다/ 취하다/ 장가들다

말이다. 곧 사람의 경우, 한번 태어나면 평생 이 덕과 함께 살아간다는 뜻이다. 취녀길(取女吉)은 여자에게 장가들면 길하다는 말이다. 사랑은, 사람이 무언가를 느끼고 이 느낌에 맞서는 교감 중에서도 가장 순수한 것이다. 특히 젊은 남녀 사이의 교감은 더욱 강력하고 아름답다.

함 기 무
咸其拇라.

사물을 느껴 감응함으로써 교감에 이르는 작용은 어린아이처럼 유치한 것과 군자처럼 성숙한 것이 있다. 함괘(咸卦)는 이러한 작용이 인생의 시기에 따라 일정한 단계를 밟아 이루어진다고 보고, 이를 신체 부위에 비유하여 설명하고 있다. 장딴지에서 이루어지는 것이 있고 넓적다리에서 이루어지는 것이 있으며, 등에서 이루어지는 것, 얼굴에서 이루어지는 것이 있다는 것이다. 신체의 위로 올라갈수록 감응하여 교감하는 일은 좀더 성숙해진다.

감응하여 교감한다 하여 감응과 교감을 구별하여 말하는 것은, 낮은 단계에서는 스스로 느낌을 받아 응할 뿐 아직 상대방에게 느낌을 주는 교감에까지는 미치지 못했다고 보기 때문이다.

함기무(咸其拇)는 엄지발가락에서 감응한다는 뜻이니, 어린아이가 이제 막 감응을 시작한다는 의미를 담고 있는 구절이다. 엄지발가락은 신체의 가장 아래에 있는 것이므로 이 엄지발가락에서의 감응은 가장 유치하다. 여기서 엄지발가락은 나아갈 방향을 상징한다. 엄지발가락이 가리키는 곳이 항상 우리가 나아가는 방향이다. 확실한 목표가 없을 때, 아무런 사전 정보도 찾을 수 없을 때, 사막에 홀로 버려졌을 때 엄지발가락은 우리가 갈 길을 알

拇 무 엄지발가락

려준다. 그러므로 엄지발가락에서의 감응은 유치하지만 더할 수 없이 중요하다. 이 감응은 원초적이고 순수한 것이어서 가장 정확하게 방향을 알려준다는 것이다.

아직 미숙하지만 생래(生來)의 순수함을 간직한, 그래서 가장 소중한 것이 엄지발가락에서의 감응이다. 이 구절은 일상생활에서 생기는, 자잘한 감흥을 함부로 무시해서는 안되는 이유를 말해주는 것이기도 하다.

咸其腓면 凶하니 居하면 吝하리라.

함기비(咸其腓)는 장딴지에서 감응한다는 뜻이다. 장딴지는 발목과 무릎 사이의 종아리 뒤쪽 살을 가리킨다. 엄지발가락보다는 위이지만 여전히 신체의 아랫부분에 있는 부위이다. 그러므로 이 장딴지에서의 감응은, 어린아이와도 같은 생래의 순수성은 잃어버렸으면서도 아직 감정은 다스리지 못한 시기의 어떤 것이다. '미운 일곱 살'이라는 속담이 있는데, 일곱 살에서 이후 십년 정도의 나이대에 속한 소년들이 가지는 감응이라고 할 만하다. 당연히 이와 같은 미숙함으로는 세상을 살아가기 어렵다. 그래서 흉하다(凶)고 말하는 것이다.

그렇지만 아이들의 입장에서는 이 장딴지에서 감지(感知)하여 얻은 것들이 마치 복잡한 세상으로 들어가는 열쇠처럼 여겨진다. 자신이 깨달은 것이 세상의 전부인 양 생각한다는 것이다. 그래서 기세가 등등하여 자신을 뽐내며 기고만장한다. 일마다 나서서 어른들을 훈수하려고 덤빈다. 그렇다면 이제 어떻게 해야 하는가?

腓 비 장딴지 **居 거** 살다, 거주하다/ (한곳에) 자리 잡다/ 벼슬을 하지 않다/ 은거하다/ 곳, 자리

거길(居吉)은 가만히 한곳에 앉아 있어야 길하다는 말이다. 곧 더 성숙한 감응을 위해 한곳에 머물면서 수련하면 괜찮지만, 함부로 몸을 움직여 행동에 나서면 안된다는 것이다. "선무당이 사람 잡고 반풍수가 집안 망친다"는 속담이 바로 이런 경우를 두고 하는 말일 것이다.

^{함 기 고} ^{집 기 수} ^왕 ^인
咸其股라. 執其隨니 往하면 吝하리라.

함기고(咸其股)는 넓적다리에서 교감한다는 뜻이다. 넓적다리는 무릎에서 엉덩이에 이르는 부위이다. 장딴지보다는 위에 있지만 또한 신체의 아랫부분에 있다. 나름의 판단력을 조금씩 쌓아가고 있지만 아직은 더 배우고 어른들을 따라야 할 청년기의 교감이다. 집기수(執其隨)는 그가 따를 것을 고집한다는 말이니, 넓적다리에서 교감하는 청년은 좀더 경험이 많은 사람의 뒤를 따라야 한다는 것이다. 왕,린(往,吝)은 앞으로 나아가면 옹색하다는 뜻이다. 경험 있는 사람을 뒤따르지 않고 청년이 제멋대로 일을 진행시키면 결국은 실패를 면치 못한다는 의미이다.

^정 ^{길 회 망} ^{동 동 왕 래} ^{붕 종 이 사}
貞하면 吉悔亡하리니, 憧憧往來하고 朋從爾思하리라.

넓적다리에서 교감하는 때를 지나면 누구나 각자 세상으로 나아갈 수 있다. 어른으로서 자신의 뜻을 펼치며 자신의 역할을 수행할 수 있는 시기가 온 것이다. 정,길회망(貞,吉悔亡)은 정도를 지켜야 길하고 뉘우칠 잘못이 없다는 말이다. 뜻을 펼치는 시기에 이르러 세상으로 나아가면 외부의 온갖 유

股 고 넓적다리   執 집 잡다/ 지키다   隨 수 따르다/ 추종하다   憧 동 그리워하다/ 왕래가 끊이지 않는 모양
爾 이 너/ 그(其)/ 이(此)/ ~뿐

咸은 亨利貞하니 取女吉하리라.

교감의 덕이 형(亨)과 이(利)와 정(貞)의 시절에 두루 이루어진다. 여자에게 장가들면 길하다.

咸其拇라.

그 엄지발가락에서 감응한다.

咸其腓면 凶하니 居하면 吉하리라.

그 장딴지에서 감응하면 흉하다. 한 곳에 가만히 앉아 있어야 길하다.

咸其股라. 執其隨니 往하면 吝하리라.

그 넓적다리에서 교감한다. 그 자신이 따르는 것을 고집하니 제멋대로 앞으로 나아가면 옹색하다.

貞하면 吉悔亡하리니, 憧憧往來하고 朋從爾思하리라.

올바름을 지켜야 길하고 후회할 잘못이 없을 것이다. 누군가를 몹시 그리워하여 오고 가도 괜찮으며 벗들이 그의 생각을 따를 것이다.

咸其脢면 无悔하리라.

그 등마루에서 교감하면 후회할 일이 없을 것이다.

咸其輔頰舌이라.

그 광대뼈, 뺨, 혀를 통해 교감한다.

혹과 자신의 욕심으로 흔들릴 가능성이 높아진다. 그래서 먼저 올바른 원칙을 지켜야 한다고 말하는 것이다.

동동왕래(憧憧往來)는 누군가를 몹시 그리워하여 오고 간다는 말이다. 곧 정도의 원칙을 지킬 수만 있다면 마음이 내키는 대로 행동해도 괜찮다는 것이다. 사랑하는 사람이 그리워서 가고, 어떤 일을 못잊어서 다시 또 오기도 하는 게 동동왕래이다. 그런데도 길하고 뉘우칠 일이 없다는 것이다. 붕종이사(朋從爾思)는 벗들이 그 생각을 따른다는 뜻이니, 정도의 원칙을 지킨다면 자신은 물론 주위 사람들까지도 이끌 수 있다는 뜻이다.

함 기 매   무 회
咸其脢면 无悔하리라.

함기매(咸其脢)는 등마루에서 교감한다는 뜻이다. 장딴지와 넓적다리를 지나 넓은 등마루에서 교감하는 것이니, 빛나는 장년기의 교감이라 할 만하다. 매(脢)자는 등골뼈에 붙은 등심살을 가리키는 글자이지만, 여기서는 신체의 윗부분에 있는 등마루를 나타낸다.

등마루는 '넓은 등짝'이라고 할 때의 등짝이고 '등골이 휜다'고 할 때의 등골이다. 이 등마루에서의 교감은 많은 짐을 지고 누군가를 위해 열심히 일하는 사람의 교감이라는 것이다. 이 등마루에서 교감하는 사람은 자기만을 위해 이기적으로 행동하지도 않고, 자기 가족만을 위해 편협하게 행동하지도 않는다. 대신 어떤 일을 하든 남을 위한 희생과 봉사의 자세를 바탕으로 한다. 당연히 뉘우칠 잘못을 저지르는 경우도 없다(无悔).

脢 매 등심. 등골뼈에 붙은 등심살/ 등마루

咸其輔頰舌이라.

바로 앞의 구절은 등마루에서 교감하는 사람의 행동이 얼마나 듬직한 것인지에 대해 이야기하고 있다. 이번 구절에서는 한발 더 나아가 생각과 말을 통해 교감하는 사람의 모습을 묘사한다.

함기보협설(咸其輔頰舌)은 광대뼈, 뺨, 혀를 통해 교감한다는 말이다. 광대뼈와 뺨과 혀는 각각 말을 하는 데 필요한 부위들이다. 이 구절은 곧 사람들에게 도움을 줄 수 있는 지혜의 말을 입밖으로 드러냄으로써 교감해야 한다는 의미를 담고 있다. 사랑과 위로의 언어를 전해준 종교 지도자들이나 비판과 지식의 언어를 남겨준 학자들이 바로 이와 같은 말을 통해 교감한 이들일 것이다. 이들은 큰 종교의 전당을 짓지도 않았고 유용한 수레나 무기를 만들지도 않았고 기업 조직을 경영하지도 않았다. 다만 말을 했을 뿐이다. 말을 함으로써 많은 이들과 교감하고 많은 이들을 변화시켰을 뿐이다.

그리고 광대뼈, 뺨, 혀는 또한 신체 부위 중 가장 윗부분에 있다. 곧 이 부위를 가지고 교감하는 일은 교감의 작용으로는 가장 성숙한 것이라 할 수 있다.

輔 보 광대뼈　**頰 협** 뺨　**舌 설** 혀

감응과 교감이 이성적 탐구에 밀려나고 있다

과학 기술 문명이 끝없이 발전하고 있다. 그동안은 꿈도 꿀 수 없었던 장소로 가고, 그동안은 전혀 알 수 없었던 현상을 이해한다. 비디오 기기를 통하면 태양계 밖의 세계까지 눈으로 본다. 과학 측정기를 활용하면 3,000년 전 〈주역〉 시대의 실제 사실까지 파악해 내고 잘못 알려져 있던 역사를 재구성한다.

그렇지만 우리의 삶은 여전히 모호한 느낌과 비과학적 주장에 의해 크게 좌우되고 있다. 이기심으로 가득찬 정치, 악습을 반복하는 문화, 맹신을 버리지 못하는 종교 등이 그물망 같은 인간관계와 얽혀 우리의 삶을 지배한다. 이와 같은 정치, 문화, 종교 분야의 문명은 과학 기술 분야와는 대조적으로 제자리걸음을 하고 있다는 것이다. 아니 오히려 퇴보하고 있는 것은 아닌가 하는 느낌까지 있다. 객관적 사실을 다루는 영역은 앞으로 가는데, 주관적 느낌을 다루는 영역은 멈추어 있다는 것이다. 사물에 감응(感應)하고 다른 사람과 교감(交感)하는 일이 이성적 탐구에 밀려 구석에 방치되고 있다는 것이다.

함괘(咸卦)는 바로 이 감응과 교감의 세계에 대해 이야기하고 있다. 함(咸)은 사물을 보고 마음이 따라 움직이는 것이다. 곧 감응(感應), 감흥(感興), 촉감(觸感), 체감(體感), 직감(直感), 감동(感動), 감명(感銘), 감탄(感歎), 감지(感知), 감성(感性), 감정(感情) 등과 같은 일을 말한다. 함(咸)은 그리고 혼자서만 느끼는 것이 아니라 느낌을 주고 받는 것이기도 하니, 교감(交感), 공감(共感), 동감(同感), 반감(反感), 다정다감(多情多感) 등과 같은 일을 말한다.

이 감응하고 교감하는 작용이 미치는 범위는 아주 넓고 그 종류와 형상 또한 하나하나 열거할 수 없을 만큼 많다. 하나의 출발점에 해당하는 이(理)를 제외한 모든 것이 이 감응하고 교감하는 작용 안에 있다고 볼 수 있다. 이것은 하늘과 땅, 음(陰)과 양(陽)의 기운, 만물(萬物), 이것과 저것 사이의 모든 일이다. 그렇지만 함괘는 특히 사람의 일에 주목한다. 세상의 일을 알고, 세상으로 나아가 자신의 역할을 하고자 하는 사람의 감응과 교감을 대해 이야기한다. 이는 아마도 하늘과 땅의 일에 대해서는 앞서 건괘(乾卦)나 곤괘(坤卦)에서 이미 설명했기 때문일 것이다.

군왕과 신하, 남녀, 부부, 아버지와 아들, 친인척, 친구, 윗사람과 아랫사람, 지도자와 조직원 등 다양한 사람들은 서로 느낌을 주고받으며, 감응하고 교감하며 살아간다. 이 감응과 교감이 없다면 이들 사이에는 아무것도 남아 있지 않을 것이다. 함괘(咸卦)는 이러한 작용이 인생의 시기에 따라 일정한 단계를 밟아 성숙해진다고 보고, 이를 엄지발가락, 장딴지, 넓적다리, 등마루, 얼굴 등의 신체 부위에 비유하여 설명하고 있다.

이 감응과 교감의 덕은 남이 가르쳐 줄 수 있는 것도 아니고 배워서 얻을 수 있는 것도 아니다. 하지만 노력없이 거저 얻을 수 있는 것이 아니므로 학습과 공부는 불가피한 통로이다. 지식이 많아야 지혜를 얻을 수 있는 것과 같은 이치이다. 꾸준히 강의나 책을 통해 세상의 이치를 따져보아야 한다. 그리고 가족이나 동료들은 물론 다양한 사람들을 친구로 만나면서 자신과 상대방의 행동을 성찰해 보아야 한다. 물론 평생을 수행하고 정진해도 평범한 사람들은 다다를 수 없는 경지가 있다. 저마다 타고난 근성과 기량을 살펴 알맞은 정도로 다듬고 또 다듬는 수밖에 없다.

그렇다면 이 감응과 교감의 덕은 어떤 쓸모가 있는가? 당연히 이성으로는 판단할 수 없는 것들을 판단할 수 있는 능력이 여기서 나온다. 나무와 동물들에게 감응할 수 있고, 사람들과 교감을 나눌 수 있다. 과거를 돌이켜 보고 앞날을 내다볼 수 있는 통찰력 또한 여기서 생긴다. 자신의 마음대로 움직여도 자연의 섭리와 음양의 조화에 어긋남이 없고, 세상의 흐름 또한 이 덕을 벗어나지 않는다.

32. 항恒괘 ; 늘 한결같은 마음의 덕

한결같음, 한결같은 변화, 항상성, 고집, 달

恒은 亨이면 无咎하고 利貞이면 利有攸往하니라.
（항　　형　　　무구　　　　이정　　　　이유유왕）

항(恒)자는 달이 차오르다가 기우는 모습을 그린 글자로 한결같음을 뜻한다. 달의 모습이 변하지 않는다는 것이 아니다. 달이 차오르고 기우는 일을 반복한다는 사실, 이 사실이 변하지 않는다는 것이다. 언제나 늘 그렇다는 것이고 꾸준히 그렇게 한다는 것이다. 한 곳에 정지해 있으면서 절대로 움직이지도 않고 변하지도 않는 어떤 고정불변의 무언가를 말하는 것은 아니다.

형,무구(亨,无咎)는 한결같은 마음은 인생의 성장기인 형(亨)의 시절에는 허물할 것이 없다는 말이다. 형의 시절은 자기 자신의 품성을 수양하고 실력을 갈고닦아 세상에 나아갈 학습을 하는 때이니, 한결같은 태도로 이 학습을

恒 항 늘, 항상/ 변하지 않고 늘 그렇게 하다　**攸 유** 바(=所)/ 곳, 장소　**往 왕** 가다/ 앞으로 나아가다/ (물품을) 보내다/ 항하다 / 과거, 옛날

계속해야 한다.

〈논어〉에 중도이폐(中道而廢)라는 말이 나오는데, 길을 가는 도중에 멈춘다는 뜻이다. 이처럼 중도이폐로 그만두어서는 안되고 꾸준히 공부를 계속해야 한다는 것이다. 요즘 흔히 "루틴(routine)을 지켜야 한다"고 말하는데, 바로 이러한 한결같음을 일컫는 말일 것이다.

한결같은 마음은 다만 성장기까지만 필요한 것이 아니다. 그 이후에는 더욱 더 필요하다. 이정,이유유왕(利貞,利有攸往)은 장년기인 이(利)의 시절과 노년기인 정(貞)의 시절에도 이 한결같음을 가지고 앞으로 나아가는 것이 이롭다는 뜻이다. 무슨 일을 하든 한결같은 태도로 꾸준히 자신의 역할을 수행하고 사람을 만나면 이롭지 않은 것이 없다는 것이다. 한결같은 마음을 가져야 개인적인 성취도 이룰 수 있고 사회적인 기여도 할 수 있으며 가정도 꾸려갈 수 있다.

준 항　　정 흉　　　무 유 리
浚恒은 貞凶하여 无攸利하니라.

준항(浚恒)은 한결같음에 깊이 빠진다는 뜻이다. 곧 오랫동안 지속하려 하기보다는 처음부터 지나치게 깊이 파고들어 많은 것을 얻으려 한다는 말이다. 시험을 준비하면서 평소에 꾸준히 공부하지 않다가 시험 전날 벼락치기 공부를 하는 경우가 바로 이런 경우일 것이다. 황금알을 빨리 얻고 싶어 거위의 배를 가르는 것이 이런 경우일 것이다.

정흉,무유리(貞凶,无攸利)는 고집스럽게 해도 흉하고 이로울 바가 없다는 뜻이다. 곧 이처럼 단번에 깊이 파고드는 일을 고집스럽게 계속하면 뭔가 고

浚 준 깊다/ 치다

약한 일이 생기고 좋을 결과를 얻을 수도 없다는 말이다. 또한 갑자기 너무 많은 것을 얻으려 하면 허겁지겁 서두르다가 결국은 아무것도 얻지 못한다는 의미이다.

悔亡하니라.

처음과 끝이 한결같은 삶에는, 그렇지만 인간적인 동기나 성취욕이 결여되어 있다. 파격도 없지만 도전도 없고 일탈도 없지만 모험도 없으며, 큰 성공을 기대하기도 힘들다. 이러한 삶에 후회할 잘못 또한 있을 리 없으니, 회망(悔亡)이라고 말하는 것이다. 그렇지만 이러한 삶의 태도는 욕심을 버리기 힘든 범인들에게는 실천하기가 쉽지 않은 것이다.

불 항 기 덕 　　　혹 승 지 수 　　정 린
不恒其德이라. 或承之羞니 貞吝하리라.

불항기덕(不恒其德)은 그 덕을 한결같이 지키지 못한다는 뜻이다. 자신이 가지고 있는 원칙을 지속적으로 유지하지 못한다는 것이다. 생각이나 행동이 이랬다저랬다 갈팡질팡 흔들린다는 것을 의미한다. 혹승지수(或承之羞)는 간혹 그것을 이어 받으면 수치스럽다는 뜻이다. 곧 이랬다저랬다 하는 생각이나 행동을 다른 사람이 받아들여 계승하기라도 하면, 이보다 더 큰 부끄러움은 없을 것이라는 말이다. 이럴 경우에는 올바름을 지켜도 난처해질 것이니 정린(貞吝)이라고 말하는 것이다.

예를 들면 음식점 사업주가 시류에 따라 한식당, 중식당, 이탈리안 레스토

或 혹 혹, 혹시/ 간혹/ 어떤 사람　承 승 잇다/ 계승하다/ 받들다/ 받아들이다　羞 수 부끄러워하다　吝 린 궁색하다/ 인색하다/ 옹색하다/ 아끼다/ 부끄럽다

恒은 亨이면 无咎하고 利貞이면 利有攸往하니라.

한결같음의 도는 형(亨)의 시절에는 꾸짖을 것이 없다. 이(利)와 정(貞)의
시절에도 이 한결같음의 도를 가지고 앞으로 나아가는 것이 이롭다.

浚恒은 貞凶하여 无攸利하니라.

한결같음에 너무 깊이 빠지는 일은, 고집스럽게 지켜 나가면 흉하고 이로울
것이 없다.

悔亡하니라.

한결같은 삶에는 후회할 일이 없다.

不恒其德이라. 或承之羞니 貞吝하리라.

그 덕을 한결같이 지키지 못한다. 간혹 그것을 이어받으면 수치스러우니
올바름을 지켜도 난처해질 것이다.

田无禽이라.

사냥터에 짐승이 없다.

恒其德하여 貞하면 婦人吉하고 夫子凶하니라.

그 덕을 한결같이 지켜서 이를 고집하면, 부인에게는 길하고 남편에게는
흉하다.

振恒이니 凶하니라.

한결같음을 떨쳐내니 흉하다.

랑 등을 오가거나 심지어 이를 같은 매장에서 동시에 운영하는 일이 이런 것이다. 이런 경우라면 고객들은 물론 함께 일하는 주방장 등의 직원들도 사업주의 생각이나 행동을 어떻게 받아들여야 할지 갈피를 잡을 수 없을 것이다.

<ruby>田无禽<rt>전 무 금</rt></ruby>이라.

한결같은 삶이 언제나 성공적인 것만은 아니다. 때로는 별 소득도 없이 실패의 쓴맛을 보여주고 끝나기도 한다. 전무금(田无禽)은 사냥터에 짐승이 없다는 뜻이다. 늘 언제나 자신의 원칙과 신념을 지켜도 돌아오는 것이 없을 경우가 있는데, 이는 이 원칙과 신념이 자신에게 적절한 것이 아니거나 때에 맞는 것이 아니기 때문일 수 있다는 말이다. 그러므로 자신이 어느 위치에서 무엇에 몰두하여 한결같음을 지키는지 확인해 보아야 한다.

<ruby>恒其德<rt>항 기 덕</rt></ruby>하여 <ruby>貞<rt>정</rt></ruby>하면 <ruby>婦人吉<rt>부 인 길</rt></ruby>하고 <ruby>夫子凶<rt>부 자 흉</rt></ruby>하니라.

항기덕(恒其德)은 그 덕을 한결같이 지킨다는 뜻이고, 정(貞)은 이를 고집한다는 뜻이다. 곧 자신의 원칙과 소신을 혼란스러워하지 않고 굳건하게 지켜 나간다는 것이다.

부인길(婦人吉)은 한결같음을 고집하는 일이 부인에게는 길하다는 말이다. 부인은 세상의 풍파로부터 가족들을 보살필 책임을 가지고 있다. 그러므로 집안일을 안정적으로 유지하는 것이 좋다는 것이다. 부자흉(夫子凶)은 한결같음을 고집하는 일이 남편에게는 흉하다는 말이다. 남편은 어지러운 세상의 풍파에 맞서 싸워야 하므로 한결같은 태도만 가지고 있을 수 없다.

禽 금 날짐승/ 짐승/ 사로잡다

유연한 적응력을 가지고 상황을 돌파해 나가야 한다는 것이다.

그런데 이 구절은 전통적으로 남성 중심적인 의미를 가진 것으로 해석되어 왔다. 부인길(婦人吉)이라는 구절을, 부인의 덕은 순종하는 것이므로 언제까지나 남편을 따라야 한다고 본 것이다. 그리고 부자흉(夫子凶)이라는 구절은 남편은 부인에게 순종해서는 안된다는 의미로 푼 것이다. 당연히 이러한 해석은 지금의 관점으로는 불합리하고 불편하기만 하다.

振恒이니 凶하니라.

진항(振恒)은 한결같음을 떨쳐낸다는 뜻이니, 스스로 몸을 격렬하게 뒤흔들어 자신의 원칙과 소신을 버리면서 무언가를 시도하고자 한다는 것이다. 그렇지만 이는 변화에 대한 강력한 집착이며 세상을 뒤엎고 이름을 내려는 욕심일 뿐이다. 흉할(凶) 수밖에 없다. 때와 운세는 한결같음을 유지하며 기다릴 때 오는 것이지, 억지로 끌고 오려 한다고 해서 오는 것이 아니다.

┛┏┓┃

봄 여름 가을 겨울의 변화는 늘 한결같다

세상이 정신없이 돌아가고 있다. 문명의 변화가 자연의 변화보다 빨라서 도처에서 분열이 일어나고 자연과 사람이 괴리된다. 사람들은 이제 변치 않는 자연으로 돌아가자고 발전을 멈추고 지구를 지키자고 외친다. 하지만 자연도 변하고 우주도

振 진 떨치다/ 떨쳐 일어나다/ 진동하다

진화한다. 눈에 보이지 않을 뿐이다. 과연 무엇이 변하는 것이고 무엇이 변하지 않는 것인가?

세상은 분초 단위로 바뀌고 있다. 사람들은 변화가 일생의 숙제인 것처럼 끊임없이 어디론가 움직인다. 잠시라도 멈춰 서면 곧 도태되어 버린다는 조바심 때문에 어디로 가는지도 모르고 바퀴를 굴리고 있다. 이런 면에서 변화를 거부하고 자연으로 돌아가자는 주장은 상당한 설득력을 지닌다. 하지만 자연으로 돌아가자는 사람들도 최소한 자연이 변화하지 않는다는 생각은 버려야 한다. 인간의 문명만큼 빠르고 전면적인 것은 아닐지 몰라도, 자연 역시 끊임없이 변화한다. 세상에 변화하지 않는 것은 없다.

그렇지만 자연의 변화와 인간의 변화는 다른 것이다. 자연은 반복과 순환, 조화와 균형을 변화의 기본 원리로 삼고 있다. 그러므로 변해도 변하지 않는 것이 있고, 변하지 않는 듯하지만 끊임없이 변하는 것이 있다. 자연의 변화는 모양과 성질이 바뀌어 돌아오지 않는 변(變) 중심의 변화가 아니라, 모양이 바뀌어도 성질은 남아 있다가 시간이 지나면 다시 돌아오는 화(化) 중심의 화변(化變)이라는 것이다. 항괘(恒卦)는 이처럼 자연이 끊임없이 변화하지만 그 가운데서도 변화하지 않는 어떤 한결같은 성질, 여일(如一)한 원리에 대해 이야기한다.

자연은 변화를 거듭하면서도 한결같은 항(恒)의 덕을 사랑한다. 이것이 바로 자연과 인간의 변화가 다른 점이다. 우리가 자연의 섭리를 존중하고 자연으로부터 무언가를 배우고자 한다면, 이 항의 덕을 존중하고 사랑하는 자연의 태도 또한 마땅히 배우지 않을 수 없다. 그래서 항괘는 이 한결같음의 덕을 말하며, 이 덕을 무시하면 큰코다치리라는 경고도 하고 있다. 자연으로 돌아간 사람들, 자연의 변화와 자신의 변화를 일치시킨 사람들을 따르라는 가르침이다.

누구나 자연으로 돌아가 항(恒)의 자세를 견지하면서 세상을 살 수 있는 것은 아니다. 그게 반드시 올바르고 좋은 것만도 아니다. 〈주역〉 사상의 근간은 세속적인 삶에 대한 존중과 사랑이다. 자연에 은거한 군자들을 칭송하되 세상 속에서 온갖 문제와 씨름하며 하루하루를 고달프게 살아가는 성실한 사람들의 고뇌를 외면하지 않는다.

33.둔遯괘 ; 물러날 때를 알고 물러남

소인배를 피해 물러남, 아름다운 마무리, 은퇴

遯(둔)은 亨(형)이니 小利貞(소리정)하니라.

둔(遯)은 물러나 은둔한다는 것이다. 둔(遯)자는 새끼돼지가 위험한 상황을 피해 달아나 수풀에 숨는 것을 표현한 글자이다. 곧 사리사욕을 앞세우는 소인배의 세력이 자라나는 때에 아직 힘이 약한 군자가 소인배의 횡포를 피해 물러나는 일을 의미한다. 이러한 물러남은 청년기인 형(亨)의 시절에 이루어져야 한다. 이는 장년기나 노년기에는 피하는 것만이 능사는 아니며 맞서 싸워야 한다는 의미를 함축한다.

소리정(小利貞)은 올바름을 지키면 조금이라도 이롭다는 뜻이다. 소인배들의 횡포를 피해 물러나는 것은 정도를 지키고자 하는 자신의 뜻을 꺾고 싶지 않기 때문이다. 비록 행동에 나서 자신의 뜻을 펼치지는 못하지만 이렇게

遯 둔 달아나다/ 숨다/ 피하다. 도망치다/ 은둔하다

뜻을 간직하는 일은 유리함이 있다는 것이다. 그러므로 이처럼 자신의 힘을 숨기고 물러나 은둔하는 군자는 단지 달아나기만 하는 것이 아니다. 은둔하며 향후 반드시 다가올 기회를 기다리는 것이다.

遯^둔尾^미는 厲^려하니 勿^물用^용有^유攸^유往^왕하니라.

둔미,려(遯尾,厲)는 물러남의 꼬리는 위태롭다는 뜻이다. 소인배들이 득세할 기미가 보이면 곧 물러나야 하는데 물러나기를 주저하다가 마지막에 물러난다는 말이다. 이처럼 망설이며 머뭇거리는 것은 자신 또한 소인배들과 어울려 득세하고자 하는 마음이 있기 때문이고, 그래도 물러나는 것은 남에게 등이 떠밀려 억지로 물러나는 것이다. 그러니 장차 화를 당할 수 있다.

물용유유왕(勿用有攸往)은 앞으로 나아갈 곳이 있어도 가지 말라는 뜻이다. 물러날 때의 기미를 알아차리지 못하고 망설이며 머뭇거렸으니, 다시 뭔가 일을 계속 진행시키려 해서는 안된다는 것이다. 아무 일도 하지 말고 어디로도 움직이지 말고 가만히 엎드려 있는 것이 최선이다.

執^집之^지에 用^용黃^황牛^우之^지革^혁이면 莫^막之^지勝^승說^탈이니라.

물러나기를 주저하다가 억지로 물러나는 경우가 있는 반면, 물러날 의지가 확고하여 그 뜻을 꺾을 수 없는 경우도 있다. 의지가 확고한 군자는 정도를 지키고자 하는 뜻이 강하니 적당히 타협하려는 마음을 가지고 머뭇거리지 않는다.

尾 미 꼬리/ 끝/ 뒤를 밟다　**執 집** 잡다/ 가지다/ 맡아 다스리다/ 고집하다　**革 혁** 가죽/ 갑옷, 투구/ 고치다　**莫 막** 없다/ 말다, ~하지 말라　**勝 승** 이기다/ 뛰어나다/ 훌륭하다/ 승리를 거두어 멸망시키다　**說 탈** 벗다/ 제거하다

집지(執之)는 그것을 고집한다는 뜻이다. 물러나고자 하는 뜻을 굳게 지킨다는 말이다. 용황우지혁(用黃牛之革)은 황소의 가죽을 쓴다는 뜻이고, 막지승탈(莫之勝說)은 그것을 도저히 벗길 수 없다는 뜻이다. 곧 물러나고자 하는 뜻이 황소의 가죽으로 묶어둔 것과 같이 질기고, 아무도 이 황소의 가죽을 벗길 수 없다는 것을 의미한다. 이 구절은 시의적절하게 은둔하기 위해서는 강한 의지가 필요하다는 것을 말하고 있다. 그래야 갖가지 유혹과 스스로의 욕심을 물리칠 수 있다는 것이다.

係遯하면 有疾厲하니라. 畜臣妾에는 吉하리라.

계둔(係遯)은 관계를 가지고 물러나려 한다는 뜻이다. 복잡한 인간관계가 얽혀 있는 상황에서 물러나려 한다는 것으로 이 복잡한 인간관계에는 소인배들과의 관계 또한 포함되어 있다. 정치인들에게 종종 있는 경우이고 여러 사람이 함께 물러나고자 할 때도 흔한 경우이다. 유질려(有疾厲)는 이처럼 관계에 얽매어 있는 상황에서 물러나고자 하면 질병이 생겨 아프고 위태롭다는 말이다. 물러나고자 할 때는 기존의 인간관계에서 벗어날 수 있는 곳으로, 가능한 한 멀리 은둔해야 한다는 의미를 담고 있다.

혹신첩,길(畜臣妾,吉)은 신하나 계집종을 기르는 데는 길하다는 뜻이다. 곧 적당한 은신처를 마련해 은둔하지는 못하지만, 조력자, 추종 세력, 남녀 일꾼 등과 교류하며 힘을 키우기에는 좋다는 것이다. 이후 영향력을 확대할 수 있는 기회로 활용할 수 있다는 말이다.

係 계 매다/ 묶다/ 잇다/ 끈, 줄/ 혈통, 핏줄/ 관계 **畜 훅** 기르다, 양육하다/ 아끼다, 사랑하다 **臣 신** 신하/ 하인/ 포로 **妾 첩** 첩/ 시녀/ 여자 아이

遯은 亨이니 小利貞하니라.

물러남은 청년기인 형(亨)의 시절에 이루어져야 하니, 올바름을 지키면
조금이라도 이롭다.

遯尾는 厲하니 勿用有攸往하니라.

물러남의 꼬리는 위태롭다. 앞으로 나아갈 곳이 있어도 가지 않는 것이 좋다.

執之에 用黃牛之革이면 莫之勝說이니라.

물러나고자 하는 뜻을 고집한다. 황소의 가죽을 쓰면 그것을 도저히 벗길 수
없다.

係遯하면 有疾厲하니라. 畜臣妾에는 吉하리라.

관계를 가지고 물러나려 하면 질병이 생겨 아프고 위태롭다. 신하나 계집종을
기르는 데는 길하다.

好遯은 君子吉하고 小人否하니라.

시의적절하게 물러나는 일은 군자에게는 길하고 소인에게는 막힌다.

嘉遯은 貞吉하니라.

주위의 칭찬을 들으며 은둔하는 일은 계속 은둔해 있어도 길하다.

肥遯은 无不利하니라.

넉넉하게 물러나 은둔하는 일은 이롭지 않음이 없다.

好遯은 君子吉하고 小人否하니라.

호둔(好遯)은 시의적절한 상황에서 물러난다는 말이다. 군자길(君子吉)은 군자에게는 길하다는 뜻이고, 소인비(小人否)는 소인에게는 막힌다는 뜻이다. 시의적절한 물러남은 정도를 지키고자 하는 군자에게는 그 뜻을 꺾지 않을 수 있으므로 좋은 일이지만, 소인에게는 사리사욕을 탐할 수 있는 길이 막히니 좋지 않은 일이라는 의미이다.

嘉遯은 貞吉하니라.

가둔(嘉遯)은 주위의 칭찬을 들으며 은둔한다는 뜻이다. 곧 때를 잘 알아서 시의적절하게 은둔하고, 남아 있는 사람들을 충분히 배려하면서도 사사로운 얽매임이 없다는 것이다. 시기와 조건이 잘 맞고 은둔하는 군자의 처신 또한 탓할 부분이 없을 때의 은둔을 말하는 것이다. 정길(貞吉)은 계속하면 길하다는 뜻이니, 이와 같은 은둔은 오래도록 지속해도 훌륭하다는 말이다.

肥遯은 无不利하니라.

비둔(肥遯)은 넉넉하게 물러난다는 뜻이다. 곧 몸도 건강하고 재산도 최소한의 수준까지는 확보해 둔 상태에서 물러나는 것이다. 무엇보다도 서로 믿고 의지할 수 있는 교우(交友) 관계도 유지하고 있고 지지자나 추종 세력도 있는 상태에서 은둔하는 것이다. 이렇게 물러나면 이후 이 넉넉함을 새로운

否 비 막히다/ 비루하다　嘉 가 아름답다/ 기리다, 칭찬하다　肥 비 살찌다/ 기름지다/ 땅을 걸게 하다/ 넉넉해지다/ 지방/ 살진 고기/ 거름

출발의 밑천으로 삼을 수도 있다. 당연히 이롭지 않을 일이 없다(无不利).

날마다 사표를 쓰고 싶어지는 게 조직 생활이고 직장 생활이다. 지금도 사표 쓸 궁리를 하고 있다면 자신이 과연 그럴 준비가 된 사람인지 확인해 볼 일이다. 건강, 재산, 인맥 등을 얼마나 갖추고 있는지 살펴보라는 말이다.

≥07.

신속하게 물러나 먼 곳으로 가 은둔한다

모든 일에는 다 때가 있는 법이니, 이 때를 알아서 움직여야 목표를 달성할 수 있다는 것이 〈주역〉의 기본 철학이다. 그리고 그 때를 어떻게 알 수 있는지, 그 때를 기다리는 동안 무엇을 어떻게 해야 하는지를 설명한 것이 〈주역〉의 말이다. 그러니 물러남의 때를 언급하지 않을 수 없다. 새로 시작하기보다 어려운 것이 일을 잘 마무리하는 것이다. 태어나기보다 어려운 게 죽는 일이다. 모든 일에는 시작과 끝이 있으니, 이미 시작한 일은 언젠가는 끝내야 한다. 그렇다면 언제 끝내야 하는가? 언제 어떻게 물러나야 하는가? 둔괘(遯卦)는 바로 이 물러남의 때와 조건에 대해 이야기하고 있다.

마무리의 아름다움을 뜻하는 유종지미(有終之美)라는 말이 있다. "가야 할 때가 언제인가를 분명히 알고 가는 이의 뒷모습은 얼마나 아름다운가"라고 노래한 시도 있다. 노자(老子)는 또 공수신퇴(功遂身退)라 말한 바 있다. 공을 완수한 후에 자신은 물러난다는 뜻이다. 미상불 물러나고 떠나야 할 때를 알고 아름답게 마무리하는 일은 여간 중요한 것이 아니다. 우리는 그동안 물러나야 할 때 물러나지 않는 사람들, 그래서 충분한 공을 세우고도 오히려 욕을 먹는 사람들을 너무나 많이 보아

왔다. 다 때를 제대로 알지 못했기 때문에 생긴 일이다.

둔괘(遯卦)는 합당한 물러남의 형태를 세 가지로 나누어 설명하고 있다. 시의적절하게 물러나 은둔하는 호둔(好遯), 주위의 칭찬을 들으며 물러나는 가둔(嘉遯), 인맥과 재산을 넉넉하게 마련한 후에 물러나는 비둔(肥遯) 등이 그것이다. 물러난 이후의 생활을 미리 준비해 둔 연후에, 때를 잘 살펴서, 주위 사람들을 배려하면서 물러나는 것이 최상의 물러남이라는 설명이다.

이에 반해 물러날 때를 알지 못한 상황에서 아무런 준비도 없이, 어느 날 갑자기 물러나는 것을 둔미(遯尾)라 하였다. 때를 읽지 못해서, 때를 알고서도 당장의 이익이나 직위에 눈이 어두워져서 물러날 때를 놓친 물러남이다. 명예롭지 못한 물러남이므로 위험하고 고생스러운 일을 당할 수밖에 없다. 복잡한 인간관계에 얽혀 위태롭게 물러나는 계둔(係遯)도 있다. 정치인들이나 대형 비리 사건에 휘말려 물러나는 것이나 회사가 문을 닫으면서 여러 임직원이 동시에 직장에서 물러나는 것이 이러한 경우일 것이다.

물러날 때 중요한 것은 신속하게 물러나 기존의 활동 무대에서는 최대한 멀리 떨어져 은둔하는 것이다. 문제는 그 때가 언제인가를 알아차리는 일이다.

34. 대장大壯괘 ; 굳센 힘의 올바른 사용

굳센 기운, 훌륭한 기상, 권력, 완력

大壯은 利貞하니라.

대장(大壯)은 대단히 굳세다는 말이다. 장(壯)자는 당차고 인품이 훌륭한 장년의 남자를 뜻하는 글자이다. 여기서는 굳센 기운, 훌륭한 기상, 강력한 힘 등의 의미를 포함하고 있다. 대장은 이와 같은 굳셈과 강력함이 또한 대단한(大) 것이니, 양(陽)의 기운이 맹렬하게 자라나는 것이다. 그러므로 이 기운이 사납고 폭력적으로 변하는 일을 살펴야 한다.

이정(利貞)은 이러한 대장이 원형이정(元亨利貞)의 시절 가운데 결실기인 이(利)의 시절과 완성기인 정(貞)의 시절에 쓰인다는 말이다. 남자가 장년이 된 이후에는 숱한 난관을 극복하며 살아야 한다. 그러므로 이 시기에는 대장의 강력한 힘을 사용함으로써 큰 결실을 거둘 수 있다는 것이다.

壯 장 장하다(기상과 인품이 훌륭하다)/ 굳세다/ 씩씩하다/ 크다/ 강력하다/ 단단하다

壯于趾니 征凶이라. 有孚하니라.

_{장 우 지} _{정 흉} _{유 부}

장우지(壯于趾)는 발가락에 힘이 모여 있다는 것이니, 힘 있는 자가 가장 낮은 위치에 있으면서도 성급하게 앞으로 나아가려 한다는 뜻이다. 생각보다 행동이 앞서거나 힘만 믿고 오만을 부리는 경우이다. 정흉(征凶)은 공격적으로 일을 계속하면 흉하다는 뜻이니, 이처럼 성급하게 힘을 쓰면 궁지에 몰리고 만다는 것이다. 유부(有孚)는 믿음이 있다는 뜻이다. 힘을 가지고 있다 하더라도 일정한 원칙을 가지고 사용하여 사람들이 신뢰할 수 있도록 해야 한다는 것이다. 힘을 조급하게 사용하면 사람들의 의심을 사는 경우가 많기 때문에 특히 믿음이 있어야 한다고 덧붙여 말한 것이다.

대단히 강력한 힘도 함부로 써서는 안된다. 그런데 발가락에 힘이 모여 있을 때는 스스로 힘이 대단하다고 여겨져도 실제로는 그렇게 대단한 것이 아니다. 그러므로 이럴 때는 한발 뒤로 물러서서 자신이 처한 상황을 살펴볼 줄 알아야 한다.

貞吉하니라.

_{정 길}

대장(大壯)은 강력한 힘(壯)을 가지고 있는데 이것이 또 크다는(大) 것이다. 그런데 이처럼 대단히 강력한 힘을 가지고 있으면 힘을 믿고 날뛰다가 스스로 다치거나 남을 다치게 할 가능성이 높다. 이럴 때일수록 정도의 원칙을 지켜 대단한 힘이 너무 지나치지 않도록 해야 한다. 그래서 정길(貞

趾 지 발 征 정 치다/ 정벌하다/ 공격적으로 나아가다 孚 부 미쁘다(믿음성이 있다)/ 믿음, 신뢰/ 알이 깨다/ 기르다, 자라다

舌)이라고 말하는 것이니, 강력한 힘을 쓸 때는 올바름을 지켜야 길하다는 것이다.

당차고 인품이 훌륭한 장년의 남자라면 마땅히 이렇게 해야 한다. 이들은 중용의 덕을 가지고 있으므로 자신의 대단히 강력한 힘을 절제하여 사용할 수 있다. 아무 때나 나서서 힘자랑을 해서는 안된다.

小人用壯이요 君子用罔이니 貞厲하니라. 羝羊觸藩하여
羸其角이로다.

소인용장(小人用壯)은 소인은 강한 힘을 쓴다는 뜻이니, 곧 밖으로 보이는 완력(腕力)을 쓴다는 말이다. 하지만 군자는 이와 같은 신체적 힘 대신 정신적인 힘을 사용한다. 군자용망(君子用罔)은 군자는 그물을 쓴다는 말이다. 이때의 그물은 백성들의 행동을 규제하는 법과 제도, 백성들의 생각을 지도하는 문화와 교육 등을 의미한다. 참고로 이 구절에서 소인과 군자의 구별은 인격을 갖추었느냐에 따른 것이 아니라 직업이나 역할에 따른 것으로 보는 것이 적절하다. 또한 망(罔)자가 속임수라는 뜻을 가진다는 점도 염두에 둘 필요가 있다.

소인이 쓰는 물리적 힘이든, 군자가 쓰는 정신적 힘이든 대장(大壯)의 힘은 강력하다. 이런 점에서 두 힘 모두 힘없는 백성들을 가두고 억압한다. 권장할 만한 것은 아닌 것이다. 가두지 말아야 할 것을 가두고 자유롭게 풀어주어야 할 것을 묶어두기 때문이다. 그래서 정려(貞厲)라고 말하는 것이니,

---

罔 망 그물, 그물질하다/ 없다/ 속이다　羝 저 숫양　羊 양 양/ 상서롭다　觸 촉 닿다/ 찌르다　藩 번 울타리/ 울타리로 에워싸다/ 경계　羸 리 파리하다/ 여위다　角 각 뿔

이러한 힘을 사용하면 올바름을 지켜도 위태롭다는 뜻이다.

그렇다면 이처럼 억압적인 힘의 행사가 불러오는 결과는 어떤 것인가? 저양촉번(羝羊觸藩)은 새끼양이 울타리를 들이받는다는 뜻이고, 이기각(羸其角)은 그 뿔을 괴롭게 만든다는 뜻이다. 곧 새끼 양이 자신을 가둔 울타리에서 탈출하고자 울타리를 들이받으며 울부짖다가 뿔이 울타리 사이에 끼어 꼼짝달싹 못하게 된 모습을 묘사한 것이다. 여기서 울부짖는 새끼 양은 약한 백성들을 가리키고 울타리는 성벽(城壁), 또는 국경을 가리킨다. 나라 또는 집안에 어려움이 닥쳤을 때 이를 극복하기 위해 대장(大壯)의 힘을 사용하는 것은 마땅한 일이다. 그렇지만 힘없는 백성들을 억압하기 위해 이 힘을 사용해서는 안된다.

정 길 회 망　　　　번 결 불 리　　　장 우 대 여 지 복
貞吉悔亡하니 藩決不羸하며 壯于大輿之輹이로다.

정길회망(貞吉悔亡)은 올바름을 지켜야 길하고 후회할 일도 없다는 말이다. 곧 대장의 힘을 사용할 때는 원칙을 지켜야 한다는 것이다. 번결불리(藩決不羸)는 울타리가 열려서 양들이 괴로워하지 않는다는 말이다. 곧 앞 구절에서 말한 억압적인 힘을 풀고 백성들이 자유롭게 생활할 수 있도록 한다는 것이다.

장우대여지복(壯于大輿之輹)은 큰 수레의 둔테에 힘이 모여 있다는 뜻이다. 복(輹)은 수레와 굴대를 연결시켜 고정하는 장치인 둔테를 가리키는 것으로, 여기서는 바퀴 굴리는 동력을 의미한다. 곧 군자가 앞으로 나아감에

決 결 터지다/ 제방이 무너져 물이 넘쳐흐르다/ 열어 놓다　**輿 여** 수레　**輹 복** 둔테, 수레와 굴대를 연결시켜 고정하는 장치/ 바큇살

大壯은 利貞하니라.

강력한 힘은 결실기인 이(利)의 시절과 완성기인 정(貞)의 시절에 쓰인다.

壯于趾니 征凶이라. 有孚하니라.

발가락에 힘이 모여 있으니 공격적으로 일을 계속하면 흉하다. 믿음이 있어야
한다.

貞吉하니라.

강력한 힘을 쓸 때는 올바름을 지켜야 길하다.

小人用壯이요 君子用罔이니 貞厲하니라. 羝羊觸藩하여
羸其角이로다.

소인은 물리적 힘을 쓰고 군자는 제도적 그물의 힘을 쓰니, 올바름을 지켜도
위태롭다. 새끼양이 울타리를 들이받아 그 뿔을 괴롭게 만든다.

貞吉悔亡하니 藩決不羸하며 壯于大輿之輹이로다.

올바름을 지켜야 길하고 후회할 일도 없으니, 울타리가 열려서 양들이
괴로워하지 않는다. 큰 수레의 둔테에 힘이 모여 있다.

喪羊于易이나 无悔리라.

국경 지역에서 양을 잃었으나 후회할 일은 없을 것이다.

羝羊觸藩하여 不能退하며 不能遂하여 无攸利니
艱則吉하리라.

새끼양이 울타리를 들이받아 뒤로 물러설 수도 없으며 앞으로 나아갈 수도
없다. 이로울 바가 없으니 어렵게 여긴다면 길하다.

강력한 둔테가 있는, 힘 있는 수레를 타고 간다는 것이다. 군자가 정도의 원칙을 지킴으로써 생각과 행동이 일치하는 상황이다. 무슨 일이든 계속 진행시켜 나가면 성취를 이룰 수 있다.

상 양 우 역　　　무 회
喪羊于易이나 无悔리라.

상양우역(喪羊于易)은 국경 지역에서 양을 잃는다는 말이다. 울타리가 열려서 양들이 자유롭게 울타리 밖으로 나갔던 앞서의 이야기에서 이어지는 장면이다. 곧 백성들이 어디로든 자유롭게 왕래하며 생활할 수 있도록 했는데, 이 백성들이 국경을 넘어가 버린 것이다. 무회(无悔)는 이렇게 해도 후회할 일은 없다는 뜻이다. 곧 백성들을 정도의 원칙에 따라 다스렸다면, 백성들은 머지않아 다시 돌아올 것이므로 걱정할 필요가 없다는 것이다. 이는 마치 평소에 양을 잘 보살펴 주면 양이 울타리를 나갔다가도 되돌아오는 것과 비슷한 일이라고 할 수 있다.

저 양 촉 번　　　불 능 퇴　　　불 능 수　　　무 유 리　　　간 즉 길
羝羊觸藩하여 不能退하며 不能遂하여 无攸利니 艱則吉하리라.

앞서 나왔던 것처럼 저양촉번(羝羊觸藩)은 새끼양이 울타리를 들이받는다는 뜻이다. 하지만 아직은 어린 새끼양일 뿐이다. 불능퇴(不能退)는 뒤로 물러설 수 없다는 말이고 불능수(不能遂)는 앞으로 나아갈 수 없다는 말이다. 곧 어린 새끼양이 자신의 힘도 모르고 날뛰다가 울타리에 뿔이 걸려 진퇴양난의 곤경에 빠졌다는 것이다. 그러므로 이로울 바가 없다(无攸利)고

喪 상 잃다, 잃어버리다/ 상복을 입다/ 죽다, 사망하다　易 역 바꾸다, 고치다/ 다르다/ 국경, 경계　能 능 능하다/ ~할 수 있다　退 퇴 물러나다/ 겸양하다　遂 수 드디어, 마침내/ 이루다/ 완수하다/ 생장하다　艱 간 어렵다, 어렵게 여기다

말하는 것이다.

간즉길(艱則吉)은 어렵게 여긴다면 길하다는 뜻이다. 곧 진퇴양난의 곤경에 빠진 것이 자신의 분수도 모르고 날뛰었기 때문이라는 점을 알고 신중하게 행동한다면 이 곤경에서 벗어날 수 있을 것이란 의미이다. 이제 조금 더 시간이 지나면 새끼양은 정말 강력한 뿔을 가진 숫양으로 자라날 것이다.

가장 굳센 힘은 폭력과 억압을 막는 힘이다

어떤 일이든 일을 성공적으로 추진하기 위해서는 힘이 필요하다. 그리고 이 힘은 강하면 강할수록 좋다. 대장괘(大壯卦)는 바로 이 대단히 강한 힘은 무엇이고 어떻게 사용하느냐의 문제를 다루고 있다.

군자가 자신의 뜻을 펼치기 위해서는 백성을 다스리는 힘이 필요하다. 군자는 실력, 신뢰할 수 있는 도덕성, 힘과 용기 등을 갖추어야 한다. 군자를 흔히 목자(牧者)에 비유하거니와 목자는 양을 잘 돌볼 수 있는 지적 능력과 함께 짐승들로부터 양떼를 지킬 수 있는 완력 내지는 신체적 힘을 가지고 있어야 한다. 누군가에게 부당한 억압을 당하고 있는 이들이라면 또한 이에 저항할 수 있는 힘을 갖추어야 한다. 그래야 자신의 생명과 자유를 지킬 수 있다. 이는 강제로 좁은 우리에 갇혀 있는 양떼가 울타리를 무너뜨리고 달아날 수 있는 힘을 길러야 하는 것과 같은 이치이다.

이처럼 힘은, 다스리는 자나 가두는 자는 물론 다스려지는 자나 갇히는 자에게도 필요한 것이다. 그런데 이 두 힘이 서로 타협을 이루지 못하고 충돌할 때 세상에는 갈등과 전쟁이 일어난다. 그래서 진실로 강한 힘은 이 두 힘의 충돌을 미리 막고 이 두 힘을 조화롭게 다시 융합시키는 힘이다. 대장괘에서 말하는 대장(大壯)의 힘이 바로 이런 것이다. 가족의 생명과 안전을 책임질 수 있는 힘, 공동체의 질서와 자유를 지킬 수 있는 힘, 늑대의 무리로부터 양떼를 지킬 수 있는 힘, 나아가 전쟁과 자연재해로부터 백성들을 지킬 수 있는 국가적 차원의 힘이 모두 대장의 힘이다.

대장괘는 대장의 힘을 사용할 때는 무엇보다도 정도의 원칙을 지켜야 한다고 강조한다. 대단히 강력한 힘이므로 힘을 믿고 날뛰다가 낭패를 당하거나 남을 해칠 수도 있기 때문이다. 대장의 힘은 물리적으로 행해지는 힘도 아니고 누군가를 억압하고 착취하는 힘도 아니다. 총칼을 앞세워 사람들을 수탈하는 힘은 대장의 힘이 아니라 야만의 폭력일 뿐이다. 대장의 힘은 갇힌 자를 풀어주는 힘이며, 어려움에 처한 자를 구해주는 힘이다.

양떼가 길을 잃고 헤매다가 늑대를 만났을 때, 어린 새끼양이 뿔로 울타리를 들이받다가 뿔이 울타리에 끼어 꼼짝달싹 못할 때, 백성들이 가난의 구덩이에 빠지고 고통의 불가마 속에서 불탈 때, 세상이 말세의 기운에 뒤덮여 캄캄해질 때, 이럴 때 대장의 힘이 그 진짜 가치를 드러낸다.

35. 진晉괘 ; 세상의 모든 권력, 권력자

대신(大臣), 제후왕, 올바르고 과감한 권력 사용

^진晉이니 ^{강 후 용}康侯用하여 ^{석 마 번 서}錫馬蕃庶하고 ^{주 일 삼 접}晝日三接하니라.

진(晉)은 태양이 땅 위로 솟아올라 앞으로 나아가는 모습을 나타낸 것이니, 곧 군자가 대신(大臣)의 자리에 올라 나라의 안정과 발전을 위해 개혁을 진행시켜 나가는 일을 가리킨다.

강후용(康侯用)은 대신으로 등용한다는 뜻이다. 여기서 강후(康侯)는 나라의 사법과 형벌을 총괄하는 대신(大臣)을 말한다. 행정권과 사법권을 가지고 일정한 영토의 나라를 다스리면서 백성을 편안하게 하는 제후(諸侯)를 가리킬 때도 강후라는 말을 쓴다. 석마번서(錫馬蕃庶)는 여러 번에 걸쳐 말을 하사한다는 뜻이고, 주일삼접(晝日三接)은 하루에 세 번 만난다는 뜻이다.

晉 진 나아가다/ 진나라   康 강 편안, 편안하다, 편안히 하다/ 무성하다/ 풍년이 들다/ 기리다, 칭송하다
侯 후 과녁/ 제후   錫 석 주다/ 하사하다/ 주석   蕃 번 우거지다/ 번성하다   庶 서 여러/ 수효가 넉넉하다/
서출/ 벼슬이 없는 사람   接 접 잇다/ 접붙이다/ 접하다/ 사귀다, 교제하다

이 구절은 곧 대신으로 등용된 군자가 최고 권력자인 천자(天子)와 지근거리에 있으면서 신임과 후원을 얻고 있는 모습을 묘사한 것이다.

이로써 능력과 덕을 갖춘 대신은 권력의 핵심부에서 막강한 힘을 행사할 수 있다. 정치적 실권을 바탕으로 나라를 안정적으로 다스리면서 동시에 발전을 위한 개혁을 펼쳐나갈 수 있는 것이다. 개인적으로도 풍족한 생활을 누리는 것은 물론, 명예와 존경을 한 몸에 받는다.

진 여 최 여　　정 길　　　　망 부　　　유 무 구
晉如摧如에 貞吉하니라. 罔孚라도 裕无咎리라.

진여최여(晉如摧如)는 앞으로 나아가면서 꺾는다는 뜻이다. 곧 권력자가 개혁적인 정책을 펼쳐나가다가 정치적인 반대파를 무너뜨리는 모습을 의미한다. 그런데 반대파를 좌절시킬 경우에는 권력을 과도하게 사용하여 부작용을 낳을 수도 있다. 그래서 정길(貞吉)이라고 말하는 것이니 정도의 원칙을 기준으로 해야 한다는 것이다.

망부(罔孚)는 믿음이 없다는 뜻이고, 유무구(裕无咎)는 관대하게 행동하면 허물할 일이 없다는 뜻이다. 정치적 실권을 장악하고 개혁을 추진할 때에는, 처음 만나 함께 일하는 조력자나 아랫사람들을 믿기 힘들다. 마음으로 따르는 것인지 앞에서만 머리를 숙이는 것인지, 사실을 그대로 보고하는 것인지 관행에 따라 기계적으로 전달하는 것인지 알 수가 없다. 그래서 믿음이 없다고 말하는 것이다. 하지만 이럴 때일수록 자신의 개혁에 대한 확신과 함께 여유로운 마음을 가져야 한다. 그리고 주변 사람들에게 관대하게 대해야

摧 최 꺾다　罔 망 없다/ 속이다/ 그물　裕 유 너그럽다, 관대하다/ 넉넉하다, 넉넉하게 하다/ 받아들이다,
용납하다/ 여유

한다. 의도했던 계획이 올바른 것이라면 마음으로 따르고 사실을 있는 그대로 보고하는 이들도 분명히 있기 때문이다.

晉如愁如에 貞吉하니라. 受玆介福하리니 于其王母로다.
<small>진 여 수 여　　　정 길　　　　수 자 개 복　　　　우 기 왕 모</small>

권력자가 개혁 정책을 펼쳐나갈 때는 정치적인 반대파 외에도 여러 가지 뜻하지 않은 어려움에 맞닥뜨릴 수밖에 없다. 도적들이 반란들 일으킬 수도 있고 천재지변이 일어날 수도 있다. 험담과 중상모략(中傷謀略)으로 봉변을 당하며 힘을 허비해야 할 수도 있다. 그래서 진여수여(晉如愁如)라 말하는 것이니 앞으로 나아가면서 근심한다는 뜻이다. 또한 이럴 때일수록 정도의 원칙을 지켜야 하므로 정길(貞吉)이라고 말한다.

수자개복(受玆介福)은 지금 필요한 큰 복을 받는다는 뜻이고 우기왕모(于其王母)는 이 큰 복을 군왕의 어머니로부터 받는다는 뜻이다. 군왕의 어머니는 실질적인 권력을 가지고 있지는 않지만 군왕에게 적지 않은 영향력을 미치는 존재인데, 바로 이와 같은 존재로부터 도움을 받는다는 것이다. 이 구절은 개혁의 과정에서 근심거리가 생기더라도 정도의 원칙을 지키면 의외의 사람들로부터 도움을 얻을 수 있다는 것을 의미한다.

衆允이라. 悔亡하리라.
<small>중 윤　　　회 망</small>

지금까지는 권력층 핵심부의 관계를 중심으로 새로운 권력자가 등장해 개혁 정책을 추진하는 일에 대해 설명했다. 하지만 이것만으로는 진정한 권력

<small>愁 수 근심하다　受 수 받다　玆 자 이에/ 이때　介 개 끼다/ 사이에 들다/ 소개하다/ 크다/ 단단한 껍질, 갑옷　福 복 복　衆 중 무리/ 군신, 백성　允 윤 진실로/ 진실, 믿음</small>

을 획득했다고 보기도 어렵고 개혁 정책을 끝까지 밀어붙이기도 힘들다. 가장 중요한 민심(民心)이 빠져 있는 것이다. 이 구절은 바로 이 민심의 중요성을 강조한다. 중윤(衆允)은 뭇사람이 믿는다는 뜻이고, 회망(悔亡)은 뉘우칠 일이 없다는 뜻이다. 곧 개혁 정책이 대중적인 지지와 신뢰를 얻으면 더 큰 추진 동력을 얻을 것이라는 의미이다.

진 여 석 서　　정 려
晉如鼫鼠하니 貞厲하리라.

진여석서(晉如鼫鼠)는 앞으로 나아가면서 쥐새끼 무리와 함께한다는 뜻이다. 석서(鼫鼠)는 날다람쥐와 집쥐를 가리키는 말이다. 몰래 돌아다니며 소중한 곡식을 탐욕스럽게 먹어치우는 것으로, 약삭빠른 간신배나 교활한 탐관오리를 비유한 것이다. 이와 같은 간신배나 탐관오리와 함께한다면 스스로 아무리 노력한다 해도 개혁은 실패로 돌아가고 말 것이다. 그래서 정려(貞厲)라고 말하는 것이니 올바름을 지켜도 위태롭다는 뜻이다.

회 망　　실 득 물 휼　　왕 길　　무 불 리
悔亡이니 失得勿恤하라. 往吉하고 无不利하리라.

권력자가 앞으로 나아가고자 할 때, 기회를 얻으면 과감하게 밀어붙여야 한다. 신의와 성실을 바탕으로 스스로 정도의 원칙을 지킨다면 반대파의 저항이나 뜻하지 않은 어려움은 사소한 문제에 불과하다. 결과에 대한 두려움으로 머뭇거렸다가는 모처럼 찾아온 절호의 기회를 놓쳐 버릴 수 있다. 이 구절은 바로 이처럼 지나친 근심으로 시간을 허비하는 권력자에게 걱정하지 말라고 말하며 격려한다.

鼫 석 날다람쥐　鼠 서 집쥐　恤 휼 근심하다

晉이니 康侯用하여 錫馬蕃庶하고 晝日三接하니라.

해처럼 솟아올라 앞으로 나아가는 군자이다. 천자가 그를 대신(大臣)으로 등용하여 여러 번 말을 하사하고 하루에 세 번씩 만난다.

晉如摧如에 貞吉하니라. 罔孚라도 裕无咎리라.

앞으로 나아가서 상대방을 꺾는 데 정도의 원칙을 지켜야 길하다. 믿음이 없더라도 관대하게 행동하면 허물할 일이 없다.

晉如愁如에 貞吉하니라. 受玆介福하리니 于其王母로다.

앞으로 나아가서 상황을 근심하는 데 정도의 원칙을 지켜야 길하다. 군왕의 어머니로부터 큰 복을 받을 것이다.

衆允이라. 悔亡하리라.

뭇사람이 믿는다. 뉘우칠 일이 없을 것이다.

晉如鼫鼠하니 貞厲하리라.

앞으로 나아면서 쥐새끼 무리와 함께하니 올바름을 지켜도 위태롭다.

悔亡이니 失得勿恤하라. 往吉하고 无不利하리라.

후회할 일이 없을 것이니 득실을 근심하지 말라. 일을 계속 진행시켜 나가면 길하고 이롭지 않을 까닭이 없다.

晉其角하여 維用伐邑하니 厲吉하고 无咎하니라.
貞吝하리라.

그 뿔을 앞세워 나아가면서 오직 읍을 치는 데 쓴다. 힘껏 공격하면 길하고 허물할 일도 없다. 하지만 공격을 계속하면 옹색해진다.

회망(悔亡)은 후회할 일이 없다는 뜻이고, 실득물휼(失得勿恤)은 득실을 근심하지 말라는 뜻이다. 곧 자신이 추진하는 개혁 정책이 후회스러운 결과를 낳지는 않을까, 성공과 실패가 불확실한 것은 아닐까 염려하며 불안에 떨지 말라는 것이다. 왕길,무불리(往吉,无不利)는 일을 계속 진행시켜 나가면 길하고 이롭지 않을 까닭이 없다는 뜻이다. 중요한 것은 성공과 실패의 결과가 아니라, 성공할 수 있는 기회를 얻었다는 사실이라는 것이 이 구절의 의미이다.

晉其角하여 維用伐邑하니 厲吉하고 无咎하니라. 貞吝하리라.
_{진기각}　　_{유용벌읍}　　_{여길}　_{무구}　　_{정린}

진기각(晉其角)은 앞으로 나아가면서 그 뿔을 쓴다는 뜻이고, 유용벌읍(維用伐邑)은 오직 읍을 치는 데 쓴다는 뜻이다. 곧 권력자가 이웃 도시를 제압하기 위해 무력을 사용한다는 것이다. 이미 권력을 손에 쥐고 있으면서 더 큰 권력을 탐한 공격일 수도 있고, 이웃 도시의 잘못으로 인한 공격일 수도 있다. 여길,무구(厲吉,无咎)는 전력을 집중하여 힘껏 공격하면 이길 수 있고 허물할 일도 없다는 말이다. 여(厲)자는 〈주역〉에서 보통 위태롭다는 뜻을 나타내는 글자이지만, 여기서는 힘껏 노력한다는 의미를 나타낸다.

하지만 이러한 승리는 일시적으로 그렇게 보인다는 것뿐이다. 정린(貞吝)은 계속하면 옹색해진다는 뜻이니, 무력을 동원한 공격을 계속하는 것은 최종적으로는 부끄러운 패배에 이르고 말 것이라는 말이다. 이 구절은 진(晉)의 권력이 극에 달해 이제 쇠퇴의 기미를 보여주는 상황에 대해 말한 것이다.

維 유 바, 밧줄/ 벼리/ 매다/ 오직　伐 벌 치다/ 정벌하다

권력자는 언제나 정도(正道)를 지켜야 한다

　권력은 다른 사람으로 하여금 자신의 의사에 복종하도록 만드는 힘을 말한다. 현대 사회에서 국가가 국민에게 행사하는 강제력이 이러한 권력의 가장 전형적인 모습일 것이다. 하지만 권력은 국가적인 규모가 아니더라도 수많은 조직과 공동체에서 행사된다. 정치 권력, 재벌 권력, 언론 권력, 지방 권력, 경제 권력, 문화 권력 등의 말들이 이를 반영한다. 이들은 국가 권력 못지않은 영향력을 가지고 사람들의 생활을 지배한다. 권력 관계도 대단히 복잡해서 어떤 분야에서의 권력자가 다른 분야에서는 권력의 지배를 받는 피지배자가 되기도 한다.

　사람들은 누구나 권력을 잡고 싶어 한다. 돈이 많은 사람도, 많이 배운 사람도, 명예가 높은 사람도 결국에는 권력을 향해 달려간다. 처음에는 자신과 관계가 있는 분야에서 권력을 얻으려고 하다가 나중에는 나라의 권력까지 꿈꾼다. 과연 권력이란 무엇인가? 권력으로 의미 있는 일을 하려면 어떻게 해야 하는가? 진괘(晉卦)는 이러한 권력의 실체와 권력을 가지고 일을 할 때 가져야 할 자세에 대해 이야기한다. 또한 권력자가 당하는 어려움과 이를 극복하는 방법에 대해 설명한다.

　우선 권력자는 진실로 믿고 의지할 수 있는 누군가를 만나기가 쉽지 않다. 윗사람은 윗사람대로 어렵고 아랫사람은 아랫사람대로 미덥지 못하다. 하지만 진정한 권력자라면 자신을 도와주는 조력자나 아랫사람에 대해 믿음을 잃지 말아야 한다. 설사 어이없는 거짓말에 기만을 당하는 일이 생긴다 하더라도 다시 이들을 믿어야 한다. 믿음은 상대방이 자신에게 주는 것이 아니라 자신이 상대방에게 주는 것이라고 생각해야 한다.

　또한 언제든 위험에 빠질 수 있는 이들이 권력자이다. 권력자는 친인척이나 측근의 비리에 연루되어 발목이 잡힐 수도 있고, 터무니없는 모함을 당해 시간을 허비할 수도 있다. 갑작스런 외부 환경의 변화로 인해 추진하던 정책이 처절한 실패를 맞을 수도 있고, 단 한번의 실수로 권력의 핵심에서 밀려날 수도 있다. 그래서 늘 걱정스럽기만 하다. 이럴 때 진괘(晉卦)는 언제나 정도의 원칙을 지키라고 말한다. 이렇게 정도를 지키다 보면 곧 상황이 긍정적으로 변환되기도 하고, 때로는 의외의 도움을 받을 수도 있다는 것이다.

그리고 권력자 주변에는 항상 많은 사람이 모인다. 권력자에게 억울한 일에 대한 청원을 하려는 이도 있고 괜찮은 일거리나 일자리를 소개받으려는 이들도 있다. 이러한 사람들이 모여드는 것은 자연스러운 일일 것이다. 하지만 그 가운데는 온갖 달콤한 아첨과 입에 발린 칭찬을 늘어놓는 이들도 있다. 때로는 금세 황금알을 낳는 거위라도 가져다 줄 것처럼 교언을 서슴지 않는 이들도 있다. 권력자는 이런 이들을 경계하고 또 경계해야 한다. 물론 진심 어린 충언을 하기 위해 모인 이들도 있다. 그러므로 권력자는 사람을 정확히 알아보는 혜안을 가져야 한다.

권력의 힘은 강해서 모든 것을 평정할 수 있다. 자신의 힘만 믿고 경쟁하는 이웃 세력을 제압하면 처음에는 더 큰 권력을 손에 쥔 것처럼 여겨질 수 있어도 결국은 낭패를 볼 가능성이 높아진다. 권력자의 지나친 욕심은 자신은 물론 그가 권력을 행사하는 조직에 재앙을 불러올 수 있다는 사실을 잊지 말아야 한다.

36.명이明夷괘 ; 암울한 시대의 처세술

암군(暗君), 혼군(昏君), 혼용무도

<ruby>明<rt>명</rt></ruby><ruby>夷<rt>이</rt></ruby>는 <ruby>利<rt>이</rt></ruby><ruby>艱<rt>간</rt></ruby><ruby>貞<rt>정</rt></ruby>하니라.

명이(明夷)은 밝은 빛이 상처를 입는다는 말이다. 이(夷)자는 상처를 입다, 멸망시키다, 죽이다 등의 뜻을 가진 글자이다. 곧 밝은 해가 땅속으로 들어가면서 땅위는 암흑으로 뒤덮이는 것이니, 빛이 어둠에 가려진 상태이고 지혜가 무지몽매(無知蒙昧)에 묻힌 형국이다. 이로써 어리석은 암군(暗君)을 만나 세상이 암울해지고 현명한 군자들이 핍박을 당하는 일을 말하는 것이다.

이간정(利艱貞)은 상황이 어렵더라도 올바름을 지키는 것이 이롭다는 뜻이다. 곧 마음속에 자신의 소신과 철학을 간직하고 정도의 원칙을 지키며 은인자중하여 세상이 다시 밝아지기를 기다려야 한다는 것이다.

夷 이 오랑캐/ 동방 종족/ 상(傷)하다/ 멸하다, 멸망시키다/ 죽이다/ 온화하다   **艱** 간 어렵다/ 어려워하다, 어렵게 여기다

明이우비 수기익 군자우행 삼일불식 유유왕
明夷于飛에 垂其翼이니 君子于行에 三日不食하고 有攸往에
주인유언
主人有言하리라.

　명이우비(明夷于飛)는 빛이 가려지기 시작할 때에 날아간다는 뜻이고, 수기익(垂其翼)은 날개를 기울인다는 뜻이다. 현명한 군자가 앞으로 나서 밝은 공의(公義)를 외쳐도 귀 기울이는 이가 없고, 오히려 소인배들이 달려들어 그를 물어뜯는 상황이다.

　군자우행(君子于行)은 군자가 길을 나선다는 뜻이고, 삼일불식(三日不食)은 삼일 동안 먹지 못한다는 뜻이다. 여기서 삼일은 군자가 자신의 뜻을 펼칠 수 있도록 돕는 세 가지 요소를 나타내고, 먹지 못한다는 것은 이러한 세 가지 요소 중 한 가지도 얻지 못하는 일을 나타낸다. 군자를 돕는 세 가지는 하늘의 때(天時)와 땅의 운세(地運)와 사람의 덕(人德)을 말한다. 다르게 말하면 천지인(天地人)의 삼재(三才)이다. 아무리 훌륭한 뜻을 가진 군자라도 혼자만의 힘으로는 어떤 일도 할 수 없다. 일은, 더욱이 밝은 공의(公義)의 일은 자신의 실력과 의지만으로 이루어지는 것이 아니다.

　유유왕(有攸往)은 갈 곳이 있다는 뜻이고, 주인유언(主人有言)은 주인이 충고의 말을 한다는 뜻이다. 곧 무슨 일이라도 하려고만 하면 모시는 사람으로부터 꾸지람을 듣는다는 것이다. 정치인에게는 군왕이나 국민이 주인이고, 종교인에게는 신이 주인이고, 회사원에게는 사장이나 최대주주가 주인이다. 이들에게서 꾸지람을 듣는다는 것은 신임을 얻지 못한다는 말이며, 이

垂 수 드리우다/ 늘어뜨리다/ 기울다　翼 익 날개/ 지느러미　言 언 말/ 견해, 의견/ 충고하는 말, 비난의 말/ 말하다/ 알리다/ 묻다/ 다시 말하면

는 더 이상 날아오를 수 있는 기회를 얻지 못할 것이라는 말이다. 빛이 어둠에 가려지는데 앞날은 더욱 캄캄하다.

明夷에 夷于左股니 用拯馬壯이면 吉하니라.

명이,이우좌고(明夷,夷于左股)는 빛이 어두워지는 때에 왼쪽 넓적다리에 상처를 입는다는 뜻이다. 어리석은 암군을 만나 정치적 핍박을 당해 타격을 입었다는 의미이다. 하지만 아직 심각한 상황은 아닌 것이 상처를 입은 곳이 머리나 가슴도 아니고 오른쪽 다리도 아닌, 왼쪽 넓적다리이기 때문이다. 아직은 재기를 노려볼 수 있는 상황인 것이다.

용증마장,길(用拯馬壯,吉)은 구조하는 말이 굳세면 길하다는 뜻이다. 곧 왼쪽 넓적다리를 다친 상황에서 튼튼한 말을 타고 피할 수 있다면 괜찮다는 것이다. 명이(明夷)의 암흑천지에서 믿을 수 있는 구원의 손길을 만난다면 재빨리 도망치라는 의미이다. 계속 우물쭈물하다가는 목숨까지 잃을 수 있으므로 가능한 한 먼 곳으로 달아나 은둔하는 것이 좋다는 것이다. 길하다고 하는 것은 현명한 군자가 자신의 뜻을 펼칠 수 있다는 것이 아니라, 다만 뒤로 물러나 몸을 손상시키지 않고 뜻을 지킬 수 있다는 것일 뿐이다.

明夷于南狩하여 得其大首하나 不可疾貞이니라.

명이우남수(明夷于南狩)는 빛이 사라져 캄캄해진 때에 남쪽으로 사냥을 떠난다는 뜻이다. 수(狩)는 병력을 훈련시키기 위해 행하는 겨울 사냥을 가

股 고 넓적다리 **拯 증** 건지다/ 구원하다, 구조하다/ 돕다 **狩 수** 사냥하다/ 정벌하다, 토벌하다 **疾 질** 질병/ 괴로움/ 하자/ 병을 앓다/ 병에 걸리다/ 빠르다, 신속하다/ 서두르다

리키는 말이다. 이 구절은 곧 은신처로 달아나 가만히 머물러 있는 것이 아니라 권토중래(捲土重來)의 때를 기다리며 실력을 쌓고 세력을 키운다는 의미를 담고 있다. 득기대수(得其大首)는 머리가 큰 짐승을 사냥한다는 뜻이니, 뜻하지 않은 성과를 올려 재기의 기회를 얻는다는 말이다.

불가질정(不可疾貞)은 빠르게 해서는 안되고 올바름을 지켜야 한다는 뜻이다. 아직 어리석은 암군의 지배와 간교한 소인배들의 득세는 끝나지 않았다. 백성들의 풍속이 검게 물들었으므로 하루아침에 고칠 수 있는 것이 아니고, 성급하게 고치려 하다가는 오히려 백성들이 놀라고 의심할 수 있다. 아직은 때가 아니다. 그러므로 서두르지 말고 더욱 정도의 원칙을 지켜야 한다고 말하는 것이다.

입우좌복 획명이지심 우출문정
入于左腹하여 獲明夷之心하고 于出門庭이로다.

앞서 왼쪽 넓적다리에 상처를 입으면 말을 타고 재빨리 달아나라고 말한 바 있다. 이 구절 또한 유사한 맥락에서 명이(明夷)의 암울하고 음흉한 어둠으로부터 탈출할 것을 권하고 있다.

입우좌복(入于左腹)은 왼쪽 배로 들어간다는 뜻이다. 곧 상대방과 깊이 사귄다는 것을 말한다. 획명이지심(獲明夷之心)은 암흑천지와도 같은 속마음을 살펴본다는 뜻이니, 무능한 암군(暗君)의 마음을 알아차린다는 것이다. 우출문정(于出門庭)은 대문 안쪽의 마당에서 나온다는 뜻이니, 암군을 중심으로 한 권력 집단으로부터 탈출한다는 말이다. 재빨리 달아나 은둔할

腹 복 배/ 마음, 속마음/ 가운데, 중심/ 껴안다　獲 획 빼앗다/ 얻다, 획득하다/ 짐승을 잡다/ 일이나 때의 마땅함을 얻다　庭 정 뜰, 집 안에 있는 마당/ 조정(朝廷)/ 곳, 장소

明夷는 利艱貞하니라.

빛이 어둠에 가려져 캄캄해질 때에는 어렵더라도 올바름을 지키는 것이 이롭다.

明夷于飛에 垂其翼이니 君子于行에 三日不食하고 有攸往에 主人有言하리라.

캄캄해지기 시작할 때에 날아감에 그 날개를 기울인다. 군자가 길을 나섬에 삼일 동안 먹지 못하고 앞으로 나아감에 주인이 충고하는 말을 할 것이다.

明夷에 夷于左股니 用拯馬壯이면 吉하니라.

캄캄해지는 때에 왼쪽 넓적다리에 상처를 입으니, 구조하는 말이 굳세면 길하다.

明夷于南狩하여 得其大首하나 不可疾貞이니라.

캄캄해진 때에 남쪽으로 사냥을 떠나서 머리가 큰 짐승을 사냥하나, 아직 서둘러서는 안되고 올바름을 지켜야 한다.

入于左腹하여 獲明夷之心하고 于出門庭이로다.

왼쪽 배로 들어가서 암군(暗君)의 마음을 살펴보고 대문 안쪽의 마당에서 나온다.

箕子之明夷니 利貞하니라.

기자(箕子) 같은 사람은 빛을 숨겼으니, 더욱 올바름을 지켜야 이롭다.

不明晦니 初登于天하고 後入于地로다.

밝히지 못하고 칠흑같이 어두우니, 암군(暗君)이 처음에는 하늘로 올랐다가 나중에는 땅으로 들어간다.

기회를 놓친 탓에 암군의 무리에 속해, 사리판단에 어둡고 탐욕스럽기만 한 이들의 모습을 속속들이 알게 되면 더 이상은 주저하지 말고 그곳에서 떠나라는 것이 이 구절의 의미이다.

箕子之明夷니 利貞하니라.
_{기자지명이   이정}

기자지명이(箕子之明夷)는 기자 같은 사람이 빛을 숨긴다는 말이다. 기자(箕子)는 중국 은(殷)나라 시대의 황족(皇族)이자 현인인데, 거짓으로 미친 척하여 자신의 밝은 지혜를 감춤으로써 살아남았던 인물이다. 곧 자신이 명이(明夷)의 세계에 처해 있음을 아는 군자, 나아가고 물러날 바를 알고 처신하는 현자를 나타낸다. 명이의 세계 전후 상황을 정확히 파악하고 있으므로 자신이 처신해야 할 방향을 알고 있는 것이다. 하지만 정도의 원칙이라는 자신의 뜻을 꺾는 데까지 이르러서는 안된다. 그러므로 이정(利貞)이라고 말하는 것이니 올바름을 지켜야 이롭다는 뜻이다.

不明晦니 初登于天하고 後入于地로다.
_{불명회   초등우천   후입우지}

앞의 구절까지는 빛이 사라져 캄캄해지는 때에 핍박받는 현명한 군자의 밝은 모습을 묘사한 것이다. 하지만 이 구절은 현명한 군자를 핍박하는 암군(暗君)과 암군을 따르는 소인배들의 어두운 모습을 그린 것이다.

불명회(不明晦)는 밝히지 못하고 칠흑같이 어둡다는 말이다. 곧 캄캄한 어둠 속에 갇혀 사물을 제대로 보지 못하고 나아갈 방향도 모르는 암군 무리를

箕 기 키(곡식을 까부르는 데 쓰는 기구)/ 삼태기(흙을 나르는 그릇)/ 기자(箕子) 晦 회 그믐/ 밤, 어둠/ (날이) 어둡다/ 희미하다, 캄캄하다/ 어리석다/ 감추다 登 등 오르다/ 높은 자리에 오르다

나타낸 것이다. 현명한 군자는 밝은 지혜를 갖추었지만 이 암군은 지혜롭지도 못하고 탐욕스럽기만 하다. 초등우천(初登于天)은 처음에는 하늘로 오른다는 뜻이고, 후입우지(後入于地)는 나중에는 땅속으로 들어간다는 뜻이다. 곧 군왕으로서 가장 높은 자리에 올랐을 때에는 밝은 덕을 사방으로 비추어야 하지만 어리석게도 어두운 덕으로 전횡(專橫)을 일삼다가 가장 낮은 자리로 몰락하고 만다는 것이다.

밝은 지혜의 빛은 결코 소멸하지 않는다

혼란의 시대에는 실력과 인격을 가진다고 해서 권력을 얻고 성공하는 것은 아니다. 능력도 떨어지고 인품도 보잘것없는 사람이라 하더라도 온갖 수단을 동원하여 권력을 잡고 부귀영화를 누리는 경우도 있다. 실제로 일제 식민 통치, 한국전쟁, 군사 독재 등 혼란의 시대를 거쳐 온 우리 사회에서는 이런 사례를 심심치 않게 확인할 수 있다.

명이괘(明夷卦)는 이처럼 암울한 시대, 앞뒤가 꽉 막힌 상황을 만나, 밝은 지혜와 덕을 펼치지 못하는 군자에 대한 이야기이다. 진괘(晉卦)에서는 밝은 해가 땅 위로 솟아오르지만, 이 명이괘에서는 밝은 해가 땅속으로 들어간다. 진괘에서의 군자가 때를 얻어 자신의 개혁 정치를 실현해 나간다면, 명이괘에서의 군자는 개혁은 커녕 목숨이 위태로운 지경에까지 이른다. 진괘에서의 군자는 자신의 철학을 충분히 펼칠 수 있는 권력자였다. 하지만 명이괘에서의 군자는 밝은 지혜와 덕을 갖추었으나 어리석은 암군과 소인배들로부터 핍박을 면치 못하는 현자인 것이다.

아무리 훌륭한 실력과 너그러운 인품을 가진 사람이라 하더라도 하늘의 때(天時)와 땅의 운세(地運)를 얻지 못하면 방법이 없다. 그래서 명이괘는 이러한 군자에게, 재빨리 달아나 몸을 보전하고 뜻을 간직하라고 권고한다. 우물쭈물하다가는 목숨까지 잃을 수 있기 때문이다.

자신의 운세가 명이(明夷)의 캄캄한 어둠 속에 있음을 깨닫고 서둘러 자리를 피해야 한다. 그리고 은신한 후에는 재기의 기회를 살피며 실력을 쌓고 세력을 만들어두어야 한다. 세상으로부터 달아나 숨기만 하는 것이 아니라 앞날을 위한 칼날을 갈아야 한다는 것이다. 하지만 작은 성과를 올려 재기의 기회를 얻더라도 그것이 다시 되돌아갈 기회인지는 다시 한번 확인해 보아야 한다. 암군과 소인배들의 득세는 쉽게 끝나지 않기 때문이다.

그렇지만 분명한 것은 암울한 혼란의 시기에도 끝이 있다는 것이다. 명이괘는 마지막 구절을 통해 어리석은 암군과 간교한 소인배들의 득세가 극에 달하면 이제 암군과 소인배들이 눈이 멀어 앞을 보지 못하는 때가 온다고 밝히고 있다. 빛을 집어삼키는 어둠은 모든 빛을 집어삼키는 순간 몰락하고 마는 것이 세상의 이치이다. 그동안 권력을 잡고 부귀영화를 누리던 자들은 처지가 급변하여 땅속으로 떨어지고 만다.

그리고 곧이어 밝은 지혜와 덕을 갖춘 현자의 시절이 밝아오기 시작한다. 밝은 빛은 결코 소멸할 수 없는 것이다. 해는 반드시 지지만, 또한 반드시 다시 뜬다.

37. 가인家人괘 ; 엄격하고 바른 가정의 도

부부, 부모, 자식, 각자 자신의 역할을 하는 가족

_{가 인} _{이 여 정}
家人은 利女貞하니라.

　가인(家人)은 가정의 도를 말한다. 이 가인괘(家人卦)는 곧 가정의 의미는 무엇인지, 행복한 가정을 이루려면 어떻게 해야 하는지, 부부·부모·자식 등 가족 구성원들은 가족의 행복을 위해 각자 어떤 역할을 가지고 있는지, 가정은 바깥세상과 어떻게 다른 곳인지 등에 대해 설명한다.

　이여정(利女貞)은 여자가 자신의 자리를 지키면 이롭다는 뜻이다. 곧 부인이면서 어머니인 여자 어른이 중심을 잡고 자신의 자리를 지킬 때 가정의 도가 이루어지고 가족들 모두가 행복해진다는 것이다. 흔히 가족은 남편이면서 아버지인 남자 어른에 의해 다스려지는 것으로 여겨져 왔다. 그런데 이 구절에서 여자 어른이 중심을 잡는다고 말하는 것은 무슨 이유인가? 이는

家 가 집/ 자기 집/ 가족, 가정/ 집안, 문벌/ 전문가, 정통한 사람

남자는 바깥일을 하고 여자는 집안일을 한다고 보기 때문이다.

가족의 행복을 위해서는 여자의 역할만으로는 충분하지 않다. 〈주역〉 시대 이래의 동양 문화권에서는 가족 구성원 모두가 자신의 역할을 다해야 가정의 도가 바르게 된다고 생각해 왔다. 부모는 부모답고, 자식은 자식답고, 형은 형답고, 아우는 아우답고, 남편은 남편답고, 아내는 아내다워야 한다는 것이다. 이렇게 해야 가정이 행복하고, 또한 번성할 수 있다.

閑有家면 悔亡하리라.
(한유가) (회망)

한유가(閑有家)는 나무 울타리가 집에 있다는 말이다. 한(閑)자는 집 둘레에 나무 울타리를 쳐서 산짐승이 넘어오지 못하도록 막고 가축이 도망가지 못하도록 가둔 모습을 표현한 것이다. 집을 짓고 가축을 기를 때는 이처럼 가장 먼저 울타리를 만들어야 했던 것은 당연한 이치이다.

이 구절은 가정에도 가족 구성원 각자의 역할에 따라 지켜야 할 법도의 울타리가 있어야 한다는 의미를 담고 있다. 가정은 여러 가족 구성원이 함께 생활하는 곳이다. 일정한 법도를 기준으로 생활하지 않으면 각각의 가족 구성원들이 자신의 의지와 욕구만을 앞세우는 상황에 이르기 쉽다. 특히 변덕스러운 열기로 가득한 자녀들은, 이들이 제멋대로 날뛰기 전에 이 법도를 기준으로 엄격하게 교육해야 한다.

회망(悔亡)은 후회할 일이 없다는 뜻이다. 가정이 이루어지는 초창기에 법도를 세워야 한다는 점을 강조한 것이다. 너무 늦게 법도를 세워 아이들을 가르치려 들면 이미 잘못된 버릇에 길들여진 아이들의 저항에 부딪히고 만

閑 한 한가하다/ 막다, 보위하다/ 나무 울타리

다는 것이다.

无攸遂(무유수)에 在中饋(재중궤)면 貞吉(정길)하리라.

　무유수(无攸遂)는 가족들이 멀리 떠나가는 일이 없다는 뜻이고, 재중궤
(在中饋)는 집안에서 음식을 장만하여 먹인다는 뜻이다. 가정은 가족 구성
원들이 바깥세상으로 나가기 위한 힘을 기르고 바깥세상에서 돌아와 몸을
눕히는 안식처이다. 그러므로 가족들이 집에 있으면 서로를 보살펴 주며 따
뜻한 음식을 먹을 수 있도록 해주어야 한다는 것이다.

　정길(貞吉)은 꾸준하게 해야 길하다는 뜻이니, 여러 가족이 집안에 머물러
있을 때는 서로를 보살펴주는 가정의 도가 더욱 중요하다는 말이다.

家人嗃嗃(가인학학)하면 悔厲(회려)나 吉(길)하며 婦子嘻嘻(부자희희)면 終吝(종린)하리라.

　가인학학(家人嗃嗃)은 집안에서 엄하고 엄하다는 뜻이고, 회려,길(悔厲,
吉)은 후회할 일도 있고 위태로울 일도 있지만 길하다는 뜻이다. 곧 집안의
자식들과 아랫사람들을 엄격하게 대하면, 두터운 사랑으로 대하지 못한 데
대한 후회도 생기고 자식들이나 아랫사람들의 반항으로 인한 위태로움도 생
기지만, 결국은 좋은 결과를 얻을 수 있다는 이야기이다. 부자희희(婦子嘻
嘻)는 며느리와 아들이 시끄럽게 웃고 즐긴다는 뜻이고, 종린(終吝)은 끝내
는 옹색해진다는 뜻이다. 곧 자식들이나 아랫사람들에게 너무 너그럽게 대
하면 오히려 집안에 질서가 없어질 것이라는 말이다.

遂 수 드디어, 마침내/ 이루다/ 완수하다/ 생장하다/ 가다, 떠나가다　饋 궤 먹이다/ 음식을 보내다/ 음식
을 권하다, 대접하다　嗃 학 엄하다　悔 회 뉘우침, 뉘우치다/ 후회, 후회하다　厲 려 괴롭다/ 숫돌, 갈다/
사납다/ 위태롭다　嘻 희 웃다/ 화락하다

지나치게 엄격한 것은 가족들에게 상처를 줄 수 있지만, 결국은 가정의 도가 가지런해지고 가족 구성원들이 서로의 은혜를 알아 배려하며 의리를 지킬 수 있게 된다. 하지만 희희낙락하도록 내버려 두면 오히려 절도를 잃어 가족 구성원들이 서로의 은혜도 모르고 방자해지고 만다. 이것이 이 구절의 가르침이다.

富^부家^가니 大^대吉^길하니라.

부가,대길(富家,大吉)은 가정을 넉넉하게 하니 크게 길하다는 말이다. 곧 이 구절은 가족들의 가장 중요한 역할 가운데 하나가 재물을 축적하는 일이고, 일가(一家)의 세력이 왕성해질 수 있도록 하는 일임을 밝힌 것이다. 물론 이 또한 여자 어른이 자신의 자리를 지키는 가운데 이루어지는 일이어야 한다.

王^왕假^격有^유家^가면 勿^물恤^휼이라도 吉^길하니라.

왕격유가(王假有家)는 군왕이 이르러 집에 있다는 뜻이다. 격(假)자는 어떤 장소나 시간에 이른다는 뜻으로, 여기서는 군왕이 신하나 백성의 집을 방문했다는 의미이다. 그리고 이는 군왕이 많은 후궁을 거느리며 이들에 대한 사랑이 깊다는 의미를 함축한다. 물휼,길(勿恤,吉)은 걱정하지 않아도 괜찮으니 길하다는 뜻이다. 궁궐에 있어야 할 군왕이 집에 있으니 걱정스러워 보일 수도 있지만 크게 걱정할 일은 아니며, 오히려 좋은 의미라는 것이다. 왕실을 키워 굳건히 할 수 있을 것이기 때문이다.

富 부 부유하다/ 풍성하다/ 재산이 넉넉하고 많다/ 부자   **假 격** 이르다(어떤 장소나 시간에 닿다) **가** 거짓/ 가짜/ 가령/ 빌다, 빌려주다

家人은 利女貞하니라.
가정의 도는, 여자가 자신의 자리를 지키면 이롭다.

閑有家면 悔亡하리라.
나무 울타리가 집에 있으면 후회할 일이 없을 것이다.

无攸遂에 在中饋면 貞吉하리라.
가족들이 밖으로 나가는 일이 없을 때에는 음식을 장만하여 서로에게 먹인다.
이 일은 꾸준하게 해야 길할 것이다.

家人嗃嗃하면 悔厲나 吉하며 婦子嘻嘻면 終吝하리라.
집안에서 엄하고 엄하면, 후회할 일도 있고 위태로울 일도 있다. 하지만
길하다. 며느리와 아들이 시끄럽게 웃고 즐기면 끝내는 옹색해질 것이다.

富家니 大吉하니라.
가정을 넉넉하게 하니 크게 길하다.

王假有家면 勿恤이라도 吉하니라.
군왕이 이르러 집에 있으면, 걱정하지 않아도 길하다.

有孚하고 威如하면 終吉하리라.
가족 간에 믿음이 있고 위엄이 있으면 끝내는 길할 것이다.

<ruby>有孚<rt>유 부</rt></ruby>하고 <ruby>威如<rt>위 여</rt></ruby>하면 <ruby>終吉<rt>종 길</rt></ruby>하리라.

유부(有孚)는 믿음이 있다는 말이니, 가족 사이에는 서로 신뢰가 있어야 한다는 것이다. 행동을 정성스럽게 하고 말을 신뢰할 수 있도록 해야 한다는 의미이다. 위여(威如)는 위엄이 있다는 말이니, 가족 중 윗사람은 예의를 가지고 위엄 있게 행동해야 하고 아랫사람은 공손하게 따라야 한다는 것이다. 종길(終吉)은 끝내 길하다는 뜻이니, 신뢰와 위엄이 있으면 오래도록 행복한 가정을 지켜 나갈 수 있다는 것이다.

자녀가 원하는 모든 것을 해주는 것은 옳지 않다

얼마 전까지만 해도 핵가족의 확산이 우리 사회의 관심거리였다. 그런데 이제는 이혼율 증가와 개인주의의 확산에 따라 핵가족조차 급격하게 줄어들고 있다. 이른바 무자녀 가정, 편부모 가정, 조부모 가정, 독신 가정 등이 핵가족을 대신하고 있는 것이다.

그렇지만 여전히 가족은 매우 소중한 것이다. 어떤 형태가 되었든 많은 이들에게 가정은 여전히 편히 쉴 수 있는 안식처요, 삶의 발판이다. 사회적인 차원에서 보더라도 건강하고 행복한 가정은 많을수록 좋다. '1인 가족'이라는 명칭은 최근의 가족 구성 형태를 설명해주는 명칭이다. 그런데 사실은 가족이라 할 수 없는데 가족

威 위 위엄, 위엄 있다/ 두려워하다

이라고 하는 이 우스꽝스러운 명칭은, 동시에 가족의 중요성을 분명하게 보여준다.

그렇다면 이제 우리 사회는 가족의 의미를 어떻게 생각해야 하는가? 가족 형태의 변화와 함께 일어나고 있는 다양한 문제들을 어떤 원칙, 어떤 윤리를 바탕으로 바라보아야 하는가? 이런 점에서 가정의 도를 이야기하는 가인괘(家人卦)를 살펴보는 일은 적지 않은 의미가 있을 것이다.

가인괘가 가장 큰 관심을 보이는 주제는 자녀 교육 문제이다. 가인괘는 기본적으로 엄격한 자녀 교육을 주문하고 있다. 자녀들로부터 원망하는 소리를 들을 만큼 엄하게 교육해야 한다는 것이다. 이렇게 하다 보면 자녀들의 불만이 쌓여 반항을 하게 되니 어려움이 생길 수도 있고, 자녀들에게 살갑게 사랑을 표현하지 못해 스스로 후회가 쌓일 수도 있다. 하지만 가인괘는 이처럼 엄격하게 가르쳐야 자녀들이 예의를 알고 가족 간의 의리도 지킬 수 있는 사람으로 자랄 수 있다고 설명한다.

격의없이 웃고 떠들며 기르는 것은 후회할 일을 만든다. 좋은 게 좋다는 식으로 자녀들을 길러서는 안된다는 말이다. 자녀들에게 비싼 물건만 사주고 좋아하는 음식만 먹이며, 원하는 것은 무엇이든 들어주며 기르는 것은 곧 이기심을 부추기는 것이나 다름없다. 자녀에게 좋다는 모든 것을 해주는 일이 과연 정말로 자녀의 앞날을 위해 좋은 것인지 다시 한번 생각해 봐야 한다.

가정 경제 문제 또한 가인괘(家人卦)의 주요 관심사이다. 이 문제에 대한 가인괘의 이야기는 다소 파격적일 정도이다. 집안을 넉넉하게 하면 대길하다(大吉)는 말이 그렇다. 이 대길이라는 표현은 〈주역〉 전체에서도 자주 나오는 말이 아니다. 그만큼 재물이나 재물을 축적할 기반의 중요성을 강조하고 있는 것이다.

끝으로 가인괘의 말들은 남성 중심적인 관념을 나타낸 것이 아니라는 점을 언급하고자 한다. 가인괘의 말들은 전통적으로, 여자 어른이 중심이 되어 남편을 모시고 아이들을 돌보는 이야기로 해석돼 왔다. 하지만 〈주역〉의 원문에는 이 역할이 여자 어른이 담당해야 할 일이라고 명시하고 있지 않다. 가인괘의 말들을 가족들이 서로 보살피는 이야기로 해석해도 별문제가 없고, 오히려 더 자연스러운 부분도 있다는 것이다.

38. 규睽괘
; 문득, 잘못 살고 있다는 느낌이 들 때
대립과 불화, 반목, 악의 무리에서 이탈함, 배신

睽는 小事吉하니라.
<small>규   소 사 길</small>

규(睽)는 눈을 부릅뜨고 바라본다는 것이고 서로 등진다는 것이다. 자신이 살아온 삶에 대해 눈을 부릅뜨고 바라본 후, 자신의 잘못된 삶의 방향을 고친다는 의미를 담고 있다. 또한 기존에 자신이 속해 있던 집단에서 탈출한다는 의미도 함축하고 있다. 과거의 자신과 대립하고 불화(不和)하며, 과거 유대를 맺고 있던 이들과 서로 반목한다는 말이다.

소사길(小事吉)은 작은 일은 길하다는 뜻이다. 곧 큰일은 할 수 없고 작은 일을 하는 것은 괜찮다는 것이다. 삶의 방향을 고치기 전까지 잘못된 삶을 살아왔고 기존의 유대 관계를 깨뜨리고 이제 막 홀로 떨어져 나왔으므로, 곧바로 큰일을 도모할 수는 없다는 말이다.

睽 규 사팔눈, 사시/ 눈을 부릅뜨다/ 노려보다/ 등지다, 반목하다

회 망 상 마 물 축 자 복 견 악 인 무 구
悔亡하니라. 喪馬勿逐하고 自復하면 見惡人이라도 无咎리라.

회망(悔亡)은 후회할 일은 없다는 말이다. 더 이상 기존의 잘못을 그대로 받아들이려 하지는 않는다는 의미이다. 상마물축(喪馬勿逐)은 말을 잃어도 다시 찾으려 하지 않는다는 뜻이다. 여기서 말은 이전까지 거북하게 누렸던 기득권, 또는 이런 이득을 함께 얻었던 사람들과의 야합을 말한다. 자기 자신이나 상대방의 잘못으로 인해, 혹은 오해나 착각으로 인해 이러한 것들을 잃는다는 것이다. 자복(自復)은 스스로 회복한다는 뜻이다. 곧 자신의 선한 본성을 되찾는다는 말이니, 야합으로 얻은 거북살스러운 권세와 재물을 버리고 양심을 회복하는 일을 일컫는다.

견악인,무구(見惡人,无咎)는 악인을 만나도 허물이 없다는 뜻이다. 여기서 악인은 사람들을 괴롭히는 온갖 악의 무리로 이전에 알고 있던 범죄자 패거리까지를 포함한다. 불법적인 기득권을 버리고 정도의 원칙을 지키고자 하므로, 악인들을 만나도 더 이상 스스로 물들 일은 없다. 그래서 허물이 없다는 것이다. 이제는 악인을 만나면 악인을 설득하여 갈등을 줄이고 오해를 풀고 하여 더 큰 화(禍)를 막도록 해야 할 것이다.

우 주 우 항 무 구
遇主于巷이면 无咎리라.

앞 구절에서는 불법적인 집단에서 탈출한 이후의 상황, 곧 악인을 만나도 두려울 것이 없는 상황을 설명했다. 여기서는 이처럼 불법적인 집단은 아닌,

---

喪 상 잃다, 잃어버리다/ 상복을 입다/ 죽다, 사망하다 逐 축 쫓다, 뒤쫓아 가다/ 내쫓다/ 물리치다/ 다투다 復 복 돌아오다/ 회복하다/ 반복하다 遇 우 만나다/ 우연히 만나다 巷 항 거리

정상적인 집단에서 이탈한 상황, 이탈은 했으나 배신자로 낙인찍히지 않고 무리없이 벗어난 상황에 대해 설명하고 있다. 자신의 처지를 소속 집단에 충분히 설명하고 주변 사람들이 피해를 입지 않도록 조치를 취한 후에 벗어난 경우가 여기에 해당할 것이다.

우주우항(遇主于巷)은 길거리에서 주군(主君)을 우연히 만난다는 뜻이고, 무구(无咎)는 그래도 허물이 없다는 뜻이다. 이전 소속 집단에서 이탈한 일이 무리하게 억지로 등을 진 것이 아니므로, 이전 집단에서의 우두머리를 우연히 만나도 꺼림칙하게 생각할 일이 없다는 것이다.

$$\overset{\text{견 여 예}}{見輿曳}\text{하니 }\overset{\text{기 우 체}}{其牛掣}\text{하고 }\overset{\text{기 인 천 차 의}}{其人天且劓}\text{하니라. }\overset{\text{무 초 유 종}}{无初有終}\text{이로다.}$$

견여예(見輿曳)는 수레가 끌려가는 모습을 본다는 뜻이다. 기우체(其牛掣)는 그 소가 끌고 있다는 뜻이고, 기인천차의(其人天且劓)는 그 사람이 천차의의 형벌을 당했다는 뜻이다.

여기서 기우(其牛)는 자신의 소를 가리키고, 기인(其人)은 자신이 부리던 사람을 가리킨다. 〈주역〉에서는 기(其)자가 자기 자신 '나'를 뜻하는 대명사로 쓰이는 경우가 종종 있는데, 여기서도 그런 경우이다. 이 구절은 곧 이전에 자신이 부리던 사람이 이전에 자신이 소유했던 소에 멍에를 얹고 수레를 끌고 가는 모습을 묘사한 것이다. 천차의(天且劓)의 형벌은 이마에 글자 표식을 새겨 넣는 묵형(墨刑)과 코를 베이는 의형(劓刑)을 말한다.

이를 지켜보는 사람으로서는 참혹하기만 한 장면이다. 어떻게 해야 하는가? 무초유종(无初有終)은 처음은 없으나 끝은 있다는 것이니, 처음에는 어

輿 여 수레　**曳 예** 끌다, 끌어당기다　**掣 체** 끌다, 끌어당기다　**且 차** 또　**劓 의** 코를 베다

찌할 방법을 찾지 못해 괴로워하다가 나중에는 도울 방법을 찾는다는 말이다. 그야말로 이제야 사람이 된 것이다. 앞서 선한 본성을 찾는 쪽으로 방향을 전환하기는 하였으나 이때에 이르러 다시 한번 처절한 자기 반성의 시간을 갖는 것이다.

睽孤하여 遇元夫니 交孚하면 厲无咎리라.

규고(睽孤)는 불법적인 기득권 패거리 집단에서 나와 홀로 떨어진다는 뜻이고, 우원부(遇元夫)는 훌륭한 장부(丈夫)를 우연히 만난다는 뜻이다. 교부(交孚)는 믿음을 나눈다는 뜻이다. 패거리 집단을 나오는 일은 사실 한 사람의 개인에게는 외로운 결단이다. 그리고 이 결단 이후에도 외로울 수밖에 없는 결단이다. 무엇보다도 친구가 그리운 상황이지만 쉽게 친구를 만날 수 있는 것도 아니다. 이런 상황에서 존경할 수 있는 장부를 만나 교류하며 믿음을 나눈다는 것이다. 대립과 불화로 반목하는 때에 이는 더없이 좋은 일이다. 여기서 믿음을 나눈다는 것은 진실한 마음과 정성스러운 태도로 장부를 대한다는 것이고 장부 또한 자신을 이와 같이 대한다는 것이다.

여무구(厲无咎)는 위태로우나 허물은 없다는 뜻이다. 장부를 만나 교류하는 일이 위태로운 것은 주변에서 이들의 교류를 의심스러운 눈초리로 바라보거나 시기하여 훼방을 놓기 때문이다. 하지만 이 믿음을 계속하면 실패할 일은 없다.

孤 고 외롭다/ 의지할 데가 없다/ 떨어지다/ 고아로 만들다/ 고아/ 홀로

睽는 小事吉하니라.
사람들과 서로 등진 때에는, 작은 일을 하는 것이 길하다.

悔亡하니라. 喪馬勿逐하고 自復하면 見惡人이라도
无咎리라.
후회할 일은 없다. 말을 잃고 다시 찾으려 하지 않고 스스로 선한 본성을
회복한다. 악인을 만나도 허물할 일이 없을 것이다.

遇主于巷이면 无咎리라.
길거리에서 우연히 옛 주군을 만나면 허물할 일이 없을 것이다.

見輿曳하니 其牛掣하고 其人天且劓하니라.
无初有終이로다.
수레가 끌려가는 모습을 본다. 자신의 옛 소가 끌고 있고 자신의 옛사람이
참혹한 형벌을 당했다. 처음에는 방법이 없으나 나중에는 방법을 찾는다.

睽孤하여 遇元夫니 交孚하면 厲无咎리라.
등지고 나와 홀로 떨어져서 훌륭한 장부를 만나니, 믿음을 나누면
위태롭더라도 허물은 없을 것이다.

悔亡하니 厥宗噬膚면 往何咎리오.
후회할 일은 없으니 그 제사를 함께 지내는 종친들과 고기를 씹는다.
나아가는 일에 어떻게 허물이 있을 것인가?

睽孤하여 見豕負塗와 載鬼一車라. 先張之弧하나
後說之弧하니라.
등지고 홀로 떨어져 나온다. 돼지가 진흙을 뒤집어쓴 모습을 보고 수레를
타고 오는 귀신의 모습으로 여긴다. 처음에는 그들에게 활을 쏘려다가
나중에는 그들에게 활 쏘는 방법을 말해준다.

匪寇婚媾니 往하여 遇雨則吉하리라.
도적이 아니라 혼인을 청하는 사람들이다. 앞으로 나아가는데 우연히 비를
만나니 길할 것이다.

^{회 망}　　^{궐 종 서 부}　^{왕 하 구}
悔亡하니 厥宗噬膚면 往何咎리오.

　회망(悔亡)은 후회할 일은 없다는 말이다. 궐종서부(厥宗噬膚)는 그 제사
를 함께 지내는 종친들과 고기를 씹는다는 뜻이다. 곧 집안사람들로부터 물
질적 도움을 비롯한 유무형의 지원을 받는다는 말이다. 자신의 소와 자신이
부리던 사람을 잃은 상황에서 이는 적지 않은 힘이 될 것이다. 왕하구(往何
咎)는 새로운 일을 도모하여 앞으로 나아가도 실패할 일이 없을 것(나아가는
일이 어떻게 허물할 일이겠는가?)이라는 말이다.

^{규 고}　　^{견 시 부 도}　^{재 귀 일 거}　　^{선 장 지 호}　　^{후 설 지 호}
睽孤하여 見豕負塗와 載鬼一車라. 先張之弧하나 後說之弧하니라.

　규고(睽孤)는 또한 패거리 집단에서 나와 홀로 떨어진다는 뜻이다. 이후에
또 한번 앞을 알 수 없는 고난의 길이 펼쳐질 것이라는 점을 암시하는 표현
이다. 어떤 난관이 있고 어떻게 극복할 것인가?

　견시부도(見豕負塗)는 돼지가 진흙을 뒤집어쓴 모습을 본다는 말이고, 재
귀일거(載鬼一車)는 귀신을 한 대의 수레에 싣는다는 말이다. 곧 진흙탕에
나뒹구는 돼지를 보면서 마치 한 대의 수레를 타고 오는 귀신을 보는 것과
같이 느낀다는 것이다. 이 구절은 환각을 통해 자신에게 닥쳐올 운명에 대한
불길한 징조를 느끼며 두려워하는 모습을 묘사하고 있다.

　선장지호(先張之弧)는 먼저 활을 쏜다는 뜻이다. 귀신처럼 느껴지는 환각

厥 궐 그, 그것　宗 종 마루/ 같은 조상에게 제사를 지내는 일족(一族)/ 우두머리/ 제사를 지내다　噬 서 씹
다, 먹다/ 깨물다/ 삼키다, 빼앗다　膚 부 살갗, 피부/ 제육(돼지고기), 저민 고기　豕 시 돼지　負 부 지다/
등에 짐을 지다, 짐 업다/ 빚지다, 빚　塗 도 칠하다/ 더럽히다/ 매흙질하다(벽 거죽에 매흙을 바르다)/ 길/
진흙, 진흙탕　載 재 싣다/ 실어서 운반하다/ 수레에 올라타다/ 이루다　鬼 귀 귀신　張 장 베풀다(일을 벌
이다, 도와주어서 혜택을 받게 하다)/ 당기다, 활시위를 당기다　弧 호 활, 나무로 만든 활

속의 돼지에 맞서, 자신이 가진 무기를 총동원하는 것이다. 그런데 활을 쏘다가 문득 수레에 실려 있는 것이 귀신이 아니라는 사실을 깨닫는다. 평상시의 판단력이 회복되면서 수레에 실린 것들의 실체가 보이기 시작한다. 진흙이 잔뜩 묻어 있기는 하지만 그것은 살아 있는 돼지이다. 이 돼지들이 진흙투성이인 것은 이들 또한 자신처럼 어려운 환경을 겪어 왔기 때문이다. 자신과 마찬가지로 어려운 삶을 살던 친구들이 자신을 찾아왔다는 것을 알게 된 것이다.

후설지호(後說之弧)는 나중에는 활 쏘는 법을 말한다는 뜻이다. 친구들이 찾아 왔으므로 이들에게 자신의 가진 것을 나누어 준다는 의미이다. 활쏘기는 자신의 장기이자 자신의 재능이며, 이 활쏘기를 가르침으로써 이들과 더불어 무언가를 주고받는 사이가 되었다는 말이다.

비 구 혼 구　　왕　　우 우 즉 길
匪寇婚媾니 往하여 遇雨則吉하리라.

비구혼구(匪寇婚媾)는 도적이 아니라 혼인을 청하는 사람들이라는 말이다. 〈주역〉의 시대에 혼인을 청한다는 것은 실제로 신랑감이나 신붓감을 구하는 것이기도 하지만 연대나 동맹의 의사를 전하는 것이기도 하다. 진흙탕과도 같은 어려운 환경에서 살아왔던 친구들이 찾아온 데 이어, 이번에는 제법 세력을 갖춘 이들까지 찾아온다는 의미이다.

왕,우우즉길(往,遇雨則吉)은 앞으로 나아가는데 우연히 비를 만나니 길하다는 뜻이다. 자신을 찾아온 이들과 함께 새로운 일을 도모해 나가는데 좋은 비까지 내려 도움을 준다는 것이다. 여기서 비는 진흙에 뒤덮였던 친구들의

匪 비 비적/ 아니다　**寇 구** 도둑, 도적　**婚 혼** 혼인하다　**媾 구** 화친하다

몸을 씻겨주는 것이다. 이로써 친구들에 대한 의구심을 없애줄 뿐만 아니라 이들의 진면목을 알 수 있도록 해주는 것이다. 이제 홀로 떨어져 고난을 겪고 있었던 이가 비라는 음양(陰陽)의 조화를 얻었다고 할 수 있다.

악의 무리에서 빠져나와 선한 본성을 되찾아야 한다

사람은 누구나 원치 않는 삶을 살 때가 있다. 길지도 않은 인생에서 이처럼 원치도 않는 삶을 사는 기간이 길면 길수록 그 인생은 불행한 인생이다. 그러므로 돌이킬 수 있다면 돌이켜야 한다. 돌이킬 수 없다 해도 돌이켜야 한다. 규(睽)는 등을 진다는 뜻이니, 이전까지의 잘못된 삶을 등지고 돌이켜 나와 자신의 본성을 회복하는 것이다. 이런 점에서 규는 이탈이고 전환이며 복귀이다.

원치 않은 삶이라고 해서 쉽게 벗어날 수 있는 것은 아니다. 지금까지 범죄적인 삶을 살고 있었다면 이 소굴에서 더욱 빠져나오기 힘들다. 더욱이 지금 만약 적지 않은 이들에게 영향을 미칠 수 있는 책무를 맡고 있다면 자신이 자리에서 물러난 이후의 여파까지 고려해야 한다. 원치 않는 삶을 바꾸고자 한다면 그만한 각오를 다져야 하고 그만큼 주도면밀해야 한다는 것이다. 그러나 어렵기 때문에 보람이 더 크다. 인생은 길지 않으니 다음 기회는 아예 없을 수도 있다. 미루고 머뭇거릴 시간이 없다. 지금 남의 지탄을 받을 범죄적인 삶을 살고 있다면, 또는 자신이 간절히 원하는 것과는 전혀 다른 삶을 사는 것이 분명하다면, 하루라도 빨리 자신의 선한 본성을 회복하고 자신의 길로 돌아와야 한다.

잘못된 삶을 등지는 일은 두 가지 의미를 가지고 있다. 개인의 입장에서 보자면 이는 진실과 정의로 돌아가려는 몸부림이자 자신의 선한 본성을 회복하기 위한 절규이다. 하지만 이전까지 속해 있던 집단의 입장에서 보자면 이는 이탈이요 배신이다. 한 개인의 이탈과 배신으로 조직은 흔들리고 사람들은 더 큰 어려움에 처할 수도 있다. 그러므로 이 등짐은 개인의 차원에서는 길하다. 하지만 더 넓게 생각해 보면 길흉을 확정하여 말할 수 없다.

양심을 회복하는 행위는 당사자에게는 마음의 평화를 가져다 줄 것이다. 하지만 이 일이 많은 사람들에게 영향을 미치는 경우라면 혼란을 야기할 수도 있다. 전쟁에 나간 군인이 살상을 혐오하여 몸을 돌리는 경우를 생각해 보라. 이는 나라와 사회에 대한 배신이요 이탈이 아닌가.

다른 한편 잘못된 삶과의 등짐을 실현하기 위해서는 큰 용기가 필요하다. 지금까지 누려오던 기득권을 포기해야 하므로, 기존의 인맥과 재물까지 잃을 것이기 때문이다. 또한 인격적인 비난을 받을 수도 있고 신체적인 위협을 당할 수도 있을 것이기 때문이다. 모르긴 해도 범죄 조직에서 빠져나오려는 조직원의 악전고투가 이러한 경우일 것이다. 하지만 용기를 가진다면 하늘은 스스로 돕는 자를 돕는 법이다. 이전까지 알지 못하던 이들은 물론 이전 집단의 동료들까지 친구가 되어 찾아온다. 그러므로 지금 사는 게 사는 게 아니라면 인간의 삶을 찾아 과감하게 배신하라. 미련을 버려라.

어느 날 문득 자신이 잘못 살고 있다고 느껴질 때가 있는가? 가슴을 치며 통곡할 때가 있는가? 그렇다면 아직 늦지 않았다. 지금까지의 생활을 과감하게 버리고 탈출하라. 자신의 선한 본성을 회복하라. 이는 지금까지 함께했던 이들에게는 배신일지 모르겠지만, 자기 자신에게는 '진정한 나'를 찾을 수 있는 마지막 기회일 것이다.

39.건蹇괘

; 최악의 간난곤고(艱難困苦)에 절뚝거림

온갖 시련, 다양한 역경, 왕래하기 어려움

蹇은 利西南하고 不利東北하며 利見大人하니 貞吉하리라.

건(蹇)은 다리를 절뚝거린다는 뜻이다. 하지만 다리에 장애가 있어서 절뚝거리는 것이 아니라 길이 험난해서 절뚝거리는 것이다. 앞에는 곳곳에 움푹 빠진 함정이 파여 있고 뒤에는 험난한 장애물이 삐죽삐죽 솟아 있다. 군자가 최악의 시련을 겪고 있는 형국이다.

이서남(利西南)은 서남쪽으로 가면 이롭다는 뜻이고, 불리동북(不利東北)은 동북쪽으로 가면 불리하다는 뜻이다. 이는 서남쪽은 땅(坤)의 방위이고 동북쪽은 산(艮)의 방위이기 때문이다. 평탄한 땅에는 함정이나 장애물이 없고, 높은 산에는 험난한 계곡과 봉우리가 많다. 여기서 서남쪽을 땅으로, 동북쪽을 산으로 보는 것은 공자(孔子)가 〈주역〉의 〈설괘전〉에서 설명한 내

蹇 건 절뚝발이/ 절뚝거리다/ 굼뜨다

용을 따른 것이다.

그런데 앞서 곤괘(坤卦)에서는 서남쪽과 동북쪽을 오행(五行) 사상과 결부시켜 설명한 바 있다. 서남쪽은 상생(相生)을 상징하고 동북쪽은 상극(相剋)을 상징한다는 것이었다. 여기서도 서남쪽과 동남쪽을 상생과 상극을 의미하는 것으로 보아도 무방하다. 평탄한 땅 같은 사람들은 서로 북돋우며 살아가는 상생의 성향을 가졌을 것이고, 험난한 산 같은 사람들은 충돌하기를 마다하지 않는 상극의 성향을 가졌을 것이라는 말이다. 그리고 시련을 겪고 있는 시기라면 상생의 자세로 살아가야 유리하다는 것은 당연한 이야기이다.

이견대인(利見大人)은 대인을 뵙는 것이 이롭다는 뜻이다. 여기서 대인은 자신을 시련에서 벗어나도록 도와줄 수 있는 사람으로서 지혜로운 현자나 경륜을 갖춘 윗사람을 말한다. 고난을 겪고 있는 상황에서는 이처럼 다른 사람의 도움을 받는 것이 좋은 방법이다. 정길(貞吉)은 올바름을 지켜야 길하다는 말이니, 시련의 시기일수록 원칙을 지켜야 한다는 것이다.

往蹇하고 來譽리라.
왕 건　　　　내 예

왕건,내예(往蹇,來譽)는 나아가면 절뚝거리고 돌아오면 칭찬을 받는다는 뜻이다. 이제 막 시련을 겪기 시작한 때이다. 그러므로 함부로 앞으로 나아가서는 안되고 뒤로 물러서서 때를 기다려야 한다는 것이다. 어려움에 처했을 때는 일을 계속 진행시켜 나가기보다는 일을 멈추고 한발 뒤로 물러나 사태의 추이를 살피는 것이 좋다.

往 왕 가다/ 앞으로 나아가다/ (물품을) 보내다/ 향하다 / 과거, 옛날　譽 예 명예/ 기리다, 칭찬하다, 가상히 여기다

王臣^{왕 신}蹇蹇^{건 건}은 匪躬之故^{비 궁 지 고}라.

왕신건건(王臣蹇蹇)은 군왕도 절뚝거리고 신하도 절뚝거린다는 뜻이다. 군왕과 신하가 시련에 빠진 것이므로 이 밖의 모든 백성들 또한 시련을 겪을 수밖에 없는, 한마디로 총체적인 난국인 것이다. 비궁지고(匪躬之故)는 자신이 행한 옛일 때문은 아니라는 뜻이다. 곧 군왕이 시련에 빠진 것은 제멋대로 권력을 쥐고 흔들었기 때문이 아니고, 신하가 시련에 빠진 것은 자신의 탐욕이나 어리석음 때문이 아니라는 말이다.

이와 같은 시련은 불가항력의 외부적인 사건 때문이다. 예를 들면 자연재해나 전쟁 등과 같은 사건이 벌어지고 있는 것이다. 참고로 고(故)자는 원래 '전쟁이 벌어진 원인'을 표현하는 글자이다. 그러므로 이 구절은 군왕과 신하가 서로의 잘못을 헐뜯으려고 하지 말고 시련을 이겨내기 위해 힘을 합쳐야 한다는 의미를 함축하고 있다.

往蹇^{왕 건}하고 來反^{내 반}하리라.

왕건,내반(往蹇,來反)은 나아가면 절뚝거리고 돌아오면 반성한다는 뜻이다. 시련이 점차 최악의 상황으로 치닫고 있는 상황이다. 불가항력의 변고로 군왕도 절뚝거리고 신하도 절뚝거리고 모든 백성들이 절뚝거린다. 이런 상황에서 돌아온 것이니 이번에는 칭찬을 받을 수 없다. 그래도 돌아와서 멈추어 선 것은 잘한 일이다. 이때라도 자신의 처신이 정성스러웠는지, 자신의 행동에 신의가 있었는지 반성해 보아야 한다.

匪 비 아니다 躬 궁 몸/ 자신/ 몸소 행하다 故 고 연고/ 까닭, 이유/ 옛날/ 그런 까닭에

蹇은 利西南하고 不利東北하며 利見大人하니
貞吉하리라.
절뚝거림의 운세에는 상생(相生)의 서남쪽으로 가면 이롭고 상극(相剋)의
동북쪽으로 가면 이롭지 않다. 대인을 뵙는 것이 이로우니 올바름을 지키면
길할 것이다.

往蹇하고 來譽리라.
나아가면 절뚝거리고 돌아오면 칭찬을 받을 것이다.

王臣蹇蹇은 匪躬之故라.
군왕도 절뚝거리고 신하도 절뚝거리는 것은, 자신들이 행한 옛일 때문은
아니다.

往蹇하고 來反하리라.
나아가면 절뚝거리고 돌아오면 반성할 것이다.

往蹇하고 來連하리라.
나아가면 절뚝거리고 돌아오면 연합 세력을 얻을 것이다.

大蹇에 朋來로다.
크게 절뚝거림에 동지가 온다.

往蹇하고 來碩이라. 吉하리니 利見大人하나니라.
나아가면 절뚝거리고 돌아오면 큰 것을 얻을 것이다. 길하니 대인을 뵙는 일이
이롭다.

왕 건　　내 연
往蹇하고 來連하리라.

　왕건,내연(往蹇,來連)은 나아가면 절뚝거리고 돌아오면 연합 세력을 얻
는다는 뜻이다. 시련은 혼자 이겨나갈 수 없다. 혹은 함정에 빠져, 혹은 장애
물에 가로막혀 함께 고통을 겪는 이들과 힘을 합쳐야 난국을 헤쳐나갈 수 있
다. 자신의 처신과 행동을 반성해보고 더욱 진심을 다한다면, 이와 같은 연
합 세력을 얻을 수 있을 것이다.

대 건　　붕 래
大蹇에 朋來로다.

　대건(大蹇)은 크게 절뚝거린다는 뜻이니, 앞으로 나아가도 절뚝거리고 뒤
로 물러서도 절뚝거리고 멈추어 서 있어도 절뚝거린다는 것이다. 곧 앞은 함
정이고 뒤는 장벽이며 발밑은 가시덤불인, 최악 중의 최악과도 같은 상황인
것이다. 대건,붕래(大蹇,朋來)는 이처럼 크게 절뚝거리고 있는데 뜻을 함께
할 수 있는 동지가 온다는 뜻이다. 최악의 시련 또한 극한에 다다르면 숨 쉴
구멍을 마련해 주는 것이다.

왕 건　　내 석　　길　　이 견 대 인
往蹇하고 來碩이라. 吉하리니 利見大人하나니라.

　왕건,내석(往蹇,來碩)은 나아가면 절뚝거리고 돌아오면 큰 것을 얻는다는
뜻이다. 여기서 큰 것이란 훌륭한 현자와 이루어낸 시련 극복을 가리킨다.
최악의 상황에서 동지들이 모여들었는데 이들을 이끌어 줄 현자까지 나타난
것이다. 이로써 그동안의 시련으로부터 벗어나는 것이다.

連 연 잇닿다/ 연속하다/ 연대하다　　碩 석 크다/ 머리가 크다/ 단단하다

길,이견대인(吉,利見大人)은 길하니 대인을 뵙는 일이 이롭다는 말이다. 이미 큰 것을 얻어 시련에서 벗어난 상황이니 길한 것은 자연스러운 이치이다. 그런데 다시 대인을 뵙는 일이 이롭다는 것은 무슨 말인가? 이는 이처럼 길한 결과를 얻은 것은 대인을 만나 뵌 '덕분에' 일어난 일이라는 의미이다. 대인을 만나 뵌 일이 앞으로 일어날 일이 아니라 이미 일어난 일이라는 것이다. 이는 이 건괘(蹇卦)의 맨 앞에서 이견대인,정길(利見大人,貞吉)이라 하여 대인을 만나 뵙는 일이 이롭다고 말한 것과 대조하여 이해할 수 있다. 이때는 대인을 '앞으로' 만나면 길한 일이 있을 것이라는 의미로 말했다. 길,이견대인(吉,利見大人)이라고 말하는 이 구절은, 지혜로운 윗사람의 도움을 얻는 일의 중요성에 대해 다시 한번 강조한 것이라 할 수 있다.

난세에는 친구가 희망의 끈이다

건(蹇)은 다리를 절뚝거리며 잘 걷지 못해 앞으로 나아가지 못하는 일을 나타낸다. 갈 길은 먼데 가는 길은 움푹움푹 파여 있어 계속 허방다리를 짚은 것이 마치 다리를 절뚝거리는 것과 같다. 게다가 사방에 도적과 맹수와 같은 위험이 도사리고 있고 날까지 저문 형국이다.

흔히 이 건괘(蹇卦)는 〈주역〉의 괘(卦) 중에서도 어려움이 가장 극심한 난괘(難卦)로 알려져 있다. 사람이 겪을 수 있는, 가장 험악하고 곤란하고 위태롭고 고통스러운 상황에 대해 말하는 괘라는 것이다. 사람은 이러한 때에는 최악의 간난곤고(艱難困苦)를 겪는다.

나라로 치면 어리석은 혼군(昏君)이 정치를 펼치는데 간사한 소인배가 득세한다. 그런데 이런 때에 외적이 침입하고 자연재해가 발생하는 경우라 할 수 있다. 군왕과 신하는 서로를 탓하며 사분오열 찢어지고 백성들은 살길을 찾아 이리저리 도망다니기 바쁘다. 또한 개인으로 치면 사업을 시작하면 망하고 시험을 치면 떨어지는데, 가족들까지 속을 썩이거나 병에 걸리는 상황이라 할 만하다. 목숨을 연명하여 살아가는 일이 너무 힘겨워 그만 포기하고 싶어질 정도이다. 이러한 절뚝댐의 운세가 덮친 때에는 어떻게 해야 살아남을 수 있는가?

건괘는 우선 상생(相生)의 도리를 깨우쳐야 한다는 가르침을 제시한다. 절뚝거리며 길을 갈 때 붙잡고 의지할 곳은 함께 길을 가는 이들뿐이라는 것이다. 그 다음으로는 경륜 있는 대인(大人)을 만나야 한다고 말한다. 이미 고난의 시기를 지나온 윗사람의 경험을 듣다 보면 자신의 고난을 극복할 수 있는 용기를 얻을 수 있다. 그리고 무엇보다도 중요한 것은 앞으로 나아가기만 하기보다는 나아가기를 멈추고 한발 물러서는 일이라고 말한다. 이렇게 물러서서 스스로의 삶을 돌이켜 보고 사태의 추이를 지켜보면 새로운 방법을 찾을 수 있다는 것이다.

때때로 고난의 시기는 연이어 오기도 하고 겹쳐서 오기도 한다. 하지만 멈추어서서 인내하며 기다리다 보면, 연합할 수 있는 동반자도 만날 수 있고 뜻을 같이할 수 있는 동지도 만날 수 있다. 자신의 무리를 이끌어 줄 지혜로운 현자도 찾을 수 있다. 최악의 시련이라 하더라도 극에 이르면 희망의 끈을 내려주는 것이다.

40. 해解괘 ; 근심과 고난에서 풀려날 때

해방, 해결, 해소(解消), 온갖 어려움이 흩어짐

解는 利西南하니라. 无所往이어든 其來復吉하며 有攸往이어든
夙吉하니라.

해(解)는 풀려난다는 말이다. 곧 세상의 온갖 근심과 고난에서 풀려나 해
방에 이른다는 것이다. 이서남(利西南)은 서남쪽이 이롭다는 뜻이다. 앞의
건괘(蹇卦)에서 언급했던 것과 같이 서남쪽은 평평한 땅(坤)의 방향이며 서
로 북돋는 상생의 방위이다. 곧 해방의 시기에 이르렀을 때는 평평한 땅에
사는 많은 사람들과 함께 서로 돕고 화합하는 자세를 가져야 한다는 것이다.

무소왕(无所往)은 갈 바가 없다는 뜻이고, 기래복길(其來復吉)은 그 본래
의 자리로 돌아오니 길하다는 뜻이다. 근심과 고난에서 풀려났으므로 어디

解 해 풀다, 벗다/ 풀이하다, 깨닫다/ 설명하다/ 풀려나다/ 해방 **夙 숙** 이르다(앞서거나 빠르다)/ 삼가다
(몸가짐이나 언행을 조심하다)/ 일찍/ 새벽

론가 앞으로 나아갈 이유가 없고 원래의 자리로 돌아오면 만족할 만하다는 것이다. 유유왕,숙길(有攸往,夙吉)은 계속 진행시켜 나가야 할 일이 있으면 언행을 더욱 삼가야 길하다는 뜻이다. 일이 잘 풀려나갈 때이므로, 모두가 목소리를 높이기 쉬운데 이렇게 하면 다시 고난의 길로 들어설 수 있다. 그러므로 이럴 때일수록 더욱 조심스럽게 움직여야 한다는 것이다.

<ruby>无咎<rt>무 구</rt></ruby>하니라.

무구(无咎)는 풀려남의 때에는 탓할 일이 없다는 말이다. 온갖 시련과 역경에서 풀려나기 시작하는 때이다. 평평한 땅에 많은 사람들이 모여들어 서로 상생의 도리를 바탕으로 힘을 합친다. 군왕은 군왕대로, 신하는 신하대로 나라의 예악과 제도를 안정시키고, 백성들은 백성들대로 자신의 역할을 수행한다. 서로를 탓하고 말고 할 일이 없는 것이다.

<ruby>田獲三狐<rt>전 획 삼 호</rt></ruby>하여 <ruby>得黃矢<rt>득 황 시</rt></ruby>하니 <ruby>貞吉<rt>정 길</rt></ruby>하도다.

전획삼호(田獲三狐)는 여름 사냥을 나가 세 마리의 여우를 잡는다는 뜻이다. 〈주역〉에서 '삼'이라는 숫자는 종종 하늘과 땅과 사람의 삼재를 가리키는 경우가 많다. 여기서 세 마리를 잡았다고 하는 것은 그러므로, 이 여우들이 삼재에 해악을 끼치는 무리임을 나타낸다. 이 여우들을 잡았다는 것은 풀려남의 때에 이르러 이들 해로운 세력을 쉽게 제압했다는 의미이다.

득황시(得黃矢)는 황금 화살을 얻는다는 말이다. 곧 여우의 몸속에서 하늘과 땅과 사람, 그리고 나라에 이익이 되는 물건을 얻었다는 것이다. 여기서

獲 획 빼앗다/ 얻다, 획득하다/ 짐승을 잡다/ 일이나 때의 마땅함을 얻다   狐 호 여우   矢 시 화살/ 산가지

解는 利西南하니라. 无所往이어든 其來復吉하며
有攸往이어든 夙吉하니라.
풀려남의 때에는 상생(相生)의 서남쪽으로 가면 이롭다. 갈 곳이 없거든 그
본래의 자리로 돌아오니 길하다. 갈 곳이 있거든 언행을 더욱 삼가야 길하다.

无咎하니라.
풀려남의 때에는 탓할 일이 없다.

田獲三狐하여 得黃矢하니 貞吉하도다.
여름 사냥을 나가 세 마리의 여우를 잡는데 황금 화살까지 얻는다. 올바름을
지키면 길하다.

負且乘이라. 致寇至니 貞吝이리라.
등짐을 지고 수레에 오른다. 도둑을 불러들이는 것이 지극하니 올바름을
지켜도 옹색하다.

解而拇하면 朋至斯孚리라.
풀려남의 때에 이르러 엄지발가락에 힘을 준다. 무리가 찾아와 이것을 믿을
것이다.

君子維有解하여 吉하니 有孚于小人이리라.
군자만이 풀려남의 방향과 방법을 알고 있다. 길하다. 소인들에게 믿음이
있을 것이다.

公用射隼, 于高墉之上하여 獲之니 无不利하니라.
왕공이 높은 성벽 위에 있는 새매를 쏘아서 그것을 잡는다. 이롭지 않은 것이
없다.

황색은 오행으로 보면 만물을 끌어안는 평평한 땅을 말하고 방위로 보면 어느 쪽으로도 치우치지 않는 중심에 해당한다. 곧 황색은 자연의 법칙을 거스르지 않는 중용(中庸)의 덕을 상징한다. 이 구절은 그러므로 여우 세 마리를 제압함으로써 중용의 덕을 회복한다는 의미를 담고 있다. 정길(貞吉)은 올바름을 지키면 길하다는 뜻이다. 활을 들고 사냥에 나설 때이므로 자칫 잘못하다가는 뜻하지 않은 불상사가 일어날 수도 있다. 그러므로 이럴 때일수록 더욱 원칙을 지켜야 한다.

부 차 승   치 구 지   정 린
負且乘이라. 致寇至니 貞吝이리라.

　풀려남의 때가 왔다고 해서 모든 사람이 다 잘 풀리는 것은 아니다. 이 구절은 언행을 조심하지 않고, 자신의 역할을 다하지 않는 소인이 겪을 화(禍)에 대해 설명한다. 부차승(負且乘)은 등짐을 지고 수레에 오른다는 말이고, 수레에 올라서도 등짐을 내려놓지 않는다는 말이다. 짐을 지는 일은 소인의 일이고 수레에 오르는 일은 군자의 일인데, 이 두 가지를 함께 하고 있으니 자신의 지위와 책임을 망각한 것이다. 더욱이 이처럼 수레에 올라 등짐을 지고 있는 것은 등짐 안에 소중한 보물이 있다는 사실을 자랑하는 일이나 마찬가지이다.

　치구지(致寇至)는 도둑을 불러들이는 것이 지극하다는 뜻이다. 곧 소인으로서 수레에 오르는 일이나 등짐을 자랑하는 일이 모두, 도둑을 스스로 불러들이는 일이나 마찬가지라는 것이다. 이럴 경우에는 스스로 정도의 원칙을

負 부 지다/ 등에 짐을 지다. 짐/ 업다/ 빚지다, 빚　　**乘 승** 타다/ 오르다/ 수레/ 넷　　**致 치** 이르다/ 도달하다/ 부르다　**寇 구** 도적/ 떼를 지어 다니며 재물을 약탈하는 사람들

지킨다 하더라도 변명할 여지가 없다. 그래서 정린(貞吝)이라고 말하는 것이니, 올바름을 지켜도 옹색하다는 뜻이다.

解而拇하면 朋至斯孚리라.
<small>해 이 무　　붕 지 사 부</small>

해이무(解而拇)는 풀려남의 때에 이르러 엄지발가락에 힘을 준다는 뜻이다. 여기서 엄지발가락은 나아갈 방향을 상징한다. 엄지발가락에 힘을 준다는 것은 곧 나아갈 방향이 명확해졌다는 의미이다. 붕지사부(朋至斯孚)는 무리가 찾아와 이것을 믿는다는 뜻이다. 곧 뜻을 함께할 동지들이 엄지발가락이 가리키는 방향에 신뢰를 보내며 함께 일을 진행시켜 나간다는 것이다.

君子維有解하여 吉하니 有孚于小人이리라.
<small>군 자 유 유 해　　길　　유 부 우 소 인</small>

군자유유해(君子維有解)는 군자만이 풀려남을 가지고 있다는 뜻이다. 곧 군자만이 풀려남의 방향과 방법을 알고 있다는 것이다. 그래서 길하다(吉)고 말하는 것이다. 유부우소인(有孚于小人)은 소인들에게 믿음이 있다는 뜻이다. 곧 군자가 제시하여 진행한 해결책을 소인들이 믿고 따르니, 소인들의 삶에도 긍정적인 영향을 미친다는 것이다.

公用射隼, 于高墉之上하여 獲之니 无不利하니라.
<small>공 용 사 준　우 고 용 지 상　　획 지　무 불 리</small>

새로운 질서를 세우기 위해서는 그동안 허랑방탕한 짓을 일삼아온 무뢰배를 처벌해야 한다. 적절한 시기를 놓치면 다시 무질서와 혼란이 일어난다.

拇 무 엄지발가락/ 엄지손가락　**斯 사** 이, 이것　**維 유** 바, 밧줄/ 벼리/ 매다/ 오직　**射 사** 쏘다/ 사수
隼 준 매, 송골매　**墉 용** 담장/ 벽

이 무질서와 혼란에 책임이 있는 자라면 지위가 높고 낮음을 막론하고 단죄하는 모습을 백성들 앞에 보여 주어야 한다. 그래야 유사한 일의 재발을 막을 수 있다.

공용사준(公用射隼)은 왕공이 새매를 쏜다는 뜻이고, 우고용지상(于高墉之上)은 이 새매가 높은 성벽 위에 있다는 뜻이다. 곧 지위가 높은 무뢰한을 백성들 앞에서 공개적으로 처벌한다는 말이다. 획지(獲之)는 이 새매를 얻는다는 것이니, 이 무뢰한의 지위와 재물을 빼앗는다는 의미이다. 무불리(无不利)는 이롭지 않음이 없다는 뜻이다. 이처럼 처벌해야 이롭다는 것이다.

과거의 어려움은 미래를 위한 나침반이다

어둠이 서서히 물러나고 온 세상이 밝아오기 시작한다. 캄캄한 암흑 속에 갇혀 절망하고 포기한 채 밤을 지나온 사람들에게 희망의 빛이 보인다. 볼 수 없었던 것들이 보이고 느낄 수 없었던 것들이 느껴진다. 발목을 꽁꽁 묶고 있던 밧줄에서 풀려난다. 그리고 꽉 막혀 있던 일들이 풀리기 시작한다. 이것이 바로 해(解)의 때이다.

해(解)는 온갖 고난과 시련에서 풀려나 해방을 맞이한다는 말이다. 이 풀려남의 때가 되면 그동안의 혼란과 무질서는 정리되고 잘 정돈된 새로운 질서가 시작된다. 그렇다면 이 풀려남의 때에는 어떻게 처신해야 하는가?

해괘(解卦)는 가장 먼저 상생의 도리를 지켜야 한다고 말한다. 앞서 건괘(蹇卦)에서도 최악의 시련에서 살아남기 위해서는 상생의 도리를 지켜야 한다고 말한 바 있다. 상생의 도리는 어지러운 혼란의 시기에 살아남기 위해서도 필요하지만, 안정적인 평화의 시기에도 이 평화를 좀더 유지하기 위해서도 반드시 필요하다는 것이다. 해괘는 또 중용의 덕을 바탕으로 각자 자신의 역할을 다해야 한다고도 말한다. 군왕은 군왕대로, 신하는 신하대로, 백성은 백성대로 자신의 역할과 책임을 망각해서는 안된다는 것이다. 뿐만 아니라 공의(公義)를 해치는 일은 단호하게 척결하는 것도 중요하다고 강조한다. 해야 할 일과 하지 말아야 할 일을 철저히 구분하여 과감하게 실천해야 한다는 것이다.

등짐을 지고 수레에 오르는 소인의 이야기는 다시 한번 가슴에 새겨둘 만하다. 풀려남의 때에는 이전까지 소인이었던 사람이 너그러운 덕과 출중한 능력을 바탕으로 군자의 책임을 져야 할 지위에 오를 수도 있다. 이럴 때에는 군자로서 생각하고 군자로서 행동해야 한다. 소인으로서의 욕심도 버리지 못하고 군자로서의 역할도 충실하지 못하고 우왕좌왕하면 안된다. 곧 도적이 이를 알아보고 찾아올 것이기 때문이다. 모든 재난은 자신이 초래하는 것이라는 사실을 잊지 말아야 한다.

과거의 어려움은 미래를 개척하는 나침반이다. 지난날의 어려움을 잊는다면, 행운이 찾아와 약간의 재물과 권력을 얻는다 하더라도 이를 오래 유지할 수 없다. 재물을 얻었다면 어려웠던 시절을 기억해 더욱 검박한 생활을 해야 하고, 권력을 얻었다면 소외당했던 시절을 기억해 주변 사람들을 더욱 공경해야 한다.

오르막길이 있으면 내리막길이 있는 것이 세상의 이치이다. 위기 뒤에는 기회가 찾아오고 어려운 일이 있으면 쉬운 일이 있다. 모든 것이 꽉꽉 막히는 건(蹇)의 운세가 지나가면 모든 것이 술술 풀리는 해(解)의 운세가 다가온다. 그렇다고 해서 어려웠던 고난의 시기를 잊어서는 안될 일이다.

41.손損괘 ; 잎을 덜어내고 줄기를 얻음

덜어냄, 손해, 먼저 손해 봄, 더 크게 얻는 투자

損은 有孚元吉하여 无咎니 可貞하면 利有攸往하니라.

  손(損)은 덜어낸다는 말이다. 과도한 것을 덜어내어 적절한 중용의 덕을 얻는다는 것이다. 사치스러운 허례허식을 덜어내어 정성스러운 마음을 얻는 것이며, 가지의 잎을 덜어내어 줄기의 근본을 얻는 것이다.

  유부원길(有孚元吉)은 믿음을 가지고 있다면 대단히 길할 것이라는 뜻이다. 덜어냄으로써 얻을 수 있는 것이 더 가치 있고 더 중요할 것이라는 믿음, 자신의 성실함에 대한 믿음이 있어야 한다는 것이다. 그래야 실패할 일 또한 없다(无咎). 가정(可貞)은 올바름을 지킬 수 있다는 뜻이고, 이유유왕(利有攸往)은 앞으로 나아가는 것이 유리하다는 뜻이다. 곧 정도의 원칙을 지킬

損 손 덜다, 덜어내다/ 줄다, 줄이다/ 감소하다/ 잃다, 손해를 보다   **孚 부** 미쁘다(믿음성이 있다)/ 믿음, 신뢰/ 알이 깨다/ 기르다, 자라다

수 있다면 덜어내는 일을 계속 진행해도 괜찮다는 것이다.

이 손괘(損卦)의 덜어냄은 사실 지금의 비즈니스 투자와도 유사한 측면을 가지고 있다. 지금의 투자자들 또한 일단은 자신의 능력이나 재산을 덜어내는 일부터 투자를 시작한다. 그리고 자신의 투자를 통해 좀더 가치 있는 무언가를 얻을 수 있다는 믿음을 가진다. 이는 곧 확신이 없을 경우에는 투자에 나서지 않는다는 말과도 같다. 또한 무엇보다도 자신이 가지고 있는 투자의 원칙을 지켜 나가는 투자를 한다. 원칙 없는 눈앞의 이익보다는 원칙 있는 손실을 더 중요하게 여긴다는 말이다. 투자는 먼 앞날을 바라보는 것이므로 사소한 이익에 일희일비하지 않는다는 것이다.

曷之리오. 用二簋이 可用享이니라.
갈 지   용 이 궤   가 용 향

갈지(曷之)는 어떻게 쓰는가라는 뜻이니, 곧 덜어냄의 덕을 구체적으로 어떻게 적용하는지 스스로 묻는 것이다. 용이궤(用二簋)는 두 개의 제기를 쓴다는 뜻이고, 가용향(可用享)은 제사를 올린다는 뜻이다. 궤(簋)는 흔히 대나무나 흙으로 만들어 기장 따위의 곡식을 담는 제기이다. 보통 제사에는 네 개(四簋)를 사용하고 큰 제사에는 여덟 개(八簋)를 사용한다. 이 궤를 두 개만 쓴다는 것은 제사를 지낼 때 여러 가지의 진귀한 음식을 많이 올리지 않고 덜어낸다는 말이다. 복잡한 절차 또한 간소하게 한다는 말이다.

이렇게 덜어내도 정성스러운 마음만 있다면 충분하다는 의미이다. 제사에 진귀한 음식을 올리고 복잡한 절차를 두는 것은 공경하는 마음을 드러내기

曷 갈 어찌, 어찌하여   簋 궤 제기 이름/ 기장밥을 담아 놓는 제기/ 기장밥   享 향 누리다/ 제사지내다/ 흠향하다

위해서이다. 그런데 이러한 마음은 중요하게 생각하지 않고 과도하게 음식과 절차만을 중요시한다면 이는 거짓일 뿐이다.

이 구절은 공경하는 마음이 본질적인 것이고 음식과 절차는 부차적인 것임을 강조한 것이다. 하지만 이 구절의 의미가 음식과 절차의 형식을 간소하게 할 수 있다는 것이지 아예 없애버리라는 것은 아니다. 정성은 줄기와 같고 음식과 절차는 잎과 같다. 줄기가 중요함은 당연한 일이지만 잎이 없으면 줄기 또한 살아 있기 힘들다. 마음을 보여주기 위해서는 표현의 말과 행동이 필요한 법이다.

已事遄往이라야 无咎리니 酌損之니라.

이사천왕(已事遄往)은 제례를 마치면 재빨리 앞으로 나아간다는 말이다. 곧 자신의 공경하는 마음을 표현했으면 더 이상 머뭇거리지 말고 다음 사람에게 자리를 물려주어야 한다는 말이다. 〈주역〉 시대의 제사에는 적지 않은 인원이 참석했으므로 한 사람이 시간을 지체하는 일을 경계한 것이다. 그래서 무구(无咎)라고 말하는 것이니 이렇게 해야 허물할 일이 없다는 뜻이다.

작손지(酌損之)는 짐작해보고 그것을 덜어낸다는 뜻이다. 작(酌)자는 술을 따를 때 술의 양을 어림해 보는 일을 나타내는 글자이다. 곧 술잔에 술이 얼마나 채워졌는지, 술병에 술이 얼마나 남았는지를 눈치껏 계산해 보고 술을 따름으로써, 다른 사람을 배려해야 한다는 의미이다. 그리고 이로써 덜어내는 일을 진행할 때는 정도의 원칙을 깨뜨리는 잘못은 없었는지 헤아려 보아야 한다는 것을 비유한 것이다.

已 이 이미, 벌써/ 끝나다, 마치다 遄 천 빠르다 酌 작 술을 붓다/ 잔질하다(잔에 술을 따르다)

^{이 정}　　^{정 흉}　　^{불 손 익 지}
利貞하고 征凶하니 弗損益之니라.

　이정,정흉(利貞,征凶)은 올바름을 지켜야 이롭고, 공격적으로 나아가면 흉하다는 말이다. 덜어냄은 과도한 것을 덜어내어 적절함을 구하는 것이므로 중도(中道)의 올바른 원칙을 지켜야 한다는 것이다. 또한 적절한 수준을 지나 더욱 덜어냄으로써 부족함에 이르는 것은 몹시 난처한 일이라는 것이다.

　불손익지(弗損益之)는 덜어내지 않고도 더한다는 말이다. 지나치게 덜어내지 않고 중도의 상태에서 자신을 지키는 일이, 결국은 무언가를 늘리는 일이나 누군가에게 보태주는 일에도 좋은 결과를 가져온다는 의미일 것이다. 앞서 지금의 비즈니스 투자를 비유로 들었거니와, 이 구절 또한 투자에서의 적절한 균형 감각과 공생(共生)의 원칙을 강조한 것으로 읽을 수도 있을 것이다.

^{삼 인 행}　　^{즉 손 일 인}　　^{일 인 행}　　^{즉 득 기 우}
三人行엔 則損一人하고 一人行엔 則得其友로다.

　삼인행(三人行)은 세 사람이 앞으로 나아간다는 뜻이고, 즉손일인(則損一人)은 한 사람을 덜어낸다는 뜻이다. 곧 일을 진행시켜 나갈 때 세 사람이 앞장을 서서 주장하면 주장이 과도하게 많아지고 만다. 그래서 나아가고자 하는 방향의 갈피를 잡을 수 없으므로 이 중 한 사람의 주장은 접어두는 것이 좋다는 것이다. 일인행(一人行)은 한 사람이 앞으로 나아간다는 뜻이고, 즉득기우(則得其友)는 그 벗을 얻는다는 뜻이다. 일을 진행시켜 나갈 때 한 사람만이 앞장을 서서 주장하면 주장이 지나치게 강해지고 만다. 그래서 잘못

弗 불 아니다　**則 즉** ~하면/ 만일 ~이라면(즉)/ ~할 때에는

된 방향으로 갈 수 있으므로 필경 이 주장이 의존할 수 있는 또 다른 주장을 구하여 얻는다는 것이다.

무슨 일이든 성공적으로 일을 진행하려면, 음과 양의 기운이 조화를 이루어야 하는 법이다. 세 사람이 주장하는 것은 대립하는 것이 너무 많아서 지나치고, 한 사람이 주장하는 것은 보완하는 것이 너무 적어서 지나치다는 것이다. 이는 하늘과 땅이 화합하여 만물을 낳는 일과 다르지 않다.

손 기 질　　　사 천 유 희　　무 구
損其疾하되 使遄有喜면 无咎리라.

손기질(損其疾)은 그 질병을 덜어낸다는 뜻이고, 사천유희(使遄有喜)는 재빨리 기쁨이 있도록 한다는 뜻이다. 질병이 생기면 하루라도 빨리 치유해야 한다는 것이다. 사실 덜어냄이란 먼 앞날을 바라보고 하는 일이고, 올바른 원칙을 지켜 나가야 하는 일이다. 하지만 오래도록 올바른 원칙을 지켜 나가는 일은 쉽지 않고 뭔가 탈이 생긴다. 그러므로 이처럼 탈이 생길 경우에는 가능한 한 신속하게 문제를 해결하고 일을 계속 진행시켜야 한다는 것이다. 그래야 실패할 일이 없다(无咎)는 것이다.

혹 익 지　　　십 붕 지 귀　　불 극 위　　원 길
或益之면 十朋之龜라도 弗克違니 元吉하니라.

혹익지(或益之)는 어떤 사람이 그에게 더해 준다는 뜻이다. 이는 곧 그가 평소에 알지 못하던 사람까지 그를 돕는다는 것이다. 먼 앞날을 바라보며 계속 덜어냄의 자세를 견지하고 살아온 것이 마침내 보탬을 받는다는 의미

或 혹 혹, 혹시/ 간혹/ 어떤 사람　**益 익** 더하다/ 보태다/ 이익을 보다/ 넉넉해지다　**龜 귀** 거북/ 거북 껍데기/ 등골뼈/ 본뜨다　**違 위** 어긋나다/ 어기다(지키지 아니하고 거스르다)/ 위배하다

損은 有孚元吉하여 无咎니 可貞하면 利有攸往하니라.

덜어냄의 때에는 믿음을 가지고 있다면 대단히 길하고 실패할 일도 없다.
올바름을 지킬 수 있다면 앞으로 나아가는 것이 이롭다.

曷之리오. 用二簋이 可用享이니라.

어떻게 덜어냄을 쓰는가? 네 개의 제기 중 두 개를 덜어내고 두 개의 제기만을
써서 제사를 지낼 수 있다.

已事遄往이라야 无咎리니 酌損之니라.

제례를 마치면 재빨리 앞으로 나아가야 허물할 일이 없을 것이니, 술의 양을
어림해 보고 그것을 덜어낸다.

利貞하고 征凶하니 弗損益之니라.

올바름을 지켜야 이롭고 공격적으로 나아가면 흉하다. 덜어내지 않고 그것을
더한다.

三人行엔 則損一人하고 一人行엔 則得其友로다.

세 사람이 주장해 나아갈 때에는 한 사람의 주장을 덜어내고, 한 사람이
주장해 나아갈 때에는 그 벗의 주장을 얻는다.

損其疾하되 使遄有喜면 无咎리라.

그 질병을 덜어내되 재빨리 기쁨이 있도록 한다. 실패할 일이 없을 것이다.

或益之면 十朋之龜라도 弗克違니 元吉하니라.

어떤 사람이 그에게 더해준다. 십붕의 가치가 있는 거북점이라도 어긋나게 할
수 없으니 대단히 길하다.

弗損益之면 无咎하고 貞吉하니라. 有攸往이니
得臣无家리라.

덜어내지 않고도 그것을 더하면 허물할 일이 없고 올바름을 지키면 길하다.
앞으로 나아갈 곳이 있다. 신하를 얻는데 그 신하에게 집이 없을 것이다.

이다.

그런데 이렇게 되돌아온 보탬이 엄청나다. 십붕지귀(十朋之龜)는 십붕의 가치가 있는 거북점을 뜻한다. 여기서 붕(朋)은 〈주역〉 시대의 화폐 단위로 일 붕은 조개껍데기 열 꿰미에 해당한다고 한다. 그러므로 십붕지귀는 십붕, 곧 조개껍데기 백 꿰미를 들여 알아보는 매우 값비싼 거북점을 의미하는 것이다. 불극위(弗克違)는 어긋나게 할 수 없다는 뜻이다. 곧 매우 비싼 거북점으로도 평소에 알지 못하던 어떤 사람이 더해 주는 것을 능가하지는 못한다는 말이다. 거북점은 말 그대로 점일 수도 있을 것이나, 현자를 찾아가 적지 않은 재물을 바치고 이권을 얻거나 조언을 구하는 일을 말하는 것으로 보는 것이 더 자연스럽다.

이 구절은 정성스러운 마음으로 덜어냄의 원칙을 견지하는 일은 그 무엇보다도 가치 있는 일이라는 가르침을 전해주고 있다. 원길(元吉)은 대단히 길하다는 뜻으로, 여기서는 대단히 넉넉하고 푸짐하다는 의미를 나타낸다. 하늘이 돕는다는 말은 이런 경우를 두고 하는 말일 것이다.

弗損益之면 无咎하고 貞吉하니라. 有攸往이니 得臣无家리라.
불손익지　　　무구　　　정길　　　　　유유왕　　　득신무가

불손익지(弗損益之)는 덜어내지 않고도 더한다는 말이다. 지나치게 덜어내지 않고 중도의 상태에서 자신을 지키는 일이 결국은 모두에게 좋은 결과를 가져온다는 의미일 것이다. 그러므로 허물할 일이 없다(无咎). 정길(貞吉)은 올바름을 지켜야 길하다는 뜻이니, 이처럼 자신의 것을 덜어내지 않고 모두를 유익하게 만들고자 할 때는 올바른 원칙을 가지고 있어야 한다는 것이다.

유유왕(有攸往)은 앞으로 나아갈 곳이 있다는 뜻이고, 득신무가(得臣无

家)는 신하를 얻는데 그 신하에게 집이 없을 것이라는 뜻이다. 곧 일을 진행시켜 나가기 위해 신하를 구하는데, 그동안 앞으로 나서지 않았던, 가난하지만 능력 있는 인재가 찾아와 복종한다는 의미이다.

┴□

당장의 이익보다 원칙 있는 손실이 중요하다

흔히 점을 쳐서 손괘(損卦)의 운세가 나오면 물질적으로 손해를 입게 될 것이라고 풀이한다. 하지만 이 손괘의 손(損)은 단순한 손해를 뜻하는 말이 아니다. 여기서의 손(損)은 먼저 무언가를 덜어내고 나중에 더 큰 무언가를 더하려는 것이다. 물질적인 재화뿐만 아니라 자신의 지혜와 능력을 내어 놓고 좀더 가치 있고 중요한 것을 얻으려는 것이다.

이러한 손(損)은 지금의 투자 개념과도 유사한 측면이 있다. 이 투자의 개념은 지금의 주식 투자나 부동산 투자는 물론, 모든 분야의 비즈니스 투자를 포함한다. 뿐만 아니라 인재를 양성하는 일이나 나라의 발전을 이루는 일 또한 여기서 벗어나지 않는다.

손괘는 이와 같은 투자에 있어서 가장 먼저 투자에 대한 신념을 가지라고 말한다. 성공에 대한 확신이 없으면 투자를 할 수도 없지만 투자를 했다 하더라도 성공할 수 없다는 것이다. 손괘는 또한 화려한 외형보다는 알찬 실속이 더 중요하고, 번지르르한 장식보다는 삼가는 마음이 더 중요하다고 조언한다. 눈앞의 이익에 연연해하는 대신 먼 앞날을 내다보며 당장의 어려움을 견디는 자세도 필요하다. 그리고 투자에 문제가 생겼을 때는 재빨리 이 문제에 대한 해결책을 찾아 수정해야 한다.

적절한 균형 감각과 공생의 원칙 또한 손괘가 강조하는 투자의 방법이다. 지렛대 투자나 '몰빵' 투자 등으로 지나치게 무리하다 보면 몹시 난처한 일을 겪게 될 것이라는 말이다.

자신이 투자하는 분야에 대한 전문적인 지식 또한 갖추고 있어야 한다. 주식이나 부동산 투자는 말할 것도 없고 비즈니스 투자 또한 마찬가지이다. 전문가 못지않은, 때로는 전문가 이상의 지식을 쌓아야 한다. 교육, 의료 등과 같은 공공 투자에 있어서도 마찬가지이다.

모든 투자에서는 적절한 때가 가장 중요한 관심사이다. 때와 맞지 않으면 아무리 철저하게 준비한다 해도 투자에 성공하기 어렵고, 때와 맞으면 준비가 조금 부족해도 투자에 성공할 기회를 얻을 수 있기 때문이다. 그렇다면 이 적절한 때는 어떻게 알 수 있는가? 손괘(損卦)는 이와 관련하여 평소에 알지 못하던 어떤 사람이 그에게 무엇인가를 보태 준다고 말한다. 바로 이때가 적절한 때라는 것이다. 모르는 사람까지 자신을 찾아온다는 것은 도움을 얻을 수 있는 사람이 주변에 적지 않다는 말이다. 하지만 모르는 사람이 찾아온다는 것이 무슨 뜻인지 모호할 수도 있다. 이때는 경륜 있는 현자를 찾아가 조언을 구하는 것도 괜찮다.

42. 익益괘 ; 성공을 보장받는 보탬의 운세

이익, 공익, 군왕이 덕을 베풂, 부자가 나눔

^익　　^{이 유 유 왕}　　　^{이 섭 대 천}
益은 利有攸往하며 利涉大川하니라.

익(益)은 보탠다는 것이다. 앞서 손괘(損卦)에서의 덜어냄은 자신의 것을 덜어내는 것이었지만, 여기서의 보탬은 자신에게 더해 주는 것이다. 흔히 윗사람의 것을 덜어내어 아랫사람인 자신에게 더해 주는 것으로 본다. 예를 들면 군왕이 은덕을 백성들에게 베푸는 일이나, 부자가 창고를 열어 가난한 이들에게 나누어 주는 일이 이러한 보탬이다.

이유유왕(利有攸往)은 앞으로 나아가는 것이 이롭다는 뜻이고, 이섭대천(利涉大川)은 큰물을 건너는 것이 이롭다는 뜻이다. 곧 새로운 일을 진행시켜도 괜찮고, 위험한 도전에 나서도 목표를 이룰 수 있다는 것이다. 〈주역〉에서 이유유왕(利有攸往)이라 하여 새로운 일의 진행을 격려하면서, 또다

益 익 더하다/ 보태다/ 이롭다/ 유익하다/ 이익을 보다/ 넉넉해지다

시 이섭대천(利涉大川)이라 하여 과감한 도전을 권하는 경우는 이 구절밖에 없다. 그만큼 이 보탬(益)의 운세는 매우 유익하다는 것이다. 특히 새로운 일을 진행하다가 어려움에 부딪히거나 과감한 도전에 나섰다가 위험에 빠졌을 때, 이 보탬의 운세는 어려움과 위험을 헤쳐 나가는 데 더욱 좋다.

돈을 벌고자 하면, 돈이 있는 곳으로 가면 된다. 일단 부딪히면 그 다음에는 얻을 수 있다. 어떤 도전에도 나서지 않고, 아무런 위험도 무릅쓰고자 하지 않고 돈을 얻고자 하는 것만큼 답답한 일은 없다. 보신주의나 안전주의에 빠져 있는 이들이라면 귀 기울여야 할 구절이다.

이 용 위 대 작   원 길   무 구
利用爲大作이니 元吉하고 无咎하리라.

이용위대작(利用爲大作)은 큰일을 일으키는 것이 이롭다는 뜻이다. 여기서 큰일은 방대한 사업, 대규모 행사, 대형 작품, 장기적인 운동 등을 말한다. 곧 국가적 규모의 공공사업이자 국책 사업이라 할 수 있다. 더욱이 적지 않은 백성들이 직접 참여하거나 참여하지 않을 경우에도 성공을 기원하는 일이며, 시대적으로도 필요한 일이다. 원길,무구(元吉,无咎)는 대단히 길하고 허물할 일이 없다는 뜻이다. 보탬(益)의 운세가 대단한 때이므로 이처럼 큰일을 일으키는 것은 성공을 보장받은 것이나 마찬가지이다.

이용위대작(利用爲大作)을 등용되어 큰일을 위해 일한다고 풀고, 원길,무구(元吉,无咎)를 대단히 길해야 허물할 일이 없다고 풀기도 한다. 이는 아랫사람이 군왕이나 권력자에게 큰일을 위임받아 일한다는 의미이다.

用 용 쓰다/ 부리다/ 등용하다   **无 무** 없다/ 아니다   **咎 구** 허물, 허물하다, 탓하다/ 잘못, 꾸짖다, 비난하다/ 재앙/ 미움, 미워하다

혹 익 지　　십 붕 지 귀　　　불 극 위　　영 정 길
或益之면 十朋之龜라도 弗克違니 永貞吉하니라.
왕 용 향 우 제　　　길
王用享于帝라도 吉하리라.

　혹익지(或益之)는 어떤 사람이 그에게 보탠다는 뜻이다. 이는 곧 그가 평소에 알지 못하던 사람까지 그를 돕는다는 것이니, 보탬(益)의 운세가 이보다 더 좋을 때가 없다. 십붕지귀(十朋之龜)는 매우 값비싼 거북점을 뜻하고, 불극위(弗克違)는 어긋나게 할 수 없다는 것을 뜻한다. 손괘(損卦)에서와 마찬가지로 매우 비싼 거북점으로도 보탬의 운세를 꺾을 수는 없다는 말이다. 영정길(永貞吉)은 오래도록 올바름을 지키면 길하다는 뜻이다. 뜻하지 않게 얻은 행운을, 노력을 통해 자신의 것으로 만드는 것이 중요하다는 말이다.

　왕용향우제(王用享于帝)는 제후왕이 황제의 제사를 지낸다는 뜻이다. 여기서 제후왕은 일정한 영토 범위의 제후국을 다스리는 지배자를 말한다. 그리고 황제는 중국 전체를 다스리는, 곧 모든 제후국 왕에 대한 지배권을 가진 하늘의 아들을 말한다. 그러므로 제후왕이 황제의 제사를 지낸다는 것은 주제넘게 황제만이 할 수 있는 일을 침범하는 것이다. 이는 황제는 물론 이웃의 제후왕으로부터 비난과 공격을 받아 목숨을 부지하기 힘든, 참람한 일이다. 하지만 보탬(益)의 운세를 얻으면 이처럼 참람한 일까지도 괜찮다. 그래서 길하다(吉)고 말하는 것이다. 도저히 있을 수 없는 사례를 예로 들어, 보탬(益)의 운세가 얼마나 대단한지를 강조하는 구절이다.

或 혹 혹, 혹시/ 간혹/ 어떤 사람　龜 귀 거북/ 거북 껍데기/ 등골뼈/ 본뜨다　享 향 누리다/ 제사지내다/ 흠향하다　帝 제 황제, 천제, 천자/ 오제(五帝)

익지용흉사   무구   유부중행   고공용규
益之用凶事엔 无咎어니와 有孚中行이라야 告公用圭리라.

익지용흉사(益之用凶事)는 그에게 보낸 것을 흉한 일에 쓴다는 말이다.
무구(无咎)는 그래도 허물할 일이 없다는 말이다. 그렇다고 해서 아무렇게나
제멋대로 이 운세를 이용하라는 것은 아니다. 유부중행(有孚中行)은 믿음을
가지고 중용의 도를 행해야 한다는 뜻이다. 곧 다른 사람들이 자신을 신뢰할
수 있도록 해야 한다는 것이다. 고공용규(告公用圭)는 왕공에게 알리고 신
표를 쓴다는 뜻이다. 어려운 난관에 부딪혔을 때 왕공을 찾아가 알리고 왕공
의 힘을 사용한다는 것이다. 규(圭)는 황제가 제후왕, 사신 등에게 내려주던
신표(信標)로 이것을 지닌 사람의 신분을 나타낸다.

〈주역〉은 공의(公義)를 중시하는 군자의 삶에 존경을 보낸다. 하지만 실
용적인 능력, 실질적인 부에 대해서도 격려를 아끼지 않는다. 이런 관점에서
왕공의 힘을 사용하라는 이 구절의 내용은 권력자와 재산가의 결탁까지도
권하는 것으로 볼 수 있다. 정치와 경제가 원래 다른 것이 아니니 이 둘을 억
지로 갈라놓는 일은 온당치 않다는 것이다. 신뢰의 원칙과 중용의 덕을 지킨
다면 이 둘의 연합은 별문제가 되지 않을 뿐만 아니라 오히려 유익하다는 의
미이다.

중 행   고 공 종   이 용 위 의   천 국
中行이면 告公從하리니 利用爲依며 遷國이니라.

중행(中行)은 중용의 도를 행한다는 뜻이고, 고공종(告公從)은 왕공에게
알리고 따르도록 한다는 뜻이다. 곧 중용의 덕을 가지고 있으면 왕공까지도

圭 규 홀(제후를 봉할 때 사용하던 신표)/ 서옥 依 의 의지하다/ 기대다 遷 천 옮기다/ 위치를 바꾸다

益은 利有攸往하며 利涉大川하니라.

보탬의 때에는 앞으로 나아가는 것이 이롭다. 큰물을 건너는 것이 이롭다.

利用爲大作이니 元吉하고 无咎하리라.

큰일을 일으키는 것이 이로우니 대단히 길하고 허물할 일도 없을 것이다.

或益之면 十朋之龜라도 弗克違니 永貞吉하니라.
王用享于帝라도 吉하리라.

어떤 사람이 그에게 보태준다. 십붕의 가치가 있는 거북점이라도 어긋나게 할
수 없으니 오래도록 올바름을 지키면 길하다. 제후왕이 황제(天帝)의 제사를
지내도 무방할 것이다.

益之用凶事엔 无咎어니와 有孚中行이라야
告公用圭리라.

그에게 보탠 것을 흉한 일에 쓰더라도 허물할 일이 없다. 믿음을 가지고
중용의 도를 행한다. 왕공에게 알리고 신표를 쓸 수 있을 것이다.

中行이면 告公從하리니 利用爲依며 遷國이니라.

중용의 도를 행한다. 왕공에게 알려 따르도록 할 것이니 이로써 의지함이
이롭다. 나라를 옮긴다.

有孚惠心이니 勿問元吉이리라. 有孚惠我德이니라.

남에게 베푸는 마음에 믿음이 있으니 물어볼 것도 없이 대단히 길할 것이다.
나의 덕을 은혜롭게 여김에 믿음이 있다.

莫益之요 或擊之라. 立心勿恒이니 凶하니라.

그에게 보태는 이가 없고 오히려 그를 공격한다. 마음을 세워도 오래가지
못하니 흉하다.

따르도록 할 수 있다는 의미이다. 이용위의(利用爲依)는 윗사람에게 의지함이 이롭다는 뜻이고, 천국(遷國)은 나라를 옮긴다는 뜻이다. 여기서 나라를 옮긴다는 것은 도읍을 옮긴다는 뜻이다. 나라를 부강하게 만들어 좀더 살기 좋은 곳으로 세력을 확장한다는 것이다.

보탬(益)의 운세를 가지고 권력과 부를 불린 사람의 힘이 이처럼 엄청나다. 지금으로 치면 세계적인 기업의 존재가 한 국가의 경쟁력에 큰 영향을 미치는 것이 이와 유사한 일일 것이다.

유 부 혜 심　　　　물 문 원 길　　　　유 부 혜 아 덕
有孚惠心이니 勿問元吉이리라. 有孚惠我德이니라.

유부혜심(有孚惠心)은 남에게 베푸는 마음에 믿음이 있다는 뜻이고, 물문원길(勿問元吉)은 물어볼 것도 없이 대단히 길하다는 뜻이다. 곧 군왕이 백성들에게 은혜를 베풀고자 하는 마음이 진실해서 믿을 수 있다면 의심할 바 없이 모두가 행복해질 것이라는 의미이다. 유부혜아덕(有孚惠我德)은 나의 덕을 은혜롭게 여김에 믿음이 있다는 뜻이다. 곧 백성들이 군왕의 베푸는 덕을 은혜롭게 생각하는 것이 진실해서 믿을 수 있다는 말이다.

막 익 지　　　혹 격 지　　　입 심 물 항　　　흉
莫益之요 或擊之라. 立心勿恒이니 凶하니라.

보탬(益)의 운세는 한마디로 이보다 더 좋을 수는 없는 운세이다. 이러한 운세가 계속되면 얼마나 좋겠는가? 그렇지만 내리막길이 있으면 오르막길이 나타나고 오르막길이 있으면 내리막길이 나타나는 것이 인생의 길이다.

惠 혜 은혜/ 은혜를 베풀다　**莫 막** 없다/ 말다, ~하지 말라　**擊 격** 치다/ 부딪히다/ 공격하다/ 배나 수레가 질서 있게 나아가다　**恒 항** 늘, 항상/ 변하지 않고 늘 그렇게 하다

막익지(莫益之)는 그에게 보태는 이가 없다는 뜻이고, 혹격지(或擊之)는 어떤 이는 그를 공격한다는 뜻이다. 도움을 주는 이는 없고, 평소에 안면이 있던 사람은 물론 알지도 못하던 사람까지 찾아와 해코지한다는 것이다. 입심물항,흉(立心勿恒,凶)은 마음을 세워도 오래가지 못하니 흉하다는 뜻이다. 곧 마음을 다잡아보려 해도 평상심이 흔들려 불안해질 것이니 속을 태울수밖에 없다는 것이다. 이 구절은 이처럼 보탬의 운세가 막바지에 이른 상황에 대해 설명한다. 이는 이 사람이 그동안 그 많은 보탬을 받으면서도 남에게 보태주는 일은 게을리했기 때문일 가능성이 높다. 베풀고자 하는 마음을 실천하지 않았다는 것이다.

우물쭈물하다가는 수익을 얻을 수 없다

보탬(益)의 때는 마침내 성공하여 이익과 번영을 누리는 시기이다. 지지부진(遲遲不進)하여 이루어지지 않고 있던 일에서 수익이 나온다. 차일피일 만날 수 없었던 거래 상대방에게서 연락이 오고 실력자와도 선이 닿는다. 덜어내기만 했던 손괘(損卦)에서의 기다림이 마침내 결실을 보는 것이다.

익괘(益卦)에서는 재물을 모으기 위해서는 가장 먼저 과감하게 새로운 사업을 진행하고 위험한 모험 또한 주저하지 않아야 한다고 말한다. 이러한 도전과 모험은 재물뿐만 아니라 다른 무언가를 얻기 위해서도 마찬가지로 필요한 일이다. 하지만 보탬(益)의 운세는 어려움과 위험에 빠졌을 때 더욱 유익하다. 그렇다면 어디로 가야 하는가? 무슨 일을 해야 하는가? 대답은 간단하다. 돈이 있는 곳으로 가면

된다. 새로운 개발의 바람이 이는 땅, 새로운 기회의 바람이 부는 업종이 바로 돈이 모이는 곳이다. 현실을 외면하고 과거에 매달려서는 돈을 벌기 힘들다. 실천이 따르지 않는 공리공론(空理空論)은 필요 없다. 살아 움직이는 변화의 땅에서 전혀 새로운 형태의 업종에서 기회를 잡아야 한다.

익괘는 시대적인 요구가 있는 사업에 투자하는 것도 좋은 방법이라고 조언한다. 국가가 장려하고 많은 이들이 원하는 사업에서 기회를 찾으라는 것이다. 보탬(益)의 때를 놓치지 않는 것도 중요하다. 우물쭈물하다가는 수익을 얻을 수 없고, 성공을 거두기 힘들다. 흔히 쓰는 경영이라는 말의 뜻은, 이 적절한 때를 놓치지 않는 기술이라고 정의해도 지나치지 않을 것이다.

실물 경제 환경, 공의(公義)의 과업, 적기 경영 등과 같은 것들은 보탬(益)의 결실을 거두기 위해 거듭 점검해 보아야 할 항목이다. 그렇지만 이론은 이론이고 현실은 현실이어서 이론을 지켜 나간다고 저절로 돈을 벌 수 있는 것은 아니다. 어떤 사업이 유망한지, 어디가 좋은 곳인지, 과연 돈은 어디로 흘러가는지를 구체적인 수준에서 알아내는 일은 평범한 사람들에게는 쉬운 것이 아니다. 무엇보다도 적절한 시기는 도저히 알 수 없다.

그렇다면 어떻게 알아내야 하는가? 손괘(損卦)에서는 모르는 사람까지 자신을 찾아와 무언가를 보태줄 때가 적절한 시기라고 말한 바 있다. 이 익괘(益卦)에서도 마찬가지이다. 어떤 사람이 찾아와 무언가를 보태줄 때가 바로 그 때이다. 물론 이 때도 이 어떤 사람이 진짜 자신에게 보탬을 줄 사람인지, 사기꾼이 아닌지는 다시 따져보아야 한다. 이때는 경륜 있는 선생님이나 선배를 찾아가 조언을 구하는 것도 괜찮다.

43.쾌夬괘 : 부패 척결 의지와 답답한 현실

활시위를 당김, 불의에 맞서 싸움, 과감한 결단

夬는 揚于王庭이니 孚號有厲니라. 告自邑이요 不利卽戎이나
利有攸往하니라.

쾌(夬)는 결단한다는 말이다. 쾌(夬)자는 활시위를 잡아당기기 위해 엄지
손가락에 끼는 깍지의 모습을 나타낸 것이다. 곧 강건한 군자가 과감하고 단
호하게, 부패를 척결하고자 하는 자신의 뜻을 행동으로 옮긴다는 말이다.

양우왕정(揚于王庭)은 군왕의 조정에서 밝힌다는 뜻이다. 곧 군왕을 비롯
한 다수의 관원과 궁인들이 지켜보는 가운데 간신배의 부패 따위를 명백하
게 드러낸다는 것이다. 이처럼 공개적으로 밝혀야 모든 사람이 분명하게 시
비를 알 수 있다. 부호유려(孚號有厲)는 진실한 마음으로 호소하니 위태로

夬 쾌 터놓다/ 결정하다/ 장쾌하다　揚 양 날리다/ 하늘을 날다/ 말하다/ 명백하게 밝히다　庭 정 뜰, 마당/
조정　孚 부 미쁘다(믿음성이 있다)/ 믿음, 신뢰/ 진실로　號 호 이름/ 부호/ 부르짖다/ 호소하다　告 고 알
리다　卽 즉 곧/ 가깝다/ 나아가다　戎 융 병장기/ 군사/ 오랑캐

380

움이 있다는 말이다. 위태로움이 있다는 것은, 간신배 세력의 위협이나 주변 사람들의 불신이 있을 수 있다는 의미이다.

고자읍(告自邑)은 자신의 읍에서 말한다는 뜻이다. 자신이 영향력을 미칠 수 있는 출신지나 연고지에는 직접 찾아가 알린다는 말이다. 불리즉융(不利 卽戎)은 적에게 나아가면 이롭지 않다는 뜻이니, 이제는 적이 된 간신배 세 력과 가까이하면 안된다는 것이다. 이는 자칫 간신배 세력에게 반격의 빌미 를 줄 수 있기 때문이다. 융(戎)은 서쪽의 오랑캐를 가리키는 말인데 여기서 는 오랑캐나 진배없는 간신배 세력을 말한다. 이유유왕(利有攸往)은 앞으로 나아가는 것이 이롭다는 뜻이다. 곧 부패를 밝혀 간신배를 척결하는 일을 계 속 진행시켜 나가야 한다는 말이다. 이는 부패가 드러난 간신배 세력이 군자 에게 위협을 가할 정도로 계속 남아 있기 때문이다.

장 우 전 지　　　왕 불 승　　　위 구
壯于前趾하여 往不勝이니 爲咎리라.

장우전지(壯于前趾)는 앞쪽 발가락에 힘을 준다는 뜻이다. 군자가 부패 척결의 결단을 내릴 때는 자신의 결단이 성공할 수 있는지를 면밀하게 따져 보아야 한다. 그런데 앞쪽 발가락에 힘을 준다는 것은, 이와 같이 따져 보지 않고 힘만 믿고 결단을 실행에 옮긴다는 말이다. 왕불승,위구(往不勝,爲咎) 는 앞으로 나아가면 이기지 못하니, 허물이 된다는 뜻이다. 힘만 믿고 경솔 하게 내린 결단은 성공할 가능성이 거의 없으니, 함부로 실행에 옮겨서는 안 된다는 것이다.

壯 **장** 장하다(기상이나 인품이 훌륭하다)/ 굳세다/ 씩씩하다/ 강력하다/ 힘을 주다　趾 **지** 발　勝 **승** 이기 다/ 뛰어나다/ 훌륭하다/ 승리를 거두어 멸망시키다

척 호　　모 야 유 융　　　　　물 휼
惕號니 莫夜有戎이라도 勿恤이니라.

척호(惕號)는 두려워하는 마음으로 호소한다는 뜻이다. 군자는 자신의 결단을 면밀하게 따져 본 후 적절한 때를 기다려 마침내 이를 실행에 옮긴다. 철저하게 경계하고 대비책을 마련해 두지만 처음 이를 실행에 옮길 때는 두려워하는 마음이 없을 수 없다. 그래서 두려워하는 마음으로 호소한다고 말하는 것이다.

모야유융(莫夜有戎)은 늦은 밤에 적이 나타난다는 뜻이다. 곧 간신배 세력이 암살자를 보내 살해하려는 계획을 세운다는 의미이다. 암살자를 쓰는 일은 권력층 핵심부에서는 종종 있는 일이다. 우리나라 현대사에도 이러한 암살을 통해 '쥐도 새도 모르게' 사라진 이들이 여럿 있다. 물휼(勿恤)은 근심하지 말라는 뜻이다. 이는 이미 간신배의 부정을 공개적으로 밝혔고 대비책을 확실히 세워 두었으므로 함부로 암살 계획을 실행할 수는 없을 것이라는 말이다.

장 우 규　　　　유 흉　　　독 행 우 우　　군 자 쾌 쾌　　　약 유 유 온
壯于頄하여 有凶하고 獨行遇雨니 君子夬夬라. 若濡有慍이면
무 구
无咎리라.

장우규(壯于頄)는 광대뼈에 힘을 준다는 뜻이다. 간신배의 부정부패를 밝히기 위해 군자가 자신의 얼굴을 일그러뜨려 험악하게 한다는 것이다. 하지만 이렇게 얼굴을 일그러뜨리는 일은 부정적인 결과를 낳고(有凶) 만다. 주

惕 척 두려워하다/ 삼가다　　**莫 모** 저물다　　**恤 휼** 근심하다　　**頄 규** 광대뼈/ 얼굴　　**濡 유** 물에 적시다/ 물에 젖다　　**慍 온** 성내다, 화를 내다

변 사람들이 이 험악한 얼굴로 인해 군자를 간신배와 같은 부류로 오해할 수 있을 것이기 때문이다. 독행우우(獨行遇雨)는 홀로 행하다가 비를 만난다는 뜻이다. 군자를 오해한 주변 사람들이 동조해 주지 않기 때문에 군자는 홀로 발고(發告)를 계속할 수밖에 없는데, 뜻하지 않은 난관에 부딪히기까지 한다는 말이다. 〈주역〉에서 비는 보통 음양의 조화를 상징하지만 여기서는 오히려 군자가 겪어야 하는 어려움을 상징한다.

군자쾌쾌(君子夬夬)는 군자가 장쾌하게 결단한다는 뜻이다. 단기필마로 적진을 향해 달려가는 무사처럼 더욱 씩씩하게 발고하고, 거듭 부르짖으며 호소한다는 말이다. 약유유온(若濡有慍)은 마치 물에 젖어서 화내는 것과 같이 한다는 말이다. 이는 군자의 험상궂은 모습을 오해하지 않도록 해주므로, 허물할 일은 없다(无咎).

<ruby>臀<rt>둔 무 부</rt></ruby>无膚하여 其行次且니 牽羊悔亡하나 聞言不信하리라.

둔무부(臀无膚)는 엉덩이에 살이 없다는 뜻이고, 기행차저(其行次且)는 그 걸음걸이가 머뭇거리며 나아가지 못한다는 뜻이다. 끼니를 거를 정도로 지독하게 가난하여 자신의 앞가림도 하기 힘든데 도움을 주려는 주변 사람도 없다. 이런 상황에서는 군자가 간신배의 부정부패를 발고하고자 하는 자신의 결단을 장쾌하게 실행하기가 쉽지 않다는 것이다.

견양(牽羊)은 양을 끌고 가는 것처럼 한다는 뜻이다. 고집스럽게 버티는 양을 억지로 끌고 가는 것처럼 힘겹게 결단을 실행에 옮긴다는 것이다. 회망

臀 둔 엉덩이/ 볼기   膚 부 살갗, 피부/ 제육(돼지고기), 저민 고기   次 차 버금/ 머뭇거리다   且 저 공경스럽다/ 머뭇거리다 차 또/ 장차/ 구차하다   牽 견 이끌다/ 강제하다

夬는 揚于王庭이니 孚號有厲니라. 告自邑이요
不利卽戎이나 利有攸往하니라.

결단은 군왕의 조정에서 명백하게 밝히는 것이다. 진실한 마음으로
호소하므로 위태로움이 있다. 자신의 출신지인 읍에 말한다. 적에게 나아가면
이롭지 않으나 결단을 계속 진행시켜 나가는 것이 이롭다.

壯于前趾하여 往不勝이니 爲咎리라.

앞쪽 발가락에 힘을 준다. 앞으로 나아가면 이기지 못하니 허물이 있을
것이다.

惕號니 莫夜有戎이라도 勿恤이니라.

두려워하는 마음으로 호소하니 늦은 밤에 적이 나타나더라도 근심하지
않는다.

壯于頄하여 有凶하고 獨行遇雨니 君子夬夬라.
若濡有慍이면 无咎리라.

광대뼈에 힘을 주어 흉하다. 홀로 행하다가 비를 만나니 군자가 장쾌하게
결단한다. 마치 물에 젖어서 화내는 것과 같이 하면 허물할 일이 없을 것이다.

臀无膚하여 其行次且니 牽羊悔亡하나 聞言不信하리라.

엉덩이에 살이 없는 듯 머뭇거리며 앞으로 나아가지 못한다. 양을 끌고 가는
것과 같이 해도 후회할 일은 없다. 말을 듣고도 믿어주지 않을 것이다.

莧陸夬夬면 中行无咎니라.

백성들이 비름과 자리공과도 같이 장쾌하게 결단한다. 중용의 도를 바탕으로
행동해야 허물할 일이 없다.

无號니 終有凶하리라.

더 이상 호소하는 자가 없으니 끝내는 재앙이 있을 것이다.

(悔亡)은 후회할 일은 없다는 뜻이니, 힘겹게 결단을 실행해도 후회할 것까지는 없다는 의미이다. 문언불신(聞言不信)은 말을 들어도 믿지 않는다는 뜻이다. 곧 군자의 호소를 듣고도 믿어주지 않는다는 의미이다.

莧陸夬夬면 中行无咎니라.

현육쾌쾌(莧陸夬夬)는 비름과 자리공이 장쾌하게 결단한다는 뜻이다. 현(莧)은 한해살이풀인 비름이고 육(陸)은 여러해살이풀인 자리공인데, 잎이 부드러워 쉽게 잘려 나가지만 생명력은 매우 강해 아무리 잘라내도 금세 다시 살아난다. 여기서는 강한 생명력을 가진 백성들(民草)을 상징한다. 현육쾌쾌(莧陸夬夬)는 곧 백성들이 권력층의 부정부패에 저항하여 장쾌하게 일어서고 또 일어선다는 말이다.

그렇다면 이와 같은 상황에서 군자는 어떻게 해야 하는가? 중행무구(中行无咎)는 중용의 도를 바탕으로 행동해야 허물할 일이 없다는 뜻이다. 장쾌하게 일어선 백성들은 지나치게 주장하고 행동하므로 폭력적인 상황에까지 이르기 쉽다. 그러므로 백성들의 과도함을 중용의 도로 보완하여 질서가 무너지지 않도록 해야 한다는 것이다.

无號니 終有凶하리라.

중국 영화에서 부정부패에 맞서는 군자의 모습을 보면 너무나 통쾌하여 후련한 마음을 느낄 수 있다. 하지만 이 쾌괘(夬卦)에서의 군자는 영화에서처럼 속시원하게 간신배를 제압하는 모습을 보여주지 못한다. 주변 사람들

莧 현 비름(한해살이풀)　陸 육 육지/ 땅/ 자리공(여러해살이풀)

의 오해와 자신의 가난에 힘겨워 하고 암살자의 위협을 근심하기도 한다. 부정부패에 맞서 싸우는 일은 그만큼 어려운 것이다. 그리고 쾌(夬)의 때가 속절없이 지나간다.

무호(无號)는 호소가 없다는 뜻이다. 쾌(夬)의 때에 이르러 간신배에 맞서는 군자의 호소를 듣지 않고, 이런저런 이유를 들며 부패 척결을 완성하지 못한다는 말이다. 그래서 이제는 더 이상 호소하는 군자가 나타나지 않는다는 것이다. 종유흉(終有凶)은 끝내는 재앙이 생긴다는 뜻이다. 호소하는 군자가 나타나지 않으면 간신배의 득세가 흉포해질 것은 당연한 일이다.

부패 척결은 백성의 지지를 받아야 성공한다

현실은 힘의 논리가 지배하는 세계이다. 권력자, 부자는 당연하다는 듯이 힘없는 사람들 위에 군림한다. 그리고 힘없는 이들의 피와 눈물을 부당하게 갈취하여 자신들의 권력과 부를 더욱 강하게 만들고자 한다. 그렇지만 힘없는 이들이라고 해서 언제까지나 당하고 살 수는 없는 일이다. 그래서 저항하고 싸우며 자신들의 것을 지켜내고자 하고 새로운 질서를 만들어 나가고자 한다. 그리고 때때로 사람은 평등하다는 말은 믿는 이상주의자가 나타나 힘 있는 자들의 불법과 착취에 대해 단호하게 밝힌다. 이것이 바로 쾌괘(夬卦)의 이야기이다.

쾌괘는 부패에 맞서는 사람이 어떤 어려움에 맞닥뜨리는지 어떻게 해야 간신배를 척결할 수 있는지에 대해 설명한다. 쾌괘가 가장 먼저 강조하는 것은 부패 척결에 대한 여론 형성이다. 여러 사람 앞에서 공개적으로 간신배의 부패를 밝힘으로써 가능한 한 많은 사람들이 이 사실을 알 수 있도록 하는 것이다. 당장은 권력이나 재력의 힘이 막강해 보이지만, 민심은 이보다도 더 강하다. 백성들의 신뢰와 지지를 받지 못하는 부패 척결의 의지는 성공하기 힘들다.

그리고 부패 척결은 종종 자신보다 강력한 세력에 대한 도전이다. 많은 어려움이 있을 수밖에 없다. 모함을 당할 수도 있고 살해 위협을 감수해야 할 수도 있으며, 주변 사람들의 무관심이나 오해 때문에 괴로움을 겪어야 할 수도 있다. 따라서 단호하게 결단을 내려 부패를 척결하고자 하는 사람은 감정에 치우치거나 너무 조급하게 덤벼서는 안된다. 경솔하게 부패 척결에 나섰다가는 일을 그르칠 뿐만 아니라 오히려 더 어려운 상황을 초래할 수 있다.

부패 척결의 계획을 실행하고자 결단을 내린 사람은 또한 믿음을 가지고 있어야 한다. 자신의 결단이 옳다는 믿음, 자신의 호소가 전달될 것이라는 믿음, 부패 척결의 계획이 반드시 성공할 것이라는 믿음이 있어야 한다. 나아가 상대방이 아무리 무뢰한이라 해도 자신을 함부로 할 수 없다는 믿음도 있어야 한다. 이러한 믿음이 없다면 결단을 단호하게 실행에 옮겨 나갈 수 없고 불안한 마음에서 벗어날 수도 없다.

가장 두려운 일은 부패 척결의 결단이 간신배를 모두 몰아내지 못했는데, 쾌(夬)의 때가 속절없이 지나가 버리는 상황이다. 쾌(夬)의 때 또한 언제까지나 계속되지는 않는다는 것이다. 쾌괘(夬卦)는 쾌의 때에 결단을 내린 군자의 호소를 듣지 않는다면, 나중에는 아무도 간신배의 부당성에 대해 호소하지 않을 것이라고 경계한다. 결국은 간신배가 득세하여 불법과 착취를 저지르는 재앙이 있을 것이라는 이야기이다.

44. 구姤괘 ; 결혼을 구하는 남자의 자격

만남, 인연, 결혼, 서로 의지하는 부부

姤는 女壯하면 勿用取女니라.

구(姤)는 만나서 조화를 이룬다는 말이다. 하늘과 땅, 음(陰)과 양(陽)의 기운이 만나 서로 어울린다는 것이다. 군왕과 신하, 남자와 여자가 만나 화합한다는 것이다. 이 구절에서는 주로 남자가 여자를 만난다는 의미를 나타낸다.

여장(女壯)은 여자가 굳세다는 뜻이고, 물용취녀(勿用取女)는 이런 여자를 취하지 말라는 뜻이다. 여자가 굳세다는 것은, 여자에게 유순한 음(陰)의 기운이 아니라 강건한 양(陽)의 기운이 넘친다는 의미이다. 한마디로 '남자 같은 여자'를 일컫는 말이다. 이런 여자와 만난다면 음양의 조화를 이룰 수 없으므로 취하지 말라고 하는 것이다. 음의 기운이 성장하면 양의 기운이 소멸하는 것처럼, 이런 여자를 만나면 남자의 기세가 점차 약해지고 용력이 줄

姤 구 만나다/ 우아하다 **取 취** 취하다/ 장가들다

어들게 된다. 취하지 말라는 것은 결혼하지 말라는 말이다.

繫于金柅면 貞吉하고 有攸往이면 見凶하리니 羸豕孚蹢躅하니라.

계우금니(繫于金柅)는 쇠로 만든 실패에 실을 감는다는 뜻이다. 곧 튼튼한 실패에 실을 감아두는 것처럼 여자를 집안에 묶어 두고 순종적인 부인의 도를 지키도록 만든다는 것이다. 정길(貞吉)은 올바름을 지켜야 길하다는 뜻이다. 부인이 순종하는 도를 지키는 것처럼 남편 또한 온화하고 의로운 남편의 도를 지켜야 한다는 것이다. 여기서 실패와 실은 각각 남자와 여자를 상징한다. 부드러운 실이 쇠로 만든 강한 얼레에 의지하듯, 부인 또한 남편에게 의지해야 한다는 말이다.

유유왕(有攸往)은 앞으로 나아갈 곳이 있다는 뜻이니, 실패에 감겨 있어야 할 실이 풀려 나가 제멋대로 쓸려 다닌다는 의미이다. 곧 이로써 집안에 있어야 할 부인이 밖으로 나가 사회 활동을 하는 상황을 비유한 것이다. 견흉(見凶)은 흉한 일을 당한다는 뜻이니, 실패가 풀려 나거나 부인이 밖으로 나가면 안된다는 의미이다. 이시부척촉(羸豕孚蹢躅)은 여윈 돼지가 달려 나가 앞발을 들고 버둥거린다는 뜻이다. 이 구절은 곧 사회생활에 나선 부인이 불안해하며 어찌할 바를 모르는 모습을 나타낸 것이다.

이 구절의 내용은 사실 지금의 관점에서 보면 몹시 불편한 것들이다. 동양 사상의 남성중심적 전근대성을 비판하는 이들이라면, 아마도 이 구절을 가장 먼저 비판의 대상으로 삼아도 좋을 것이다.

繫 계 매다/ 묶다/ 잇다/ 얽다 　**柅 니** 무성하다/ 고동목(수레바퀴의 회전을 멈추게 하는 나무)/ 얼레/ 실패 **羸 리** 파리하다/ 여위다 　**豕 시** 돼지 　**孚 부** 미쁘다(믿음성이 있다)/ 믿음, 신뢰/ 진실로/ 달리다 　**蹢 척** 머뭇거리다 　**躅 촉** 머뭇거리다

^{포 유 어}　^{무 구}　^{불 리 빈}
包有魚면 无咎나 不利賓하니라.

포유어(包有魚)는 부엌에 물고기가 있다는 뜻이고, 무구(无咎)는 허물할
일은 없다는 뜻이다. 곧 큰 부자는 아니지만 밥은 먹고살 정도의 경제력은
갖추고 있으므로 그런대로 괜찮다는 것이다. 불리빈(不利賓)은 손님을 대접
하기에는 이롭지 않다는 뜻이다. 부엌에 물고기가 있기는 하지만, 누군가를
불러 번듯하게 대접할 수 있을 만큼 충분한 재물은 가지고 있지 못하다는 말
이다.

이 구절은 결혼 전에 남자가 갖추어야 할 경제력에 대한 최소한의 기준을
제시한 것이라고 할 만하다. 넉넉하지는 않더라도 최소한의 경제력은 갖추
고 있어야 한다는 이야기이다.

^{둔 무 부}　^{기 행 차 저}　^여　^{무 대 구}
臀无膚하여 其行次且니 厲하나 无大咎하리라.

둔무부(臀无膚)는 엉덩이에 살이 없는 듯하다는 뜻이다. 부엌에 물고기가
있는 앞 구절의 상황보다 좀더 가난한, 그러니까 때때로 끼니를 거를 정도로
가난한 것이다. 기행차저(其行次且)는 그 걸음걸이가 머뭇거리며 앞으로 나
아가지 못한다는 뜻이다. 집안에 먹을 것도 없는데 변변한 일거리조차 없는
형국이 이와 같다.

여,무대구(厲,无大咎)는 위태롭지만 크게 꾸짖을 일은 없다는 뜻이다. 크
게 꾸짖을 일이 없다는 것은 어느 정도는 꾸짖을 만하다는 것이다. 아무리

包 포 싸다/ 포용하다/ 꾸러미/ 푸줏간, 부엌　**賓 빈** 손, 손님/ 손님으로 대접하다　**臀 둔** 엉덩이/ 볼기　**膚**
부 살갗, 피부/ 제육(돼지고기), 저민 고기　**次 차** 버금/ 머뭇거리다　**且 저** 공경스럽다/ 머뭇거리다 **차** 또/
장차/ 구차하다

390

사랑과 믿음이 있다고 해도 이런 상황에서는, 여자를 만나 결혼하는 일에 대해 다시 생각해보아야 한다.

包无魚^{포 무 어}니 起凶^{기 흉}하리라.

포무어(包无魚)는 부엌에 물고기가 한 마리도 없다는 뜻이다. 지독하게 가난하여 언제부터 굶었는지조차 헤아리기 힘든 상황이라는 것이다. 이처럼 경제적 준비가 전혀 되어 있지 않은 상황이라면, 결혼하여 가정을 꾸리는 일은 꿈조차 꾸어서는 안된다. 그래서 기흉(起凶)이라고 말하는 것이니 스스로 재앙을 일으킨다는 뜻이다.

以杞包瓜^{이 기 포 과}하여 含章^{함 장}이니 有隕自天^{유 운 자 천}이리라.

가난해도 잘 살 수 있는가? 부부가 사랑하기만 하면 행복한 인생을 만들 수 있는가? 이런 물음에 대해 구괘(姤卦)는 한 가지 조건만 만족시킨다면 "그럴 수 있다"는 대답을 내놓는다. 부부가 서로 의지하고 서로 빛나게 만들어 주는 일이 이 조건이다.

이기포과(以杞包瓜)는 호랑가시나무로 조롱박 넝쿨을 감싼다는 뜻이다. 여기서 호랑가시나무는 남편이고 조롱박 넝쿨은 부인이다. 곧 조롱박 넝쿨이 큰 나무를 의지하여 뻗어오르는 것처럼 부부가 서로 빛내고 의지하는 모습을 표현한 말이다. 함장(含章)은 아름다움을 머금는다는 뜻이니, 서로 의지하는 부부의 아름다움을 강조한 것이다. 유운자천(有隕自天)은 하늘에서

起 기 일어나다/ 시작하다/ 발생하다/ 일으키다 杞 기 구기자나무/ 호랑가시나무 包 포 싸다/ 포용하다/ 꾸러미 瓜 과 오이/ 참외/ 모과/ 조롱박 含 함 머금다/ 품다 章 장 밝다/ 아름답다/ 글, 문장/ 모범, 본보기 隕 운 떨어지다/ 떨어뜨리다

姤는 女壯하면 勿用取女니라.

남자가 여자를 만난다. 여자가 굳세면 그녀에게 장가들어서는 안된다.

繫于金柅면 貞吉하고 有攸往이면 見凶하리니
贏豕孚蹢躅하니라.

쇠로 만든 실패에 실을 감으면 올바름을 지켜야 길하고 갈 곳이 있으면 흉할
것이다. 여윈 돼지가 달려 나가 앞발을 들고 버둥거린다.

包有魚면 无咎나 不利賓하니라.

부엌에 물고기가 있으면 허물할 일은 없다. 손님을 대접하기에는 이롭지 않다.

臀无膚하여 其行次且니 厲하나 无大咎하리라.

엉덩이에 살이 없는 듯 머뭇거리며 나아가지 못한다. 위태롭지만 크게 꾸짖을
일은 없을 것이다.

包无魚니 起凶하리라.

부엌에 물고기가 없으니 재앙을 스스로 불러들일 것이다.

以杞包瓜하여 含章이니 有隕自天이리라.

호랑가시나무로 조롱박 넝쿨을 감싸니, 하늘에서 조롱박이 떨어질 때가 있을
것이다.

姤其角이라. 吝하나 无咎리라.

그 뿔처럼 교만하게 만난다. 부끄럽지만 허물할 일은 없을 것이다.

떨어지는 것이 있다는 뜻이니 조롱박 넝쿨에서 조롱박이 떨어진다는 것이다. 곧 이처럼 아름다운 부부에게는 하늘의 도움이 주렁주렁한 조롱박처럼 내려올 것이라는 말이다.

姤其角이라. 吝하나 无咎리라.

구기각(姤其角)은 그 뿔에서 만난다는 뜻이다. 곧 딱딱한 뿔처럼 교만한 태도로 사람을 만난다는 것이다. 남녀가 만나는 경우라면 서로 자존심을 세우고 다투는 만남을 가리킨다. 이 싸움에 굴복한다면 남녀는 헤어질 것이다. 하지만 대부분은 사소한 자존심 탓일 뿐이어서 곧 화해하고 만남을 계속 이어나간다. 그래서 인,무구(吝,无咎)라 말하는 것이니, 부끄럽지만 허물할 일은 아니라는 뜻이다.

남녀가 만날 때는 교만한 태도로 거만해져서는 안될 일이다. 서로의 뜻에 머리를 숙이고 서로의 마음에 허리를 굽혀 자신을 낮추어야 한다. 그리고 서로를 인정하고 배려하며 서로에게 공감할 수 있어야 조화를 이룰 수 있다.

결혼은 사랑과 믿음만으로 충분한가?

구(姤)는 여자를 만나는 것이다. 남자와 여자가 만나는 것이 아니라, 남자가 주체가 되어 여자를 만나는 것이다. 그래서 이 구괘(姤卦)는 여자를 만나는 남자의 입장에서 남자가 견지해야 할 점들을 주로 이야기한다.

이 구괘의 내용들은 지금의 시각으로는 거부감이 들 수 있는 것들이다. 남성중심적이며 전근대적인 시각을 여과 없이 드러내고 있기 때문이다. 하지만 이 내용들은 여전히 우리 사회에 적지 않은 영향력을 미치고 있다. 우리의 부모님 세대까지만 해도 이 내용들 중 많은 것들이 무조건 받아들여야 할 사회적 통념으로 여겨졌다. 이런 점에서 이 내용들에 거부감을 느끼는 것과는 별개로 이 내용들을 이해해 볼 필요는 있다.

구괘(姤卦)는 우선 너무 양(陽)의 기운이 강한 여자와는 결혼하지 말라고 권고한다. 음(陰)의 기운을 가지고 있어야 할 여자가 양의 기운이 강하다면 음양의 조화가 깨진다는 말이다. 또한 결혼을 했으면 부인이 집안에서 머물도록 해야 하고 사회생활을 하도록 해서는 안된다고 말한다. 여자가 사회생활을 함으로써 생기는 이득을 기대하지 말라는 것이다. 심지어는 사회활동을 하는 여자의 모습을 앞발을 들고 버르적거리는 돼지의 모습에 비유하기까지 하면서 금기시한다. 이는 물론 이전 시대의 이야기지만 지금도 유효한 측면이 있다. 여자의 집안 살림과 사회생활에 대해 이중적인 태도를 가지는 남자들이 많아지고 있다는 점에서이다.

부인을 집안에만 묶어 두라고 했으니, 가정 경제는 남편이 책임져야 한다. 그래서 구괘는 여자와의 만남이나 결혼에 앞서 남자가 갖추어야 할 경제력에 대해 반복적으로 언급한다. 결혼 전의 남자는, 최소한의 경제력을 갖추고 있어야 한다. 사랑과 믿음으로도 도저히 극복할 수 없는 한계가 있다. 구괘는 부엌에 물고기가 한 마리도 없는 상황을 예로 들었는데, 이런 상황에서의 결혼이란 화를 자초하는 일이나 마찬가지라는 것이다.

최소한의 경제력이 어느 정도인지는 사람마다 다르게 생각할 수 있다. 어떤 사람은 단칸 셋방이면 괜찮다고 생각할 수도 있고 어떤 사람은 30평대 아파트는 있어야 한다고 생각할 수도 있다. 그렇지만 중요한 것은 이런 시작이 아니라, 결혼한 이후에 부부가 얼마나 서로를 의지하고 서로를 빛내며 조화롭게 살아가느냐이다. 구괘(姤卦)는 이를 나무와 넝쿨이 서로 얽혀 있는 모습을 통해 비유적으로 표현하고 있다. 나무에 의지하여 뻗어 오르는 넝쿨, 넝쿨의 의지처가 되어 주면서 넝쿨을 통해 열매를 얻는 나무의 모습은 얼마나 아름다운가?

남편과 부인의 결혼 생활이 이와 같을 수 있다면 재물은 금세 쌓인다. 재물만이 아니라 화합하는 덕으로 주변 사람들까지 포용한다. 자손이 번성하는 것은 두말할 필요가 없다.

45. 췌萃괘 ; 추종자 집단을 만드는 지도자

사람이 모임, 운집(雲集), 군중, 패당(牌黨)

萃는 亨하니라. 王假有廟하여 利見大人하니 亨利貞하니라.
用大牲吉하니 利有攸往하니라.

췌(萃)는 여러 사람이 모인다는 말이다. 정치적인 화합을 위한 것이든, 종교적인 의식을 위한 것이든, 대형 사업을 펼치기 위한 것이든, 여러 사람이 운집한 곳에는 활력이 넘친다. 그래서 췌,형(萃,亨)이라고 말하는 것이니 모임(萃)의 때는 사물이 성장하는 형(亨)의 때와 통한다는 의미이다.

왕격유묘(王假有廟)는 군왕이 종묘에 나아가 제사를 지낸다는 뜻이다. 이는 군왕이 많은 백성들과 함께 모여 종묘에서 제사를 지냄으로써 자신의 정통성을 인정받고자 하는 것이다. 이견대인(利見大人)은 대인을 뵙는 것이

萃 췌 모이다, 모으다/ 모여들다/ 모임, 무리/ 야위다, 초췌해지다　**假 격** 이르다(어떤 장소나 시간에 닿다)
가 거짓/ 가짜/ 가령/ 빌다, 빌려주다　**廟 묘** 사당/ 종묘　**牲 생** 희생(제사에 쓰는 짐승)/ 제사에 쓰는 소

이롭다는 뜻이니, 제사를 지내는 자리에 자신이 스승으로 삼을 군자나 자신을 도울 신하들 또한 함께 모이도록 하는 것이 좋다는 것이다. 형이정(亨利貞)은 이처럼 제사를 지내는 일이 사물의 성장기인 형(亨)의 시절과 결실기인 이(利)의 시절과 완성기인 정(貞)의 시절에 두루 통한다는 말이다.

용대생길(用大牲吉)은 제사에는 큰 희생을 써야 길하다는 뜻이다. 군왕이 자신의 정통성을 고하는 제사를 지낼 때는 당연히 많은 백성들이 참여한다. 그러므로 이들에게 모두 나누어 줄 수 있는 큰 제물을 써야 백성들의 신망을 얻을 수 있다는 말이다. 더 많은 지지자와 추종자를 원하는가? 그렇다면 더 큰 제사를 지내고 더 많이 베풀어야 한다. 더 큰 축제를 열어 더 많은 사람들을 하나로 단결시킬 수 있어야 한다는 말이다. 이유유왕(利有攸往)은 앞으로 나아가는 것이 이롭다는 뜻이다. 이렇게 큰 희생을 써서 제사를 지내고 난 이후에는 자신의 소신과 철학을 바탕으로 무슨 일을 추진하든 무리없이 이루어질 것이라는 의미이다.

유부부종　　　내란내췌　　　　약호일악　　　위소
有孚不終하여 乃亂乃萃하리라. 若號一握하면 爲笑리니,
물휼왕　　　무구
勿恤往하면 无咎리라.

백성들로부터 인기를 얻는 일은 뜬구름과 같은 것이다. 언제라도 사라질 수 있고 언제라도 다시 나타날 수 있다. 요즘의 연예인과 같은 이들에게도 그럴 테지만 정치가나 사업가에게도 마찬가지이다. 그러므로 일시적인 인기에 연연해 백성들에게 영합하려 해서는 안된다.

亂 란 어지럽다/ 어지럽히다/ 난리　號 호 이름/ 부호/ 부르짖다/ 호소하다　握 악 쥐다/ 손아귀/ 줌(한 주먹으로 쥘 만한 분량)　笑 소 웃다. 웃음/ 비웃다

유부부종(有孚不終)은 믿음이 있으나 끝까지 가지는 못한다는 말이다. 곧 군왕에 대한 백성들의 신뢰가 지속적으로 유지되지 못하고 부침을 거듭한다는 의미이다. 이는 지금의 대통령 지지도 여론 조사의 지지율이 오르내리는 것과 흡사한 것이다. 내란내췌(乃亂乃萃)는 이에 어지러워지고 이에 모인다는 말이다. 곧 군왕에 대한 신뢰도가 오르락내리락하여 백성들의 무리가 어지럽게 흩어졌다가 다시 모이는 모습을 묘사한 것이다.

약호일악(若號一握)은 한 손아귀에 들어오는 작은 무리에게 호소한다는 뜻이고, 위소(爲笑)는 웃음거리가 된다는 뜻이다. 오락가락하는 일부 무리를 설득하려고 애쓰다가는 자신까지 오락가락하게 될 것이고 결국은 많은 이들로부터 놀림을 당할 것이라는 말이다. 물휼왕,무구(勿恤往,无咎)는 근심하지 말고 앞으로 계속 나아가도 허물할 일이 없다는 뜻이다. 곧 자신의 소신과 철학을 그대로 밀고 나가도 괜찮다는 것이다.

인 길 무 구　　　　　　부 내 이 용 약
引吉无咎하리니 孚乃利用禴이리라.

인길무구(引吉无咎)는 추천을 받으면 길하고 허물할 일이 없다는 뜻이다. 여기서 인(引)자는 췌인(萃引)을 줄인 말로, 여러 사람이 모여 있는 가운데 추천을 받는다는 의미이다. 곧 여러 사람으로부터 추천을 받은 인재를 쓰면 좋다는 것이다.

부내이용약(孚乃利用禴)은 믿음이 있으니 이에 소박한 제사를 지내도 이롭다는 뜻이다. 약(禴)은 제수를 간소하게 차려 지내는 봄 제사를 가리킨다.

引 인 끌다, 수레를 끌다/ 당기다/ 이끌다, 인도하다/ 추천하다, 천거하다　**禴 약** 봄 제사/ 여름 제사/ 봄과 여름에 지내는 간소한 제사

신뢰할 수 있는 태도를 가지고 있으면 꼭 호화로운 제수를 차려놓아야 이로운 것만은 아니라는 말이다. 추천받은 인재를 등용하면서 신뢰의 마음을 보여준다면 꼭 재물이나 권력을 쓰지 않아도 따르도록 할 수 있다는 것이다.

萃如嗟如라. 无攸利하니 往无咎어니와 小吝하니라.

췌여차여(萃如嗟如)는 백성들이 모여들어 웅성웅성 탄식하는 모습을 형용한 말이다. 군왕과 신하들의 정치에 대해, 백성들의 불만이 높아지고 있는 상황을 나타낸 것이다. 불만이 높아지는 만큼 모여든 백성들의 규모는 군왕이나 신하들이 기대했던 것만큼 많지 않다. 이에 군왕과 신하들도 탄식하는 소리를 낸다. 이처럼 불만이 높아지는 상황은 당연히 이로울 것이 없으니 무유리(无攸利)라고 말하는 것이다. 왕무구,소린(往无咎,小吝)은 백성들의 탄식과 불만에도 불구하고 일을 계속 진행해도 탓할 일은 없으나 얼마간은 웅색해질 수 있다는 말이다.

大吉하니 无咎니라.

대길(大吉)은 크게 길하다는 말이다. 사람들이 모여들기는 하지만 일부 무리는 반대의 뜻을 내놓기도 하고, 일부 무리는 웅성웅성 불만에 찬 탄식을 늘어놓기도 한다. 많은 사람들이 모여드는데 문제가 없을 수 없으니 이는 자연스러운 일이다. 하지만 결국은 많은 사람들이 운집했으니 크게 길하다고 말하는 것이다. 무구(无咎)는 허물할 일이 없다는 말이다. 사람들이 모여들면서 사소한 말썽이 생기기는 했지만, 비난할 만한 일은 아니라는 것이다.

嗟 차 탄식하다

萃는 亨하니라. 王假有廟하여 利見大人하니
亨利貞하니라. 用大牲吉하니 利有攸往하니라.
모임의 때는 형(亨)의 시절과 통한다. 군왕이 종묘에 나아가 제사를 지내고
대인을 뵙는 것이 이롭다. 형(亨)과 이(利)와 정(貞)의 시절에 두루 통한다.
제사에는 큰 제물을 써야 길하니 앞으로 나아가는 것이 이롭다.

有孚不終하여 乃亂乃萃하리라. 若號一握하면
爲笑리니, 勿恤往하면 无咎리라.
믿음이 있으나 끝까지 가지는 못해서 한번은 어지러워지고 한번은 모여든다.
만약 한 줌 작은 무리에게 호소한다면 웃음거리가 될 것이니, 근심하지 말고
앞으로 계속 나아가면 허물할 일이 없을 것이다.

引吉无咎하리니 孚乃利用禴이리라.
추천을 받아 사람을 쓰면 길하고 허물할 일이 없을 것이다. 믿음이 있으니
이에 소박한 제사를 지내도 이로울 것이다.

萃如嗟如라. 无攸利하니 往无咎어니와 小吝하니라.
백성들이 모여들어 탄식하는 듯하다. 이로울 것이 없으니, 일을 계속 진행시켜
나가도 탓할 일은 없으나 얼마간은 옹색해진다.

大吉하니 无咎니라.
크게 길하니 허물할 일이 없다.

萃有位라야 无咎하며 匪孚라도 元永貞이면 悔亡이리라.
사람들이 모여들 때는 지위가 있어야 허물이 없으며, 믿음이 없더라도
처음부터 오래도록 올바름을 지키면 후회할 일이 없을 것이다.

齎咨涕洟니 无咎니라.
울고 웃으며 탄식하고 후회하니 허물할 일이 없다.

萃有位하여 无咎하나 匪孚어든 元永貞이면 悔亡이리라.

_{췌 유 위} _{무 구} _{비 부} _{원 영 정} _{회 망}

많은 사람들이 모여들었다면 이들을 그대로 방치해 둘 수는 없다. 그냥 방치해 두면 말 그대로 사건 사고가 끊이지 않을 것이기 때문이다. 기본적인 식사, 위생, 안전 문제도 해결해야 한다. 이에 대해 췌괘(萃卦)는 가장 먼저 위계질서를 세우라는 해결책을 제시한다.

췌유위(萃有位)는 사람들이 모여들 때는 지위가 있다는 뜻이고, 무구(无咎)는 허물할 일이 없다는 뜻이다. 여기서 지위란 능력, 힘, 연령 등에 따라 나눈 위계이자, 과제, 경험, 기술 등에 따라 나눈 역할을 가리킨다. 이처럼 위계와 역할을 나누면 규칙이 생기고 질서가 잡히며 이에 따라 사건 사고 또한 없어진다. 비부(匪孚)는 믿음이 없다는 뜻이고, 원영정(元永貞)은 처음부터 끝까지 올바름을 지킨다는 뜻이다. 곧 모여든 사람들 중 일부가 군왕과 군왕의 위계질서를 신뢰하지 않는다 하더라도, 처음부터 끝까지 정도의 원칙을 지켜야 한다는 말이다. 이렇게 해야 후회할 일이 생기지 않는다(悔亡)는 것이다.

齎咨涕洟니 无咎니라.

_{자 자 체 이} _{무 구}

자자체이(齎咨涕洟)는 탄식을 늘어놓고 눈물 콧물을 쏟으며 울고 있는 모양을 형용한 것이다. 이는 위기 상황에 처해 군왕과 군왕을 중심으로 모여든 사람들이 크게 후회하는 일을 나타낸다. 하지만 이처럼 위기에 처하여 그 구

位 위 자리/ 지위, 직위/ 자리 잡다   **齎 자** 탄식하다/ 탄식하는 소리   **咨 자** 묻다/ 탄식하다   **涕 체** 울다/ 눈물, 눈물을 흘리다   **洟 이** 콧물, 콧물을 흘리다/ 눈물, 눈물을 흘리다

성원들이 절실하게 반성하는 경우라면 이 모임의 사람들은 아직 괜찮다. 가능성이 있는 것이다. 그래서 허물이 없다(无咎)고 말하는 것이다.

군중을 조직화하기 위해서는 위계질서를 세워야 한다

세상의 모든 일들은 사람들이 모여서 한다. 정치든 사업이든, 중요한 것은 최대한 많은 사람을 모으는 일이다. 회사나 단체는 물론이려니와 나라와 민족 또한 사람들이 일정한 장소에 모여 힘과 지혜를 합치면서 이루어진다. 무능력하고 부도덕한 패당 무리의 오합지졸(烏合之卒)이라 해도 일단은 많은 사람이 모여야 무엇이라도 할 수 있다. 췌(萃)는 이처럼 여러 사람들이 모이는 일을 일컫는 것이다.

그렇다면 이들을 어떻게 힘 있는 집단으로 이끌어 갈 것인가? 췌괘(萃卦)는 이한자리에 모인 사람들을 어떻게 이끌어 가고 어떻게 다스리는가에 대해 말한다. 곧 단순한 패당(牌黨) 무리를 의미 있는 추종자 조직으로 이끌어 가는 지도자의 자세에 대해 다룬다는 것이다. 그런데 의외인 것은 지도자와 패당 무리의 관계 설정에서, 기본적인 양보나 배려보다 상하좌우의 위계질서가 더 중요한 것으로 본다는 점이다. 이런 점에서 췌괘는 특별한 목적을 가진 집단, 즉 종교적, 정치적, 경제적 분야 등에서 이득을 얻으려는 집단의 지도자에게 필요한 덕목을 설명하고 있다고 보아도 무방한 것이다.

그렇다면 어떻게 해야 사람들을 제대로 이끌어 갈 수 있는가? 췌괘는 우선 지도자로서의 정당성 내지는 명분을 가장 먼저 확보해야 한다고 말한다. 그래야 패당 무리의 인정을 받는 지도자가 될 수 있다는 것이다. 군왕이 종묘에 나아가 제사를 지냄으로써 자신의 정통성을 확보하려는 상황을 예로 든다. 그리고 대인(大人)을 만나는 것이 이롭다 하여 능력과 인품을 가진 조력자가 필요하다는 점도 강조한다. 자신과 패당 무리의 특별한 목적을 규범화하고 여러 무리와 의사소통을 할 참모가 필요하다는 말이다. 지금의 기업 조직을 예로 들면, 전략기획, 영업, 제조, 인사, 지원 등을 위한 다수의 실무자가 있어야 한다는 것이다.

패당 무리를 이끌어 가다 보면 무리의 일부가 지도자에게 반기를 드는 경우도 있다. 모여든 이들을 패당(牌黨)이라고 부르는 것은 이들이 지도자가 기대하는 능력과 인성을 갖추고 있을 수 없기 때문이다. 무리 중에는 다만 분탕질과 허세가 습관인 이들도 적지 않다.

이럴 때는 일관된 기준과 원칙을 더욱 엄격하게 지켜야 한다는 것이 췌괘(萃卦)의 조언이다. 일부 추종자의 이탈에 연연해하지 말고 큰 그림을 보고 앞으로 나아가라는 뜻이다. 나무를 보지 말고 숲을 보라는 말이며, 일부 추종자의 불만보다는 무리 전체의 위계질서가 더 중요하다는 말이다.

46. 승升괘 ; 손톱만 한 싹이 거목으로 자라남

성장, 발전, 승승장구, 조금씩 앞으로 나아감

승 원 형　　　용 견 대 인　　　물 휼　　남 정 길
升은 元亨하니 用見大人이라야 勿恤하고 南征吉하리라.

　승(升)은 위로 자라난다는 말이다. 나무가 땅을 뚫고 솟아나 하늘로 자라나는 것처럼, 군자가 능력과 덕을 조금씩 쌓아 성장해 나간다는 것이다.

　승,원형(升,元亨)은 이 자라남의 기운이 사물의 태동기인 원(元)의 시절에 이미 만들어졌고 성장기인 형(亨)의 시절에 더욱 힘차게 나타난다는 말이다. 타고난 기운에 따라 사람의 운명이 달라질 수 있으므로 이 기운을 잘 살펴야 하고, 이 기운을 활발하게 만들기 위해서는 젊은 시절에 더욱 힘껏 노력해야 한다는 것이다. 용견대인(用見大人)은 이로써 대인을 만나 뵙는다는 뜻이다. 곧 젊은 날에 지혜로운 현자나 경험 많은 실력자를 만나 뵙고 가르침을 받아야 한다는 것이다. 물휼(勿恤)은 근심하지 말라는 뜻이니 이

升 승 오르다/ 벼슬을 올리다/ 되　征 정 치다/ 정벌하다/ 나아가다/ 적극적으로 나아가다

처럼 대인으로부터 가르침을 받아 성장의 기틀을 마련한다면 근심할 일이 없다는 것이다.

남정길(南征吉)은 남쪽을 적극적으로 치면 길하다는 뜻이다. 여기서 남쪽은 밝은 햇빛이 충만한 세계로 나무들이 활발하게 성장해 나가는 곳이다. 친다는 것은 자신의 뜻을 펼치기 위해 앞으로 나아가는 일을 의미한다. 곧 밝은 세계를 향해 힘껏 나아가 자신의 뜻을 펼치면 좋은 결과를 얻을 수 있다는 것이다.

允升이니 大吉하리라.
<small>윤 승　대 길</small>

윤승(允升)은 진실하게 자란다는 뜻이다. 군자가 진실한 마음으로 백성과 함께 성장하는 일을 이른다. 힘찬 기세로 성장을 계속하기 위해서는 백성의 지지가 있어야 한다. 이제 막 자라기 시작하는 나무의 싹이 잘 자라기 위해서는 뿌리에 거짓이 없고 땅이 평평해야 하는 것과 같은 이치이다. 이처럼 성장할 수 있다면 이는 크게 길한(大吉) 일일 것이다.

孚乃利用禴이니 无咎리라.
<small>부 내 이 용 약　무 구</small>

부내이용약(孚乃利用禴)은 믿음이 있으니 이에 소박한 제사를 지내도 이롭다는 뜻이다. 제수를 진수성찬으로 차려놓는 것보다는 정성을 다하는 것이 더 낫다는 것이다. 나무가 성장하는 것은 나무 스스로 성장하고자 하는 의지와 성실함을 가지고 있기 때문일 뿐이다. 거름을 많이 준다고 해서 갑자기 더 빠르게, 더 높이 자라날 수 있는 것이 아니다. 군자의 성장 또한 이와

允 윤 진실로/ 진실, 믿음　**禴 약** 봄 제사/ 여름 제사/ 봄과 여름에 지내는 간소한 제사

升은 元亨하니 用見大人이라야 勿恤하고 南征吉하리라.

자라남의 기운은 생성기인 원(元)의 시절에 만들어지고 성장기인 형(亨)의
시절에 자라난다. 이로써 대인을 만나 뵙는다. 근심하지 말고 남쪽으로
향하면 길할 것이다.

允升이니 大吉하리라.

진실하게 자라니 크게 길할 것이다.

孚乃利用禴이니 无咎리라.

믿음이 있으니 이에 소박한 제사를 지내도 이롭다. 허물할 일이 없다.

升虛邑이로다.

빈 마을에서 자라난다.

王用亨于岐山이니 吉无咎하리라.

군왕이 기산(岐山)에 올라가 제사를 지내니, 길하고 허물할 일도 없다.

貞吉하리니 升階로다.

올바름을 지키면 길할 것이니 섬돌 계단을 오른다.

冥升이니 利于不息之貞하니라.

자라는 것에 어두우니, 쉬지 않는 일의 고집스러움에서 이롭다.

같으니, 스스로 성장하고자 하는 의지와 성실함을 가지고 있어야 한다.

무구(无咎)는 허물할 일이 없다는 뜻이다. 믿고 기다린다면 나무가 잘 자라는 것처럼 군자 또한 성장할 수 있을 것이라는 의미이다.

升虛邑이로다.
(승 허 읍)

승허읍(升虛邑)은 빈 마을에서 자라난다는 뜻이다. 이는 군자가 진실한 마음으로 백성들과 함께 성장하는 앞서의 윤승(允升)과는 대조적인 상황을 묘사한 것이다. 곧 아무도 없는 마을에서 군자가 홀로 쓸쓸하게 방황하고 있다는 말이다. 자라남의 때에는 누구나 이처럼 갈피를 잡지 못하고 이리저리 헤매고 다닐 수 있다. 하지만 이 일이 성장에 긍정적인 영향을 미쳤는지 부정적인 영향을 미쳤는지는 알 수 없다. 그래서 길하다(吉)는 말도, 흉하다(凶)는 말도, 허물할 일이 없다(无咎)는 말도 하지 않는다.

王用亨于岐山이니 吉无咎하리라.
(왕 용 형 우 기 산) (길 무 구)

왕용형우기산(王用亨于岐山)은 군왕이 기산에 올라가 제사를 지낸다는 말이다. 여기서 기산은 새들이나 넘을 수 있는, 높고 험한 산을 가리킨다. 이처럼 높고 험한 산에 올라가 제사를 지낸다는 것은 정성을 다해 나라의 힘이 성장하도록 기원한다는 의미이다. 그래서 길무구(吉无咎)라고 말하는 것이니, 이렇게 제사를 지내는 일은 길하고 허물할 일도 없다는 뜻이다.

참고로 기산(岐山)은 지금의 중국 섬서성(陝西省) 기산현(岐山縣)에 위치

虛 허 비다/ 없다/ 공허하다/ 공허, 무념무상/ 마음 **亨 형** 형통하다/ 젊다, 힘차게 자라다/ 제사 지내다
岐 기 갈림길/ 산 이름, 기산(岐山)

해 있다. 이 기산은 〈주역〉 시대 중국의 지배자였던 주(周)나라가 발원한 곳으로도 유명하다. 주나라를 세운 무왕(武王)의 아버지인 문왕(文王)이 처음이 기산 기슭으로 옮겨와 힘을 키우기 시작했고 무왕대에 이르러 중국의 지배자로 성장했다. 왕용형우기산(王用亨于岐山)은 곧 이처럼 성장하는 나라의 활력 넘치는 모습을 표현하는 구절인 것이다.

貞吉하리니 升階로다.
정 길   승 계

정길(貞吉)은 올바름을 지키면 길하다는 뜻이다. 군자가 백성과 함께 성장하고, 나라의 힘의 성장하는 때에는 더욱 원칙과 기준을 지켜야 한다는 말이다. 승계(升階)는 섬돌 계단을 오른다는 뜻이다. 곧 올바름을 지키는 일은 섬돌 계단을 밟아 오르듯이 한 걸음 한 걸음 올라가는 성장이어야 한다는 말이다. 갑자기 몇 계단씩 뛰어오르려 해서는 안된다는 말이다. 군자의 성장과 나라의 성장이 이와 같다는 것이다.

冥升이니 利于不息之貞하니라.
명 승   이 우 불 식 지 정

성장의 때가 막바지에 이른다. 명승(冥升)은 자라는 것에 어둡다는 뜻이다. 곧 지혜롭지 못한 자의 성장이다. 이는 마치 어두운 밤에 등불도 없이 험한 산을 오르는 것에 비유할 만하다. 또한 나무가 자라면서 햇빛이 비치지 않는 쪽으로 가지를 뻗는 것과도 같다.

이우불식지정(利于不息之貞)은 쉬지 않는 일의 고집스러움에서 이롭다는 뜻이다. 몸과 마음을 가다듬어 쉬지 않는 자강불식(自强不息)의 원칙을 고

階 계 섬돌/ 층계, 한 계단/ 품계, 관등   **冥 명** 어둡다/ 어리석다/ 어둠, 밤/ 저승   **息 식** 쉬다/ 호흡하다

집스럽게 계속 지켜 나가는 일에서만 이롭고, 다른 일은 이로운지 이롭지 않은지 알 수 없다는 말이다. 아무 방향으로나, 아무 때나 맹목적으로 달려 나가기만 한다고 해서 성장이 이루어지는 것은 아니다. 성장을 위해서는 먼 앞날을 예측하는 예지력이 필요한 법이다.

조금씩 조금씩 계단을 밟고 올라가야 한다

승(升)은 위로 올라가는 것이다. 낮은 곳에서 높은 곳으로 올라가고, 작은 것이 커지고 약한 것이 강해지는 것이다. 어린 나무의 싹이 땅을 뚫고 솟아나 큰 나무로 자라나는 것이다.

나무가 쑥쑥 자라나는 것처럼 승(升)의 때에는 모든 일이 잘 이루어진다. 어린 소년은 덕과 능력을 쌓아 훌륭한 군자로 성장하고, 이제 막 관직의 길로 나선 자는 계단을 밟아 나아가 대신의 자리에까지 이른다. 한 나라가 세워져 나라로서의 기틀을 다진 후 나중에는 어엿한 강대국으로 발전한다. 기업이 창업한 후라면 나라의 경제를 좌우하는 대기업으로 자리 잡는다. 승괘(升卦)는 이처럼 상승하고 성장하고 진화하고 발전하고 전진하는 모든 것에 대해 말한다. 더욱 높은 곳으로 올라서고, 더욱 강한 자리로 나아가고 싶은가? 그렇다면 승괘가 말하는 성장의 원칙과 발전의 기준을 탐구해 보아야 한다.

승괘에서 가장 중요하게 말하는 것은 각 개인들의 성장이다. 이 성장은 능력의 성장은 물론 덕성의 성장과 신체적 성장까지를 포함한다. 사람은 어떻게 성장하는가? 나무 될 것은 떡잎 때부터 알아본다는 말이 있다. 사람도 마찬가지이다. 타고난 바탕과 성장기를 어떻게 보내느냐가 가장 중요하다. 타고난 바탕은 어쩔 수 없는 것이라면, 젊은 시절의 노력에 좀더 관심을 기울일 필요가 있다. 그리고 이를 위해서는 지혜로운 현자나 경험 많은 실력자를 만나 가르침을 받는 것이 좋다.

공직에 진출하거나 기업에서 일하기 시작할 때에는 진실한 마음으로 다른 사람들을 대해야 한다. 모든 일이 잘 풀릴 때는 승(升)의 운세를 믿고 과감하게 행동할 필요도 있지만 그만큼 말과 행동을 더욱 조심해야 할 필요도 있다. 승괘는 진실한 마음으로 간소한 종묘 제사를 지내는 일과 군왕이 높은 산에 올라가 제사를 지내는 일을 거듭하여 말한다. 제사를 지내는 것처럼 항상 겸손한 마음과 태도로 생활하는 것이 좋다는 점을 강조한 것이다.

한꺼번에 목적을 이루기 위해 부당한 방법으로 계단을 뛰어넘어도 안된다. 승괘는 계단을 하나씩 밟아서 올라가야 한다고 조언한다. 조급한 마음에 욕심을 내서 계단을 몇 개씩 건너뛰려고 해서는 개인적으로도 성장할 수 없고 자신이 속한 조직이나 나라의 발전도 기대할 수 없다는 것이다.

작은 싹이 거목으로 자라나는 것처럼, 사람이나 조직이 성장하는 때가 있다. 이때가 바로 승(升)의 때이다. 하지만 이처럼 모든 것이 성장할 때일수록, 조금씩 조금씩 앞으로 나아가야 한다. 그리고 다른 어느 때보다도 더 조심하고 조심해야 한다. 거목은 아무 어려움 없이, 한꺼번에 자라나는 것이 아니다.

47. 곤困괘 ; 꼼짝할 수 없는 곤경에 처했을 때

곤란, 곤궁, 괴로움을 이겨냄, 곤이득지(困而得之)

困은 亨貞하고 大人吉,无咎하니 有言不信하리라.
<small>곤 형정   대인길 무구   유언불신</small>

곤(困)은 괴롭다는 말이다. 곤(困)자는 가장자리를 빙 둘러싼 에운담 안에 나무를 심어놓은 모습을 표현한 글자이다. 곧 사람이 앞뒤가 꽉 막힌 상황에서 곤란을 당한다는 것이다. 곤,형정(困,亨貞)은 곤의 괴로움은 사물의 성장기인 형(亨)의 시절과 완성기인 정(貞)의 시절에 더욱 벗어나기 힘들다는 뜻이다. 성장기는 지혜도 부족하고 재물도 없어 불안한 때인 만큼, 완성기는 그동안 쌓아 놓은 것이 줄어들기 시작하는 때인 만큼 괴로운 일 또한 더 많다는 것이다.

대인길,무구(大人吉,无咎)는 대인(大人)은 길하고 허물할 일도 없다는 뜻이다. 그렇다면 이와 같은 괴로움(困)의 상황에서도 대인은 왜 길하고 허물

困 곤 괴롭다/ 곤란하다/ 위험하다/ 난처하다/ 곤하다(기운없이 나른하다)

이 없는가? 이는 평소 대인이 지켜온 신의와 성실의 원칙이 괴로움에 처했을 때 더욱 빛을 발하기 때문이다. 게다가 대인은 곤경을 극복하는 지혜와 함께 강인한 정신력까지 갖추고 있다. 유언불신(有言不信)은 대인은 이런저런 말이 있어도 믿지 않는다는 뜻이다. 괴로움을 당하면 많은 이들이 서로를 비난하거나 기만하는 말들을 늘어놓기 쉽다. 그러므로 이렇게 떠도는 말들은 그것이 대인 자신에 대한 말들이라 하더라도 신경 쓰지 않는다는 것이다.

대인은 괴로움 속에서도 남을 탓하지 않고 다만 스스로의 몸과 마음을 움직일 뿐이다. 묵묵히 자신을 성찰하며 중용의 덕을 실천함으로써 괴로움에서 벗어나고자 한다. 이것이 대인은 소인과는 달리 길하고 허물 또한 없는 이유이다.

<ruby>臀<rt>둔</rt></ruby><ruby>困<rt>곤</rt></ruby><ruby>于<rt>우</rt></ruby><ruby>株<rt>주</rt></ruby><ruby>木<rt>목</rt></ruby>이라. <ruby>入<rt>입</rt></ruby><ruby>于<rt>우</rt></ruby><ruby>幽<rt>유</rt></ruby><ruby>谷<rt>곡</rt></ruby>하여 <ruby>三<rt>삼</rt></ruby><ruby>歲<rt>세</rt></ruby><ruby>不<rt>불</rt></ruby><ruby>覿<rt>적</rt></ruby>이로다.

둔곤우주목(臀困于株木)은 나무 그루터기에서 엉덩이가 괴롭다는 뜻이다. 곧 자신이 지금 자리하고 있는 지위가 자신과 맞지 않아 곤란을 겪는다는 말이다. 입우유곡(入于幽谷)은 깊은 골짜기로 들어간다는 뜻이고, 삼세불적(三歲不覿)은 삼년 동안 밖을 보지 않는다는 뜻이다. 곧 자신에게 맞지 않는 지위를 버리고 은둔한 다음 오랫동안 세상으로 나오지 않는다는 말이다.

아무리 비싼 옷이라도 자기 몸에 맞지 않으면 불편하고, 남들에게도 어색해 보인다. 일이나 지위도 마찬가지이다. 아무리 큰 권력과 명예, 그리고 돈을 얻을 수 있는 자리라 하더라도 자신과 맞지 않으면 고통스럽기만 하다.

臀 둔 엉덩이 **株 주** 그루/ 그루터기(풀이나 나무 따위의 아랫동아리)/ 근본, 뿌리 **幽 유** 그윽하다/ 멀다/ 아득하다 **覿 적** 보다/ 만나다

지금의 자리가 맞지 않으면 마땅히 물러나 은거하며 마음을 편안하게 가라 앉히는 것이 옳다. 이는 나쁜 일이기만 한 것은 아닌데 물러남으로써 자신의 내실을 다지는 기회를 얻을 수 있기 때문이다.

곤 우 주 식　　　주 불 방 래　　　이 용 향 사　　　정 흉　　무 구
困于酒食하니 朱紱方來라. 利用享祀하니 征凶하나 无咎리라.

곤우주식(困于酒食)은 술과 밥에서 곤란을 겪는다는 뜻이다. 여기서 술과 밥은 자신과 가족의 생계를 유지해 나갈 수 있는 기본적인 경제력을 의미한다. 곧 기본적인 생활필수품이 부족할 정도로 궁핍한 상황에 처해 있는 것이다. 장부(丈夫)로서 이런 지경에 이를 만큼 경제적인 문제를 해결하지 못했다면 이는 보통 문제가 아니다.

주불방래(朱紱方來)는 붉은 인끈 신(神)이 바야흐로 온다는 뜻이다. 주불(朱紱)은 재물을 관장하는 붉은 인끈 신을 가리킨다. 곧 자신의 뜻을 꺾지 않고 능력과 인품을 갈고닦는다면 재물의 신이 도움을 준다는 말이다. 이용향사(利用享祀)는 제사를 드리는 것이 이롭다는 뜻이다. 제사를 드리는 것은 자신의 신뢰와 정성을 다하는 일이다. 정성스러운 마음으로 붉은 인끈 신에게 응한다는 것이다.

정흉,무구(征凶,无咎)는 적극적으로 하면 흉하지만 허물은 없다는 뜻이다. 적극적으로 나서 응하는 일, 예를 들면 재물이나 관직을 직접적으로 요청하는 일은 흉하다는 말이다. 하지만 이렇게 해도 허물이 없는 것은 기본적인 생활조차 어려울 만큼 곤란한 형편이기 때문이다.

朱 주 붉다　紱 불 인끈(사슴 가죽으로 만든 끈)/ 인끈 신/ 제복을 입다　享 향 누리다/ 제사지내다/ 흠향하다
祀 사 제사/ 제사지내다

困于石하며 據于蒺藜라. 入于其宮이라도 不見其妻니 凶하니라.
<small>곤 우 석　　　거 우 질 려　　　입 우 기 궁　　　불 견 기 처　　흉</small>

곤우석(困于石)은 딱딱한 자갈밭 위에서 괴롭다는 뜻이고, 거우질려(據于蒺藜)는 가시덤불에 의지한다는 뜻이다. 자갈밭을 피하려고 가시덤불로 올라가는 꼴이다. 앞으로 나아가면 훼방꾼밖에 없는데 뒤로 물러서서 의지하려고 붙잡은 자가 무뢰한(無賴漢)인 형국을 이른다.

입우기궁(入于其宮)은 자신의 집으로 들어간다는 뜻이고, 불견기처(不見其妻)는 자신의 아내를 보지 못한다는 뜻이다. 괴로운 상황이 조금 나아져 다시 집으로 돌아올 수 있었는데, 아내가 없어졌다는 사실을 알게 되어 더욱 절망에 빠진다는 것이다. 장부가 밖에서 떠도는 상황에 이르면 가정 또한 풍비박산(風飛雹散)을 면치 못한다는 의미이다. 곧 돌아갈 곳도 없다는 것이니 흉하다(凶) 하지 않을 수가 없다. 앞으로 나아가지도 못하고 뒤로 물러서지도 못하는데, 제자리로 돌아와 안정을 취할 수도 없는 것이다.

來徐徐하여 困于金車니 吝有終이리라.
<small>내 서 서　　　곤 우 금 거　　　인 유 종</small>

내서서(來徐徐)는 천천히 온다는 뜻이니, 괴로움(困)의 때는 느리게 다가온다는 말이다. 곤우금거(困于金車)는 금수레에서 괴로움을 겪는다는 뜻이다. 곧 호화로운 수레를 타고 좋은 집에서 사는 부자들이 고통을 당한다는 것이다. 그래도 부자들의 고통은 가난한 이들에 비해 비교적 수월하게 넘어갈 수 있는 것이 사실이다. 인유종(吝有終)은 옹색하지만 마지막은 있다는

據 거 근거/ 근원/ 믿고 의지하다　蒺 질 남가새(바닷가에서 자라며 잎이 뾰족뾰족한 한해살이풀)　藜 려 명아주　宮 궁 집, 가옥/ 궁궐　妻 처 아내/ 시집보내다　徐 서 천천히/ 천천히 하다/ 평온하다

뜻이다. 곧 자신의 재물을 어느 정도 지킬 만큼은 상황이 괜찮다는 뜻이다.

괴로움의 때는 다가올 때처럼 물러갈 때도 천천히 움직인다. 이 사실을 깨닫고 참고 기다리다 보면 괴로움을 이겨 나갈 수 있을 것이라는 말이다. 괴로움을 해결하기 위해 섣불리 덤벼들어서는 안된다는 것이다. 이렇게 덤벼들다가는 괴로움의 때가 지나가기 전에 자폭할 수 있다는 것이다.

의 월 　　곤 우 적 불 　　 내 서 유 열 　　 이 용 제 사
劓刖이니 困于赤紱하나 乃徐有說하리니 利用祭祀니라.

의월(劓刖)은 코를 베이는 의형(劓刑)과 다리를 잘리는 월형(刖刑)을 이른다. 의형은 재물이나 명예와 관련된 벌을 받았다는 것이고, 월형은 이동이 제한되는 벌을 받았다는 것이다. 재물이나 명예를 모두 잃고 감옥에 갇힌 상황이 이런 경우일 것이다. 곤우적불(困于赤紱)은 부귀를 관장하는 붉은 인끈 신에게서 괴로움을 겪는다는 뜻이다. 곧 코를 베이고 다리를 잘리는 형벌을 받은 것은 붉은 인끈 신과의 교감이 끊어진 일에서 비롯되었다는 의미이다.

내서유열(乃徐有說)은 이에 평온하게 지내다 보면 즐거움이 있다는 뜻이다. 곧 형벌을 받아 갇힌 상황에서라도 마음을 가라앉히고 지내면 상황이 조금씩 나아진다는 말이다. 형벌을 받았던 일의 진상이 밝혀지면서 무고함이 밝혀질 수도 있고, 사면을 받아 형벌을 면제받을 수도 있다는 것이다. 이용제사(利用祭祀)는 제사를 지내는 것이 이롭다는 뜻이다. 곧 끊어진 하늘과의 교감을 다시 회복하고, 하늘의 소리에 귀를 기울여야 한다는 것이다.

劓 의 코를 베다/ 베다　　**刖 월** 발꿈치를 베다/ 발을 자르다/ 위태롭다　　**赤 적** 붉다　　**說 열** 기뻐하다/ 즐거워하다

困은 亨貞하고 大人吉, 无咎하니 有言不信하리라.

괴로움은 형(亨)과 정(貞)의 시절에 더욱 벗어나기 힘들다. 대인은 길하고
허물할 일도 없다. 비난하는 말들이 있어도 믿지 않을 것이다.

臀困于株木이라. 入于幽谷하여 三歲不覿이로다.

나무 그루터기에서 엉덩이가 괴롭다. 깊은 골짜기로 들어가서 삼년 동안 밖을
보지 않는다.

困于酒食하니 朱紱方來라. 利用享祀하니 征凶하나
无咎리라.

술과 밥에서 괴로움을 겪으니, 붉은 인끈 신(神)이 바야흐로 온다. 제사를
드리는 것이 이로우니 적극적으로 청하면 흉하지만 허물은 없을 것이다.

困于石하며 據于蒺藜라. 入于其宮이라도 不見其妻니
凶하니라.

자갈밭 위에서 괴롭고 가시덤불에 의지한다. 집으로 들어가더라도 아내를
보지 못하니 흉하다.

來徐徐하여 困于金車니 吝有終이리라.

괴로움의 때는 느리게 다가온다. 금수레에서 괴로움을 겪으니 옹색하지만
마지막은 있을 것이다.

劓刖이니 困于赤紱하나 乃徐有說하리니 利用祭祀니라.

코를 베이고 다리를 잘리니 붉은 인끈 신에게서 괴로움을 당한 것이다.
평온하게 지내다 보면 즐거움이 있을 것이니, 제사를 지내는 것이 이롭다.

困于葛藟하고 于臲卼하니 曰動悔라하여 有悔면
征吉하리라.

얽히고설킨 칡넝쿨에서 괴롭고, 깨지고 금이 가서 위태롭다. 후회할 일을
옮긴다 한다. 후회할 일이 있을 때 적극적으로 앞으로 나아가면 길할 것이다.

困于葛藟하고 于臲卼하니 曰動悔라하여 有悔면 征吉하리라.
곤 우 갈 류　우 얼 올　　왈 동 회　　유 회　정 길

괴로움(困)의 기운도 막바지에 이르면 온갖 괴로움이 한꺼번에 몰려온다. 이때의 괴로움은 앞서 구절들에서처럼 한 가지씩 개별적으로 찾아오는 괴로움이 아니다. 이때의 괴로움은, 괴로움에 괴로움이 겹쳐지는 '엎친 데 덮친 괴로움'인 것이다.

곤우갈류(困于葛藟)는 칡넝쿨에서 괴롭다는 뜻이고, 우얼올(于臲卼)은 깨지고 금이 가서 위태롭다는 뜻이다. 얽히고설킨 칡넝쿨처럼 온갖 괴로움이 뒤엉켜서 몸과 마음이 금이 가고 깨진 그릇처럼 안절부절못한다는 것이다. 곧 온갖 괴로움이 몰려오는 상황을 묘사한 말이다.

왈동회(曰動悔)는 "이를테면 후회할 일을 옮긴다"는 뜻이다. 온갖 괴로움이 몰려오므로 이 후회할 일들을 여기에서 저기로 옮겨놓는다는 말이다. 스스로 자신의 처신을 돌아보아 장소, 때, 사람 등과 자신의 접점을 따져 보고 옮겨 놓을 수 있는 부분은 옮겨 놓으라는 것이다. 지금까지 살고 있던 집에서 이사를 하거나, 직장을 옮겨 일하는 시간을 변경하거나, 자주 만나던 사람과 거리를 두거나 해야 한다는 말이다.

유회,정길(有悔,征吉)은 후회가 있을 때 적극적으로 하면 길하다는 뜻이다. 여기서 적극적으로 한다는 것은 후회를 적극적으로 하는 것이고, 장소, 때, 사람 등과 자신의 접점을 옮겨 놓는 일을 적극적으로 하는 것이다. 이렇게 해야 길하다(吉)는 것이다.

葛 갈 칡/ 갈포(칡 섬유로 짠 베)　藟 류 등나무 덩굴/ 얽히다　臲 얼 위태하다/ 불안하다　卼 올 위태하다/ 깨지다/ 금이 가다

괴로움의 액운은 혼자 다니지 않는다

살다 보면 곤경에 처할 때가 있다. 지독한 가난에 빠져 끼니를 걱정해야 할 수도 있고, 인간관계가 무너져 모든 이들의 외면을 받을 수도 있고, 억울한 누명이나 스스로의 죄과로 감옥에 가야 할 수도 있다. 이러한 일들이 곧 곤괘(困卦)가 말하는 괴로움이다. 그렇지만 궁하면 곧 통한다. 중요한 것은 자신이 처한 상황을 정확하게 파악하고 이전 사람들의 경험을 배워 괴로움에서 탈출하는 길을 찾는 일이다.

곤괘(困卦)는 우선 성실과 신의의 원칙을 지켜온 대인(大人)의 경우 처음부터 곤란을 겪지 않는다고 전제한다. 여기서 대인은 능력과 덕을 갖추었지만 오만하지 않고 자신의 잘못을 반성할 줄 아는 사람이다. 이런 대인은 설사 괴로운 상황에 처한다 하더라도, 다른 사람을 탓하지 않고 다른 사람에 의존하지도 않고 스스로 탈출의 길을 찾을 수 있다. 하지만 이렇게 살아갈 수 있는 사람은 많지 않다.

그렇다면 사람 세상에서 일어날 수 있는 여러 가지 괴로움의 상황에는 어떤 것이 있는가? 곤괘는 가장 먼저 잘못된 자리에 앉아 있을 때의 괴로움에 대해 말한다. 분에 넘치는 지위를 차지하고 있거나, 능력 밖의 일을 책임지고 있어서 생기는 막막함이다. 이럴 때는 특별한 대처 방안이 있을 수 없다. 다만 그 자리에서 물러나는 것으로 충분하다. 권력과 명예, 돈 따위에 대한 미련은 과감하게 버리고 자리에서 내려와야 한다는 것이다.

끼니조차 해결하기 힘든 가난이 낳는 괴로움은 지독하다. 곤괘는 열심히 살아왔는데도 이처럼 가난하다면 이는 재물의 신이 도움을 주지 않았기 때문이니 제사를 지내라고 말한다. 제사를 지내는 정성스러움과 겸손함으로 새로운 일을 도모하여 전심전력(全心全力)을 다하라는 것이다.

〈주역〉은 돈에 대해 기본적으로 긍정적인 태도를 가지고 있다. 하지만 돈이 많을 때라고 해서 괴로움이 없는 것은 아니다. 곤괘는, 이런 괴로움은 괴로움의 때가 지나갈 때까지 기다리면 비교적 수월하게 이겨낼 수 있다고 말한다.

안정적으로 머물 곳을 찾지 못한 괴로움도 크다. 앞으로 나아가면 자갈밭이고 뒤로 물러서면 가시덤불이며 돌아갈 집은 없어져 버린 경우가 이런 상황이다. 이럴 때에 대해 곤괘는 흉하다고만 할 뿐 별다른 해결책을 제시해 주지 않는다. 이토록 난감한 때가 없다는 말일 것이다. 곤괘는 또한 형벌을 받는 괴로움에 대해서도 설명한다. 이때의 괴로움은 금세 끝나는 괴로움이 아니고 정해진 형기가 지나야 끝난다. 그리고 신적인 존재에게 제사를 지내야 끝난다. 이때의 제사는 도움을 구하는 것이기도 하지만 스스로를 반성하는 것이기도 해야 한다. 통렬한 자기 반성과 결연한 재발 방지 의지를 다짐하는 것이다.

괴로움의 액운(厄運)은 원래 혼자 다니지 않는 법이다. 엎친 데 덮치는 것이 괴로움의 운세인 것이다. 구체적인 해결책에 지름길은 없다. 상황을 다시 나누고 쪼개어 살펴보고 각각의 경우에 적절한 해결책을 찾아야 한다.

그렇지만 이렇게 해결하는 데는 한계가 있다. 다행히 모든 해결책에 앞서는 근본적인 해결책, 가장 궁극적인 해결책 하나가 남아 있다. 바로 스스로 반성하고 후회하는 것이다. 괴로움은 대개 스스로 자초하는 경우가 많다. 따라서 다른 사람을 탓하거나 상황 때문이라고 핑계 대고 얼버무릴 일이 아니다. 스스로 절실하게 후회해야 괴로움의 때에서 빠져나올 수 있다.

48.정井괘 ; 맑고 시원한 우물의 덕

우물, 우물을 만들고 관리함, 군자의 덕

井은 改邑하니라. 不改井하면 无喪无得하니라.
<small>정   개 읍   불 개 정   무 상 무 득</small>

정(井)은 우물이다. 변함없이 흘러나와 사람들이 마실 수 있도록 하는 것이 마치 군자의 덕과 같은 것이다. 정,개읍(井,改邑)은 우물이 마을을 만들고 고친다는 뜻이니, 우물이 있는 곳을 중심으로 마을을 열고 유지해 나간다는 것이다. 곧 군자의 덕과 능력을 중심으로 마을 사람들이 모여들고, 군자의 교화(敎化)를 받아 마을을 만들고 지켜 나간다는 말이다.

불개정(不改井)은 우물을 만들고 고치지 않는다는 뜻이다. 외형적으로 번드르르한 일에만 몰두하느라 정작 마을의 존립에 필요한 핵심 시설에는 신경 쓰지 않고 있다는 것이다. 무상무득(无喪无得)은 잃을 것도 없고 얻을 것도 없다는 뜻이다. 각각의 개인들 입장에서는 우물을 만들지 않는다고 해서

井 정 우물/ 우물 난간/ 마을   **改 개** 고치다/ 바뀌다/ 만들다

420

금전적 손해가 있는 것도 아니고 만든다고 해서 이익이 있는 것도 아니라는 의미이다. 이 구절은 이로써, 또한 군자가 자신의 신뢰와 성실을 바탕으로 덕과 능력을 쌓으려 하기보다는, 겉모습만 그럴 듯하게 꾸며 마을 사람들에게 영합하려 한다는 의미도 함축하고 있다.

往來井井하되 汔至하고 亦未繘井하며 羸其甁하니 凶하리라.
(왕래정정) (흘지) (역미율정) (이기병) (흉)

그렇지만 이처럼 정작 중요한 일을 소홀히 한 대가는 참혹하다. 왕래정정(往來井井)은 이 우물에서 저 우물로 왔다 갔다 한다는 뜻이다. 우물을 만들고 고치지 않았으므로 마을 사람들이 마실 물을 찾아 헤매는 모양을 표현한 것이다.

흘지(汔至)는 우물물이 마른 것이 지극하다는 뜻이고, 역미율정(亦未繘井)은 또한 우물물에 두레박줄이 닿지 않는다는 뜻이다. 이기병(羸其甁)은 그 두레박이 깨진다는 뜻이다. 이 구절은 곧 마을 사람들이 우물을 찾아 이리저리 떠도는 상황, 겨우 우물을 찾아 몰려오지만 우물물이 거의 말라 바닥을 드러낸 상황, 그래도 혹시나 하는 마음으로 두레박줄을 내려 보지만 그 줄이 바닥에 미치지 못하는 상황, 그나마 줄마저 끊어져 두레박이 깨지는 상황을 묘사한 것이다. 흉하다(凶) 하지 않을 수 없다.

마을을 만들고자 한다면 가장 먼저 우물을 만들어야 하고 이 우물을 관리할 수 있는 규칙을 만들어야 한다. 이는 군자가 덕과 능력을 쌓아 마을을 이끌어 가면, 각각의 개인들이 군자의 덕을 따르는 것과 같다. 지금으로 치면 도로와 지하철, 상수도와 하수도, 전기 통신 설비, 생명 안전시설 등과 이를

汔 흘 거의/ 물이 마르다　繘 율 두레박줄　羸 리 파리하다/ 고달프다　甁 병 병/ 단지(목이 짧고 배가 부른 작은 항아리)/ 두레박

만들고 유지할 시스템을 구축해야 한다는 것이다. 뿐만 아니라 사람들이 지켜야 할 배려와 양보의 문화, 법적 규제 시스템을 마련해야 한다는 것이다.

井泥不食이라. 舊井无禽이로다.

정니불식(井泥不食)은 우물이 더럽혀져 먹지 못한다는 뜻이고, 구정무금(舊井无禽)은 옛날 우물이지만 새가 없다는 뜻이다. 관리를 소홀히 한 우물에 진흙과 낙엽이 쌓여 썩으면, 오래전부터 물이 마르지 않던 좋은 우물이라 해도 새들조차 찾아오지 않는다는 것이다.

여기서 오래된 우물은 군자에 대한 백성들의 신뢰가 조상 대대로 물려받은 것이라는 사실을 나타낸다. 그리고 새는 뭇 백성들을 의미한다. 아무리 좋은 우물이 있다 하더라도 이를 제대로 관리하지 않으면 새 한 마리 찾아오지 않는 것처럼, 자신이 아무리 조상으로부터 물려받은 안정적이고 명예로운 후광을 입고 있다 하더라도 소용이 없다는 것이다. 스스로의 덕과 능력을 닦지 않는다면 사람들이 찾지 않는다는 것이다.

井谷射鮒니 甕敝漏로다.

정곡사부(井谷射鮒)는 우물이 있는 골짜기에 독을 쏘는 두꺼비가 버티고 있다는 뜻이다. 옹폐루(甕敝漏)는 항아리가 깨져서 물이 샌다는 뜻이니, 물을 길러 간 마을 사람들이 독 두꺼비에 놀라 항아리를 깨뜨리고 만다는 것이다.

우물은 마을의 한가운데 자리 잡고 있어야 마을 사람들이 편리하게 사용

泥 니 진흙, 오니/ 진창/ 더러워지다/ 오염되다　舊 구 옛/ 늙은이　禽 금 새, 날짐승/ 짐승　射 사 쏘다/ 비추다/ 사수　鮒 부 붕어/ 두꺼비　甕 옹 독/ 항아리　敝 폐 해지다/ 깨지다　漏 루 새다/ 틈이 나다/ 비밀이 드러나다

할 수 있는데 이 구절에서의 우물은 골짜기에 있다. 게다가 이 골짜기의 우물에는 독 두꺼비가 자리를 차지하고 앉아 마을 사람들을 공격한다. 여기서 우물은 앞에서와 마찬가지로 군자의 덕을 상징하고, 독 두꺼비는 타락한 군자를 상징한다. 이 구절은 곧 자신의 능력을 발휘하여 마을 사람들의 생활을 개선해야 마땅한 군자가 오히려 탐욕에 눈이 멀어 공동 시설을 독점하고 마을 사람들을 배척하는 상황을 표현하고 있는 것이다.

井渫不食하여 爲我心惻이라. 可用汲하니 王明하면
並受其福하리라.

정설불식(井渫不食)은 우물을 청소하지만 먹지 않는다는 뜻이고, 위아심측(爲我心惻)은 나의 마음이 측은하다는 뜻이다. 군자가 나름대로 최선을 다해 우물을 고치고 청소해 보지만 백성들은 아직 그 물을 먹지 않아서 몹시 안타까워한다는 말이다. 곧 군자가 스스로 부족한 능력과 덕을 절감하면서, 백성들이 자신을 믿어주지 않는 데 대해 애통해 하고 있다는 것이다.

가용급(可用汲)은 물을 길을 만하다는 뜻이다. 우물이 썩지도 않았고 마르지도 않았으므로 마셔도 괜찮다는 것이다. 군자가 백성들을 위한 능력과 덕을 갖추고 있어서 이제 신뢰할 만하다는 말이다. 왕명병수기복(王明並受其福)은 군왕이 현명하다면 그 복을 함께 받는다는 뜻이다. 곧 군왕이 밝은 눈을 가지고 있어 이제는 신뢰할 수 있는 군자를 등용하여 쓸 수 있다면, 군왕과 군자는 물론 백성들에게도 행복한 일일 것이라는 말이다.

渫 설 파내다/ 치다, 준설하다   惻 측 측은하다/ 슬퍼하다   汲 급 긷는다, 물을 긷다   並 병 나란히/ 모두/ 함께하다/ 아우르다

井은 改邑하니라. 不改井하면 无喪无得하니라.
우물은 마을을 연다. 우물을 열지 않으면 잃을 것도 없고 얻을 것도 없다.

往來井井하되 汔至하고 亦未繘井하며 羸其瓶하니
凶하리라.
이 우물에서 저 우물로 오가되 우물물이 마른 것이 지극하다. 또한 우물물에
두레박줄이 닿지 않으며 그 두레박이 깨진다. 흉하다.

井泥不食이라. 舊井无禽이로다.
우물이 더럽혀져 먹지 못한다. 옛날 우물이지만 새들조차 찾아오지 않는다.

井谷射鮒니 甕敝漏로다.
우물 골짜기에 독을 쏘는 두꺼비가 버티고 있다. 항아리를 깨뜨려서 물이
샌다.

井渫不食하여 爲我心惻이라. 可用汲하니 王明하면
並受其福하리라.
우물을 청소하지만 먹지 않아서 나의 마음이 측은하다. 물을 길을 만하니,
군왕이 현명하다면 그 복을 함께 받을 것이다.

井甃하니 无咎리라.
우물에 벽돌을 쌓아 수리하니, 꾸짖을 일이 없을 것이다.

井洌寒泉食이로다.
우물물이 깨끗하고, 차고, 샘솟아 흐르고, 먹을 수 있다.

井收勿幕하고 有孚元吉이니라.
우물에서 물을 길어 올리고 뚜껑을 덮지 않는다. 믿음이 있어야 근원적으로
길하다.

^{정 추}　^{무 구}

井甃하니 无咎리라.

　정추(井甃)는 우물에 벽돌을 쌓아 수리한다는 뜻이다. 우물이 당장에 쓰이지는 못하지만 벽돌을 쌓아 깨끗하게 함으로써 이후 백성들이 필요로 할 때를 대비한다는 것이다. 곧 군자가 자신의 뜻을 크게 펼치지는 못하지만 포기하지 않고 자신의 능력과 덕을 더욱 닦는다는 말이다. 무구(无咎)는 꾸짖을 일이 없다는 뜻이니, 이처럼 수련을 게을리하지 않으면 허물을 면할 수 있다는 것이다.

　추(甃)자를 다림추를 뜻하는 추(錘)자로 보는 해석자들도 있다. 정추(井甃)를, 우물 안으로 다림추를 내려 우물물의 양을 측정한다는 의미로 풀이하는 것이다. 이렇게 군자의 능력을 측정해 보는 일이 정추라는 것이다. 이렇게 이해해도 그 의미는 크게 다르지 않다.

^{정 렬 한 천 식}

井洌寒泉食이로다.

　정렬한천식(井洌寒泉食)은 우물물이 깨끗하고, 차고, 샘솟아 흐르고, 먹을 수 있다는 말이다. 곧 마을의 중심에 위치한 좋은 우물의 조건을 열거한 것이다. 그리고 이로써 군자가 갖추어야 할 덕목에 대해 말한 것이다. 군자는 이 우물물처럼 사사로운 욕심에 흔들리지 않는 깨끗함(洌)을 가져야 하고, 무엇에도 미혹되지 않는 냉철함(寒)을 가져야 한다는 말이다. 그리고 끊임없이 솟아나는 샘(泉)처럼 성실한 군자로서의 생활 태도를 지켜 나가야 하

甃 추 벽돌/ 우물/ 우물을 수리하다　**洌 렬** 맑다/ 차다, 한랭하다　**寒 한** 차다/ 춥다/ 떨다/ 오싹하다　**泉 천** 샘/ 지하수

고, 누구나 먹을 수 있는(食) 우물물처럼 모든 백성들에게 덕을 베풀어야 한다는 말이다.

정 수 물 막　　　　유 부 원 길
井收勿幕하고 有孚元吉이니라.

정수물막(井收勿幕)은 우물에서 물을 길어 올리고 뚜껑을 덮지 않는다는 뜻이다. 우물은 물이 소중하다고 뚜껑을 덮어 두면 오히려 물이 썩어버린다. 또한 끊임없이 물을 길어 올려야 물이 새로 솟아올라 더욱 깨끗해진다. 그러므로 뚜껑을 덮지 않는다는 것이다. 유부원길(有孚元吉)은 믿음이 있어야 근원적으로 길하다는 뜻이다. 곧 우물물이 계속 솟아오를 것이라는 사실을 믿어 의심치 않아야 한다는 것이다.

이 구절은 또한 우물물에 군자의 덕을 비유한 것이다. 군자의 덕을 베푸는 일에서 제한을 두지 말라는 말이고, 오래도록 한결같이 신의와 성실이라는 군자의 도를 지켜 나가라는 말이다.

군자의 덕은 우물의 덕과 같다

마을을 새로 만들고 유지하기 위해서는 우물이 필요하다. 마찬가지로 마을 사람들이 함께 어울려 살아가는 데도 우물의 마음이 필요하다. 이 우물의 마음이 흔히 언급하는 군자의 덕과 능력이다. 과연 이 군자의 우물은 어떻게 만들고 어떻게 관

收 수 거두다/ 익다/ 곡식이 여물다/ 긷다, 물을 긷다　　**幕 막** 장막/ 덮다, 덮어 가리다

리해야 하는가? 정괘(井卦)는 우물에 빗대어 군자의 덕과 능력을 어떻게 수련해야 하는지, 무엇을 위해 사용해야 하는지를 설명한다.

우물물은 무엇보다도 맑고 깨끗해서 누구나 먹을 수 있어야 한다. 군자의 마음 또한 맑고 깨끗해서 백성들에게 항상 믿음을 줄 수 있어야 한다. 만약 우물을 깨끗하게 관리하지 않는다거나 독 두꺼비가 서식하는 곳으로 내버려 두면 백성들은 더 이상 이 우물로 모여들지 않을 것이고 이 우물은 결국 버려질 것이다. 마찬가지로 군자가 사사로운 욕심에 사로잡혀 고집을 부린다면 사람들의 마음을 얻을 수 없다. 그리고 사람들로부터 잊힐 것이다.

그러므로 군자는 덕이라는 자신의 우물을 깨끗하게 관리함으로써 누구나 찾아와서 물을 마실 수 있도록 개방해야 한다. 우물물이 소중하다고 뚜껑을 덮어 아껴 쓰면 오히려 우물물이 더러워진다. 우물물은 퍼내지 않으면 고이고, 고이면 썩기 마련이다. 군자의 덕 또한 이러하다. 스스로 갈무리하기를 게을리하지 않아야 하며 백성들을 널리 이롭게 하고자 하는 마음 또한 잊지 않아야 한다. 더 많이 베풀면, 날로 더 많은 덕이 쌓인다는 것이 이 정괘(井卦)의 가르침이다.

마을의 중심에 위치한 공동 우물은 규모가 작지 않다. 그러므로 한 사람의 개인이 청소하며 유지해 나가기란 쉬운 일이 아니다. 여러 사람이 주기적으로 모여 힘을 합쳐야 한다. 군자의 마음 또한 이와 같으니 혼자서는 아무리 갈고닦아도 모자람이 있는 법이다. 지혜로운 현자를 만나 가르침을 받고 현명한 군왕을 만나 함께 노력을 기울여야 모두가 복을 받을 수 있다.

새로운 마을을 열고자 하는가? 그렇다면 정괘(井卦)가 말하는 우물을 만들어야 한다. 끊임없이 샘솟아 오르고, 맑고, 차서, 누구나 먹을 수 있는 우물을 만들어야 한다. 항상 뚜껑을 열어 놓아 여행자들에게도 마실 수 있도록 하고, 새들도 모여들 수 있도록 해야 한다. 만들어 놓은 우물을 독 두꺼비에게 지키도록 해서는 안된다.

두레박이 깨지지 않도록 조심하고 물이 마르지 않도록 주의를 기울여야 한다.

우물물은 길어 올린 만큼 다시 고인다. 길어 올리지 않으면 고이고, 고이면 썩는다. 우물물을 아깝게 여겨 목마른 이들을 막는다면 우물은 우물로서의 기능과 책임을 잃고 만다. 〈주역〉 시대에는 군자의 덕도 이와 같다고 생각했다. 우리 시대 정치인과 식자(識者)들은 어떠한가?

49. 혁革괘 ; 성공하는 변혁의 조건과 방법

옛것을 변혁함, 혁신, 혁명, 개혁가의 원칙

革은 巳日乃孚하리니 元亨利貞하여 悔亡하니라.
<small>혁　　이 일 내 부　　　　원 형 이 정　　　회 망</small>

　혁(革)은 변혁한다는 말이다. 혁(革)자는 짐승의 가죽을 펼쳐 놓고 손질하는 모습을 표현한 글자이다. 변혁의 도는 이처럼 옛것을 펼쳐 놓고 없앨 것은 없애고 고칠 것은 고치고 유지할 것은 유지해서, 시대적 요구에 맞는 새것으로 만들어내는 것이다.

　이일내부(巳日乃孚)는 시일이 지나면 이에 믿는다는 뜻이다. 변혁의 날 이전에는 백성들이 나라의 조세와 형벌 제도를 신뢰하지 못했고 나라의 관원들을 의심했다. 그런데 변혁의 날이 지나면서 새로운 관원들이 새로운 제도를 일관성 있게 시행하므로 이에 신뢰한다는 것이다. 이 구절에서 이일(巳日)을 이미 해처럼 밝은 변혁가, 이미 밝은 빛처럼 광명정대한 지도자로 해

革 혁 가죽/ 갑옷, 투구/ 고치다/ 변혁, 개혁, 혁명　　巳 이 이미, 벌써/ 끝나다/ 그 후 얼마 되지 아니하여

석하는 경우도 있다. 이런 지도자라면 그 정당함을 믿을 수 있다는 것이다. 내부(乃孚)를 백성들이 믿는 것이 아니라 변혁가 자신이 스스로 정성스러운 것으로 해석하기도 한다. 이처럼 정성스러운 자세로 변혁에 임해야 변혁을 이룰 수 있다는 것이다. 어느 경우든 이일내부(已日乃孚)는 변혁의 날들이 끝나면 백성들이 믿을 수 있는 정치를 펼쳐야 한다는 의미를 담고 있다.

원형이정(元亨利貞)은 변혁이 싹트는 원(元)의 시절과 변혁의 조짐이 성장하는 형(亨)의 시절과 변혁이 일어나는 이(利)의 시절과 변혁이 완성되는 정(貞)의 시절에 한결같이 변혁의 기운이 미쳐야 한다는 말이다. 회망(悔亡)은 후회할 일이 없다는 뜻이다.

鞏은 用黃牛之革하니라.
공 　 용 황 우 지 혁

공(鞏)은 단단히 묶는다는 말이다. 용황우지혁(用黃牛之革)은 황소의 가죽을 쓴다는 말이다. 여기서 황색은 한가운데를 상징하는 중용(中庸)의 색이고 황소는 꾸준하게 앞으로 나아가는 동물이며 황소 가죽은 가장 질긴 가죽이다. 변혁을 시작하는 때에는 마음이 들떠 충동적으로 경거망동하기 쉽다. 그러므로 중용의 덕을 바탕으로 마음을 굳게 지켜 나가는 일이 황소 가죽에 묶어 놓은 것처럼 단단해야 한다는 것이다.

已日乃革之니 征吉하여 无咎하리라.
이 일 내 혁 지 　 정 길 　 　 무 구

이일내혁지(已日乃革之)는 시일이 지나면 이에 그것을 변혁한다는 뜻이다. 곧 황소 가죽에 마음을 단단하게 묶어 놓고 기다리고 있으면 이윽고 변

鞏 공 묶다/ 굳다

혁의 때가 온다는 것이다. 정길,무구(征吉,无咎)는 적극적으로 나아가면 길할 것이므로 허물할 일도 없다는 뜻이다. 곧 때가 무르익었으므로 신속하게 행동에 나서면 성공할 수 있을 것이라는 말이다. 그리고 여기서의 이일(已日) 또한 앞서의 구절에서처럼 밝은 빛처럼 정당한 개혁가로 해석해도 큰 뜻은 다르지 않다.

征凶하고 貞厲하니라. 革言三就면 有孚리라.
<small>정 흉   정 려   혁 언 삼 취   유 부</small>

정흉,정려(征凶,貞厲)는 적극적으로 나아가면 흉하고 제자리를 지키면 위태롭다는 뜻이다. 곧 조급하게 변혁하려 하면 화를 당할 것이고, 제자리를 지키려 해도 위태로울 것이라는 의미이다. 신중하게 결정하고 시간과 공을 들여야 성공할 수 있는 것이 변혁이라는 것이다.

그렇다면 도대체 언제 변혁의 행동을 시작하라는 말인가? 혁언삼취(革言三就)는 변혁의 말이 세 번 들려온다는 의미이고, 유부(有孚)는 믿음이 있다는 의미이다. 여기서 변혁의 말이란 기존의 제도로는 살기 힘들다는 탄원, 잘못된 것이 한두 가지가 아니라는 비판, 기존의 것들을 변혁해야 한다는 호소, 군왕이나 왕조가 바뀔 것이라는 풍문(風聞) 등을 말한다. 곧 변혁에 관련된 이야기가 세 번 들려오면 이때가 믿음을 가지고 변혁의 행동을 시작할 때라는 것이다. 그리고 변혁의 행동을 취하고자 할 때는 그때까지 나온 탄원, 비판, 호소, 풍문 등 온갖 변혁의 말들을 심사숙고하고 잘못된 것들을 어떻게 고치겠다는 대안까지 마련해 놓아야 한다. 그래야 백성들의 신뢰를 얻을 수 있고 변혁에 성공할 수 있을 것이기 때문이다.

厲 려 숫돌, 갈다/ 괴롭다/ 사납다/ 위태롭다   就 취 나아가다/ 이루다/ 마치다

革은 已日乃孚하리니 元亨利貞하여 悔亡하니라.
변혁은 시일이 지나면 이에 믿을 것이다. 변혁의 기운은 원형이정(元亨利貞)의
시절에 두루 미쳐야 후회할 일이 없다.

鞏은 用黃牛之革하니라.
변혁을 시작할 때 마음을 단단히 묶는 일은 황소의 가죽을 쓴다.

已日乃革之니 征吉하여 无咎하리라.
시일이 지나면 그것을 변혁한다. 적극적으로 나아가면 길할 것이고 허물할
일도 없을 것이다.

征凶하고 貞厲하니라. 革言三就면 有孚리라.
적극적으로 나아가면 흉하고 제자리를 지키면 위태롭다. 변혁의 말이 세 번
들려오면 변혁의 때가 왔다고 믿을 수 있다.

悔亡하니 有孚면 改命吉하리라.
후회할 일은 없다. 믿음이 있으면 하늘의 명(命)을 고쳐도 길할 것이다.

大人虎變이니 未占有孚니라.
대인은 호랑이처럼 변한다. 점을 치지 않아도 믿을 수 있다.

君子豹變이요 小人革面이니 征凶하고 居貞吉하니라.
군자는 표범처럼 변한다. 소인은 얼굴빛만 바꾸고 따르는 시늉을 한다.
적극적으로 나아가면 흉하고 자신의 자리에서 올바름을 지키면 길하다.

悔ᅟ망ᅟᅟᅟ유 부ᅟᅟᅟ개명길
悔亡하니 有孚면 改命吉하리라.

회망,유부(悔亡,有孚)는 후회할 일은 없으니 믿음이 있다는 뜻이다. 곧 변혁을 선택한 일에 후회가 없다는 것이고, 자신의 선택이 옳았다는 것을 확신한다는 말이다. 개명길(改命吉)은 하늘의 명(命)을 고쳐도 길하다는 뜻이다. 곧 군왕을 몰아내고 새로운 군왕을 세움으로써 나라의 정치 체제를 완전히 갈아엎고자 해도 성공한다는 것이다.

대 인 호 변ᅟᅟᅟ미 점 유 부
大人虎變이니 未占有孚니라.

대인호변(大人虎變)은 대인이 호랑이처럼 변한다는 뜻이다. 중용의 덕을 지키며 때를 기다리던 대인이 마침내 개혁의 깃발을 들어 올리는 것이 마치 호랑이가 위용을 드러내는 것처럼 위풍당당하다는 것이다. 미점유부(未占有孚)는 점을 치지 않아도 믿음이 있다는 뜻이다. 대인이 이처럼 강력한 의지를 가지고 변혁에 나섰으므로 성공할지 실패할지를 예측해 볼 것도 없이 백성들이 신뢰하며 따른다는 말이다.

군 자 표 변ᅟᅟᅟ소 인 혁 면ᅟᅟᅟ정 흉ᅟᅟᅟ거 정 길
君子豹變이요 小人革面이니 征凶하고 居貞吉하니라.

군자표변(君子豹變)은 군자가 표범처럼 변한다는 뜻이다. 대인이 호랑이처럼 위풍당당하게 변혁에 나서자, 군자 또한 표범처럼 용맹하게 변혁의 길에 동참한다는 것이다. 대인을 호랑이에 비유하고 군자를 표범에 비유한 것

命 명 명령/ 천명, 운명/ 목숨, 생명ᅟᅟ**虎 호** 범, 호랑이ᅟᅟ**變 변** 변하다, 변화하다ᅟᅟ**占 점** 점치다/ 점령하다
豹 표 표범ᅟᅟ**面 면** 얼굴/ 얼굴빛, 표정

은, 그 무늬의 차이를 들어 비유했기 때문이다. 곧 호랑이의 굵은 무늬는 대인이 변혁의 큰 틀을 이끌어간다는 것이고, 표범의 자세한 무늬는 군자가 변혁의 세부 사항들을 채워나간다는 것이다.

소인혁면(小人革面)은 소인은 얼굴빛을 바꾼다는 뜻이다. 어리석은 소인은 변혁의 공의(公義)에 대해 마음으로까지 따르기는 쉽지 않다. 하지만 대인과 군자에 대한 신뢰를 가지고 있으므로 얼굴빛이라도 바꾸어 따르는 시늉을 한다는 것이다.

정흉(征凶)은 적극적으로 나아가면 흉하다는 뜻이다. 곧 군자가 표범처럼 변하는 것까지는 괜찮지만 여기서 한발 더 나아가 백성들을 억압하는 데까지 나아가서는 안된다는 것이다. 또한 소인의 마음까지 바꾸기 위해 지나치게 강요해서는 오히려 화를 부를 수 있다는 것이다. 거정길(居貞吉)은 자신의 자리에서 올바름을 지키면 길하다는 뜻이다. 곧 군자는 군자대로, 소인은 소인대로 자신의 역할을 다하는 것이 좋다는 말이다.

┃┏┛

변혁의 말이 세 번 들려올 때가 변혁의 때이다

짐승의 껍질을 손질하여 쓸모 있게 만든 가죽을 혁(革)이라 한다. 이 가죽(革)을 만들기 위해서는 짐승 껍질에서 털, 기름 등을 없애고 불필요한 부분을 잘라낸 후 이를 또 부드럽게 매만지는 무두질 작업을 해야 한다. 혁괘(革卦)에서 말하는 변혁(革)이 이와 같다. 기존의 사회 체제는 물론 인적 구성까지도 바꾸어 새롭게 만드는 일이 곧 변혁(革)이다. 짐승의 껍질에서 털이나 기름을 없애듯, 기존의 사회 체제에서 있어서는 안될 악행과 폐단을 제거해야 한다.

그렇다면 과연 변혁은 어떻게 이루어지는가? 혁괘가 제시하는 성공하는 변혁의 조짐과 과정, 올바른 변혁의 완성은 어떤 모습인가? 변혁은, 변혁의 때가 왔을 때라야 시작된다. 변혁의 때는 이전의 정치 제도가 간신배들의 부정부패로 더 이상 제 기능을 발휘하지 못할 때, 이전의 경제 시스템이 불한당들에 의해 탐욕으로 물들어 갈 때, 문득 온다. 사람들이 최소한의 도리도 지키지 못하면서 부끄러움을 모를 때, 돌연히 온다. 이럴 때는 누구도 서로를 믿지 못할 때이다. 그래서 혁괘는 가장 먼저, 변혁은 변혁의 처음부터 끝까지 백성들의 신뢰를 얻을 수 있도록 해야 한다고 말한다.

처음 변혁의 조짐이 보일 때는 굳센 의지로 마음을 다잡고 때를 기다려야 한다. 변혁은 변혁가가 간신배와 불한당들을 몰아내는 일이므로 변혁 세력과 변혁을 당하는 세력의 대립과 투쟁 또한 불가피하다. 게다가 혁명이나 개혁 형태의 변혁은 많은 사람이 참여하고 시일도 오래 걸린다. 그만큼 뜻하지 않은 화를 당할 가능성도 높다. 그러므로 의지가 굳세지 않으면 변혁을 이끌어갈 수도 없고, 변혁에 참여하기도 쉽지 않다. 변혁의 행동을 시작할 때는, 변혁에 관련된 말이 세 번 들려올 때이다. 이렇게는 살 수 없다는 절규의 목소리, 이 체제는 오래갈 수 없다는 비판의 목소리가 들려오면 심사숙고하여 변혁의 행동을 시작하면 된다.

변혁을 이끄는 지도자는 호랑이와 같은 단호함과 위엄을 갖추어야 한다. 그래야 백성들이 신뢰할 수 있고, 스스로도 확신을 가질 수 있다. 그리고 변혁가를 돕는 협력자는 표범과도 같은 용기와 과감성을 갖추어야 한다. 하지만 변혁을 마음속으로 받아들이지 못하는 소인배에게는 억지로 변혁의 공의(公義)를 강요해서도 안된다.

50. 정鼎괘 ; 솥단지에서 배우는 분배의 원리

솥단지, 음식을 나눔, 권력의 균형, 안정

정
鼎은 元吉亨하나라.
원 길 형

정(鼎)은 솥단지이다. 제사를 지낼 때 제사 음식을 담기 위해 사용하던 것이다. 항아리처럼 배가 불룩한 몸체에 세 개의 발과 두 개의 귀가 달려 있다.

여기서는 이 솥단지를 꺼내 하늘이나 조상신에게 제사를 지낸다는 의미를 나타낸다. 변혁을 통한 정권 교체에 성공한 후 새로운 군왕이 앞으로 나와 제사를 올린다는 것이다. 군왕을 비롯한 변혁의 주도 세력이 다시 겸손한 태도로 자신들의 마음을 가다듬고 백성들에게도 새로운 시대가 열렸음을 알린다.

솥단지의 배가 불룩한 것은 좀더 많은 음식을 담아, 제사에 참여한 백성들에게 빠짐없이 골고루 음식을 나눠주고자 하는 뜻을 상징한다. 이로써 풍

鼎 정 솥, 솥단지/ 지위가 높고 귀하다

족한 생산과 공평한 분배의 원칙이 지켜질 수 있도록 다짐하는 것이다. 또한 솥단지에 세 개의 발과 두 개의 귀가 달린 것은 군왕이 자신의 권력과 재물을 여러 지역과 세력과 계층의 백성들과 공유함으로써 균형을 이루겠다는 뜻을 나타낸다.

원길형(元吉亨)은 크게 길하고 성장한다는 뜻이니, 이와 같이 분배와 균형이 이루어지는 나라는 크게 성장할 수 있다는 의미이다.

<ruby>鼎<rt>정</rt></ruby><ruby>顚<rt>전</rt></ruby><ruby>趾<rt>지</rt></ruby>나 <ruby>利<rt>이</rt></ruby><ruby>出<rt>출</rt></ruby><ruby>否<rt>비</rt></ruby>라. <ruby>得<rt>득</rt></ruby><ruby>妾<rt>첩</rt></ruby><ruby>以<rt>이</rt></ruby><ruby>其<rt>기</rt></ruby><ruby>子<rt>자</rt></ruby>면 <ruby>无<rt>무</rt></ruby><ruby>咎<rt>구</rt></ruby>리라.

정전지(鼎顚趾)는 솥단지가 뒤집어져 발이 보인다는 뜻이다. 음식을 담기 전에 솥단지를 깨끗이 씻기 위해 뒤집어 놓는 것으로, 어떤 활동을 하기 위한 준비가 이루어지는 것이라고 할 수 있다. 위와 아래가 뒤집혔지만 음양(陰陽)의 이치가 어지러워진 것은 아니다. 이출비(利出否)는 더러운 것들을 쏟아내는 것이 이롭다는 뜻이다. 솥을 뒤집어서 이전에 먹다 남은 음식 찌꺼기를 버리는 것이 좋다는 것이다. 이로써 간악하고 부패한 것들을 몰아내고 선량하고 건강한 것들을 받아들인다는 의미이다.

득첩이기자(得妾以其子)는 첩을 얻음으로써 그 자식을 얻는다는 뜻이다. 새롭게 등장한 군왕은 기존 세력으로부터 새로운 부인들을 얻고 자식을 낳음으로써 기존 세력으로부터 좋은 부분을 취한다는 의미이다. 이로써 새로운 시대의 권력 기반을 안정시킨다는 것이다. 무구(无咎)는 이렇게 하는 일이 비난받을 일은 아니라는 뜻이다.

顚 전 엎드러지다/ 뒤집히다/ 거꾸로 하다/ 이마/ 정수리   **趾 지** 발   **否 비** 막히다/ 비루하다/ 악하다   **妾 첩**
첩/ 시녀/ 여자 아이

정 유 실   아 구 유 질   불 아 능 즉   길
鼎有實이나 我仇有疾하니 不我能卽하면 吉하니라.

정유실(鼎有實)은 솥단지에 음식이 가득 차 있다는 뜻이다. 백성들과 나눌 수확물이 풍족하다는 말이고, 이제 이것을 공평하게 나눌 때라는 말이다. 아구유질(我仇有疾)은 나의 짝이 병이 있다는 뜻이니, 자신과 함께 권력을 나누어 가지고 있는 동반자에게 변고가 생겼다는 의미이다. 곧 재물을 분배하는 일을 자신이 독단적으로 결정할 수 있는 상황이라는 것이다. 그렇다면 어떻게 해야 하는가?

불아능즉(不我能卽)은 능히 나아가는 일을 나의 일로 여기지 않는다는 뜻이다. 곧 음식을 나누는 일, 재물을 분배하는 일을 자신이 혼자 할 수 있는 일로 생각하지 않는다는 말이다. 마땅히 자신의 정치적 동반자가 병에서 나아 돌아오기를 기다린다는 말이다. 길하다(吉)는 것은 동반자가 돌아오기를 기다리면 길하다는 조건의 말이기도 하고, 동반자가 돌아오기를 기다려야 길하다는 당위(當爲)의 말이기도 하다.

아구(我仇)를 '나의 짝'이 아니라, '나의 적'으로 해석하는 경우도 있다. 이럴 경우 아구유질(我仇有疾)은 나의 적에게 병이 있다는 뜻으로, 불아능즉(不我能卽)은 나에게 다가올 수 없다는 뜻으로 풀이한다. 곧 자신의 적에게 변고가 있어 자신이 혼자 음식을 분배하는 권한을 쥘 수 있고 이에 음식을 독차지할 수도 있다는 의미로 해석하는 것이다. 그래도 길하다(吉)고 보는 것이다. 사람의 현실적인 욕망을 부정하지 않는 〈주역〉의 솔직성을 감안해 보면 이러한 해석 또한 자연스럽다.

仇 구 짝, 동반자/ 적, 원수 **能 능** 능하다/ ~할 수 있다 **卽 즉** 곧/ 가깝다/ 나아가다

鼎耳革하여 其行塞하니 雉膏不食이라. 方雨虧悔하여 終吉이리라.
<small>정 이 혁   기 행 색   치 고 불 식   방 우 휴 회   종 길</small>

정이혁(鼎耳革)은 솥귀가 바뀐다는 뜻이다. 곧 솥귀는 솥단지를 들어 올릴 수 있도록 달아놓은 손잡이를 이르는 것인데, 이 솥귀는 뜨거운 음식을 담으면 함께 뜨거워진다. 솥귀가 바뀌었다는 것은 이처럼 솥귀가 뜨거워졌다는 것이다. 기행색(其行塞)은 그 움직임이 막힌다는 뜻이니, 솥단지가 뜨거워졌으므로 들어서 옮길 수 없다는 것이다. 치고불식(雉膏不食)은 꿩의 기름을 먹지 못한다는 뜻이다. 솥단지 안에는 꿩고기 탕국이 들어 있었는데 솥단지를 옮길 수 없어 먹을 수 없다는 말이다.

여기서 솥귀는 재물을 나눠주는 권한을 가진 분배 책임자, 권력자를 상징한다. 이 솥귀가 뜨거워졌다는 것은 곧 이 분배 책임자가 탐욕을 부려 자신이 좀더 많이 가지려 하거나 자신이 독점하려 한다는 의미이다. 배고프다고 아우성치는 백성들의 목소리가 이 분배 책임자에게는 더 이상 들리지 않는다. 솥귀가 뜨거워진 것처럼 귀가 이상해진 것이다. 어떻게 해야 하는가?

방우휴회(方雨虧悔)는 바야흐로 비가 내려 후회할 일을 줄인다는 말이다. 이때의 비는 음양의 조화를 통해 내리는 것으로, 너무 뜨거워진 솥귀를 식혀 줄 비이자 분배 책임자의 탐욕을 식혀 줄 하늘의 목소리이다. 곧 이 구절은 권력자와 백성, 윗사람과 아랫사람이 화합을 이루고 공존해야 한다는 의미를 나타낸다. 이렇게 화합하고 공존할 수 있다면 끝내는 길할(終吉) 것이기 때문이다.

塞 색 막히다, 막다 雉 치 꿩 膏 고 기름/ 살진 고기/ 은혜(恩惠), 은혜를 베풀다/ 기름지다/ 기름지게 하다
方 방 모, 네모/ 바르다, 방정하다/ 방위, 방향/ 방법, 수단/ 바야흐로 虧 휴 이지러지다/ 부족하다/ 모자라다/ 줄다

鼎은 元吉亨하니라.

솥단지에 음식을 담아 제사를 지낸다. 나라가 크게 길하고 성장한다.

鼎顚趾나 利出否라. 得妾以其子면 无咎리라.

솥단지가 뒤집어져 발이 보이지만, 더러운 것들을 쏟아내는 것이니 이롭다. 첩을 얻음으로써 그 자식을 얻으면 비난받을 일이 없을 것이다.

鼎有實이나 我仇有疾하니 不我能卽하면 吉하니라.

솥단지에 음식이 가득 차 있지만 나의 짝에게 질병이 있다. 나아가 음식을 나누는 일을 나의 일로 여기지 않으면 길하다.

鼎耳革하여 其行塞하니 雉膏不食이라. 方雨虧悔하여 終吉이리라.

솥귀가 뜨거워져서 솥단지를 옮길 수 없으니 꿩의 기름을 먹지 못한다. 바야흐로 비가 내려 후회할 일을 줄이니 끝내는 길할 것이다.

鼎折足하여 覆公餗하니 其形渥하여 凶하니라.

솥단지의 다리가 부러져 왕공의 음식이 모두 쏟아진다. 그 옷까지 국물에 젖어서 흉하다.

鼎黃耳金鉉이니 利貞하니라.

솥단지에 황색 솥귀가 있고 쇠로 만든 솥귀고리가 달려 있다. 올바름을 지키는 것이 이롭다.

鼎玉鉉이니 大吉하여 无不利니라.

솥단지에 옥으로 만든 솥귀고리가 달려 있다. 크게 길하고 이롭지 않은 일이 없다.

鼎折足하여 覆公餗하니 其形渥하여 凶하니라.

정절족(鼎折足)은 솥단지의 다리가 부러진다는 뜻이다. 곧 능력도 없고 성의(誠意)도 없는 신하가 중요한 지위를 차지하고는 제 책임을 다하지 못하고 있다는 것이고, 나라를 지탱하는 세력 중 하나가 힘을 잃고 제 역할을 다하지 못하고 있다는 것이다. 복공속(覆公餗)은 왕공의 음식이 모두 쏟아진다는 뜻이다. 곧 제 역할을 하지 못하는 일부 신하나 세력으로 인해 나라 전체가 균형을 잃고 만다는 의미이다. 기형악,흉(其形渥,凶)은 그 옷까지 국물에 젖어서 흉하다는 말이다.

鼎黃耳金鉉이니 利貞하니라.

정황이금현(鼎黃耳金鉉)은 솥단지에 황색 솥귀가 있고 솥귀에 쇠로 만든 솥귀고리가 달려 있다는 말이다. 여기서 솥귀는 솥단지를 들어 올리고 내려 놓는 손잡이를 말하며, 솥단지의 움직임을 좌우하는 것이다. 솥단지 전체의 움직임을 좌우한다는 점에서 나라 전체의 운명을 좌우하는 핵심 권력자를 상징한다. 그리고 솥귀고리는 솥귀에 매다는 고리로서 솥귀를 따라 움직이므로 권력자를 따르는 보좌진을 나타낸다. 솥귀가 황색인 것은 권력자에게 중용의 덕이 있다는 것이고, 솥귀고리가 쇠인 것은 보좌진이 쓸 만한 능력을 갖추고 있다는 것이다.

이정(利貞)은 올바름을 지키는 것이 이롭다는 뜻이다. 나라의 권력자와 그

折 절 꺾다/ 꺾이다, 부러지다 覆 복 엎어지다/ 넘어지다/ 다시 餗 속 죽/ 솥 안에 든 음식물 渥 악 두텁다, 극진하다/ 젖다(물이 배어 축축하다) 鉉 현 솥귀/ 솥귀고리(솥귀의 구멍에 꿰는 고리)/ 재상

보좌진들은 나라의 운명을 좌우하는 책임을 가지고 있다. 그런 만큼 정도의 원칙에 따라 더욱 일관성 있게 백성을 다스려야 한다는 것이다.

鼎玉鉉_{정옥현}이니 大吉_{대길}하여 无不利_{무불리}니라.

정옥현(鼎玉鉉)은 솥단지에 옥으로 만든 솥귀고리가 달려 있다는 것이다. 솥귀고리는 솥귀가 뜨거워졌을 때 열의 전도를 막아주는 것이다. 그런데 이 솥귀고리를 쇠로 만들면 그래도 열의 전도를 막을 수 없는 경우가 생긴다. 그래서 가장 좋은 솥단지에는 옥으로 만든 솥귀고리를 단다. 솥귀고리는 앞의 구절에서 설명한 것처럼 권력자의 보좌진을 상징한다. 그러므로 옥 솥귀고리는 보좌진 중에서도 가장 귀한 능력을 가진 보좌진을 일컫는다. 이런 보좌진과 함께하는 권력자라면 그 권력자 또한 최고의 권력자일 것이 분명하다.

대길,무불리(大吉,无不利)는 크게 길하고 이롭지 않은 일이 없다는 뜻이다. 최고의 권력자가 가장 귀한 보좌진과 함께 백성을 다스림에 길하지 않을 일이 없다는 것이다. 재물도 풍족하고 분배 또한 공정하게 이루어질 것이니 모든 일이 유익할 것이라는 말이다.

세 개의 솥발이 솥단지를 지탱한다

먼저 솥단지라는 물건이 도대체 어떤 모양인지, 어떻게 사용하는지부터 생각해보자. 솥단지는 배가 불룩한 둥근 항아리 모양의 용기이다. 아래쪽은 단단하게 막혀 있고 위쪽은 넓게 입구가 트여 있어 뚜껑을 덮을 수 있도록 되어 있다. 그리고 이 뚜껑을 열어 물과 식재료를 넣고 가열하여 끓임으로써 식재료를 익힌다.

정괘(鼎卦)는 권력자의 책임과 역할을 이 솥단지의 생김새와 역할에 비유하여 설명한다. 정괘의 비유가 아니더라도, 식재료를 사람이라고 한다면 솥단지는 곧 사람의 세상이나 마찬가지이다. 학교라는 세상에 소년을 입학시켜 어려운 공부를 하도록 하면 훌륭한 어른이 되어 나온다. 직장이라는 세상에 신입직원을 입사시켜 어려운 일을 맡기면 노련한 경력직원으로 성장한다. 남녀를 결혼시켜 남편과 아내로 살도록 하면 사위와 며느리로, 아버지와 어머니로 역할과 책임을 다하며 살아간다. 좋은 선생님이 있는가 하면 나쁜 선생님도 있고, 함께 화합하는 직장 동료가 있는가 하면 뺀질거리기만 하고 화합을 해치는 직장 동료도 있다. 올바른 일을 하는 회사가 있는가 하면 부도덕한 일을 하는 회사도 있다.

불교 신화에 나오는 솥단지의 용도는 주로 죄 지은 인간들을 뜨거운 물에 넣고 끓이는 것이다. 인간의 삶을 고해(苦海)라고 말할 때의 괴로움 또한 솥단지 안에서 익어가는 식재료의 고통에 비유되곤 한다. "그만 좀 볶아대라"거나 "울화가 끓어오른다"는 표현들도 우리의 인생을 솥단지에 빗대어 말하는 것이다.

지금의 솥과 마찬가지로 〈주역〉 시대의 솥단지에도 입구를 열었다 닫았다 할 수 있는 뚜껑이 있었다. 뚜껑이 없는 솥은 솥이라고 할 수 없을 만큼, 솥뚜껑은 솥의 중요한 부속물이라고 할 수 있다. 뚜껑을 닫아야 식재료가 끓고, 뚜껑을 열어야 음식을 떠낼 수 있으므로 뚜껑은 솥단지의 문과도 같다. 또한 하늘과 땅의 경계, 이승과 저승의 경계와도 비슷하다.

그리고 〈주역〉 시대의 솥단지에는 지금의 솥에서는 찾아보기 힘든 솥귀와 솥발이 달려 있다. 솥귀는 솥단지를 들어 옮길 때 쓰이는 손잡이이며, 솥 둘레의 원에서 대칭되는 양쪽에 두 개가 달려 있다. 솥발은 솥단지를 지탱해주는 것으로, 또한 솥 둘레의 원을 삼등분한 지점에 하나씩 세 개가 달려 있다. 솥귀와 솥발은 정확한 위치에 달려 있어야 제구실을 할 수 있고, 만약 하나라도 변형되거나 떨어져 나가면 나머지 것들도 기능을 잃어버린다. 이런 점에서 솥귀와 솥발은 종종 권력의 균형, 정치 세력 간의 화합, 윗사람과 아랫사람의 상생을 상징한다.

솥귀는 또한 음식을 배분하기 위해 솥단지를 옮길 때 솥단지 전체의 움직임을 좌우한다. 이런 점에서 솥귀는 정치적, 경제적 권력자에 대한 비유로도 쓰인다. 솥발은 솥단지 아래에서 열을 가할 수 있도록 솥단지를 지탱해주는 기둥과도 같다는 점에서, 직접 생산을 담당하는 백성들을 나타내는 의미로도 쓰인다.

권력자를 상징하는 솥귀를 귀(耳)라고 하는 것은, 백성들의 말을 좀더 잘 들으라고 권력자에게 강권하기 위해서일 것이다. 또한 솥발을 발(足)이라고 하는 것은 부지런히 발을 움직여 일하라고 백성들에게 요청하기 위해서일 것이다.

51. 진震괘 ; 공포 속에서 평정심을 지키는 일

천둥, 공포와 충격, 자연재해, 나라의 변고(變故)

_{진 형} _{진 래 혁 혁} _{소 언 아 아} _{진 경 백 리}
震은 亨하니 震來虩虩이면 笑言啞啞리니 震驚百里에
_{불 상 비 창}
不喪匕鬯하나니라.

진(震)은 천둥이다. 소리와 진동이 맹렬하게 일어나고 번개가 번쩍거린
다는 말이다. 진,형(震,亨)은 천둥의 기세가 사물의 성장기인 형(亨)의 시절
에 더욱 강하다는 뜻이다. 진래혁혁(震來虩虩)은 천둥이 치면 몹시 두려워
한다는 뜻이고, 소언아아(笑言啞啞)는 웃음소리와 말소리가 벙어리처럼 잦
아든다는 뜻이다. 곧 군자가 주변 상황을 살펴보고 말과 행동을 조심한다는
말이다.

진경백리(震驚百里)는 천둥이 백 리를 놀라게 한다는 뜻이다. 곧 엄청난

震 진 천둥, 우레/ 번개/ 진동/ 천둥이 치다/ 진동하다/ 놀라다/ 두려워하다　虩 혁 두려워하는 모양 색 놀라
두려워하다　笑 소 웃음, 웃다/ 비웃다　啞 아 벙어리/ 소리나지 않다　驚 경 놀라다/ 두려워하다　匕 비 비
수/ 숟가락　鬯 창 울창주/ 울금향을 넣어 만든 술

천둥이 쳐서 백 리 안에 사는 모든 사람들을 놀라게 한다는 말이다. 불상비창(不喪匕鬯)은 숟가락과 울창주를 잃지 않는다는 뜻이다. 비(匕)자는 대추나무로 만든 숟가락이나 국자를 가리키는 글자로 여기서는 제사 그릇을 의미한다. 그리고 창(鬯)자는 울금향을 넣어 만든 울창주(鬱鬯酒)를 가리키는 글자로 여기서는 제삿술을 의미한다. 불상비창(不喪匕鬯)은 곧 엄청난 천둥이 치는 상황에서도 제사를 주관하는 제주(祭主)만은 평정심(平靜心)을 지키며 정성과 공경을 다해 제사를 지낸다는 말이다.

이 구절에서 천둥은 단지 뇌성과 번개를 동반한 자연 현상을 가리키는 것만은 아니다. 천둥은 사람들을 놀라게 하는 나라의 격변이나 요동(搖動)을 가리키는 것이다. 백 리란 백 개의 마을이라는 것이니 하나의 작은 나라를 이루는 많은 마을을 의미한다. 또한 숟가락과 울창주는 정치권력을, 제주는 권력자를 의미한다.

곧 권력자는 아찔한 변고가 있더라도 정신을 잃지 않는다. 나라의 모든 사람들이 망연자실(茫然自失)하여 넋을 놓고 있을 때도, 권력자는 정성과 공경의 자세를 잊지 않는다. 마치 제사를 주재하는 제주가 그런 것처럼, 사전에 정해진 원칙에 따라 분명하면서도 조심스럽게 자신의 역할과 책임을 다한다.

震來虩虩이라야 後에 笑言啞啞리니 吉하니라.

이제 막 천둥이 울리기 시작할 때이다. 진래혁혁(震來虩虩)은 앞 구절에서와 마찬가지로 천둥이 치면 몹시 두려워한다는 뜻이다. 후,소언아아(後,笑言啞啞)는 웃음소리와 말소리가 벙어리처럼 잦아드는 일은 천둥을 두려워한 이후의 일이라는 것이다. 곧 군자는 천둥이 치면 두려워하며 스스로 잘못한 일은 없는지 돌이켜 보고 반성한 이후에, 자신의 말과 행동을 좀더 신중하게 한다는 말이다. 그래야 길하다(吉)는 것이다.

震來虩하여 億喪貝하니 躋于九陵이나 勿逐이라도 七日得하리라.
(진래려) (억상패) (제우구릉) (물축) (칠일득)

진래려(震來虩)는 천둥이 치는 것이 사납다는 뜻이고, 억상패(億喪貝)는 재물을 잃을까 염려한다는 뜻이다. 천둥과 함께 내린 많은 비로 홍수가 나서 집과 논밭이 휩쓸려 갈 일을 걱정한다는 것이다. 곧 나라의 변고가 아슬아슬하여 자신의 재산까지 지킬 수 없는 상황이라고 여긴다는 말이다.

제우구릉(躋于九陵)은 솟아오른, 높은 언덕에 오른다는 것이다. 여기서 구(九)자는 원래 구부린 사람의 팔꿈치를 나타내던 글자이다. 곧 홍수에 떠내려가는 집과 논밭은 내버려 두고 일단 높은 곳으로 피신한다는 말이다. 또한 나라의 변고를 피해 깊은 산속으로 달아나 사태의 추이를 살핀다는 말이다. 물축(勿逐)은 뒤쫓지 말라는 뜻이고, 칠일득(七日得)은 칠일 후에는 얻는다는 뜻이다. 홍수에 휩쓸려 가는 집과 논밭을 구하려 하지 않아도 우선 자신의 몸을 보존하고 있으면, 다시 찾을 수 있다는 말이다. 나라에 변고가 있을 때도 또한 이와 같이 해야 한다는 의미이다.

震蘇蘇니 震行无眚하리라.
(진소소) (진행무생)

진소소(震蘇蘇)는 천둥이 되살아나고 되살아난다는 뜻이다. 처음 천둥이 칠 때만큼 맹렬하지는 않지만 여전히 천둥이 계속 치고 있다는 말이다. 진행

億 억 헤아리다/ 추측하다/ 억, 많은 수　**貝 패** 조개/ 재화, 돈　**躋 제** 오르다/ 올리다　**陵 릉** 언덕, 큰 언덕/ 왕릉, 무덤　**逐 축** 쫓다, 뒤쫓아 가다/ 내쫓다/ 물리치다/ 다투다　**蘇 소** 되살아나다/ 소생하다　**眚 생** 재앙

震은 亨하니 震來虩虩이면 笑言啞啞리니 震驚百里에 不喪匕鬯하나니라.

천둥의 기세는 형(亨)의 시절에 더욱 강하다. 천둥이 칠 때 몹시 두려워하면 웃음소리와 말소리가 벙어리처럼 잦아든다. 천둥이 백 리를 놀라게 해도 숟가락과 울창주를 잃지 않는다.

震來虩虩이라야 後에 笑言啞啞리니 吉하나라.

천둥이 칠 때 몹시 두려워해야 나중에 웃음소리와 말소리가 벙어리처럼 잦아든다. 길하다.

震來厲하여 億喪貝하니 躋于九陵이나 勿逐이라도 七日得하리라.

천둥이 사나워서 재물을 잃을까 염려한다. 솟아오른 언덕에 오른다. 뒤쫓지 않아도 칠일 후에는 얻는다.

震蘇蘇니 震行无眚하리라.

천둥이 거듭 되살아나니, 두려워하며 행하면 재앙은 없을 것이다.

震遂泥니라.

천둥이 더러운 진창에 떨어진다.

震往來하여 厲하니 億无喪有事하나라.

천둥이 오락가락하여 위태로우니, 잃은 것은 없고 할 일은 있음을 헤아린다.

震索索하고 視矍矍하니 征凶하나라. 震不于其躬하고 于其鄰하면 无咎리라. 婚媾有言이리라.

천둥이 칠 때 겁에 질려 발을 옮기지 못하고 눈을 두리번거리니, 적극적으로 나아가면 흉하다. 천둥이 그 자신에게 칠 때 두려워하지 않고 그 근방에서 칠 때 미리 두려워하면 허물이 없을 것이다. 혼인한 사람들 사이에 말이 있을 것이다.

무생(震行无眚)은 두려워하며 행하면 재앙은 없다는 뜻이다. 곧 아직 천둥이 계속 치고 있으므로, 두려워하는 마음으로 말과 행동을 조심하면 큰 화를 당하지는 않을 것이라는 말이다. 천둥이 약해졌다 해서 긴장을 풀고 함부로 웃고 떠들면 안된다는 것이다.

震遂泥니라.

진수니(震遂泥)는 천둥이 진창에 떨어진다는 뜻이다. 천둥은 더럽고 부정한 곳으로 치고, 깨끗하고 올바른 곳으로는 치지 않는다는 것이다. 곧 정도의 원칙을 지키며 조심스럽게 행동한다면 천둥을 두려워할 일도 없다는 의미이다. 그러므로 진실로 두려워해야 할 것은 천둥이 아니라 천둥이 보내는 경고의 말을 놓치는 일이다. 이런 까닭에 군자는 천둥이 치면 스스로 잘못한 일은 없는지를 반성하고 잘못한 일이 있다면 서둘러 고치는 것이다.

震往來하여 厲하니 億无喪有事하니라.

나라의 변고는 끝난 것처럼 보여도 일시적인 소강상태일 뿐 곧 다시 휘몰아칠 수 있다. 진왕래,려(震往來,厲)는 천둥이 오락가락하여 위태롭다는 뜻이다. 곧 천둥이 멈추었다고 해서 섣불리 천둥이 끝났다고 여겨서는 안된다는 것이다. 억무상유사(億无喪有事)는 "잃은 것은 없고 할 일은 있음을 헤아린다"는 뜻이다. 잃은 것이 없다는 말은 천둥에 따른 재물 피해는 중요한 것이 아니라는 말이다. 할 일이 있다는 것은 자신에게 여전히 일을 할 수 있는

遂 수 드디어, 마침내/ 이루다/ 완수하다/ 생장하다/ 떨어지다, 추락하다   泥 니 진흙/ 진창(땅이 질어서 질퍽질퍽한 곳)/ 더러워지다, 오염되다

능력이 남아 있다는 의미이다.

이 구절은 곧 나라의 변고가 있을 때 눈앞의 재물 때문에 위험을 자초하지 말고, 자신을 보존하라는 가르침을 담고 있다. 자신이 지켜야 할 것은 재물이 아니라 자신의 능력과 자신의 책임이라는 것이다. 그러므로 계속해서 말과 행동을 조심해야 한다는 말이다.

震索索하고 視矍矍하니 征凶하니라. 震不于其躬하고 于其鄰하면 无咎리라. 婚媾有言이리라.

진색색(震索索)은 천둥이 칠 때 겁에 질려 발을 제대로 옮기지 못한다는 뜻이고, 시확확(視矍矍)은 앞을 바라보면서 눈을 두리번거린다는 뜻이다. 정흉(征凶)은 이처럼 갈팡질팡하면서 앞으로 나아가서는 흉하다는 뜻이다. 곧 재해가 닥쳤을 때 어찌할 바를 모르고 허둥지둥 불안해 해서는 큰 봉변을 당하고 말 것이라는 의미이다.

그렇다면 어떻게 해야 하는가? 진불우기궁(震不于其躬)은 그 자신에게 있을 때 두려워하지 않는다는 뜻이고, 우기린(于其鄰)은 그 근방에 있을 때 두려워한다는 뜻이다. 곧 천둥이 자신에게 떨어질 때가 아니라, 자신의 근방으로 떨어질 때 한발 앞서 두려움을 느끼고 미리 경계하며 대비책을 세워 두어야 한다는 말이다. 무구(无咎)는 허물할 일이 없다는 뜻이니, 미리 경계하여 말과 행동을 조심스럽게 하면 괜찮다는 말이다. 나라의 변고가 일어났을 때 초조하고 불안해하며 다리를 떨고(震索索) 눈을 두리번거릴(視矍矍) 일

索 색 찾다/ 더듬다 視 시 보다/ 보이다 矍 확 두리번거리다/ 놀라 두리번거리는 모양 躬 궁 몸/ 자신/ 몸소 행하다 鄰 린 이웃/ 돕다

450

이 아니라는 것이다.

혼구유언(婚媾有言)은 혼인한 사람들 사이에 말이 있다는 뜻이다. 여기서 혼인한 사람들이란 혼인을 통해 연대나 동맹을 맺은 사람들을 일컫는다. 말이 있다는 것은 천둥을 미리 경계하지 못해 큰 피해를 당한 이들이 원망하는 말을 할 것이라는 의미이다.

천둥이 칠 때 두려운 것은 욕심 때문이다

우리 인간은 자연으로부터 수많은 혜택을 받아 왔다. 하지만 인간은 또한 자연으로부터 끊임없는 시달림을 당해 왔다. 〈주역〉 시대에나 지금이나 온갖 자연 재해가 우리를 괴롭힌다. 달라진 것이 있다면 명백하게 인간들 스스로의 잘못으로 인해 발생하는 자연 재해가 늘어나고 있다는 점이다.

자연 재해는 인간에게 피해를 안겨 주기 위해 발생하는 것은 아니다. 자연(自然)은 다만 '스스로 그러한' 질서와 원칙을 유지하는 과정에서 막힌 것을 뚫고 터진 것을 막고자 한다. 사실 재해라는 말조차 인간의 관점을 반영한 것일 뿐이다. 어떤 동물도 이를 재해라고 부르지 않고 어떤 식물도 이를 피해라고 여기지 않는다. 오직 인간만이 이 자연의 움직임을 재해라고 부른다. 오직 인간만이 이 재해에 맞서 보겠다는 무모한 생각을 한다. 그래서 둑으로 막고 댐으로 막고 방파제로 막고, 물길을 뚫고 굴을 뚫는다. 하지만 자연으로서는 스스로 그러한 섭리를 지키기 위해 더 많이 뚫고 더 많이 막는다. 자연에게는 다른 방법이 없는 것이다.

진(震)은 천둥이니, 〈주역〉 시대 이전부터 우리 인간이 가장 두려워한 자연재해이다. 천둥이 치면 번개가 떨어져 불이 나고, 천둥이 치면 많은 비가 내려 홍수가 나고, 홍수가 나면 집과 논밭이 휩쓸려 사라지고 역병까지 창궐한다. 이와 같은 천둥을 통해 진괘(震卦)는 우리가 자연 재해를 어떻게 파악하고 어떻게 대처해야 하는지에 대해 말한다. 천둥이라는 무서운 존재 앞에서 군자는 어떻게 하는가? 어떻게 이 두려움을 이겨내는가?

진괘는 우선 군자는 천둥을 통해 항상 두려워하는 마음으로 정성을 다하는 삶의 자세를 배운다고 말한다. 천둥을 계기로 자신을 반성하며 주변 상황을 살피고 말과 행동을 삼간다는 것이다. 당장의 천둥 앞에서 겁에 질려 벌벌 떨지도 않고 함부로 나서서 깝죽대지도 않는다. 자연이라는 큰 힘 앞에서 자신이 얼마나 미약한 존재인지를 깨닫기 때문이고 그래서 겸손하게 처신해야 한다는 사실을 알기 때문이다.

소인들이 천둥을 두려워하는 것은 욕심 때문이다. 천둥이 치는 순간 자신이 가진 재물을 잃을 수도 있다는 불안 때문에 두려워하는 것이다. 그러므로 천둥 칠 때의 두려움에서 벗어나기 위해서는 이 재물에 대한 욕심에서 초연할 수 있어야 한다. 홍수가 나서 집이 떠내려간다고 해서, 논밭의 농작물이 모두 물에 잠긴다고 해서, 물에 뛰어들어서는 안된다. 오히려 목숨을 잃을 가능성이 더 높다. 재물은 자신의 능력을 간직하면 금세 다시 모을 수 있다.

진괘에서 말하는 천둥은 단지 자연 현상만을 일컫는 것이 아니다. 진괘는 천둥으로써 격변하는 정치 상황이나, 위기에 처한 경제 상황을 비유한다. 사실 두려워하는 마음을 바탕으로 겸손하게 처신해야 하는 것은 자연재해가 닥쳤을 때보다 나라에 큰 변고가 생겼을 때 좀더 필요한 덕목일 것이다.

52.간艮괘 ; 시의적절한 멈춤의 도

때와 상황에 따른 멈춤, 머무름, 중단, 정지

간 기 배　　 불 획 기 신　　　 행 기 정　　　 불 견 기 인　　　 무 구

艮其背면 不獲其身하며 行其庭이면 不見其人하여 无咎리라.

간(艮)은 멈춘다는 것이다. 간기배(艮其背)는 그 등에서 멈춘다는 뜻이고, 불획기신(不獲其身)은 그 몸을 포획하지 못한다는 뜻이다. 행기정(行其庭) 은 그 뜰에서 다닌다는 뜻이고, 불견기인(不見其人)은 그 사람을 보지 못한 다는 뜻이다. 무구(无咎)는 이렇게 해도 허물이 없다는 뜻이다.

그 몸을 포획하지 못한다는 것은 멈춤의 도가 등에 있으므로 자신을 알아 보지도 못하고 자신의 몸을 어찌하지도 못한다는 말이다. 멈춤의 도가 등에 있어서 어머니가 갓난아기를 업은 것처럼 그다지 불편하지 않은 상황이고, 멈춤의 기운에 자신이 압도당하지도 않은 상황이다. 등지고 있으므로 서로

艮 간 멈추다/ 머무르다　背 배 등　獲 획 빼앗다/ 얻다, 획득하다/ 짐승을 잡다/ 일이나 때의 마땅함을 얻다
庭 정 뜰, 집 안에 있는 마당/ 조정(朝廷)/ 곳, 장소

볼 수는 없지만 자신이 이유 없이 앞으로 나아가면 멈춤의 도가 뒤에서 잡아당겨 멈추도록 해줄 상황이다.

그 뜰에 다녀도 그 사람을 보지 못한다는 것은 또한 멈춤의 도가 등 뒤에 있어서 어떤 사람을 만나도 서로 그 기운을 알아보지 못한다는 말이다. 그러므로 서로 싸울 일도 생기지 않는다. 멈추고 나아가도 서로 등 뒤에 무엇이 있는지 알지 못하므로 화합할 일도 없고 시비를 가릴 일도 없다. 그래서 허물이 없다고 하는 것이다.

艮其趾라야 无咎하니 利永貞하니라.
간 기 지 　　　　무 구 　　　이 영 정

멈추는 일에서 가장 중요한 것은 멈춤의 때를 아는 일이다. 간괘(艮卦)는 이러한 멈춤의 때가 군자가 사물을 보고 욕심을 내서 일을 진행시켜 나가는 단계에 따라 이루어질 수 있다고 보고, 이를 신체 부위에 비유하여 말하고 있다. 이미 앞구절에서 등에서 멈추는 일을 설명했거니와, 발에서 멈추는 일도 있고 장딴지에서 멈추는 일도 있으며 허리에서 멈추는 일도 있다는 것이다. 뿐만 아니라 몸통에서 멈추는 일, 얼굴에서 멈추는 일이 있다는 것이다.

간기지(艮其趾)는 그 발에서 멈춘다는 뜻이다. 발은 신체의 가장 아래에 있는 것이다. 앞으로 나아가기 위해 발가락에 힘을 주다가 멈춘다는 말이다. 일을 이제 막 시작한 상황에서, 곧바로 멈춘다는 말이다. 무구(无咎)는 허물이 없다는 뜻이니, 일의 초기 단계에서 멈추었으므로 크게 탓할 일이 없다는 것이다. 이영정(利永貞)은 오래 고집하는 것이 이롭다는 뜻이다. 곧 일의 초기 단계에서 멈추어서 계속 멈추어 있는 것이 좋다는 말이다.

趾 지 발

간 기 비　　　불 중 기 수　　　기 심 불 쾌
艮其腓니 不拯其隨라. 其心不快로다.

　간기비(艮其腓)는 그 장딴지에서 멈춘다는 말이다. 장딴지는 발보다는 위이지만 여전히 신체의 아랫부분에 있는 부위이다. 이제 일을 어느 정도 진척시킨 상황에서 멈춘다는 것이다. 불증기수(不拯其隨)는 그 따름을 돕지 못한다는 말이다. 장딴지를 움직일 때 저절로 따라 올라가는 부분, 그러니까 장딴지 아래의 발 부분을 들어 올릴 수 없다는 것이다. 너무 늦게 멈추는 것이어서 따르는 자들이 명령에 복종하지 않는 상황과 마찬가지이다.

　기심불쾌(其心不快)는 그 마음이 불쾌하다는 뜻이다. 멈추고자 해도 멈출 수가 없으니 그 마음이 유쾌할 수가 없다는 말이다. 그러므로 장딴지에서 멈추는 것은 멈춤의 때가 아닌데 멈추는 것이라 할 수 있다.

간 기 한　　　　열 기 인　　　여 훈 심
艮其限이라. 列其夤이며 厲薰心이로다.

　간기한(艮其限)은 그 허리에서 멈춘다는 뜻이다. 허리는 몸을 위와 아래는 나누는 신체의 중간 부위이다. 곧 일을 한창 진행하고 있는 때에 멈추는 것이다. 열기인(列其夤)은 그 등골살을 찢는다는 뜻이고, 여훈심(厲薰心)은 위태로움이 마음을 태운다는 뜻이다. 곧 일을 한창 진행하고 있을 때 멈추는 것은 극한의 고통을 낳는 일이라는 말이다. 절대로 멈추지 말아야 할 때 멈추는 것이어서 이와 같다.

腓 비 장딴지　拯 증 건지다/ 구원하다, 구조하다/ 돕다　隨 수 따르다/ 추종하다　快 쾌 쾌하다, 상쾌하다/ 시원하다/ 빠르다/ 즐겁다/ 날카롭다　限 한 한정, 한정하다/ 경계/ 급소/ 문지방/ 허리　列 열 벌이다/ 늘어서다/ 분리하다/ 진열하다/ 행렬　夤 인 조심하다/ 등골살　薰 훈 향초/ 향내/ 향기롭다/ 태우다

艮其背면 不獲其身하며 行其庭이면 不見其人하여
无咎리라.
그 등에서 멈추면 그 몸을 포획하지 못한다. 그 뜰에서 다니면 그 사람을 보지
못한다. 허물할 일이 없을 것이다.

艮其趾라야 无咎하니 利永貞하니라.
그 발에서 멈추어야 허물할 일이 없으니, 오래 멈추어 있는 것이 이롭다.

艮其腓니 不拯其隨라. 其心不快로다.
그 장딴지에서 멈추니 그 장딴지를 따르는 발을 돕지 못한다. 그 마음이
불쾌하다.

艮其限이라. 列其夤이며 厲薰心이로다.
그 허리에서 멈춘다. 그 등골살을 찢고 위태로움이 마음을 태운다.

艮其身이니 无咎니라.
그 몸통에서 멈추니 허물할 일이 없다.

艮其輔라. 言有序니 悔亡하리라.
그 광대뼈에서 멈춘다. 말에 순서가 있으니 후회할 일이 없을 것이다.

敦艮이니 吉하니라.
멈춤을 돈독하게 하면 길하다.

간 기 신　　　무 구
艮其身이니 无咎니라.

간기신(艮其身)은 그 몸통에서 멈춘다는 뜻이다. 신(身)은 몸 전체를 가리키는 말이기도 하지만, 여기서는 허리 위에서 목에 이르는 몸통 부위를 가리킨다. 곧 일이 어느 정도 완성 단계에 이르렀을 때 멈춘다는 것이다. 이 시기는 함부로 몸통을 움직여 일을 계속 진행시켜 나가는 것도 조심해야 할 때이다. 무구(无咎)는 허물할 일이 없다는 것이니, 이처럼 조심해야 할 때 멈추었으므로 그래도 다행이라는 의미이다.

간 기 보　　　언 유 서　　　회 망
艮其輔라. 言有序니 悔亡하리라.

바로 앞의 구절은 몸통을 함부로 움직이지 않는 일에 대해 이야기하고 있다. 이번 구절에서는 한발 더 나아가 입을 함부로 놀리지 않는 일에 대해 이야기한다. 〈주역〉에서는 말과 행동을 조심하라는 말을 자주 하거니와, 앞에서 행동을 조심하는 일에 대해 설명했다면, 여기서는 말을 조심하는 일에 대해 설명한다는 것이다.

간기보(艮其輔)는 그 광대뼈에서 멈춘다는 뜻이다. 광대뼈는 말을 할 때 움직이는 부위이니, 광대뼈에서 멈춘다는 것은 말을 함부로 하지 않는다는 것이다. 하지만 말을 '함부로' 하지 않는다는 것이지 말을 전혀 하지 않는다는 것은 아니다. 언유서(言有序)는 말에 순서가 있다는 뜻이니, 말을 해야 할 때는 말을 하고 이 말에는 조리가 있어야 한다는 의미이다. 회망(悔亡)은 후회가 없다는 뜻이니, 조리 있게 설명해서 후회할 일이 없도록 해야 한다는 말이다.

輔 보 광대뼈　**序** 서 차례, 순서

^돈 ^간　　　^길
敦艮이니 吉하니라.

　돈간,길(敦艮,吉)은 멈춤을 돈독하게 하면 길하다는 뜻이다. 멈추어야 할 때와 장소, 앞으로 나아가야 할 때와 방향을 깨달아 멈춤과 나아감의 경계를 허문다는 것이다. 멈추어도 나아가고 나아가도 멈추는 것, 멈춤과 나아감의 구분이 없는 것, 이것이 멈춤을 돈독하게 한다는 말의 의미이다. 이렇게 할 수 있다면 길하지 않을 수 없는 것이다.

──────── m∨ ──────────────────────────

이제 그만 욕심을 멈추어야 한다

　일을 하다 보면 일 자체에만 매몰되어 일의 목적이나 주변 상황을 아예 살피지 못하는 경우가 있다. 그래서 멈추어야 할 때인데도 멈출 때를 알아차리지 못하고 앞으로 계속 나아간다. 이처럼 하는 것은 의욕이 앞서기 때문이고, 의욕이 앞서는 것은 또한 욕심 때문이다.

　지지율 구할을 원하는 정치인은 이와 같은 욕심을 그만 멈추어야 한다. 지지율 구할이라면 독재를 원하는 것이나 다름없다. '사람을 갈아 넣는' 비인간적 사업 구조를 창안하는 사업가는 수익 극대화의 욕심을 그만 멈추어야 한다. 법적으로 문제가 없다고 해서 모든 행위가 무죄인 것은 아니다. 끊임없이 월세를 올려받고자 하는 건물주는 그만 멈추어야 한다. 월세 부담으로 공멸하는, 이른바 젠트리피케이션

───────────────────────────────────────

敦 돈 도탑다(서로의 관계에 사랑이나 인정이 많고 깊다)/ 돈독하다/ 힘쓰다

(Gentrification)은 일정한 지역만의 문제가 아니다. 수확량을 늘리고자 화학비료의 양을 높여 가는 농부는 이제 그만 멈추어야 한다. 스스로의 논밭을 망칠 뿐만 아니라 사람들의 건강도 해친다.

간괘(艮卦)는 바로 이 멈추는 일, 멈춤의 도(道)에 대해 이야기한다. 어떤 일에서든 멈추어야 할 때가 있다. 목적지를 향해 제대로 가고 있는지 확인해야 한다. 좋은 목표를 가지고 시작한 일이라도 적절한 시점에서는 멈추어야 할 수 있다. 범죄의 가능성이 있는 일이라면 처음부터 시작하지 않아야 할 테지만, 일을 추진하다가 중간에 뜻하지 않은 부작용을 발견한다면 또한 멈추어야 한다.

멈춤의 도에서 가장 중요한 것은 이처럼 때를 아는 일이다. 간괘(艮卦)는 이러한 멈춤의 때를 신체 부위에 빗대어 설명한다. 이는 교감에 대해 말한 함괘(咸卦)에서 신체 부위에 따른 비유를 사용한 것과 유사한 방식이다. 함괘에서는 미숙한 수준의 교감을 하체에, 좀더 성숙한 수준의 교감을 상체에 연결시켜 설명했다. 이번 간괘에서는 일을 시작할 때의 멈춤을 하체에, 좀더 일을 마무리할 때의 멈춤을 상체에 연결시킨다. 발, 장딴지, 허리, 몸통 등을 비유로 드는 것이다.

발에서 멈추는 것은 어떤 일을 시작하려는 단계, 첫발을 내디디려는 단계에서의 멈춤이다. 해야 할 일을 하지 않는다는 것이 아니라, 하지 말아야 할 일을 하지 않는다는 것이다. 욕망의 열차에 탈까 말까 망설이다가 그만두는 것이라 할 수 있다. 발 위의 장딴지에서 멈추는 것은 일이 어느 정도 진척된 단계에서의 멈춤이다. 욕망의 열차는 이미 출발했고 철로를 달리고 있는데 멈추는 것이라 할 수 있다. 이 단계에서 멈추려면 적잖은 곤란을 겪어야 한다. 허리에서 멈추는 것은 일을 한창 진행하는 단계에서의 멈춤이다. 열차가 최대의 가속력을 내며 달리고 있으므로 도저히 멈출 수 없는 상황에서 멈추는 것이라 할 수 있다. 이 단계에서 멈추려면 등골살이 찢어질 만큼 엄청난 고통을 겪어야 한다.

그래서 군자는 허리 위의 몸통이나 얼굴, 등에서 멈춘다. 몸통에서 멈추는 것은 어느 정도 일을 완성시켜 놓은 단계에서의 멈춤이다. 이때에는 오히려 움직여 나가는 것이 조심스러우니 멈춤이 꾸짖을 일은 아니다. 얼굴에서 멈춘다는 것은 일을 완성시킨 이후 이 일에 대해 입으로 말하는 단계에서의 멈춤이다. 말을 더욱 삼가야 할 때이니 과장하여 말하기보다는 말을 멈추는 것이 더 낫다. 등에서 멈추는 것은 일을 시작하기 전의 멈춤이다. 일을 등지고 있을 때이니, 일에 대한 욕심도 생기기 전이고 멈추고 말고 할 일도 없는 상황에서의 멈춤이다. 이왕 일을 시작했으면 어느 정도 완성시켜 놓고 멈추든지, 아예 시작하지도 말라는 것이다.

하지만 가장 훌륭한 멈춤(艮)은 멈춤 자체를 돈독하게 하는 일이다. 이는 멈춤의 도를 깨달아 마침내 멈춤과 나아감이 구별되지 않는 경지에서의 멈춤을 말하는 것이다.

53.점漸괘 ; 조금씩 순서를 밟아 나아감

점진, 점차, 시집가는 여자, 천천히 흘러가는 인생

漸은 女歸이니 吉利貞하니라.
<small>점 여 귀   길 이 정</small>

　점(漸)은 점진(漸進)한다는 것이니, 곧 차례대로 나아간다는 뜻이다. 점 (漸)자는 강물이 둑 사이로 느리게 흘러가며 대지를 적시는 모습을 나타낸 글자이다. 이처럼 군자가 자신을 닦는 일과 자신의 뜻을 펼치는 일은 순서를 밟아 조금씩 나아간다는 것이다.

　점,여귀(漸,女歸)는, 점진한다는 것은 여자가 시집가는 일이라는 뜻이다. 곧 여자가 남자를 만나 결혼하는 일은 차례를 밟아 나가는 일이 더욱 중요하다는 말이다. 서로 다른 환경에서 성장해 서로 다른 생각을 가지고 있는 남자를 만나는 일이니 조금씩 그의 행동과 말을 이해해 나가야 한다는 것이다. 또한 자신은 물론 남자가 지키고자 하는 관습과 예법에 따라 혼례의 의식을

漸 **점** 점점, 차츰/ 점차/ 천천히 나아가다/ 차례/ 점진　歸 **귀** 돌아가다/ 시집가다

치러야 한다는 것이다. 길이정(吉利貞)은 길하고 올바름을 지키는 것이 이롭다는 뜻이다. 여자가 시집가는 일은 음양의 마땅한 조화를 따르는 일이니 길하다는 것이다. 그리고 여자가 남자를 만나 결혼하는 일만큼 음양의 조화를 올바르게 지켜야 하는 일이 없으니, 올바름을 지켜야 이롭다는 것이다.

鴻漸于干이니 小子厲하여 有言이나 无咎리라.
<small>홍 점 우 간　　 소 자 려　　 유 언　　 무 구</small>

홍점우간(鴻漸于干)은 기러기가 물가로 시집간다는 뜻이다. 여기서 점(漸)자를 시집간다고 해석한 것은, 앞 구절에서 점(漸)이 곧 여자가 시집가는 일이라고 했기 때문이다. 그리고 기러기를 비유로 가져온 것은, 기러기의 암컷과 수컷이 특별한 다정함을 가진 동물로 여겨졌던 까닭이다. 이 구절은 암컷 기러기가 물가로 시집가 수컷의 도움 없이 직접 먹잇감을 찾는다는 의미이다. 곧 시집간 여자가 남편이 가져다 준 돈으로 생활하는 것이 아니라, 자신이 직접 돈벌이에 나선다는 것이다.

소자려,유언(小子厲,有言)은 어린 자녀들이 위태롭고, 비난하는 말이 있다는 뜻이다. 여자와 남자가 부모로서 자녀들을 제대로 돌보지 못하는 형편이어서 어린 자녀들이 위태롭다는 것이다. 그리고 다른 사람들로부터 지청구를 듣는다는 것이다. 하지만 부모가 밖으로 나가는 것이 자녀를 돌보는 일보다 돈을 더 중요하게 여겨서일 리는 없다. 먹을 것이 없으니 마지못해 나가는 것이고, 자녀를 더 잘 돌보기 위해 나서는 것이다. 그래서 무구(无咎)라고 말하는 것이니, 크게 꾸짖을 일은 아니라는 뜻이다.

鴻 홍 기러기　**干 간** 방패/ 막다/ 방어하다/ 물가

홍 점 우 반 음 식 간 간 길
鴻漸于磐이라. 飲食衎衎하니 吉하니라.

홍점우반(鴻漸于磐)은 기러기가 반석 위로 시집간다는 뜻이고, 음식간간 (飲食衎衎)은 음식을 즐거워하며 먹는다는 뜻이다. 여기서 반석(磐石)은 넓고 평평한 너럭바위를 일컫는 것으로, "믿음이 두터운 사람은 반석 위에 세운 집과 같다"고 말할 때의 반석이다. 곧 여자가 시집간 곳이, 남자가 견고하고 안전한 기반을 마련해 둔 곳이라는 말이다. 간간(衎衎)은 먹고 마실 것이 풍족하여 기뻐하는 모습을 형용한 말이다. 이런 상황이라면 길하다(吉)고 말하지 않을 수 없는 것이다.

홍 점 우 륙 부 정 불 복 부 잉 불 육 흉 이 어 구
鴻漸于陸이라. 夫征不復하고 婦孕不育하여 凶하니 利禦寇하니라.

홍점우륙(鴻漸于陸)은 기러기가 황무지 언덕으로 시집간다는 뜻이다. 기러기에게 언덕은 먹잇감도 찾을 수 없는 곳인데다 살쾡이 같은 천적을 만나도 숨을 데조차 없는 곳이다. 곧 여자가 위험하고 불안한 곳으로 시집을 간다는 말이다.

부정불복(夫征不復)은 남편이 멀리 떠나 돌아오지 않는다는 뜻이고, 부잉불육(婦孕不育)은 아내가 아이를 가져서 기르지를 못한다는 뜻이다. 도대체 무슨 말인가? 남편이 위험천만한 곳에 아내를 버려두고 먼 곳으로 떠나버린 까닭은 무엇인가? 남편이 돌아오지 않는데 아내는 어떻게 아이를 가지는가? 이는 이들 부부가 자신들의 마땅한 도리를 버리고 엉뚱한 곳으로 나아

磐 반 너럭바위 **衎 간** 즐기다/ 기뻐하다 **陸 륙** 뭍, 육지 **孕 잉** 아이를 배다, 임신하다 **育 육** 기르다, 양육하다/ 자라다 **禦 어** 막다/ 제어하다/ 대비하다/ 지키다 **寇 구** 도적/ 떼를 지어 다니며 재물을 약탈하는 사람들

가는 일을 말한 것이다. 남편은 남편대로, 아내는 아내대로 외도를 하고 있는 것이다. 그러므로 남편은 집을 나가서 돌아오지 않고 아내는 다른 남자의 아이를 가지는 것이다. 흉하다(凶)고 말하지 않을 수 없는 것이다.

이어구(利禦寇)는 도적을 막아야 이롭다는 것이니, 버려진 아이가 도적이 되는 일만은 막아야 한다는 말이다. 부모의 처지에 상관없이 아이가 최소한의 도리를 배울 수 있도록 함으로써, 공동체의 일원으로서 질서를 지키며 살아갈 수 있게 해야 한다는 의미이다.

이 구절에서 남편과 아내가 모두 외도를 한다고 보는 해석은, 사실 지나친 부분이 있을지도 모른다. 남편이 바람이 나서 돌아오지 않는 상황에서 아내가 혼자 아이를 기르려니 제대로 교육시키기 힘들다는 의미로 해석할 수도 있다. 하지만 이렇게 본다 하더라도 상황은 몹시 안타깝다. 여전히 흉하다.

홍 점 우 목　　　혹 득 기 각　　　무 구
鴻漸于木하여 或得其桷이면 无咎리라.

홍점우목(鴻漸于木)은 기러기가 나무 위로 시집간다는 뜻이고, 혹득기각(或得其桷)은 간혹 그 나뭇가지를 얻는다는 뜻이다. 기러기에게 나무는 반석처럼 편안한 곳은 아니지만 그렇다고 아주 둥지를 틀 수 없는 곳도 아니다. 얼마간의 어려움은 있겠지만 여자와 남자가 부부로서 노력하면 보금자리를 만들 수 있다. 기러기가 나뭇가지를 이용해 둥지를 짓는 것처럼 주변 상황을 잘 활용해 집과 살림살이를 마련할 수 있다는 것이다. 그래서 탓할 것은 없다(无咎)고 말하는 것이다.

황무지 언덕으로 시집가는 것은 절대 안된다. 물가로 시집가는 것은 썩 좋

或 혹 혹, 혹시/ 간혹/ 어떤 사람　**桷 각** 서까래/ 가지

은 일은 아니지만 꾸짖을 수 없는 부분이 있다. 나무 위로 시집간다면 또한 반대할 수 없다. 부부가 화합하여 힘을 합친다면 행복하게 살 가능성이 높기 때문이다.

_{홍 점 우 릉} _{부 삼 세 불 잉} _{종 막 지 승} _길
鴻漸于陵이니 婦三歲不孕이나 終莫之勝하여 吉하니라.

홍점우릉(鴻漸于陵)은 기러기가 높은 언덕으로 시집간다는 뜻이다. 곧 여자가 지위가 높은 고관대작 집안의 남자와 결혼한다는 것이다. 이런 집안의 관심사는 먹고사는 일도 아니고 살림을 늘려 가는 일도 아니다. 이런 집안의 여자에게 기대되는 가장 큰 일은 자녀를 낳는 것이다.

부삼세불잉(婦三歲不孕)은 아내가 삼년 동안 아이를 잉태하지 못한다는 뜻이다. 고관대작의 집안으로 시집간 여자가 오랫동안 아이를 갖지 못하는 것은 큰일이다. 하지만 그리 걱정할 것은 없다. 종막지승(終莫之勝)은 마침내 그를 이길 수 없다는 뜻이다. 이는 아내가 이기지 못한 것이 아니라, 잉태하지 못하는 일이 아내를 이기지 못한다는 말이다. 참고 인내하면 마침내 아이를 가지고자 하는 뜻을 이룰 수 있다는 것이다. 그러므로 길하다(吉)고 말한다.

_{홍 점 우 륙} _{기 우 가 용 위 의} _길
鴻漸于陸이나 其羽可用爲儀하니 吉하니라.

홍점우륙(鴻漸于陸)은 기러기가 황무지 언덕으로 시집간다는 뜻이다. 여자가 살쾡이 같은 자들이 들끓어 숨을 데도 없는, 위험하고 불안한 곳으로 시집을 간다는 말이다. 게다가 이곳은 남편이 외도를 하기 위해 밖으로 떠돌

羽 우 깃, 날개/ 새   儀 의 거동/ 법도/ 본보기/ 예절

漸은 女歸이니 吉利貞하니라.

점진한다는 것은 여자가 시집가는 것이다. 길하고 올바름을 지켜야 이롭다.

鴻漸于干이니 小子厲하여 有言이나 无咎리라.

기러기가 물가로 시집간다. 어린 자녀들이 위태로워 비난하는 말들이 있을
것이나 크게 꾸짖을 일은 아닐 것이다.

鴻漸于磐이라. 飮食衎衎하니 吉하니라.

기러기가 너럭바위 위로 시집간다. 음식을 즐거워하며 먹으니 길하다.

鴻漸于陸이라. 夫征不復하고 婦孕不育하여 凶하니
利禦寇하니라.

기러기가 황무지 언덕으로 시집간다. 남편이 멀리 떠나 돌아오지 않는데,
아내가 아이를 가져서 기르지를 못하므로 흉하다. 아이가 도적이 되는 일은
막아야 이롭다.

鴻漸于木하여 或得其桷이면 无咎리라.

기러기가 나무 위로 시집간다. 간혹 그 나뭇가지에 둥지를 틀면 탓할 일이
없을 것이다.

鴻漸于陵이니 婦三歲不孕이나 終莫之勝하여 吉하니라.

기러기가 높은 언덕으로 시집간다. 아내가 삼년 동안 아이를 잉태하지 못하나
끝내는 아내의 뜻을 이길 수 없어 아이를 잉태한다. 길하다.

鴻漸于陸이나 其羽可用爲儀하니 吉하니라.

기러기가 황무지 언덕으로 시집간다. 그 깃털이 본보기로 삼을 만하니 길하다.

며 집으로 돌아오지도 않는 곳이다. 이는 앞서의 구절에서 이미 언급한 내용이다. 하지만 시집간 여자의 처신은 앞서의 구절과는 다르다.

기우가용위의(其羽可用爲儀)는 그 깃털이 본보기를 삼을 만하다는 뜻이다. 기러기는 원래 여러 마리의 기러기가 아름다운 대형(隊形)을 이루어 날아가는 것으로 유명하다. 여기서의 기러기를 본보기로 삼을 만한 것은 이 기러기가 이동하는 기러기 대형의 앞에서 다른 기러기들을 이끌어 간다는 것이다. 곧 시집간 여자가 앞서의 구절에서처럼 절망에 빠지는 것이 아니라, 부인으로서의 마땅한 도리를 다한다는 것이다. 이로써 시집온 집안의 일가는 물론 그 이웃들에게까지 좋은 영향을 미친다. 그러므로 이 결과는 길한(吉) 것이다.

강물은 천천히 흘러가고, 나무는 조금씩 자란다

점(漸)은 조금씩 앞으로 나아간다는 말이다. 강물이 천천히 흘러가고, 큰 나무가 조금씩 자라 오르는 일과 같은 것이다. 점괘(漸卦)는 이로써 사람의 일생 또한 이처럼 순서에 따라, 조금씩, 느리게 점진(漸進)한다고 말한다. 과연 우리의 인생을 얼마나 더디게 흘러가는가? 얼마나 오래 배워야 하고, 얼마나 오래 일해야 하는가? 얼마나 오래 아이들을 돌보아야 하는가?

점괘는 우선 이 점진을 여자가 시집가는 일과 같다고 말한다. 이와 같이 여자가 시집가는 일을 말하기 위해, 점괘(漸卦)는 기러기를 비유로 든다. 곧 물가, 너럭바위, 황무지 언덕, 나무 위, 높은 언덕 등지의 수컷 기러기와 짝을 지은 암컷 기러기가 각각 어떤 일을 겪어야 하는지 차례대로 묘사한다. 이로써 가난한 남자, 능력있는 남자, 외도를 하는 남자, 화합하는 남자, 부잣집 남자 등에게 시집간 여자가 이후에 어떤 삶을 살아야 하는지 조목조목 설명하고 있는 것이다.

이 설명의 요지는 대략 다음과 같다. 첫째 여자는 시집감으로써 비로소 자신의 마땅한 도리를 다한다는 것이다. 둘째 시집가는 일은 오랜 시간을 두고 심사숙고해서 결정할 문제라는 것이다. 그리고 여자와 남자가 원하는 관습과 예법에 따라 결혼해야 한다는 것이다. 셋째 시집간 이후의 여자가 가장 먼저 간직해야 할 덕목이 바로 점진이라는 것이다. 아이를 낳아 기르고, 남편과 살림을 돌보고, 재물을 잘 지켜내는 일이 모두 조금씩 조금씩 해야 할 일이라는 것이다. 넷째 시집간 남자의 상황과는 무관하게 자신의 마땅한 도리를 다해야 한다는 것이다.

사실 이와 같은 내용은 지금의 관점으로는 부적절하고 부당한 부분이 많다. 하지만 〈주역〉에서 남자와 여자의 관계는 대부분 군왕과 신하의 관계와 대응한다는 점을 염두에 둔다면 사정은 조금 달라진다.

이 점괘에서도 마찬가지이다. 이 점괘는 여자가 시집가는 이야기이지만, 곧 자신을 이끌어 줄 주군(主君)을 만나 세상으로 나아가는 군자의 이야기이기도 하다. 가난한 남자, 능력 있는 남자, 외도를 하는 남자, 화합하는 남자, 부잣집 남자 등은 각각 가난한 주군, 반석과도 같은 세력을 가진 주군, 뜻이 정의롭지 못한 주군, 추종자 무리와 화합하는 주군, 이미 권력을 갖추고 있는 권력자 등을 가리킨다고 볼 수 있는 것이다.

시집가는 여자의 태도에 대한 설명 또한 주군을 만나려는 군자의 태도에 대한 설명으로 볼 수 있다. 군자는 주군을 만나 자신의 뜻을 펼쳐야 마땅하다는 것이고, 주군을 선택하는 일은 심사숙고해서 결정해야 한다는 것이다. 주군을 만난 이후에는 또한 조금씩 자신과 주군의 세력을 확장시켜야 한다는 것이다. 때로는 주군의 상황과는 무관하게 자신의 도리를 다해야 한다는 것이다.

기러기를 비유로 든 것도 그렇다. 기러기는 여러 마리가 아름다운 대형을 이루고 살아가는, 신의(信義) 있는 철새로서의 명성 또한 높다. 곧 주군과 주군을 따르는 군자의 모습이 이와 같아야 한다고 할 만하다.

54. 귀매歸妹괘

; 여동생을 시집보내 이익을 얻고자 함

정략결혼, 특이한 결혼, 정략결혼을 원하는 남자

歸妹는 征凶하니 无攸利하니라.

귀매(歸妹)는 어린 여동생을 시집보내는 것이다. 귀(歸)자는 시집간 여자가 쌓인 먼지를 쓸어내는 모습을 표현한 글자이다. 매(妹)자는 같은 부모 아래서 태어난, 아직 성숙하지 못한 손아래 누이를 나타내는 글자이다. 이처럼 아직 어린 여동생을 시집보내는 것은 이로써 정치적·경제적 이권을 얻고자 하는 것이다. 지금의 정략결혼과도 같은 것이다. 정흉,무유리(征凶,无攸利)는 함부로 진행하면 흉하고 이로운 일도 없다는 뜻이다.

결혼을 통해 세력이나 가문 사이의 연대와 동맹을 이루기도 했던 〈주역〉 시대의 현실을 감안하면, 손아래 누이를 시집보냄으로써 무언가 이권을 노리는 일은 이 일 자체만으로는 나쁜 일이라고 할 수 없다. 하지만 이를 너무

歸 귀 시집가다, 시집보내다/ 돌아가다, 돌아오다   **妹 매** 손아래 누이, 여동생/ 소녀

무리하게 추진하다 보면 화를 당하고 만다는 것이다. 가문(家門)의 권력이나 경제력이 심하게 차이가 나거나, 결혼을 통해 얻고자 하는 이권이 터무니없이 크거나 하면 안된다는 것이다.

〈주역〉에서 남편과 아내는 군왕과 신하에 대한 비유로도 쓰인다. 이 귀매괘에서도 첩실 자리를 구하는 자의 이야기는 관직을 얻으려는 자의 이야기로 읽을 수 있다.

귀 매 이 제　　파 능 리　　정 길
歸妹以娣니 跛能履라. 征吉하리라.

귀매이제(歸妹以娣)는 어린 여동생을 시집보내면서 첩실로 한다는 뜻이다. 제(娣)자는 손아래 동서를 가리키는 글자이나 여기서는 첩실을 의미한다. 파능리(跛能履)는 절름발이가 걸을 수 있다는 뜻이다. 첩실로 시집갔으므로 남편이 있으나 남편과 짝을 이룰 수 없는 것이 마치 절름발이와도 같다는 것이다. 그래도 첩실 또한 첩실로서의 도리를 다할 수는 있는 것이니 걸을 수 있다는 것이다. 정길(征吉)은 적극적으로 하면 길하다는 뜻이다. 곧 더욱 열심히 남편을 모신다면 좋은 일이 있을 것이라는 말이다.

묘 능 시　　이 유 인 지 정
眇能視니 利幽人之貞하니라.

묘능시(眇能視)는 애꾸눈이가 볼 수 있다는 뜻이다. 또한 첩실로서 남편과 매양 함께하며 대화를 나눌 수 없으니 집안 안팎의 사정에 대해 반밖에 알지 못한다는 의미이다. 그래도 첩실로서의 도리에 대해서는 알 수 있으니 볼 수

娣 제 손아래 누이/ 첩실　跛 파 절름발이/ 절뚝거리다　履 리 신, 신발/ 신다, 밟다/ 행하다　眇 묘 외눈박이　視 시 보다/ 자세히 살피다　幽 유 그윽하다/ 피하여 숨다/ 멀다

있다고 말하는 것이다.

　이유인지정(利幽人之貞)은 유인(幽人)의 올바름을 지키는 것이 이롭다는 뜻이다. 유인은 어지러운 세상을 피해 조용히 숨어서 사는 은인(隱人)을 일컫는 말로, 여기서는 제한된 공간에서 제한된 역할을 하며 지내야 하는 첩실의 모습을 비유한 것이다. 이는 곧 정실부인의 뒤에서 정실부인을 돕는 조력자로서의 역할을 조용하게 수행해야 한다는 말이다. 은인처럼 남의 눈에 띄지 않도록 행동해야 하고 혹여라도 앞으로 나서다가 다른 사람의 눈에 띄어서는 안된다는 말이다. 그래야 이롭다는 것이다.

<ruby>歸<rt>귀</rt></ruby><ruby>妹<rt>매</rt></ruby><ruby>以<rt>이</rt></ruby><ruby>須<rt>수</rt></ruby>니 <ruby>反<rt>반</rt></ruby><ruby>歸<rt>귀</rt></ruby><ruby>以<rt>이</rt></ruby><ruby>娣<rt>제</rt></ruby>니라.

　귀매이수(歸妹以須)는 어린 여동생을 시집보내고자 기다린다는 뜻이고, 반귀이제(反歸以娣)는 도리어 첩실로 시집보낸다는 뜻이다. 곧 어린 여동생을 시집보냄으로써 이권을 얻고자 기다리다가, 적절한 혼처를 구하지 못해 첩실로 시집보내는 것이다.

　사실 〈주역〉 시대의 결혼에서 가장 중요한 조건은 가문의 권력이나 경제력이었다. 여자와 남자의 개인적인 능력이나 욕망은 그리 중요한 것이 아니었다. 이런 점에서 지금의 관점으로는 이해하기 힘든 결혼 관계가 성립하는 경우가 아주 많다. 그러므로 어린 여동생을 첩실로 시집보내는 일은 그리 놀랄 만한 일이 아니다. 〈주역〉 시대의 기록에 따르면, 상대편 남자의 첩실 자리조차 청하지 못해 '상대편 남자 첩실의 몸종'으로라도 자신의 집안 여자를

須 수 모름지기(사리를 따져 보건대 마땅히)/ 틀림없이/ 수염/ 기다리다　反 반 돌이키다/ 돌아오다/ 되풀이하다, 반복하다/ 어기다/ 반대하다/ 도리어　娣 제 손아래 누이/ 첩실

시집보내기 위해 간곡하게 청하는 일까지 있다.

歸妹愆期니 遲歸有時니라.

귀매건기(歸妹愆期)는 어린 여동생을 시집보내고자 하면서 기한을 지나친다는 뜻이고, 지귀유시(遲歸有時)는 지체하여 시집보내는 것은 때가 있다는 뜻이다. 곧 자신의 집안과 어울리는, 아름다운 짝을 구하기 위해 시집보내는 때를 변경한다는 것이다. 여기서 기한은 시집보내려는 자가 한정하여 놓은 시기를 말하고, 때는 이익을 최대화할 수 있는 때를 말한다.

帝乙歸妹니 其君之袂가 不如其娣之袂良하니라. 月幾望이니 吉하리라.

제을귀매(帝乙歸妹)는 황제 제을이 막내딸을 시집보낸다는 뜻이다. 제을은 고대 중국의 지배자였던 은(殷)나라의 황제 이름인데, 여기서는 '황제 같은 사람', 곧 대단한 힘을 가진 권력자나 부자를 의미한다.

기군지몌(其君之袂)는 그 남편의 옷자락이라는 뜻이고, 불여기제지몌량(不如其娣之袂良)은 그 첩실의 옷자락이 좋은 것과는 같지 않다는 뜻이다. 남편이 첩실보다 좋지 못한 옷을 입는다는 것이니, 남편이 검박한 군자라는 의미이다. 월기망,길(月幾望,吉)은 달이 거의 보름달에 가까워졌으니 길하다는 뜻이다. 곧 남편이 조만간 더 좋은 지위를 얻게 될 것이라는 말이다.

愆 건 허물/ 잘못하다/ 어기다, 위반하다/ 지나치다, 초과하다   **期 기** 기약하다, 약속하다/ 기다리다/ 기간, 기한   **遲 지** 늦다/ 더디다/ 지체하다   **帝 제** 황제, 천제, 천자/ 오제(五帝)   **袂 몌** 소매   **良 량** 좋다/ 뛰어나다/ 어질다/ 아름답다/ 착하다/ 참으로   **幾 기** 거의/ 기미, 기미를 알다/ 낌새, 낌새를 살피다/ 몇   **望 망** 바라다/ 기대하다, 희망하다/ 우러러 보다/ 보름, 음력 매월 15일

歸妹는 征凶하니 无攸利하니라.

어린 여동생을 시집보내는 일은 함부로 진행하면 흉하고 이로운 일도 없다.

歸妹以娣니 跛能履라. 征吉하리라.

어린 여동생을 시집보내면서 첩실로 하니, 절름발이가 걸을 수 있다.
적극적으로 하면 길하다.

眇能視니 利幽人之貞하니라.

애꾸눈이가 볼 수 있다. 조용히 숨어서 사는 은인(隱人)의 올바름을 지키는
것이 이롭다.

歸妹以須니 反歸以娣니라.

어린 여동생을 시집보내고자 기다리다가, 도리어 첩실로 시집보낸다.

歸妹愆期니 遲歸有時니라.

어린 여동생을 시집보내고자 하면서 기한을 지나친다. 지체하여 시집보내는
것은 때가 있다.

帝乙歸妹니 其君之袂가 不如其娣之袂良하니라.
月幾望이니 吉하리라.

황제 제을(帝乙)이 막내딸을 시집보낸다. 그 남편의 옷자락이 첩실의
옷자락이 좋은 것과 같지 못하다. 달이 거의 보름달에 가까워졌으니 길할
것이다.

女承筐하나 无實이요 士刲羊하나 无血이니
无攸利하니라.

여자가 과일 바구니를 받는데 과일이 없다. 사내가 양을 찌르는데 피가
나오지 않는다. 이로운 일이 없다.

女承筐하나 无實이요 士刲羊하나 无血이니 无攸利하니라.

여승광 무실 사규양 무혈 무유리

 이와 같은 모든 상황에도 불구하고 정략결혼은 그렇게 바람직한 것이 아니다. 귀매괘(歸妹卦)는 마지막에서, 파탄에 이르고 마는 정략결혼의 결과를 보여준다. 이로써 정략결혼을 염두에 둔 이들에게 거듭 다시 생각하고 조심할 것으로 권하는 것이다.

 여승광,무실(女承筐,无實)은 여자가 과일 바구니를 받는데, 과일이 없다는 뜻이다. 시집간 여자가 남자에게서 얻고자 한 것을 얻지 못한다는 것이다. 곧 시집간 여자가 자식을 얻지 못하거나, 혹은 빈껍데기뿐인 재산을 물려받는다는 말이다. 자식을 얻지 못한 것은 남자가 너무 늙었거나 생식 능력에 문제가 있기 때문이며, 재산이 없다는 것은 속아서 결혼했기 때문이다. 사규양,무혈(士刲羊,无血)은 사내가 양을 찌르는데, 피가 나오지 않는다는 뜻이다. 또한 남자가 여자에게서 얻고자 한 것을 얻지 못한다는 것이다. 시집온 여자가 월경을 하지 않아 남자가 자식을 얻지 못한다는 의미이다.

 과일 바구니인 줄 알고 받았는데 과일이 없는 것이니, 말 그대로 얼토당토 않은 상황이다. 피를 얻고자 찌른 양에서 피가 나오지 않는 일 또한 도저히 있을 수 없는 것이다. 무유리(无攸利)는 이로운 일이 없다는 뜻이니, 이 정략결혼의 결과를 말한 것이다. 이 정략결혼은 밑바닥부터 완전히 어긋난 것이나 마찬가지이다. 이는 이권을 목적으로 하는 정략결혼에서 요즈음도 심심치 않게 일어나는 일들이다.

承 승 잇다/ 계승하다/ 받들다   筐 광 광주리   刲 규 찌르다/ 잡다/ 죽이다   血 혈 피

좋은 신랑감이 아니라 더 많은 이권을 원한다

결혼이란 사랑하는 여자와 남자가 만나서 서로의 가족관계를 하나로 합치고 사회적인 지위를 나누며 살아갈 것을 맹세하는 일이다. 두 사람만의 감정에 치우쳐 서로의 가족관계나 사회적인 지위와 같은 외부적 조건을 외면하면 어려움을 피하기 어렵다. 그리고 지나치게 외부적 조건만을 중요하게 여기며 사랑의 감정을 하찮게 생각하는 일 또한 여자와 남자를 외롭게 만들고 만다.

귀매괘(歸妹卦)는 집안이나 지위 등과 같은 외부적인 조건을 고려하는 정략결혼에 대해 말한다. 이 결혼의 주인공은 시집가는 여자가 아니라, 어린 여동생을 시집보냄으로써 정치적, 경제적 이권을 얻으려 하는 자이다. 따라서 귀매괘가 관심을 두는 것은 시집가는 여자에게 좋은 신랑감이 어떤 남자인가 하는 문제가 아니다. 어떻게 하면 이 정략결혼을 성사시킬 수 있는가의 문제, 어떻게 해야 더 많은 이익을 얻을 수 있는가의 문제이다. 그리고 이 결혼이 어떤 한계를 가지고 있는가의 문제이다.

귀매괘는 기본적으로 정략결혼에 대해 부정적인 입장을 취한다. 이 정략결혼은 자신의 어린 여동생을 정실부인이 아니라 첩실로 보내는 경우가 대부분이기 때문이다. 이로써 음양의 조화를 이룰 수 없음에도 불구하고 이를 억지로 추진하기 때문이다. 그래서 이를 한쪽 다리에 장애가 있는 절름발이나 한쪽 눈을 보지 못하는 애꾸눈이의 비유를 들어 설명한다. 잘못된 정략결혼은 시집가는 여자를 망칠 뿐만 아니라 이 여자를 맞아들이는 남자에게도 좋지 않다는 것이다.

어떻게 좋지 않다는 것인가? 시집간 여자의 입장에서는 과일 바구니를 받았는데 그 속이 비어 있고, 남자의 입장에서는 양(羊)을 받았는데 피(血)가 없는 결과를 얻을 수 있다는 것이다. 곧 서로 정략결혼을 통해 얻고자 했던 것을 얻지 못하고 기만 당하고 말 가능성이 높다는 것이다. 이는 잘못된 결혼으로 인해 그나마 자신이 가지고 있던 지위나 명성, 재물마저도 잃을 수 있다는 경고에 다름 아니다.

물론 정략결혼이 성공하는 경우가 아주 없다고 말할 수는 없다. 첩실로 시집간 여자가 자신의 처지를 받아들이고, 자신의 마땅한 도리를 다하는 경우이다. 남들의 눈에 띄지 않은 자리에서 정실부인의 조력자로서 남편을 모시는 것이다. 그리고 남자가 군자의 덕을 갖추고 있어 성공을 거두는 경우도 이 정략결혼에 긍정적인 결과를 가져다준다. 여동생을 시집보낸 남자가 좀더 큰 이권을 누릴 수 있는 것이다.

지금의 관점으로는 이해할 수 없는 부분이 없지 않을 것이다. 하지만 지금의 결혼이라고 해서 이러한 정략결혼의 측면이 전혀 없다고 할 수는 없다. 상대방 집안의 사회적 지위나 경제력, 서로 주고받는 혼수 문제 등을 두고 시비가 일어나는 일이 이와 같은 것이다.

55. 풍豐괘 ; 풍요로움을 백성과 나누는 법

풍요로운 재물, 풍성한 무뢰한, 풍년, 성대함

풍　형　　왕 격 지　　　물 우　　의 일 중
豐은 亨하니 王假之하나니 勿憂요 宜日中이니라.

　풍(豐)은 풍요롭다는 말이다. 가득 차고 흡족하다는 것이니, 군왕의 덕이
크고 백성의 재물이 많다는 뜻이다. 풍,형(豐,亨)은 풍요로움의 기운이 세다
는 뜻이다. 여름 한낮에 해가 중천으로 솟아오르고 곡식이 뜨거운 햇빛을 받
아 자라나는 것처럼, 풍요로움을 몰고 오는 기운은 뜨겁고 강하다는 것이다.
그래서 이 기운은 아무나 움직일 수 있는 것이 아니다. 왕격지(王假之)는 군
왕이 이를 이르게 한다는 뜻이니 군왕만이 이 기운을 움직인다는 것이다. 곧
군왕이 높은 지위에 올라 큰 덕을 베풀면 백성들이 합심하고 노력하여 많은
재물을 불러온다.

豐 풍 풍년, 풍년이 들다/ 풍성하다, 무성하다/ 넉넉하다　假 격 이르다(어떤 장소나 시간에 닿다) 가 거짓/
가짜/ 가령/ 빌다, 빌려주다　憂 우 근심, 걱정/ 근심하다, 걱정하다/ 병/ 고통　宜 의 마땅하다/ 마땅히 ~
해야 한다/ 알맞다/ 아름답다/ 마땅히

그런데 풍요로움(豐)의 기운이 햇빛처럼 뜨거우면 많은 이들이 오히려 이를 두려워한다. 군왕의 힘이 미치는 것이 자신에게 형벌을 내리는 것은 아닐까, 해악을 끼치는 것은 아닐까 걱정스러워 하는 것이다. 하지만 강한 햇빛이 있어야 곡식이 여물 수 있는 것처럼, 군왕의 덕이 강하게 베풀어져야 풍성한 재물이 이루어지는 것이다. 그래서 물우(勿憂)라고 말하는 것이니, 근심하지 말라는 뜻이다.

의일중(宜日中)은 해가 중천에 있는 일은 마땅하다는 뜻이다. 해는 아무리 높이 솟아오른다 하더라도 일정한 한계를 넘지 않는다는 말이다. 이는 군왕 또한 중용의 덕을 가지고서 백성들에게 두루 혜택이 돌아가도록 할 뿐, 무자비한 탐욕으로 백성의 것을 빼앗는 것에 이르지는 않는다는 의미이다.

우 기 배 주　　　수 순　　　무 구　　　왕 유 상
遇其配主하니 雖旬이라도 无咎하니 往有尙이리라.

우기배주(遇其配主)는 짝을 이룰 만한 군왕을 만난다는 뜻이다. 짝을 이룰 만한 군왕이란 앞 구절에서 말한 중용의 덕을 갖춘 존재를 가리킨다. 신하나 백성들의 입장에서는 자신들과 함께 합심하여 풍요로움을 이끌어 낼 수 있는 군왕을 만나는 것이야말로 풍요로움을 이루는 필수 조건이다. 이는 풍성한 수확을 원하는 농부들에게 한여름의 햇살이 반드시 필요한 것과 마찬가지의 이치이다.

수순,무구(雖旬,无咎)는 비록 오랜 시간이 걸리더라도 허물할 일이 없다는 뜻이고, 왕유상(往有尙)은 더불어 앞으로 나아가면 숭상함을 얻는다는

配 배 짝, 짝짓다/ 걸맞다/ 나누다　**雖 수** 비록/ 아무리 ~하여도　**旬 순** 열흘/ 열흘 동안/ 십년/ 두루 미치다　**尙 상** 오히려/ 높다/ 숭상하다

뜻이다. 순(旬)자는 보통 열흘을 뜻하지만 경우에 따라서는 열 번이나 십년을 뜻하기도 한다. 여기서는 백성들이 군왕을 만나 함께 풍요로움을 만들어가는 기간이므로 열흘이라고 보기보다는 오랜 시간이라고 보는 것이 적절할 것이다. 숭상함이 있다는 것은 마침내 풍요로움을 얻는다는 것이다.

풍 기 부　일 중 견 두　왕 득 의 질　　　유 부 발 약　　길
豊其蔀라. 日中見斗니 往得疑疾이라도 有孚發若하면 吉하리라.

　풍요로움의 기운은 항상 군왕의 덕이나 백성의 재물에만 미치는 것이 아니다. 경우에 따라서는 예의와 염치를 모르는 간신배, 불법과 폭력을 일삼는 무뢰한(無賴漢)의 기운까지 풍요롭게 할 때가 있다.

　풍기부(豊其蔀)는 그 덮개를 풍성하게 한다는 뜻이다. 부(蔀)자는 무언가를 가려 보이지 않도록 하는 덮개를 가리키는 글자인데, 여기서는 군왕의 밝은 덕을 가리는 간신배를 상징한다. 일중견두(日中見斗)는 한낮에 북두성을 본다는 뜻이다. 간신배가 군왕의 덕을 가려 세상이 어두워진 것이, 한밤에야 볼 수 있는 북두성을 볼 정도라는 것이다. 왕득의질(往得疑疾)은 앞으로 나아가면 의심의 질병을 얻는다는 뜻이다. 간신배가 군왕의 덕을 가려 혼란스러운 상황에서, 군자가 자신의 뜻을 펼치기 위해 앞으로 나서다가는 주변 사람들로부터 불신을 당할 것이라는 말이다.

　유부발약,길(有孚發若,吉)은 믿음을 가지고 부지런히 움직이면 길하다는 뜻이다. 여기서 발약(發若)은 자신이 뜻한 일을 성사시키기 위해 부지런히 발을 동동거리며 움직이는 모습을 형용한 말이다. 곧 이 구절의 의미는 자신

蔀 부 빈지문(한 짝씩 끼웠다 떼었다 하게 만든 문)/ 차양(처마 끝 좁은 지붕)/ 덮개　斗 두 북두성/ 말(용량 단위)　疑 의 의심하다/ 괴이하게 여기다　發 발 피다/ 쏘다/ 드러내다/ 밝히다/ 베풀다(일을 차리어 벌이다)/ 빠른 발 모양

의 진실과 정성이면 통할 것이라는 확신을 가지고 노력하면 군왕이 마음을 움직일 것이니 길하다는 것이다.

풍 기 패 일 중 견 매 절 기 우 굉 무 구
豐其沛라. 日中見沬니 折其右肱이면 无咎니라.

풍기패(豐其沛)는 그 휘장을 풍성하게 한다는 뜻이다. 앞 구절에서 이미 덮개를 가렸는데 휘장까지 친 것이니 세상이 더욱 캄캄해졌다는 말이다. 일중견매(日中見沬)는 한낮에 희미한 매성(沬星)을 본다는 뜻이다. 매성(沬星)은 북두성 뒤편에 있는 희미한 별들을 가리킨다. 곧 군왕의 총기를 가리는 무뢰한(無賴漢)들의 횡포가 극심해져 세상이 더욱 캄캄해졌으므로 이처럼 희미한 별들까지 볼 수 있다는 말이다.

절기우굉,무구(折其右肱,无咎)는 그 오른팔을 부러뜨리지만 허물할 일이 없다는 뜻이다. 세상이 캄캄해서 아무것도 볼 수 없는데 자신의 뜻을 펼치려다가 오른팔을 부러뜨리고 만다는 것이다. 팔이 부러진 것은 큰 부상이기는 하지만 목숨을 잃을 것은 아니고 경우에 따라서는 나을 수도 있다. 게다가 팔이 부러져서 아무 일도 새로 시작할 수 없으므로 더 이상 화를 당할 가능성도 없다. 그래서 허물이 없다고 말하는 것이다.

풍 기 부 일 중 견 두 우 기 이 주 길
豐其蔀라. 日中見斗니 遇其夷主하면 吉하리라.

풍기부(豐其蔀)는 앞의 구절에서와 마찬가지로, 그 덮개를 풍성하게 한다는 말이고 간신배가 군왕의 밝은 덕을 가린다는 말이다. 일중견두(日中見

沛 패 (비가) 쏟아지다/ 내리다, 내려 주다/ 기, 깃발/ 성대한 모양　沬 매 매성(북극성 뒤의 희미한 별)/ 어둑어둑하다　折 절 꺾다/ 꺾이다, 부러지다　肱 굉 팔뚝　夷 이 오랑캐/ 동방 종족/ 사람이 활을 들고 있는 모양/ 멸하다, 멸망시키다/ 죽이다

豐은 亨하니 王假之하나니 勿憂요 宜日中이니라.

풍요로움의 기운이 세다. 군왕이 그것을 이르도록 하니 근심하지 말라. 해가 중천에 있는 것이 마땅하다.

遇其配主하니 雖旬이라도 无咎하니 往有尙이리라.

짝을 이룰 만한 군왕을 만난다. 비록 오랜 시간이 걸리더라도 허물할 일이 없으니, 앞으로 나아가면 숭상함을 얻는다.

豐其蔀라. 日中見斗니 往得疑疾이라도 有孚發若하면 吉하리라.

그 덮개를 풍성하게 한다. 한낮에 북두성을 보니 앞으로 나아가면 의심의 질병을 얻는다. 믿음을 가지고 부지런히 움직이면 길할 것이다.

豐其沛라. 日中見沫니 折其右肱이면 无咎니라.

그 휘장을 풍성하게 한다. 한낮에 희미한 매성(沫星)을 보니 그 오른팔을 부러뜨린다. 허물할 일은 없다.

豐其蔀라. 日中見斗니 遇其夷主하면 吉하리라.

그 덮개를 풍성하게 한다. 한낮에 북두성을 보니 활을 든 군왕을 만난다. 길할 것이다.

來章이면 有慶譽하여 吉하니라.

아름다움을 오게 하면 경사로운 일과 명예로운 일이 있어서 길하다.

豐其屋하고 蔀其家라. 闚其戶하면 闃其无人하여 三歲不覿하니 凶하니라.

그 집안을 풍요롭게 만들고 그 집을 덮어씌운다. 그 집 출입문을 엿보면 쓸쓸하여 사람이 없다. 삼년이 지나도 보이지 않으니 흉하다.

斗)는 또한 한낮에 북두성을 본다는 말이니 간신배의 득세가 그만큼 어둡다는 것이다.

그렇지만 이번 상황은 앞에서와는 다르다. 앞에서는 군자가 믿음을 가지고 부지런히 힘써야 했으나, 이번에는 밝은 지혜와 함께 과단성을 갖춘 군왕을 만나 문제를 해결한다. 우기이주,길(遇其夷主,吉)은 활을 든 군왕을 만나면 길하다는 뜻이다. 이(夷)자는 활을 잘 쏘는 유목민족을 뜻하는 글자로, 뛰어난 무예로 평정하여 평화롭게 만든다는 의미까지 담고 있다. 여기서는 과감성을 갖춘 무사처럼 간신배를 척결하고 평온을 되찾는 군왕을 의미하는 것으로 쓰였다. 밝은 해처럼 간신배의 죄상을 환하게 비추고 이를 몰아낸다는 뜻으로 읽을 수도 있다.

<ruby>來章<rt>내 장</rt></ruby>이면 <ruby>有慶譽<rt>유 경 예</rt></ruby>하여 <ruby>吉<rt>길</rt></ruby>하니라.

내장(來章)은 아름다움을 오게 한다는 뜻이다. 장(章)자는 소리(音)를 한 묶음(十)씩 기록한다는 의미를 가진 글자로, 문장(文章), 제도, 아름답다, 모범 등의 뜻을 나타낸다. 이 구절은 곧 아름다운 덕과 문장 능력을 갖춘 군자를 불러 모범으로 삼는다는 말이다. 이로써 덮개와 휘장으로 가려져 있던 해를 다시 빛날 수 있도록 한다는 것이다. 간신배의 농간에 가려져 있던 군왕의 덕을 다시 백성들에게 베풀 수 있도록 한다는 것이다. 유경예,길(有慶譽, 吉)은 경사로운 일과 명예로운 일이 있으니 길하다는 뜻이다. 곧 아름다운 군자를 부른 결과로 이와 같은 길함을 얻는다는 말이다.

章 장 밝다/ 아름답다/ 글, 문장/ 모범, 본보기   **慶 경** 경사/ 선행/ 경사스럽다, 축하하다   **譽 예** 명예/ 기리다, 칭송하다

풍 기 옥　　　부 기 가　　　규 기 호　　　격 기 무 인　　　삼 세 불 적
豐其屋하고 蔀其家라. 闚其戶하면 闃其无人하여 三歲不覿하니
흉
凶하니라.

풍기옥(豐其屋)은 그 집안을 풍요롭게 만든다는 뜻이고, 부기가(蔀其家)
는 그 집을 덮어씌운다는 뜻이다. 곧 집안에 많은 곡식과 재물을 쌓아 놓고
이를 덮어 씌워서 다른 사람들이 보지도 못하게 하고 들어오지도 못하게 한
다는 것이다. 규기호(闚其戶)는 그 집 출입문을 엿본다는 뜻이고, 격기무인
(闃其无人)은 고요하고 쓸쓸하여 사람이 없다는 뜻이다. 삼세불적,흉(三歲
不覿,凶)은 삼년이 지나도 보이지 않으니 흉하다는 뜻이다.

풍요로움을 쌓으면 백성들에게 베푸는 것이 군자의 덕이다. 그런데 이 구
절에서는 군자가 풍요로움을 쌓고도 이를 숨겨놓고 백성들과 나누지 않는
모습을 보여준다. 이렇게 숨겨놓고 나누려 하지 않으면 백성들이 아무도 찾
아오지 않아 결국은 인적 없는 폐가와도 같아진다는 것이다.

풍요로움은 혼자 얻을 수 없는 것이다

풍요로움을 개인의 복으로 치부하는 사람들이 있다. 스스로 열심히 노력해서 얻
은 결과이니 다른 게으른 이웃들과는 나눌 필요가 없다고 주장하는 사람들도 있다.

屋 옥 집, 주거/ 덮개, 수레의 덮개　闚 규 엿보다/ 잠깐 보다/ 조사하다　闃 격 고요하다(조용하고 잠잠하
다)/ 인기척이 없다　覿 적 보다, 만나 뵙다

하지만 이는 잘못된 생각이다. 풍괘(豐卦)에 따르면 풍요로움은 절대로 개인적인 차원에서 이룰 수 있는 것이 아니다. 물론 개인적인 차원에서 이를 누리고자 해서도 안된다.

풍괘(豐卦)는 가장 먼저 이 풍요로움의 기운은 군왕이라야 움직일 수 있는 것이라고 말한다. 이는 곧 풍요로움이 한 개인의 일이 아니라 한 나라의 일이고, 한 나라의 모든 구성원들이 함께 애를 써야 얻을 수 있는 것이라는 의미를 나타낸다. 그러므로 자신이 혼자서 풍요로움을 이루었다는 생각은 바보스럽기까지 한 것이다. 풍요로움이 나라의 일이라면, 풍요로움의 기운이 막혔을 때는 어떻게 해야 하는가? 풍요로움을 얻기 위해서는 우선 제대로 된 군왕을 만나야 한다. 나머지 개인들이 할 수 있는 일은 이 군왕을 잘 보필하여 풍요로움을 불러오는 것과 이 풍요로움을 나누어 받는 것이다.

풍괘는, 하늘의 해가 중천에 이른 상황, 그러니까 군왕이 제 역할을 충실히 하고 하늘의 도가 온 세상에 밝게 비추는 상황에서 풍요로움이 이루어질 수 있다고 말한다. 한낮의 햇볕이 뜨거우면 곡식이 잘 여무는 것처럼, 군왕의 덕이 밝게 빛나야 한다는 것이다. 하늘의 해는 뜨거우니 사람들이 두려워할 수도 있다. 하지만 이것이야말로 풍요로움의 기운이 제자리를 지키고 있다는 증거이다. 조금도 두려워할 일이 아니라는 말이다.

풍괘는 그 다음으로, 풍요로움의 기운이 막힌 상황에서 어떻게 대처할 것인가 하는 문제를 설명한다. 풍요로움의 기운이 막혔다는 것은 군왕이 덕을 베풀지 못한다는 것이다. 이런 어지러운 상황에서는 군자가 홀로 앞으로 나서 봐야 흉한 꼴만 당하고 만다. 한낮인데도 북두성이 보이는 이상한 상황이기 때문이다. 그렇다면 어떻게 해야 하는가? 작게는 의심받을 일을 하지 말고 크게는 믿음으로 기다려야 한다. 그리고 군왕을 찾아가 군왕의 덕이 베풀어지지 않는 까닭에 대해 설명해야 한다.

만약 어떤 군자가 있어서 풍요로움의 기운이 막힌 나라의 군왕을 돕고 백성들에게 다시 하늘의 해를 찾아줄 수 있다면, 이 군자는 진실로 명예와 재물을 얻을 것이다. 이것이 풍요로움의 기운이 막혔을 때 군자가 할 일이다.

　이런 어려운 과정을 거쳐 풍요로움을 얻었다면 그 다음에는 어떻게 해야 하는가? 풍괘는 다른 괘에서 여러번 이야기했던 것처럼, 자신의 풍요를 이웃들과 나누라고 힘주어 강조한다. 이를 거부한 채 담을 더 높이 쌓고 지붕을 넓게 씌우면 찾아오는 사람이 없을 것이다. 이 집의 풍요로움은 곧 흉한 일로 변할 것이다.

56. 여旅괘 : 기회를 얻기 위해 떠돌아다님

유랑(流浪), 정처 없는 나그네, 여행, 여로

旅는 小亨하고 旅貞吉하니라.

여(旅)는 떠돌아다닌다는 말이다. 군자가 자신의 뜻을 펼치기 위해 여기저기, 이곳저곳, 이 나라 저 나라를 떠돌아다니며 생활하는 것이다. 소형(小亨)은 작은 것이 힘차게 자라난다는 말이다. 정처 없는 여행이므로 작은 우연, 작은 만남, 작은 동기 따위가 점차 확대되어 오랫동안 먼 길을 가도록 한다는 것이다. 여기서 형(亨)자는 만물의 성장기인 형(亨)의 시절에 무언가가 자라나는 모습을 가리킨다.

여행의 과정에서 군자는 인격적 수련이나 인간관계 등과 관련하여 자신의 생활 철학을 지키지 못하기가 쉽다. 게다가 작은 것이 힘차게 자라나는 운세이므로 작은 악행, 작은 악연 또한 순식간에 자라난다. 그래서 여정길(旅貞

旅 려 나그네, 여행자/ 여행하다/ 떠돌아다니다/ 군대, 무리

吉)이라고 말하는 것이니, 떠돌아다님은 올바름을 지켜야 길하다는 뜻이다.

<ruby>旅<rt>여</rt></ruby> <ruby>瑣<rt>쇄</rt></ruby> <ruby>瑣<rt>쇄</rt></ruby>니 <ruby>斯<rt>사</rt></ruby> <ruby>其<rt>기</rt></ruby> <ruby>所<rt>소</rt></ruby> <ruby>取<rt>취</rt></ruby> <ruby>災<rt>재</rt></ruby>니라.

여쇄쇄(旅瑣瑣)는 떠돌아다니면서 쩨쩨하고 자질구레하게 군다는 뜻이다. 처음 떠돌아다니기 시작하면서 곤경에 처하면 말과 행동이 야비하고 추잡해진다는 것이다. 사기소취재(斯其所取災)는 이로써 그가 재앙을 취한다는 뜻이다. 품위를 잃고 비루하게 굴기 때문에 이 여행자의 모습은 유리걸식(遊離乞食)하는 자의 그것과 크게 다르지 않다. 떠돌아다니는 것은 자신의 뜻을 펼치기 위한 것인데, 뜻을 펼치기는커녕 얼마 지나지 않아 불행한 일을 당하고 말 것이라는 말이다.

<ruby>旅<rt>여</rt></ruby> <ruby>卽<rt>즉</rt></ruby> <ruby>次<rt>차</rt></ruby>에 <ruby>懷<rt>회</rt></ruby> <ruby>其<rt>기</rt></ruby> <ruby>資<rt>자</rt></ruby>하고 <ruby>得<rt>득</rt></ruby> <ruby>童<rt>동</rt></ruby> <ruby>僕<rt>복</rt></ruby>하여 <ruby>貞<rt>정</rt></ruby>하니라.

여즉차(旅卽次)는 정처 없는 여행자가 거처할 곳에 다다른다는 말이다. 차(次)자는 숙박시설을 가리키는 글자인데, 여기서는 군자인 여행자가 도착한 나라의 유력 인사를 만나 자신의 뜻을 전하기 위해 한동안 머무는 거처를 이르는 말이다. 그리고 유력 인사를 만난다는 것은 이로써 얼마간의 노잣돈을 얻을 수도 있고 일자리를 얻을 수도 있다는 의미를 포함하고 있다.

회기자(懷其資)는 그 노잣돈을 생각한다는 뜻이고, 득동복(得童僕)은 어린 심부름꾼을 얻는다는 뜻이다. 한동안 머물 나라에서 격식과 예의를 차리기 위해서는 이런저런 일을 도와줄 심부름꾼이 필요하다. 이와 같은 심부름

瑣 쇄 자질구레하다/ 세분하다/ 부스러지다 斯 사 이, 이것 災 재 재앙 次 차 버금/ 둘째/ 머뭇거리다/ 머무르다, 묵다/ 거처, 임시 거처/ 숙소 懷 회 품다/ 생각하다 資 자 자본, 재물/ 비용 僕 복 사내종/ 동복, 어린 심부름꾼/ 마부

꾼을 얻을 때는 자신이 이미 가지고 있는 자금, 또는 자신이 받을 가능성이 있는 자금의 규모를 감안해야 한다는 것이다. 정(貞)은 올바름을 지켜야 한다는 것이니, 이처럼 심부름꾼을 얻어서 여행자로서의 도리를 다한다는 것이다.

旅焚其次하고 喪其童僕하니 貞厲하니라.

여분기차(旅焚其次)는 정처 없는 여행자가 그 거처에 불을 낸다는 뜻이고, 상기동복(喪其童僕)은 그 어린 심부름꾼을 잃는다는 뜻이다. 실제로 그 거처에 불이 나서 심부름꾼을 잃은 것일 수도 있지만, 여기서는 여행자가 앞서 도착한 나라의 유력 인사를 만나는 과정에서 무언가 실수를 저질러 기회를 잃는다는 의미를 나타낸다. 정려(貞厲)는 올바름을 지켜도 위태롭다는 뜻이니, 이처럼 실수를 저지른다면 여행자로서의 도리를 다한다 하더라도 위험에 빠질 수 있다는 말이다.

旅于處에 得其資斧하여 我心不快로다.

여우처(旅于處)는 정처 없는 여행자가 그 거처에 묵는다는 뜻이고, 득기자부(得其資斧)는 그 노잣돈 도끼를 얻는다는 뜻이다. 여기서 처(處)는 앞서의 차(次)에 비해 허름한 숙박시설을 말한다. 자부(資斧)는 노잣돈 도끼로, 노잣돈을 낼 수 없는 형편이라 대신 도끼로 장작을 패는 일을 한다는 의미를 담고 있다. 아심불쾌(我心不快)는 자신의 마음이 유쾌하지 못하다는 뜻

焚 분 불사르다/ 불태우다　處 처 곳, 처소/ 때, 시간/ 살다, 거주하다/ 정착하다/ 머무르다/ (어떤 지위에) 있다　斧 부 도끼/ 도끼로 찍다　快 쾌 쾌하다, 상쾌하다/ 시원하다/ 빠르다/ 즐겁다/ 날카롭다

旅는 小亨하고 旅貞吉하니라.

떠돌아다니는 일은 작은 것이 힘차게 자라난다. 떠돌아다닐 때에는 올바름을
지켜야 길하다.

旅瑣瑣니 斯其所取災니라.

떠돌아다니면서 쩨쩨하게 군다. 이로써 그는 재앙을 취한다.

旅卽次에 懷其資하고 得童僕하여 貞하니라.

정처없는 여행자가 거처할 곳에 다다를 때에, 그 노잣돈을 생각하고 어린
심부름꾼을 얻는다. 올바름을 지켜야 한다.

旅焚其次하고 喪其童僕하니 貞厲하니라.

정처없는 여행자가 그 거처에 불을 내고 어린 심부름꾼을 잃으니, 올바름을
지켜도 위태롭다.

旅于處에 得其資斧하여 我心不快로다.

정처없는 여행자가 그 거처에 묵는다. 그 노잣돈 도끼를 얻어서 마음이
유쾌하지 못하다.

射雉一矢亡이나 終以譽命이리라.

꿩을 쏘고 화살 하나를 잃는다. 끝내는 이로써 명예로운 명령을 얻을 것이다.

鳥焚其巢니 旅人先笑하고 後號咷라. 喪牛于易니
凶하니라.

새가 자신의 둥지를 불태우니 여행자가 먼저 웃다가 나중에는 울부짖는다.
쉽게 소를 잃으니 흉하다.

이니, 노잣돈조차 마련할 수 없는 상황이라면 당연한 일이다. 무언가 실수를 저지른 탓에 기회를 잃었기 때문에 더 이상의 노잣돈을 마련할 수 없는 상황이 아마도 이러할 것이다.

<ruby>射<rt>사</rt>雉<rt>치</rt>一<rt>일</rt>矢<rt>시</rt>亡<rt>망</rt></ruby>이나 <ruby>終<rt>종</rt>以<rt>이</rt>譽<rt>예</rt>命<rt>명</rt></ruby>이리라.

사치일시망(射雉一矢亡)은 꿩을 쏘고 화살 하나를 잃는다는 뜻이다. 꿩을 쏜다는 것은 군자인 여행자가 자신의 뜻을 펼치기 위해 시도한다는 것이고, 화살 하나를 잃는다는 것은 최소한의 노력을 기울인다는 의미이다. 자신이 가지고 있는 것을 한꺼번에 투자하는 것이 아니라, 화살 하나 정도씩 나누어 투자한다는 것이다.

종이예명(終以譽命)은 종래에는 이로써 명예로운 명령을 얻는다는 뜻이다. 예명(譽命)은 아름다운 명성이나 천명(天命)을 따르는 소임을 얻는다는 뜻일 것인데, 여기서는 여러 번 화살을 잃는 시도를 한 끝에 마침내 한 나라의 군왕이나 실력자들로부터 직책을 맡아달라는 요청을 받는다는 말일 것이다. 작은 손해를 입은 후에 큰 혜택을 받아 높은 지위에 오르는 것이라 할 수 있다.

<ruby>鳥<rt>조</rt>焚<rt>분</rt>其<rt>기</rt>巢<rt>소</rt></ruby>니 <ruby>旅<rt>여</rt>人<rt>인</rt>先<rt>선</rt>笑<rt>소</rt></ruby>하고 <ruby>後<rt>후</rt>號<rt>호</rt>咷<rt>도</rt></ruby>라. <ruby>喪<rt>상</rt>牛<rt>우</rt>于<rt>우</rt>易<rt>이</rt></ruby>니 <ruby>凶<rt>흉</rt></ruby>하니라.

조분기소(鳥焚其巢)는 새가 자신의 둥지를 불태운다는 뜻이다. 여인선소(旅人先笑)는 여행자가 먼저 웃는다는 뜻이고, 후호도(後號咷)는 나중에 울부짖는다는 뜻이다. 곧 높은 지위를 얻은 여행자가 자만하여 웃다가 나중에

射 사 쏘다/ 비추다/ 사수 **雉 치** 꿩 **矢 시** 화살 **亡 망** 망하다, 멸망하다/ 도망하다/ 달아나다/ 잃다/ 없애다/ 죽은 사람, 망인 **譽 예** 기리다, 칭송하다/ 즐기다/ 명예/ 칭찬, 좋은 평판 .**鳥 조** 새/ 봉황 **巢 소** 새집/ 보금자리/ 보금자리를 짓다 **笑 소** 웃다, 웃음 **號 호** 이름/ 기호/ 부르짖다, 호소하다 **咷 도** 울다 **易 이** 쉽다

후회를 하며 통곡하는 것이, 마치 새가 높은 곳에 만든 둥지를 불태우는 것과 같다는 의미이다. 군자가 여행자로서 떠돌아다닐 때는 무엇보다도 자신을 겸손하게 낮추며 자신이 도착한 나라의 사람들과 조화를 이루어야 한다는 것이다.

상우우이,흉(喪牛于易,凶)은 쉽게 소를 잃으니 흉하다는 뜻이다. 여기서 소는 자신이 가진 큰 재물을 가리키는 것이니, 그 동안 쌓아 올린 명성과 신뢰까지를 포함하는 것이다. 화살 하나를 잃는 것과는 비교할 수조차 없을 만큼 중요하다. 이처럼 중요한 것을 잃었으니 흉하다(凶)고 말하는 것이다.

인생이라는 여행은 함께 떠나고 함께 돌아오는 것이다

'인생은 나그네길'이라고 처음 말한 사람은 도가 사상가 장자(莊子)이다. 장자에 따르면 이 세상은 하나의 거대한 여관이고 우리는 모두 이 여관에 머무는 떠돌이들이다. 우리는 조만간 다시 어디론가 떠날 존재들일 뿐이다. 그렇기에 지금 이 세상에 매달리는 것은 어리석다는 것이다.

그렇지만 '인생이 나그네길'이라면 집착을 버리는 것도 중요하지만, 인생이라는 여정을 좀더 잘 여행하기 위한 여행의 기술을 익히는 일도 중요하다. 산맥을 오르려는 등산가에게 등산의 기술이 필요한 것이나, 대양을 향해 떠나는 항해사에게 항해의 기술이 필요한 것과 마찬가지이다. 여괘(旅卦)는 이처럼 모든 사람에게 필요한 인생의 기술을 여행자의 상황에 빗대어 설명하고 있다. 여행자에게 닥치는 여러 상황을 통해 우리 인생이 경험할 여러 상황을 알려준다. 과연 어떻게 해야 우리는 이 인생이라는 이름의 여행을 잘 끝마칠 수 있는가?

여괘에 따르면 여행에는 길한 여행과 흉한 여행이 있다. 좋은 인생과 나쁜 인생이 있다는 것이다. 이 길흉과 선악은 언제 판명되는가? 끝나 봐야 안다. 그 끝이 좋으면 길한 여행이고 그 끝이 나쁘면 흉한 여행이다. 그러니 사람도 죽은 후에야 그인생이 좋은 것이었는지 나쁜 것이었는지 판가름할 수 있다. 이것이 죽기 전에 누구나 인생의 기술을 배워야 하는 이유이다.

여괘(旅卦)는, 여행 중에는 머물 곳이 있어야 한다고 말한다. 머물 곳이 아예 없는 여행은 좋은 여행이 아니다. 열악한 숙박시설에서 숙박비조차 없이 잡일을 해가며 머물러야 한다면 이런 여행 또한 좋은 여행은 아니다. 여행 중에 머물 곳은 편안하게 머물 수 있는 좋은 숙박시설이어야 한다. 이를 위해서는 충분한 여행 자금을 마련해 두어야 한다. 나이가 들고 여행할 일이 늘어날수록, 돈과 여행의 관계는 더욱 밀접해진다. 나이 든 사람이 돈없이 여행하는 것은 몹시 서글픈 일이다. 인생도 여행이므로 돈이 들고, 나이가 들수록 돈이 더 필요하다.

그리고 좋은 여행을 위해서는 어린 심부름꾼 또한 필요하다. 이 심부름꾼은 시중을 드는 아랫사람이기도 하지만 더불어 여행하는 동반자이기도 하다. 인생이 여행이라면 나와 함께해 주는 가족, 친구, 이웃, 나를 가르쳐 주는 스승이 모두 이와 같은 사람이다. 이들과 더불어 밀고 끌면서 함께 나아가는 것이 인생이라는 이름의 여행이다. 이를 잊지 말아야 한다. 독불장군은 없다.

여행을 떠나고자 하는가? 여행과도 같은 삶을 사는가? 그렇다면 배낭을 싸기 전에 무엇을 준비하고 있는지 점검해볼 일이다. 묵을 곳은 있는지, 여행 자금은 충분한지, 함께할 사람들은 있는지를 말이다.

57. 손巽괘 ; 유순한 사람이 자신을 낮춤

공손, 겸손, 순종, 능력자를 따름, 엎드림

손　　소 형　　　이 유 유 왕　　　이 견 대 인
巽은 小亨하니 利有攸往하며 利見大人하니라.

　손(巽)은 공손하다는 말이다. 부드러운 마음과 태도로 자신을 낮추고 남을 따르는 것이니, 언제 어디에서도 받아들여지지 못하는 경우가 없다. 마치 바람이 들어가지 못하는 곳이 없는 것과 같다.

　소형(小亨)은 작은 것이 힘차게 자라난다는 말이다. 공손함은 작은 우연, 작은 만남, 작은 동기가 커져서 이루어지지 못하는 일이 없도록 한다는 것이다. 여기서 형(亨)자는 만물의 성장기인 형(亨)의 시절에 무언가가 힘차게 자라나는 모습을 가리킨다. 이유유왕(利有攸往)은 앞으로 나아가는 것이 이롭다는 뜻이다. 공손한 마음이라면 무슨 일을 시작하든 성공적으로 일을 진행

巽 손 공손하다/ 부드럽다/ 유순하다/ 동남쪽　**攸 유** 바(=所)/ 곳, 장소　**往 왕** 가다/ 앞으로 나아가다/ (물품을) 보내다/ 향하다 / 과거, 옛날

494

시켜 나갈 수 있다는 것이다. 이견대인(利見大人)은 대인을 뵙는 것이 이롭다는 뜻이니, 지혜로운 실력자를 만나 도움을 받음으로써 더 큰 성공을 거둘 수 있다는 것이다.

進退니 利武人之貞이니라.
<small>진 퇴　　이 무 인 지 정</small>

진퇴(進退)는 나아가다가 물러난다는 뜻이다. 공손함의 태도를 가지고 나아가다가 물러난다는 것은 지나치게 자신을 낮추어 어찌할 바를 모르는 것이다. 이무인지정(利武人之貞)은 무인의 고집스러움이 이롭다는 뜻이다. 무인은 굳세고 공격적이어서 공손함의 태도와는 관련이 없다. 그러므로 이 구절의 의미는 '진짜 무인의 고집스러움'을 지키라는 것이 아니다. 나아가기로 했든 물러나기로 했든 한번 결정하면, '마치 무인과도 같은' 고집스러움으로 계속 나아가거나 물러나라는 것이다.

巽在牀下니 用史巫紛若하면 吉하고 无咎리라.
<small>손 재 상 하　　용 사 무 분 약　　길　　무 구</small>

손재상하(巽在牀下)는 공손함이 침상 아래에 있다는 뜻이다. 자신을 낮추는 공손함이 지나쳐 침상 아래로 엎드리기까지 하니, 자신이 해도 괜찮은 일을 하지 못하고 맡아도 좋을 일을 고사하는 것이다. 세상이 어지럽다고 여겨 집안에만 들어앉아 있는 꼴이다.

용사무분약(用史巫紛若)은 사관과 무당으로 하여금 어지러움을 다스리도록 한다는 뜻이다. 사(史)는 제사의 제문을 짓고 역법을 연구하여 점을 치는

進 진 나아가다/ 벼슬하다　**退 퇴** 물러나다/ 그만두다/ 겸양하다　**在 재** 있다, 존재하다/ ~에　**牀 상** 상/ 평상(平牀)/ 침상/ 책상/ 마루　**史 사** 사기(史記), 사서/ 사관(史官)/ 역사/ 역사를 기록하다　**巫 무** 무당, 여자무당　**紛 분** 어지럽다/ 번잡하다, 번거롭다/ 엉클어지다

사관(史官)을 가리키고, 무(巫)는 사관의 점괘에 따라 제사를 지내거나 가무를 행하는 무당을 가리킨다. 사관이 양(陽)의 기운을 가지고 일을 처리한다면, 무당은 음(陰)의 기운을 가지고 일을 처리한다. 분약(紛若)은 어지러운 모양이나 성대한 모양을 형용하는 말이다. 길,무구(吉,无咎)는 길하고 허물할 일도 없다는 뜻이다. 사관과 무당은 진실함으로 귀신과 통하는 이들이다. 그래서 이들을 쓰면 좋은 결과를 얻을 수 있다는 것이다.

_{빈 손} _인
頻巽이니 吝하니라.

빈손,린(頻巽,吝)은 얼굴을 찡그리며 자신을 낮추면 옹색하다는 뜻이다. 공손한 마음이 지극하지 못하면 공손한 태도를 유지하는 것이 쉽지 않다. 그래서 자신을 낮추고 싶지 않은 속마음을 숨긴 채 억지로 공손한 척하면 자신도 모르는 사이에 얼굴을 찡그리게 되는 것이다. 당연히 이러한 억지스러움을 다른 사람들이 모를 수 없다. 그래서 옹색해진다고 말하는 것이다.

_{회 망} _{전 획 삼 품}
悔亡하니 田獲三品이로다.

회망(悔亡)은 공손함은 후회할 일이 없다는 뜻이고, 전획삼품(田獲三品)은 사냥에서 삼품(三品)을 잡는다는 뜻이다. 공손한 마음을 진정으로 실천할 수 있으면 후회가 있을 수 없으며, 공손한 태도로 일을 진행시켜 나가면 훌륭한 성과를 거두지 못할 일이 없다는 말이다.

여기서 삼품은 품질 등급이 매우 좋은 세 가지 사냥감을 말한다. 〈주역〉

頻 빈 자주/ 빈번히/ 찡그리다, 찌푸리다/ 급하다, 절박하다/ 친하다　**田 전** 밭, 심다/ 사냥터, 사냥하다　**獲 획** 빼앗다/ 얻다, 획득하다/ 짐승을 잡다/ 일이나 때의 마땅함을 얻다　**品 품** 물품/ 등급/ 품위, 품격/ 품계, 벼슬의 차례

시대와 멀지 않은 시기에 쓰여진 〈예기(禮記)〉에 따르면 군왕은 매년 세 차례 사냥에 나서는데, 이때 잡은 사냥감을 다음과 같은 세 가지로 나누었다고 한다. 심장을 쏘아 잡은 것으로 제사에 쓸 수 있는 일품(一品), 넓적다리나 정강이를 쏘아 잡은 것으로 손님을 대접할 때 쓸 수 있는 이품(二品), 배에 쏘아 잡은 것으로 궁중 수라간에서 쓸 수 있는 삼품(三品) 등이 그것이다.

그러므로 삼품을 잡는다는 것은 제사, 손님 접대, 진상품 등 중요한 쓰임새가 있는 모든 것을 획득한다는 것이다. 이로써 이 삼품을 잡는다는 말은 곧 군자가 도덕, 공명(功名), 부귀 등의 세 가지를 얻는다는 의미를 함축한다. 공손함의 마음과 태도가 가져다주는 결과가 이와 같다는 것이다.

貞하면 吉悔亡하여 无不利니 无初有終이라. 先庚三日하고 後庚三日하여 吉하니라.

정(貞)은 고집스럽게 지킨다는 뜻이니, 공손함의 마음과 태도를 끝까지 유지한다는 말이다. 길회망(吉悔亡)은 길하고 후회할 일이 없다는 뜻이고, 무불리(无不利)는 이롭지 않은 일이 없다는 뜻이다. 하지만 이러한 결과가 금세 나타나는 것은 아니다. 무초유종(无初有終)은 처음은 없어도 끝은 있다는 뜻이다. 공손함의 결과는 일의 마지막에 이르러서야 그 결과가 드러난다는 뜻이다.

선경삼일(先庚三日)과 후경삼일(後庚三日)의 경(庚)은 갑을병정(甲乙丙丁)과 무기경신임계(戊己庚辛壬癸)의 천간(天干)에 나오는 경이다. 곧 선경삼일은 경의 앞 세 번째 날인 정(丁)을, 후경삼일은 경의 뒤 세 번째 날인 계

庚 경 일곱째 천간

巽은 小亨하니 利有攸往하며 利見大人하니라.

공손함은 작은 것이 힘차게 자라난다. 앞으로 나아가는 것이 이로우며 대인을
뵙는 것이 이롭다.

進退니 利武人之貞이니라.

나아가다가 물러나니, 무인(武人)과 같은 고집스러움이 이롭다.

巽在牀下니 用史巫紛若하면 吉하고 无咎리라.

공손함이 지나쳐 침상 아래에 있다. 사관(史官)과 무당으로 하여금
어지러움을 다스리도록 하면 길하다. 허물할 일도 없을 것이다.

頻巽이니 吝하니라.

얼굴을 찡그리고 억지로 자신을 낮추면 옹색하다.

悔亡하니 田獲三品이로다.

공손함은 후회할 일이 없으니 사냥에서 매우 좋은 삼품(三品)의 사냥감을
잡는다.

貞하면 吉悔亡하여 无不利니 无初有終이라.
先庚三日하고 後庚三日하여 吉하니라.

고집스럽게 지키면 길하고 후회할 일도 없다. 모든 일이 이로우니, 처음은
없어도 끝은 있다. 우뚝 솟아오른 나무의 씨앗과도 같아서 길하다.

巽在牀下하여 喪其資斧하니 貞凶하니라.

공손함이 지나쳐 침상 아래에 있다. 그 자금을 마련한 도끼를 잃으니
올바름을 지켜도 흉하다.

(癸)를 의미한다. 그리고 정은 나무가 우뚝 솟아오른 모습을, 계는 씨앗이 널리 퍼져나가는 모습을 의미한다. 또한 끝에 이르러 결과를 드러내는 공손함의 모습이 이 나무와 씨앗같이 길하다(吉)는 말이다.

손 재 상 하 　　　상 기 자 부 　　　정 흉
巽在牀下하여 喪其資斧하니 貞凶하니라.

　손재상하(巽在牀下)는 공손함이 침상 아래에 있다는 뜻이다. 자신을 낮추는 공손함이 지나쳐 침상 아래로 엎드리기까지 한다는 것이다. 상기자부(喪其資斧)는 그 자금을 마련할 도끼를 잃는다는 뜻이다. 곧 기본적인 생활 수단조차 잃고 이를 새로 얻을 수 있는 능력조차 가지고 있지 못하다는 것이다. 자신을 낮추고 또 낮추다가 피폐해질 대로 피폐해진 사람의 상황을 말한 것이다. 이런 상태를 계속 이어가면 공손함의 원칙 따위는 아무 소용이 없다. 그래서 정흉(貞凶)이라 말하는 것이니, 아무리 올바름을 지켜도 흉하다는 뜻이다.

공손한 사람은 항상 다른 사람에게 자신을 맞춘다

　손(巽)은 공손함이요, 순종함이요, 유순함이다. 손(巽)자는 물건을 마련한 다음 자신의 몸을 낮추어 그것을 다른 사람에게 바치는 일을 나타내는 글자이다. 부드러운 성격으로 고개를 숙이니 언제 어디에서라도 받아들여진다. 마치 바람이 불어가

資 자 자본, 자금/ 재물/ 비용

지 못할 곳이 없는 것처럼, 자신을 낮출 수 있는 사람은 받아들여지지 않는 곳은 없다. 형체가 없는 부드러운 바람은 사물의 형태에 따라 항상 자신의 모습을 바꾼다. 이처럼 공손한 사람 또한 항상 다른 사람에게 자신을 맞춘다는 것이다.

사실 이 공손함의 덕은 겸괘(謙卦)에서 말한 겸손(謙)의 덕과 크게 다르지 않다. 사실 우리가 자신을 낮춘다는 의미로 가장 많이 쓰는 '겸손(謙巽)'이라는 단어는 겸괘의 겸(謙)자와 손괘(巽卦)의 손(巽)자를 합친 것이다. 겸과 손은 거만(倨慢)하게 남을 깔보거나 업신여기지 않으며, 자신의 몸을 낮추어 다른 사람을 존중하고 받드는 것이다. 이런 측면에서 겸손은 〈주역〉 시대 이래 동양 문화권에서 군자를 비롯한 모든 백성들에게 가장 중요한 덕목 가운데 하나로 여겨져 왔다.

하지만 필자는 겸괘의 겸손함과 손괘의 공손함이 조금 다른 의미를 가지고 있는 개념이라고 이해하고 있다. 겸손함(謙)은 스스로 훌륭한 인격과 능력을 가지고 있지만 이를 드러내지 않는 쪽에 가깝다면, 공손함(巽)은 스스로의 인격과 능력이 부족하다고 여기기 때문에 좀더 훌륭한 다른 사람을 따라야 한다고 여기는 쪽에 가깝다. 겸손함이 어려운 상황을 맞아 자신을 낮추는 쪽에 가깝다면 공손함은 상황과 상관없이 언제 어디서나 자신을 낮추는 쪽에 가깝다. 가깝다고 말하는 것은 이 차이를 '두부 자르듯' 명확하게 구분하기 힘들고 두 가지 덕목이 교집합으로 뒤섞여 있기 때문이다.

어쨌거나 겸손함과 공손함을 이렇게 구분해 보면, 겸손함은 백성을 다스리는 군자에게 좀더 필요한 덕목이다. 반면 공손함은 다스림을 받는 백성에게 좀더 어울리는 덕목이다. 겸손함이 통치하는 관원의 마음이라면 공손함은 통치 받는 백성의 덕목이라고 할 수 있다. 겸손함이 좀더 자신을 낮추는 것이라면, 공손함은 좀더 상대방을 높이는 것이라 할 수 있다.

그렇지만 지금의 관점으로는 이처럼 겸손함과 공손함을 굳이 구분하여 이해할 필요는 크게 없다. 자신을 낮추는 것이 곧 상대방을 높이는 것이고 상대방을 높이는 것이 곧 자신을 낮추는 것이기 때문이다. 중요한 것은 아무리 뛰어난 능력을 가지고 있다 하더라도 스스로 부족하다고 여기며 겸손하게 처신하는 일일 것이다.

　손괘는 공손함을 실천하면서 주의해야 할 일을 강조한다. 우선 남에게 순종한다 하여 서로 다른 두세 가지의 생각을 동시에 따르려 하면 안된다. 우유부단하게 결정하지 못하고 갈팡질팡하는 일을 경계한 것이다. 교만한 마음을 억지로 숨기며 자신을 낮추려 하는 일, 너무 지나치게 자신을 낮추려 하는 일도 조심해야 한다.

58.태兌괘 ; 만남을 통해 변화하는 즐거움

기쁨, 쾌락, 희열, 즐거움을 서로 주고받음

태　　형 이 정
兌는 亨利貞하니라.

태(兌)는 즐거워한다는 것이다. 군왕과 백성이 만나 즐거워하고 군자와 소인이 만나 즐거워하며, 윗사람과 아랫사람이 만나 즐거워한다. 남자와 여자가, 어른과 아이가, 친구와 친구가 만나 즐거워한다. 하늘과 땅이, 음(陰)의 기운과 양(陽)의 기운이, 사람과 사물(事物)이, 사람과 자연이 만나 즐거워한다.

이 즐거움의 근본은 음양의 조화와 이를 통해 생겨나는 변화에 있다. 곧 자신과 상대방이 만나 음이나 양으로서 조화를 이루고 서로 변화를 일으킬 때 즐거움이 나타난다. 이 즐거움은 자신이 상대방으로부터 받는 것이고 상대방이 자신으로부터 받는 것이다. 또한 상대방은 자신에게, 자신은 상대방에

兌 태 기쁘다/ 즐겁다, 즐거워하다/ 바꾸다, 교환하다

게 즐거움을 주는 것이다. 따라서 이 즐거움은 원래 하나로서 음과 양이 따로 존재하지 않는, 그래서 변화를 일으킬 수 없는 원(元)의 시절에는 나타나지 않는다. 그래서 태,형이정(兌,亨利貞)이라고 말하는 것이다. 즐거움은 원형이정(元亨利貞)의 시절 가운데 성장기인 형(亨)의 시절과 결실기인 이(利)의 시절과 완성기인 정(貞)의 시절에 나타난다는 뜻이다.

화 태　길
和兌니 吉하니라.

화태,길(和兌,吉)은 조화를 이룸으로써 즐거우니 길하다는 말이다. 만물이 음양의 조화를 통해 제 모습을 갖추고 살아가는 것처럼, 자신과 상대방이 서로 화합하여 즐겁다는 것이다. 상대방과 조화를 이룬다는 것은 자신의 원칙을 지키면서도 상대방의 소신을 존중하며 함께 어울리는 일을 말한다. 상대방과 어울리기 위해 '기꺼이' 자신의 원칙을 변화시킬 수는 있지만 '억지로' 바꾸지는 않는다. 또한 상대방에게도 자신의 원칙을 강요하지 않는다.

이 조화를 통한 즐거움은 주고받는 것이다. 자신이 상대방으로부터 받는 것이고 상대방이 자신으로부터 받는 것이며, 또한 상대방은 자신에게 즐거움을 주는 것이고, 자신은 상대방에게 즐거움을 주는 것이라는 말이다.

부 태　길　회 망
孚兌라야 吉하고 悔亡하니라.

부태(孚兌)는 믿음을 가지고 즐거워한다는 말이다. 곧 성실과 신의를 바탕으로 상대방을 즐겁게 한다는 것이다. 군자가 성실하지 못한 마음을 가지고

和 화 화하다/ 화목하다/ 화해하다/ 서로 응하다/ 조화를 이루다, 조화　**孚 부** 미쁘다(믿음성이 있다)/ 믿음, 신뢰/ 알이 깨다/ 기르다, 자라다　**悔 회** 뉘우침, 뉘우치다/ 후회, 후회하다/ 잘못

말하고 행동하며, 윗사람이 신의 없는 태도로 아랫사람을 부리고자 한다면 즐거움이 있을 수 없다. 자신도 즐거워하기 힘들고 상대방을 즐겁게 할 수도 없다는 것이다. 길,회망(吉,悔亡)은 길하고 후회가 없다는 뜻이다. 상대방을 즐겁게 하고자 한다면 믿음을 바탕으로 해야 한다는 것이다.

내 태   흉
來兌니 凶하니라.

내태(來兌)는 와서 즐거움을 얻으려 한다는 뜻이다. 군자가 일방적으로 백성들에게 와서 군자의 즐거움을 얻고자 한다는 것이다. 또는 백성들이 일방적으로 군자에게 와서 백성들의 즐거움을 얻고자 한다는 것이다. 즐거움은 기본적으로 자신에게서 상대방에게로, 상대방에게서 자신에게로 '다가가고 다가오는' 왕래(往來)를 전제로 한다. 그런데 가지는 않고 오기만 한다는 것이다. 그러니 흉하다(凶)고 할 수밖에 없다. 인위적으로 만드는 즐거움이 불러오는 재앙에 대한 이야기이다. 저절로 굴러온 기쁨, 누군가 가지고 온 쾌락은 일단 누리기보다는 일단 경계해야 한다는 것이다.

상 태 미 령   개 질   유 희
商兌未寧하니 介疾이면 有喜니라.

상태미령(商兌未寧)은 상거래를 통해 즐거워하는 일은 편안하지 못하다는 뜻이다. 곧 기쁨이나 쾌락을 돈을 주고 구입하는 일로는 진정으로 편안하게 즐거워할 수 없다는 것이다. 개질(介疾)은 질병을 막는다는 뜻이다. 여기서 질병이란 즐거움을 사고파는 과정에 간사한 자들이 끼어들어 농간을 부

商 상 장사, 장사하다/ 장수(장사를 업으로 하는 사람)   **未 미** 아니다/ 아직 ~하지 못하다/ 미래   **寧 녕** 편안하다/ 문안하다/ 차라리   **介 개** 끼다/ 사이에 들다/ 소개하다/ 강직하다/ 단단한 껍질, 갑옷/ 막다   **疾 질** 질병/ 괴로움/ 하자/ 병을 앓다/ 병에 걸리다

리는 일을 말한다. 즐거움이란 그 가치를 정당한 가격으로 판단하기 쉽지 않고 이 과정에서 소인배가 사리사욕을 채우려 한다는 말이다. 유희(有喜)는 기쁨이 있다는 뜻이니, 간사한 자들의 농간을 막는다면 그제야 기쁨을 누릴 수 있다는 말이다.

개질,유희(介疾,有喜)에서 질병의 의미를 '간사한 자들의 농간'으로 보는 해석은 너무 과도한 것으로 여겨질 수도 있다. 이럴 경우라면 질(疾)자는 실제로 신체적인 괴로움을 나타내는 것으로, 희(喜)자는 북치고 노래할 때의 일시적인 기쁨을 나타내는 것으로 보고 해석할 수 있다. 곧 몸과 마음에 괴로움이 끼어든다 하더라도, 북치고 노래하는 때의 기쁨은 남는다는 의미로 보는 것이다. 돈을 주고 구입한 것이 악단이라는 말이다.

부 우 박   유 려
孚于剝하면 有厲리라.

부우박(孚于剝)은 깎아내는 일을 믿는다는 뜻이다. 여기서 박(剝)은 자신은 변화하지 않으면서 상대방을 깎아 변화시킴으로써 자신이 즐거워하고자 하는 일을 가리킨다. 박괘(剝卦)에서 말한 것처럼, 이러한 박은 대화를 막고 협상을 통하지 않게 하는 일일 뿐이다. 즐거움을 원하면서도 즐거움을 얻기 위한 자신의 변화는 거부하고 있는 경우라고 할 수 있다. 유려(有厲)는 위태로움이 있다는 뜻이니, 이처럼 독선적인 즐거움에는 위험한 부분이 없을 수 없다는 말이다.

于 우 어조사(~에, ~에서, ~부터) 剝 박 벗기다/ 벗겨지다/ 깎다/ 다치다/ 상처를 입히다/ 찢다/ 산산조각내다

兌는 亨利貞하니라.
즐거움은 사물의 성장기인 형(亨)의 시절과 결실기인 이(利)의 시절과
완성기인 정(貞)의 시절에 나타난다.

和兌니 吉하니라.
조화를 이룸으로써 즐거우니 길하다.

孚兌라야 吉하고 悔亡하니라.
믿음을 가지고 즐거워하니, 길하고 후회할 일도 없다.

來兌니 凶하니라.
일방적으로 와서 즐거움을 얻으려 하니 흉하다.

商兌未寧하니 介疾이면 有喜니라.
거래를 통해 즐거워하는 일은 편안하지 못하다. 간사한 자들의 농간을
막으면 기쁨이 있다.

孚于剝하면 有厲리라.
깎아냄을 믿으면 위태로움이 있다.

引兌라.
주변 사람들을 끌어들여서 즐거워한다.

^인 ^태
引兌라.

　인태(引兌)는 끌어들여서 즐거워한다는 뜻이다. 자신을 포함한 대부분의 사람들은 주변 사람들을 자신의 즐거움 속으로 끌어들이고 싶어 한다는 것이다. 그리고 자신 또한 남에 의해 즐거움 속으로 끌려들어가고 싶어 한다는 것이다. 즐거움은 강한 흡인력을 가지고 있다. 그래서 즐거움이 있는 곳에는 많은 사람들이 모여든다. 이 구절은 바로 이처럼 끌어들이는 즐거움의 속성에 대해 설명하고 있다.

즐거움은 사물과 직접 부딪힘으로써 느끼는 것이다

　살다 보면 괴로운 일도 많지만 즐거운 일도 많다. 태괘(兌卦)는 인생에서 만나는 이 기쁨, 쾌락, 희열 따위의 즐거움에 대해 이야기한다. 태괘에 따르면 이 즐거움에도 여러 가지 양상이 있다. 화태(和兌), 부태(孚兌), 내태(來兌), 상태(商兌), 부우박(孚于剝), 인태(引兌) 등이 그것이다.

　화태는 조화로움을 통해 얻는 즐거움이다. 사랑에 빠진 연인들의 기쁨이 이런 것일 터이다. 부태는 상호 신뢰를 바탕으로 한 즐거움이니, 화목한 집안의 행복이 이런 것일 터이다. 내태는 출처를 알 수 없는 쾌락이고, 상태는 돈을 주고 구입한 희열이다. 실제로는 즐거운 척하는 쇼윈도부부의 웃음이나, 교언영색(巧言令色)하

引 인 끌다, 수레를 끌다/ 당기다/ 이끌다, 인도하다/ 추천하다, 천거하다

는 자에게 기만당해 얻은 가짜 즐거움이 이런 것일 터이다. 부우박은 함께 누리는 즐거움이 아니라 한쪽만 누리는 즐거움이니, 즐겁지 않은데 억지로 즐거워하는 갑을(甲乙) 관계의 즐거움일 것이다. 인태는 사람들을 끌어 모으는 즐거움이니 축제나 잔치의 즐거움이 이런 것일 터이다.

태괘(兌卦)의 말들은 즐거움의 양상에 대해 말한 것으로 볼 수도 있지만, 또한 즐거움에 대한 우리의 태도를 일컫는 것으로도 볼 수 있다. 즐거운 일의 발생에 대해 묘사한 것으로 여길 수도 있지만 즐거움을 불러들이는 방법에 대해 설명한 것으로 여길 수도 있다는 것이다.

화태(和兌)는 즐거움을 조화롭게 만든다는 것이다. 음양의 이치를 따르는 것처럼 즐거움 또한 자신과 상대방이 조화롭게 어울려야 한다는 말이다. 부태(孚兌)는 즐거움을 믿도록 만든다는 것이니, 자신과 상대방의 거짓 없는 즐거움에 대해 신뢰할 수 있도록 일관성 있게 행동하고, 즐거운 상황에 대해 감사해야 한다는 말이다. 내태(來兌)는 즐거움을 오도록 만든다는 것이니, 즐거움을 억지로 불러들인다는 것이다. 상태(商兌)는 즐거움을 거래할 수 있다고 보는 것이다. 이는 모든 것을 돈으로 환산하는, 지금의 자본주의 사회에 걸맞은 태도일 것이다. 하지만 이러한 태도로 얻는 즐거움에는 한계가 있다. 인태(引兌)는 즐거움을 인위적으로 끌어들이려는 것이다.

즐겁다는 의미를 나타내는 글자 중에는 열(說)자가 있다. 그런데 이 태괘(兌卦)에서는 열(說)자를 쓰지 않고 태(兌)자를 쓴다. 이는 즐거움이라는 것이 말을 통해 만들어지거나 전달되는 것이 아니라는 뜻을 담고 있다. 그리고 즐거움이라는 것은 자연과 직접 만나고, 풍경을 직접 바라보고, 사물과 직접 부딪히는 일 속에 있다는 의미일 것이다.

59.환渙괘 ; 민심이 뿔뿔이 흩어질 때

분열과 혼란, 사분오열, 민심의 이반, 해산

渙은 亨하니 王假有廟하며 利涉大川하고 利貞하니라.

환(渙)은 흩어진다는 것이다. 곧 백성들의 마음이 이기심에 흔들려 이리저리 흩어지는 일을 말한다. 환,형(渙,亨)은 흩어짐의 기운이 힘차게 자라난다는 뜻이다. 사리사욕을 탐하는 백성들의 이기심이 커지면서 백성의 무리가 이리저리 찢어진다는 것이다. 여기서 형(亨)자는 사물의 성장기인 형(亨)의 시절처럼 무언가가 힘차게 자라난다는 의미를 나타낸다.

왕격유묘(王假有廟)는 군왕이 종묘에 이르러 제사를 지낸다는 뜻이다. 제사를 지냄으로써 흩어지는 민심(民心)을 다시 통합시키려 한다는 것이다. 이섭대천(利涉大川)은 큰물을 건너는 것이 이롭다는 뜻이니, 백성들의 마음을 다시 하나로 모으기 위해 모험적일 만큼 과감한 정책을 펼친다는 것이다. 곧

渙 **환** 흩어지다 假 **격** 이르다(어떤 장소나 시간에 닿다) 가 거짓/ 가짜/ 가령/ 빌다, 빌려주다 廟 **묘** 사당/ 종묘

혼란과 분열을 조장하는 불한당과도 같은 세력, 백성들의 탐욕을 자극하는 소인배 무리에 맞서 군사적인 조치도 마다하지 않을 만큼 강력하게 대응한다는 말이다. 이정(利貞)은 올바름을 지키는 것이 이롭다는 뜻이다. 곧 제사를 지내거나 군사적인 조치를 취할 때는 더욱 정도의 원칙을 기준으로 해야 한다는 의미이다.

用拯馬壯하면 吉하리라.

용증마장(用拯馬壯)은 건져 올리는 말이 굳세다는 뜻이다. 흩어지는 민심을 다시 한곳으로 모으기 위해 건장한 말의 힘을 빌린다는 말이다. 여기서 건장한 말의 힘이란 군사력이나 자금력을 상징하는 것이다. 아직은 흩어짐의 기운이 강하지 않고 흩어짐의 조짐이 보이기 시작할 때이다. 이런 때에 분열과 혼란을 잠재우기 위해 건장한 말처럼 힘찬 조치를 취한다면 좋은 결과를 얻을 수 있다. 그래서 이렇게 하면 길하다(吉)고 말하는 것이다.

渙奔其机면 悔亡하리라.

환분기궤(渙奔其机)는 흩어짐의 때에 그 안석으로 달려간다는 뜻이다. 안석(案席)은 벽에 세워 놓고 앉을 때 몸을 기대는 방석을 가리키는 것으로, 여기서는 자신의 몸을 숨길 수 있는 피신처로서의 집이나 장소, 사람이나 인맥을 말한다. 이 구절의 의미는 곧 분열과 혼란으로 민심이 사분오열(四分五裂)되어 갈라질 때는 안전을 보장받을 수 있는 곳에 은신해 자신의 목숨을

拯 증 건지다/ 구원하다, 구조하다/ 돕다 **壯 장** 장하다(기상과 인품이 훌륭하다)/ 굳세다/ 씩씩하다/ 크다/ 강력하다/ 단단하다 **奔 분** 달리다/ 급히 가다/ 달아나다 **机 궤** 책상/ 안석(安席)/ 궤나무

보존해야 한다는 것이다. 그래서 회망(悔亡)이라고 말하는 것이니, 그래야 후회할 일이 생기지 않는다는 뜻이다.

渙其躬이니 无悔니라.
환기궁   무회

환기궁(渙其躬)은 그 자신을 흩뜨린다는 뜻이다. 곧 자신의 뜻을 흩어지도록 하거나, 자신의 사람들을 흩어지도록 한다는 것이다. 이로써 다른 사람의 뜻을 따르고 다른 사람들의 무리를 따른다는 것이다. 분열과 혼란이 초래된 것은 원인 제공자가 있기 때문이지만, 그 원인이 무엇이든 자신의 희생을 통해 민심의 이반을 돌이킨다는 말이다. 무회(无悔)는 후회할 일을 없앤다는 뜻이니, 자신의 희생으로써 파국만은 막는다는 것이다.

渙其群은 元吉하고 渙有丘는 匪夷所思니라.
환기군   원길   환유구   비이소사

환기군(渙其群)은 그 무리를 흩뜨린다는 뜻이고, 원길(元吉)은 크게 길하다는 뜻이다. 환유구(渙有丘)는 흩뜨려짐에 언덕이 있다는 뜻이고, 비이소사(匪夷所思)는 이적의 무리가 생각할 일이 아니라는 뜻이다.

여기서 흩어지도록 해야 할 그 무리란 곧 이적의 무리를 가리킨다. 이들 무리는 빼앗고 짓밟는 불한당으로서 분열과 혼란을 초래한 당사자이므로 당연히 흩뜨려 놓아야 한다. 그러므로 이들을 흩어지도록 하면 크게 길하다고 말하는 것이다. 그런데 이적의 무리는 어리석은 자들이다. 그러므로 한번 흩어지면 다시 모일 줄은 모른다. 이것이, 흩어져도 다시 모일 언덕이 있다는 것은 이적의 무리가 생각하는 것이 아니라고 말하는 이유이다.

躬 궁 몸/ 자신/ 몸소 행하다   群 군 무리, 무리지어 다니다   丘 구 언덕

渙은 亨하니 王假有廟하며 利涉大川하고 利貞하니라.

흩어짐의 기운이 힘차게 자라나니 군왕이 종묘에 이르러 제사를 지낸다.
큰물을 건너는 것이 이롭고 올바름을 지키는 것이 이롭다

用拯馬壯하면 吉하리라.

건져 올리는 말이 굳세면 길하다.

渙奔其机면 悔亡하리라.

흩어짐의 때에 몸을 기댈 수 있는 안석(安席)으로 달려간다. 후회할 일은
없을 것이다.

渙其躬이니 无悔니라.

그 자신의 뜻과 사람을 흩뜨림으로써 후회할 일을 없앤다.

渙其群은 元吉하고 渙有丘는 匪夷所思니라.

그 이적의 무리를 흩뜨리는 일은 크게 길하다. 흩뜨려짐에 다시 모일 언덕이
있다는 것은 오랑캐 무리가 생각할 바가 아니다.

渙汗其大號하니 渙에 王居无咎니라.

땀을 뻘뻘 흘리며 그들이 크게 울부짖는다. 흩어짐의 때에는 군왕이
근거지를 세워야 탓할 일이 없다.

渙其血에 去逖出하니 无咎리라.

그 피를 흩뿌린다. 피해서 멀리 달아나니 허물할 일이 없을 것이다.

渙汗其大號하니 渙에 王居无咎니라.

환한기대호(渙汗其大號)는 땀을 뻘뻘 흘리며 그들이 크게 울부짖는다는 뜻이다. 간악한 도적의 무리가 백성들을 공격하므로 백성들이 흩어져 달아나며 목소리를 높여 구원을 청하는 모습을 묘사한 것이다.

환,왕거무구(渙,王居无咎)는 흩어짐의 때에 군왕이 근거지를 세워야 탓할 일이 없다는 뜻이다. 이적들에게 쫓겨 달아나는 백성들에게 필요한 것은 어디로 달아날지 달아날 방향을 알고 다시 모일 장소를 아는 일이다. 그러므로 군왕이 자신의 근거지에서 확실히 자리를 잡고 백성들의 구심점 역할을 해야 한다는 말이다. 이로써 도적의 무리를 물리치고 분열과 혼란을 잠재워야 한다는 것이다.

渙其血에 去逖出하니 无咎리라.

환기혈(渙其血)은 그 피를 흩뿌린다는 뜻이다. 흩어짐의 때에 유혈 사태가 벌어진다는 것이다. 간악한 도적떼가 백성들을 공격하는 경우일 수도 있고, 군왕의 군사가 도적떼를 제압하는 경우일 수도 있다. 도적떼와 군왕의 군사 사이에 무력 충돌이 벌어지는 일일 수도 있다. 거적출,무구(去逖出,无咎)는 피해서 멀리 달아나더라도 허물할 일이 없다는 뜻이다. 무력 충돌로 인해 창칼이 부딪히는 지역에서는 재빨리 달아나 안전을 확보하는 것이 상책이라는 의미이다.

汗 한 땀, 땀이 나다/ 물이 질펀하게 흐르는 모양　號 호 이름/ 기호/ 부르짖다, 호소하다　去 거 가다/ 제거하다/ 피하다　逖 적 멀다/ 멀리하다

흩어져야 할 때 흩어져야 자연스럽다

모임이 있으면 흩어짐이 있다. 모인다고 해서 무작정 좋은 것은 아니고, 흩어진다고 해서 살 길이 열리는 것도 아니다. 모여야 할 때는 모이고 흩어져야 할 때는 흩어져야 자연스럽다. 음양의 이치와 자연의 변화는 이 모이고 흩어짐이 때에 어긋나는 법이 없다. 다만 사람만이 자연과 멀어져서 이 모여야 할 때와 흩어져야 할 때를 알지 못한다. 모여야 할 때 흩어지거나 흩어져야 할 때 모이는 일은 자연스럽지 못하다.

환(渙)은 물 위로 강한 바람이 불어 물방울이 흩어지는 모습을 나타낸다. 당연히 자연스러운 흩어짐이고, 흩어져야 할 때 흩어지고 흩어버릴 만한 것을 흩어버린다. 하지만 자연스럽다고 해서 사람이 이 모습을 본받아 실천하는 것은 그리 쉬운 일이 아니다. 자연의 모습을 따라 살기는 결코 쉽지 않다. 그러므로 그 모습을 배우고 익혀야 한다.

환괘(渙卦)는 백성들이 흩어지는 일은 어떤 때에 일어나는지, 이 흩어짐의 때에 지도자들은 어떻게 해야 하는지에 대해 설명한다.

환괘에 따르면 백성들이 흩어지는 일은 과감한 규제 조치를 통해 막을 수 있다. 백성들이 흩어지는 것은 외부로부터 도적떼가 몰려오거나 전쟁이 일어나기 때문이다. 그리고 내부적으로 군왕의 주변에 도적떼 못지않은 불한당 무리가 득세하여 서로의 것을 빼앗을 뿐만 아니라 백성들까지 착취하기 때문이다. 그러므로 과감한 규제 조치를 취한다는 것은 이들 무리를 제압하는 일이다. 흩어짐의 초기에 충분한 자금을 풀고 군사력을 동원해서 효과를 볼 수 있다.

그렇지만 분열과 혼란이 극에 달해 유혈 사태에 이를 정도가 되면 흩어져 달아나는 것도 괜찮다. 은신처를 확보하고 몸을 피해 목숨을 부지하는 것이 옳다는 것이다. 물론 달아나는 것만이 능사일 수는 없다. 힘이 된다면 당연히 앞으로 나아가 내부나 외부의 도적떼를 제압하는 데 힘을 보태야 한다. 이는 군왕의 일이자 신하의 일이며, 또한 백성의 일이기도 하다. 이때에는 먼저 자기 자신을 흩뜨려 버려야 한다. 자신의 뜻을 버리고 다른 사람의 뜻을 따라야 함께 뭉칠 수 있고 도적떼를 물리칠 수 있다.

도적떼의 무리를 소탕하는 데는 어떻게 해야 하는가? 환괘(渙卦)는 구심점이 있어야 한다고 말한다. 군왕이 근거지를 세우고 제사를 올려 백성들의 마음을 한데 모아야 한다. 위험과 모험이 따르지만 정성스러운 제사를 지내는 군왕이 있다면 싸울 힘을 얻을 수 있다.

60. 절節괘 : 절제함으로써 성장함

절약, 절도, 맺고 끊음, 경계 범위 안에서 행동함

節은 亨하니 苦節은 不可貞이니라.

절(節)은 절제한다는 말이다. 절(節)자는 대나무 줄기의 마디를 가리키는
글자이다. 대나무 줄기는 마디와 마디 사이에서 멈추고 마디를 만들고 다시
자라난다. 군자 또한 이를 본받아 정해진 경계 범위 안에서 말과 행동을 삼
가고 덕을 쌓는다는 것이다.

절,형(節,亨)은 대나무는 마디에서 힘차게 자란다는 뜻이다. 대나무의 맺고
끊는 마디가 곧 대나무의 우뚝한 키를 키워내고 유지하는 힘의 원천이라는 것
이다. 군자는 이를 본받아 어떤 일을 맺고 끊을 때는 자질구레한 유혹과 좀스
러운 반발 따위를 힘차게 물리쳐야 한다는 의미이다. 도전하는 용기와 단호한
결단은 일을 시작할 때도 필요하지만 이처럼 일을 마무리지을 때도 필요하다.

節 절 마디, 대나무 마디/ 절제(節制), 절제하다/ 절약/ 절개 **苦 고** 쓰다/ 괴롭다/ 고생하다

516

고절,불가정(苦節,不可貞)은 괴로워하면서 절제하는 일은 오래도록 계속할 수 없다는 뜻이다. 여기서 괴로워하면서 절제한다는 것은 자신의 속마음을 모질게 제한함으로써 고통을 자초한다는 말이며, 다른 사람에게 제한을 가혹하게 적용함으로써 반발을 불러일으킨다는 말이다. 스스로 정해진 범위에서 멈추지 못하고 누군가에 의해 억지로 멈춘다는 것이다. 유혹을 이기지 못해 경계를 넘어서다가 제지를 당하는 일이다. 이러한 절제는 당연히 오래도록 유지하기 힘들다.

不出戶庭이면 无咎리라.
<small>불 출 호 정　　　무 구</small>

불출호정(不出戶庭)은 지게문으로 닫혀 있는 작은 마당에서 나오지 않는다는 뜻이다. 지게문은 외기둥 문설주에 달아 놓은 외짝 문을 가리키는 것이며, 이 지게문으로 닫혀 있는 마당은 가난하고 보잘것없는 군자의 절약(節約)하는 생활을 상징하는 것이다. 이 구절은 곧 물러나야 할 때를 알고 물러나 검박한 삶을 살아가면서도, 지게문이라는 마디를 넘어가 좀더 많은 것을 얻으려 욕심내지 않는다는 말이다. 무구(无咎)는 허물할 일이 없다는 뜻이니, 지게문의 마디를 넘지 않는 삶을 탓할 까닭이 없다는 것이다.

不出門庭이면 凶하리라.
<small>불 출 문 정　　　흉</small>

불출문정(不出門庭)은 대문으로 닫혀 있는 마당에서 나오지 않는다는 뜻이다. 여기서 문(門)자는 양쪽으로 여닫을 수 있는 대문의 모습을 나타낸 것

戶 호 지게문(외기둥 문설주에 달아 놓은 외짝 문)/ 출입구, 구멍/ 집　　**庭 정** 뜰, 집 안에 있는 마당/ 조정(朝廷)/ 곳, 장소　　**門 문** 문(양쪽으로 여닫을 수 있는 대문)/ 집안, 문벌/ 부문/ 종류

節은 亨하니 苦節은 不可貞이니라.

대나무 마디는 힘차게 자란다. 괴로워하면서 절제하는 일은 오래도록 계속할
수 없다.

不出戶庭이면 无咎리라.

지게문으로 닫혀 있는 작은 마당에서 나오지 않는다. 허물할 일이 없을
것이다.

不出門庭이면 凶하리라.

대문으로 닫혀 있는 큰 마당에서 나오지 않는다. 흉한 일을 당할 것이다.

不節若하고 則嗟若하면 无咎리라.

절제하지 못한다. 만약 애달프게 탄식한다면 허물할 일은 없을 것이다.

安節하니 亨하니라.

편안하게 절제하니 생동감 있게 자라난다.

甘節하니 吉하고 往有尙하리라.

달갑게 절제하니 길하다. 앞으로 나아감에 숭상함을 얻을 것이다.

苦節은 貞凶하니 悔亡하니라.

괴로워하면서 절제하는 일은 계속 유지하면 흉하다. 후회할 일이 없도록
해야 한다.

이며, 이 대문으로 닫혀 있는 마당은 넉넉하고 윤택한 부자의 호화로운 생활을 상징하는 것이다. 이 구절은 곧 대문이라는 마디를 넘어가 자신의 부를 다른 사람들에게 베풀어야 할 때를 알지 못하고 욕심을 부린다는 말이다. 그러므로 흉하다(凶)고 말하는 것이다. 때가 아직 이르지 않았을 때 대문을 닫아걸고 자신의 재물을 지키는 것은 탓할 일이 아니지만, 때가 이르렀는데도 대문을 닫아걸고 있는 일은 재앙과도 같다.

_{부 절 약} _{즉 차 약} _{무 구}
不節若하고 則嗟若하면 无咎리라.

부절약(不節若)은 절제하지 못한다는 뜻이고, 즉차약,무구(則嗟若,无咎)는 만약 애달프게 탄식한다면 탓할 일은 없다는 뜻이다. 여기서 약(若)자는 솟아오르는 감정을 형용하여 나타내는 말이고, 즉(則)자는 만약의 일을 나타내는 말이다. 이 구절의 의미는 일정한 한계에서 멈추지 못하고 이를 넘어서서 흥청망청하더라도, 만약 스스로 크게 안타까워하며 반성한다면 또다시 탓할 일은 아니라는 것이다.

_{안 절} _형
安節하니 亨하니라.

안절,형(安節,亨)은 편안하게 절제하니 생동감이 있다는 뜻이다. 여기서 형(亨)자는 만물의 성장기인 형(亨)의 시절에 무언가가 생동감 있게 자라나는 모습을 가리킨다. 대나무는 자신의 마디를 편안하게 여기며 더욱 힘차게 자란다는 것이다.

군자가 편안하게 자신의 경계를 지킴에는 맺고 끊는 용기가 필요하다는

則 즉 ~하면/ 만일 ~이라면(즉)/ ~할 때에는 嗟 차 탄식하다

말이며, 편안하게 경계를 지킬 수 있어야 삶에 생동감이 넘치고 힘차게 다시 시작할 기반을 마련할 수 있다는 말이다. 권력이나 부에 대한 욕심을 버려야 편안하게 경계를 지킬 수 있다. 경계선에 닿았다 하더라도 경계를 넘어서지 않고 물러날 수 있다. 그리고 이와 같이 처신해야만 물러난 이후에도 칭송을 받고 다음을 기약할 수 있다. 또한 여기서의 경계는 자신의 속마음이 편안하게 여기는 것이어야 하며, 무리하게 강요당해 억지로 지키려 하는 것이어서는 안된다.

甘^감節^절하니 吉^길하고 往^왕有^유尙^상하리라.

감절,길(甘節,吉)은 달갑게 여기며 절제하니 길하다는 뜻이고, 왕유상(往有尙)은 앞으로 나아감에 숭상함을 얻는다는 뜻이다. 달갑게 여기며 절제하는 것은 그동안 진행하던 일의 결과가 좋게 나왔고 스스로 절제할 때가 되었음을 알고 기쁘게 절제한다는 의미이다. 그러므로 이에 따르는 보상은 칭찬과 부러움일 것이다. 그래서 나아감에 숭상함이 있다고 말하는 것이다.

苦^고節^절은 貞^정凶^흉하니 悔^회亡^망하니라.

고절,정흉(苦節,貞凶)은 괴로워하면서 절제하는 일은 계속 유지하면 흉하다는 뜻이다. 괴로워하면서 절제하는 일에 대해서는 절괘(節卦)의 맨 앞 구절에서, "이러한 절제는 오래도록 유지하기 힘들다"고 설명한 바 있다. 그런데 여기서는 다시, 설사 이러한 절제를 오래도록 유지할 수 있다 하더라도 그 결과는 재앙일 것이라고 덧붙이는 것이다. 이로써 억지스러운 절제의 폐

甘 감 달다, 달게 여기다/ 맛이 있다/ 상쾌하다

해를 강조한 것이다.

회망(悔亡)은 후회가 없도록 해야 한다는 뜻이다. 회망(悔亡)은 보통 후회할 일이 없다는 의미로 해석한다. 하지만 여기서는 "마땅히 후회할 일이 없도록 해야만 한다"는 당위의 의미로 해석하는 것이 자연스럽다. 곧 괴로워하면서까지 절제하고자 애쓰지는 말라는 것이다.

마디가 대나무를 우뚝하게 키워낸다

대나무는 따뜻한 지방에서 쑥쑥 잘 자라는 나무이다. 봄비가 내린 후에 대나무 숲에 가보면 하루 전까지만 해도 보이지 않던 새순들이 여기저기 자라나 있는 모습을 쉽게 찾아볼 수 있다. 그래서 무언가가 빠르게 성장하는 모습을 우후죽순(雨後竹筍)에 비유하기까지 하는 것이다.

그리 굵지 않은 대나무가 이토록 잘 자라는 것은 마디 덕분이다. 마디가 있어 대나무는 굽지 않고 곧게 서며, 마디가 있어 대나무는 더 힘차고 더 높이 자란다. 대나무는 빈 줄기가 너무 길어지기 전에, 빈 줄기가 길어져 뒤틀리거나 갈라지기 전에, 마디와 마디 사이가 너무 멀어지기 전에 새로운 마디를 만든다. 마디는 바로 다른 나무에서는 찾아보기 힘든 대나무의 미덕(美德)이다.

절괘(節卦)는 우리의 삶도 대나무의 마디와 같다고 말한다. 마디가 있어야 우리의 삶도 더욱 튼튼해지고 더욱 높아질 수 있다. 그리고 마디를 만드는 일은 곧 절제하는 일과 다른 것이 아니다. 잘 나가는 권력자나 사업가가 어떤 마디를 만들고자 한다면, 그에게 가장 필요한 것은 절제의 미덕일 것이다. 계속 누릴 수 있는 권력을 포기하는 절제, 계속 벌어들일 수 있는 돈을 포기하는 절제가 있어야 한다는 것이다.

필자는 이 절괘의 말들을 해설하면서 절(節)자를 절제한다는 의미로 풀이했다. 하지만 절제한다는 말은 이 절(節)의 의미를 대표하는 것이기는 하지만 또 다른 많은 의미를 놓치는 부분이 있다. 절제한다는 말은 일정한 경계와 정해진 범위 내에서 벗어나지 않는다는 의미를 나타낸다. 하지만 대나무의 마디는 이 마디에서 좀더 굵고 튼튼하며, 그리고 이를 바탕으로 한 단계 더 높이 올라선다. 이것이 마디가 있어 대나무가 더 높이 자란다는 말의 의미이다. 그렇다면 절(節)은 '절제함으로써 성장한다'는 말에 더 가깝다고 볼 수 있다. 또한 이 절괘의 절(節)은 힘을 절제하는 것만이 아니다. 시간을 아끼고 돈을 절약하며, 말과 행동의 절도를 지키고 인간관계를 조절하는 따위의 모든 것들이 이 마디를 만드는 절의 일부이다.

절괘는 대나무의 마디를 말함으로써, 하나의 시대를 마무리하고 새로운 시대를 열어가는 방법을 가르치고자 한 것이라고 할 수 있다. 이전 시대를 발판으로 삼아 한 단계 올라서는 지혜에 대해 말하고 있다는 것이다.

절괘는 이 절제의 덕에 대해 말하면서 무엇보다도 억지로 절제하려고 해서는 안된다고 강조한다. 자신이 진정으로 편안하게 여겨지는 경계 범위 안에서 절제해야 하고, 다른 사람의 강요에 의해 억지로 절제하여 괴로워해서는 안된다는 것이다.

61.중부中孚괘 ; 마음속의 진실한 믿음

자기 확신, 상대방에 대한 신뢰, 신의, 성실

<ruby>中<rt>중</rt></ruby><ruby>孚<rt>부</rt></ruby>는 <ruby>豚<rt>돈</rt></ruby><ruby>魚<rt>어</rt></ruby><ruby>吉<rt>길</rt></ruby>하니 <ruby>利<rt>이</rt></ruby><ruby>涉<rt>섭</rt></ruby><ruby>大<rt>대</rt></ruby><ruby>川<rt>천</rt></ruby>하고 <ruby>利<rt>이</rt></ruby><ruby>貞<rt>정</rt></ruby>하니라.

중부(中孚)는 치우치지 않는 마음속의 믿음을 말한다. 여기서 중(中)자는 치우치지 않는 중용(中庸)의 의미를 나타내고 부(孚)자는 진실하게 믿는 일을 나타낸다. 돈어,길(豚魚,吉)은 돈어(豚魚)라도 길하다는 말이다. 돈어(豚魚)는 배가 불룩하고 독이 있는 복어를 가리키는 것으로, 제사에 쓰는 희생물 가운데 가장 등급이 낮은 것이다. 이 구절의 의미는 곧 중용의 덕을 바탕으로 하는 진실한 믿음을 가지고 정성을 다해 제사를 지낸다면 값싼 제물을 올려도 좋은 결과를 얻을 수 있다는 것이다.

이섭대천(利涉大川)은 큰물을 건너는 것이 이롭다는 뜻이니, 용기를 내어 새로운 일에 도전하면 뜻하던 이익을 얻을 수 있다는 것이다. 마음속에 진실

孚 부 미쁘다(믿음성이 있다)/ 믿음, 신뢰/ 알이 깨다/ 기르다, 자라다 豚 돈 돼지/ 새끼 돼지

한 믿음을 가지고 있다면 못할 일이 없다는 말이다. 이정(利貞)은 올바름을 지키는 것이 이롭다는 뜻이니, 자신의 뜻을 펼치고자 도전에 나설 때는 정도의 원칙을 지켜야 한다는 것이다.

우 길   유 타 불 연
虞吉이니 有它不燕이리라.

우길(虞吉)은 헤아려서 염려한다는 뜻이다. 곧 자신이 마음속으로 진실을 다하는 일에 대해서는 거듭 헤아려보고 염려하면 좋은 일이 생길 것이라는 말이다. 유타불연(有它不燕)은 다른 것이 있다면 편안하지 못할 것이라는 말이다. 곧 마음속에 처음의 진실한 믿음 외에 다른 불순한 의도가 개입한다면 편안하게 지낼 수 없다는 것이다. 초심으로 가진 진실한 마음을 이후로도 계속 지켜 나가야 한다는 의미이다.

명 학 재 음   기 자 화 지   아 유 호 작   오 여 이 미 지
鳴鶴在陰이니 其子和之로다. 我有好爵하여 吾與爾靡之하니라.

명학재음(鳴鶴在陰)은 새끼를 부르는 어미 학이 어두운 그늘에 있다는 뜻이고, 기자화지(其子和之)는 그 새끼 학이 화답한다는 뜻이다. 어미 학이 어떤 위험이 도사리고 있을지도 모르는 어두운 그늘에 있지만, 새끼 학은 어미가 부르면 조금도 의심하지 않고 달려온다는 것이다. 상상만으로도 아름다운 이 장면은, 마음속의 진실한 믿음이 어떠한 모습인지를 비유적으로 나타낸 것이라 할 수 있다. 군자와 백성의 관계 또한 이와 같으니, 군자가 진실한

虞 **우** 헤아리다/ 염려하다   它 **타** 다르다/ 어지럽다/ 다른 사람   燕 **연** 제비/ 잔치, 잔치하다/ 편안하다   鳴 **명** 울다/ 새와 짐승이 울음소리를 내다   鶴 **학** 학/ 두루미   在 **재** 있다, 존재하다   陰 **음** 그늘, 응달/ 음(陰), 음기/ 그림자/ 축축하다   和 **화** 화하다/ 화목하다/ 화해하다/ 서로 응하다/ 조화를 이루다, 조화   爵 **작** 벼슬, 작위/ 벼슬을 주다/ 술/ 술잔(참새 부리 모양을 한 술잔)/ 술을 마시다   吾 **오** 나/ 우리   與 **여** 더불다/ 참여하다/ 허락하다/ 더불어, 함께   爾 **이** 너/ 그(其)/ 이(此)/ ~뿐   靡 **미** 쓰러지다, 쓰러뜨리다/ 멸하다/ 다하다/ 금지하다

믿음으로 백성들에게 중용의 덕을 베풀면 백성들 또한 조금도 의심하지 않고 군자를 따른다.

아유호작(我有好爵)은 우리에게 좋은 술이 있다는 뜻이고, 오여이미지(吾與爾靡之)는 내가 너와 함께 그것을 비운다는 뜻이다. 또한 마음속의 진실한 믿음이 어떤 모습인지를 묘사한 것이다.

得_{득적}敵하면 或_{혹고혹파}鼓或罷하고 或_{혹읍혹가}泣或歌하느니라.

득적(得敵)은 적을 얻는다는 뜻이다. 마음속에 진실한 믿음을 가지고 있는 군자가 적을 만난 것이니, 이 적은 군자의 믿음을 배신한 소인일 가능성이 높다. 군자가 믿었던 사람이 배신하여 군자의 적이 된 것이다. 혹고혹파(或鼓或罷)는, 어떨 때는 가슴을 치고 어떨 때는 그만둔다는 뜻이다. 혹읍혹가(或泣或歌)는, 어떨 때는 목 놓아 울고 어떨 때는 노래를 부른다는 뜻이다. 곧 믿었던 사람의 배신을 보고 어찌할 바를 몰라 허둥지둥한다는 것이다. 이해할 수도 없고 이해하지 않을 수도 없으며, 받아들일 수도 없고 받아들이지 않을 수도 없어서 생기는 반응이다.

月_{월기망}幾望이니 馬_{마필망}匹亡이라도 无_{무구}咎리라.

월기망(月幾望)은 달이 거의 보름달에 가까워졌다는 뜻이다. 군자가 자신이 뜻하던 일을 거의 이룬 후 최종적인 성취를 눈앞에 두고 있다는 것이다. 마필망(馬匹亡)은 말이 짝을 이룰 말을 잃는다는 뜻이니, 군자가 자신의 동

敵 적 적/ 대적하다　**鼓** 고 북/ 치다, 두드리다/ 연주하다/ 맥박, 심장의 고동　**罷** 파 마치다/ 그만두다　**泣** 읍 울다　**匹** 필 짝, 배우자/ 상대, 맞수/ 마리(동물을 세는 단위)/ 필(길이 단위)

中孚는 豚魚吉하니 利涉大川하고 利貞하니라.

마음속의 믿음이 진실하다면 돈어(豚魚)와 같이 값싼 제물을 써도 길하다.
큰물을 건너는 것이 이롭고 올바름을 지키는 것이 이롭다.

虞吉이니 有它不燕이리라.

헤아려서 염려한다. 다른 마음이 있다면 편안하지 못할 것이다.

鳴鶴在陰이니 其子和之로다. 我有好爵하여
吾與爾靡之하니라.

새끼를 부르는 어미 학이 그늘에 있으니 그 새끼가 화답한다. 좋은 술을
가지고 있을 때 내가 당신과 함께 그것을 비운다.

得敵하면 或鼓或罷하고 或泣或歌하니라.

적을 얻으면, 혹은 가슴을 치고 혹은 그만두며, 혹은 목 놓아 울고 혹은
노래를 부른다.

月幾望이니 馬匹亡이라도 无咎리라.

달이 보름에 가까워진다. 말이 짝을 잃는다 하더라도 허물할 일이 없을
것이다.

有孚攣如면 无咎리라.

진실한 믿음을 꽉 붙잡아 맨 것과 같이 한다. 허물할 일이 없을 것이다.

翰音登于天이니 貞凶하니라.

닭이 날아오르려 한다. 계속 퍼드덕거려 봐야 흉한 결과를 낳을 뿐이다.

반자를 잃는다는 것이다.

무구(无咎)는 허물할 일이 없다는 것이다. 곧 군자가 동반자를 잃는다 하더라도 걱정할 일이 아니라는 말이다. 군자는 진실한 믿음으로 자신이 뜻하던 일의 최종적인 성취를 눈앞에 둘 수는 있다. 하지만 최종적인 성취를 이루어내는 마지막 한 조각은 하늘의 명에 의한 것이다. 게다가 달아난 동반자에게는 나름대로 불가피한 사정이 있었을 것이다. 그러므로 동반자를 허물할 일도, 자신이 비난을 받을 일도 없다. 이미 거의 보름달에 가까워진 때라면 짝을 이룰 말이 없어도 보름달은 반드시 차오를 것이다.

有孚攣如면 无咎리라.

유부연여(有孚攣如)는 마음속의 진실한 믿음이 꽉 붙잡아 맨 것과 같다는 뜻이다. 군자와 백성이 서로 신뢰를 주고받는 것이 이와 같다는 것이다. 부모와 자녀가, 남자와 여자가, 친구와 친구가, 윗사람과 아랫사람이 서로 연결된 것이 이와 같다는 것이다. 그래서 무구(无咎)라고 말하는 것이니, 모든 인간관계가 이와 같다면 허물이 있을 까닭이 없는 것이다.

翰音登于天이니 貞凶하니라.

한음등우천(翰音登于天)은 닭이나 오리가 하늘로 날아오르려 한다는 뜻이다. 한음(翰音)은 날개가 있으나 날지 못하는 새가 날개를 퍼드덕거리는 소리를 일컫는 것이니 곧 닭이나 오리를 일컫는다. 이러한 새가 날아오르려

攣 련 걸리다/ 매이다/ 연관되다   翰 한 흰 말, 백마/ 희다, 깨끗하다/ 깃, 깃털/ 날개/ 붓, 모필/ 편지   音 음 소리
登 등 오르다/ 지위에 오르다

하는 것은 마음속의 진실한 믿음이 너무나 지나친 경우이다. 날개가 있다고 다 날 수 있는 것은 아닌데, 자신의 날개를 보고 날 수 있다고 확신하여 조금도 의심치 않는 것이다.

군자가 자신의 능력을 과신하여 자아도취에 빠진 것이다. 자신의 덕을 과대평가하여 착각에 빠진 것이다. 이런 경우는, 하늘을 날기 위해 높은 절벽 위에 올라가 뛰어내려 보아도 결국은 바닥에 떨어져 파탄에 이르고 만다. 그래서 정흉(貞凶)이라고 말하는 것이니, 계속해서 퍼드덕거리면 재앙과도 같은 결과를 낳을 뿐이라는 뜻이다.

새끼 학은 어미의 울음소리를 쫄딱 믿는다

〈주역〉에 따르면 인생이란 믿음일 뿐이다. 자신에 대한 신념, 다른 사람에 대한 신뢰, 좀더 나은 세상에 대한 소신, 성취에 대한 확신, 거래 관계에서의 신용 등을 통해 우리 인생은 앞으로 흘러간다. 우리 인생은 믿음에서 시작해 믿음으로 자라며, 믿음을 통해 믿음을 이루고 믿음까지 나아가는 것이다.

〈주역〉에는 부(孚)자가 아주 자주 나오고 있다는 사실은 익히 알고 있을 것이다. 그리고 필자가 '믿음'이라는 의미를 가진 이 글자를 문맥에 따라 믿음, 성실, 신의, 신뢰, 진실, 확신 등으로 해석한 것도 여러 번 보았을 것이다. 그만큼 〈주역〉은 곳곳에서 이 믿음에 대해 거듭하여 강조한다. 부(孚)자는 손톱 조(爪)자와 아들 자(子)자가 합쳐진 것으로, 새가 발톱 아래에 알을 품고 있는 모습을 나타낸다. 이로써 알이 반드시 깨어날 것이라는 어미 새의 믿음, 어미가 자신을 반드시 지켜줄 것이라는 알의 믿음을 의미하고자 한 것이다. 이는 언제 어디서나 변치 않고, 어떤 어려움 속에서도 지켜지는 진실한 믿음이다.

그리고 〈주역〉 전체의 결말을 앞에 두고 〈주역〉은 중부괘(中孚卦)를 통해 이 진실한 믿음의 중요성에 대해 다시 한번 강조의 방점을 찍는다. 그런데 중부괘에서는 이 부(孚)자 앞에 가운데 중(中)자를 붙여 중부(中孚)라고 말한다. 이는 이 믿음이 중용(中庸)의 덕을 바탕으로 한 믿음이라는 점을 강조하기 위해서이다. 중용의 믿음이란, 어느 한쪽으로 치우치지 않은 믿음, 삿된 이익에 연연하지 않는 믿음, 다른 제삼의 요소가 개입되지 않은 순수한 믿음이다. 서로를 헤아려 근심하면서도 그 결과에서 이익을 취하려 하지 않고, 어미 학이 새끼를 돌보는 것과 같은 지극함과 정성으로 서로를 믿고 따르는 것이 이 중용의 믿음이다.

이러한 믿음을 가지기 위해서는 어떻게 해야 하는가? 우선 자신의 것을 먼저 나누고자 하는 마음이 있어야 한다. 상대방의 허물을 덮어주고 상대방의 잘못까지 헤아려주는 수준의 신뢰 또한 필요하다. 최종적인 성취를 앞둔 순간 사라져 버린 친구에게도 무언가 불가피한 사정이 있을 것이라고 믿어 의심치 않아야 한다는 말이다. 제사를 올릴 때는 비록 값싼 제물을 쓸 수밖에 없다 하더라도 진실한 믿음을 가지고 정성을 다해야 한다.

그렇다고 해서 모든 믿음, 모든 확신, 모든 신뢰가 옳다는 것은 아니다. 때로는 자신의 믿음이 과도한 것은 아닌지, 자신의 믿음이 믿을 수 있는 근거를 가진 것인지 돌이켜 보아야 한다. 중부괘(中孚卦)는 상대방에 대한 믿음이 배신을 당하는 사례에 대해 설명한다. 그리고 자신에 대한 믿음이 과대망상으로 이어지는 경우도 있다고 조언한다.

믿을 만한 친구가 있는가? 자신보다 더 자신을 믿어주는 가족이 있는가? 확신을 가지고 지킬 종교나 사상이 있는가? 있다면 좋다. 아주 좋다.

62.소과小過괘 ; 작은 지나침의 힘

감당할 만한 지나침, 중도를 조금 지나침

小過_{소 과}는 亨利貞_{형 이 정}하니 可小事_{가 소 사}요 不可大事_{불 가 대 사}니라.

소과(小過)는 작은 지나침을 뜻한다. 곧 작은 것이 지나치다는 말이요, 지나친 것이 작다는 말이다.

형이정(亨利貞)은 이와 같은 작은 지나침이 사물의 성장기인 형(亨)의 시절뿐만 아니라 사물의 결실기인 이(利)의 시절과 완성기인 정(貞)의 시절에도 지속적으로, 그리고 일상적으로 일어나는 일이라는 의미이다. 여기서 작은 것은 음(陰)의 기운을 일컫는 것이니, 작은 것이 지나치다는 말은 음의 기운이 양(陽)의 기운을 넘어선다는 의미이다. 하지만 음(陰)의 기운이 양(陽)의 기운을 넘어서는 일이므로 음양의 구분이 없는 원(元)의 시절에는 일어날 수 없다.

過 과 지나다/ 경과하다/ 초과하다/ 지나치다/ (분수에) 넘치다/ 왕래하다/ 과거

530

가소사(可小事)는 작은 일에는 가하다는 뜻이고 불가대사(不可大事)는 큰일에는 불가하다는 뜻이다. 소과의 운세가 다가오면 음의 기운이 강하므로 규모가 크고 힘이 많이 드는 일은 할 수 없다는 것이다. 가정을 꾸리거나 소점포를 운영하는 것과 같이 개인이나 가족 규모로 운영할 수 있는 일은 감당할 수 있다는 것이다. 하지만 나라의 제사를 지내거나 전쟁을 지휘하는 것과 같이 많은 이들이 참여하는 일은 감당할 수 없다는 것이다. 그러므로 이 소과의 운세에서는 작은 성취를 통해 작은 즐거움을 누릴 수는 있지만, 큰 성공을 기대할 수는 없다.

飛鳥遺之音에 不宜上이요 宜下니 大吉하리라.
<small>비조유지음</small> <small>불의상</small> <small>의하</small> <small>대길</small>

비조유지음(飛鳥遺之音)은 위로 날아오르는 새가 울음소리만 남긴다는 뜻이다. 음(陰)의 기운을 탄 새가 해를 향해 날아오르다가 한계에 이르렀다는 것이다. 이로써 새의 울음소리만 남았을 뿐 새는 보이지 않고 새의 울음소리도 들리지 않을 것이라는 말이다. 소과의 때에 자신의 분수를 모르고 큰 뜻을 펼치려 한다면 저항에 부딪혀 좌절당하고 말 것이라는 말이다. 조금 더 욕심을 내다가는 음의 기운이 너무 강해져 균형이 완전히 무너질 지경에 이른다는 것이다.

불의상(不宜上)은 위로 올라가는 것은 마땅하지 않다는 뜻이고, 의하(宜下)는 아래로 내려오는 것이 마땅하다는 뜻이다. 곧 소과의 운세가 다가올 때는 자신의 분수를 알고 자신이 감당할 수 있는 일에 충실해야 한다는 말이다. 무조건 높이 날아올라 해에 닿으려고 하는 새처럼 자신의 한계를 지키지

遺 유 남기다, 남다, 끼치다, 전하다, 쇠퇴하다 **宜 의** 마땅하다, 마땅히 ~해야 한다, 알맞다, 아름답다, 마땅히

못하면 흉한 꼴을 만나고 만다는 것이다.

대길(大吉)은 크게 길하다는 뜻이다. 이처럼 아래로 내려와 자신이 잘할 수 있는 일에 집중하는 것은 더할 수 없이 훌륭하다는 말이다. 〈주역〉에서는 보통, 그런대로 괜찮은 일에는 '허물이 없다(无咎)'고 말하고 아주 좋은 일에는 '길하다(吉)'고 말한다. 그런데 여기서는 '크게 길하다'고 말하는 것이다. 작은 일이라도 자신이 잘할 수 있는 일을 충실히 하는 것이 얼마나 중요한지 짐작할 수 있는 말이다.

비 조 이 흉
飛鳥以凶이로다.

비조이흉(飛鳥以凶)은 위로 날아오르는 새가 흉하다는 뜻이다. 참고로 비(飛)자는 새가 머리를 위로 향하여 날개를 편 모습을 나타낸 글자이다. 그러므로 이 구절은 위로 날아오르려 하는 새는 옆으로 조금만 날다가 내려앉기 힘들 것이니, 이 소과의 때에는 재앙을 맞이하고 만다는 의미를 나타낸다. 군자가 상황에 맞지 않게 지나치게 욕심을 내면 안된다는 말이다.

과 기 조   우 기 비   불 급 기 군   우 기 신   무 구
過其祖하여 遇其妣니 不及其君하고 遇其臣하여 无咎니라.

과기조(過其祖)는 그 할아버지를 지나친다는 뜻이고, 우기비(遇其妣)는 그 할머니를 만난다는 뜻이다. 불급기군(不及其君)은 그 군왕에게는 미치지 못한다는 뜻이고, 우기신(遇其臣)은 그 신하를 만난다는 뜻이다. 무구(无咎)는 허물할 일이 없다는 뜻이다.

여기서 조(祖)자와 비(妣)자는 각각 남자 조상과 여자 조상을 가리킨다. 그

遇 우 만나다/ 우연히 만나다/ 뜻이 맞다　**妣 비** 죽은 어머니/ 할머니

러므로 할아버지나 할머니를 만나는 일은 이들 조상으로부터 음덕(陰德)을 받는다는 말이고, 할아버지를 지나쳐 할머니를 만난다는 것은 음(陰)의 기운으로부터 더 큰 덕을 받는다는 말이다. 그렇지만 이처럼 할머니로부터 덕을 받은 군자는 군왕을 만나지 못한다. 군왕은 순수한 양(陽)의 기운인데, 음의 기운인 할머니가 양의 기운인 할아버지보다 강하기 때문이다. 이상이 높고 경륜이 있어도 그것을 펼칠 수 있는 군왕을 만나지 못한다는 것이다. 하지만 걱정할 필요는 없다. 덕 있는 신하를 만나 자신의 뜻을 펼칠 수 있고, 이로써 허물할 일이 없기 때문이다.

弗^{불 과 방 지}過防之하면 從^{종 혹 장 지}或戕之리니 凶^흉하니라.

불과방지(弗過防之)는 지나칠 정도로 그를 예방하지 않는다는 뜻이다. 소과의 운세가 다가올 때는 자신에 대한 방비 또한 지나치다 싶을 만큼 철저하게 해야 한다. 소과의 운세가 다가온다는 것은 곧 소인배들이 득세하기 시작한다는 것이기 때문이다. 그런데 자신의 덕이나 능력에 대한 자부심이 너무커서 방비를 소홀히 하는 경우가 있는 것이다. 자신에 대한 방비를 오히려 옹졸하거나 좀스러운 행동으로 치부하고 마는 것이다.

종혹장지(從或戕之)는 따르는 자가 간혹 그를 살해한다는 뜻이다. 여기서 따르는 자는 평소에 그와 가깝게 지내며 그를 지근거리에서 따르던 추종자일 수도 있고 그를 해치기 위해 몰래 따라다니던 암살자일 수도 있다. 흉하다(凶)고 말하는 것은, 살해당하는 것보다 더 큰 재앙은 없기 때문이다.

弗 불 아니다 **防 방** 막다/ 방어하다 **從 종** 좇다, 따르다/ 나아가다/ 모시다, 시중들다 **戕 장** 죽이다, 살해하다/ 상하게 하다

小過는 亨利貞하니 可小事요 不可大事니라.

작은 지나침은 형(亨)과 이(利)와 정(貞)의 시절에 일어난다. 작은 일에는
가하지만 큰 일에는 불가하다.

飛鳥遺之音에 不宜上이요 宜下니 大吉하리라.

위로 날아오르는 새가 울음소리만 남긴다. 위로 올라가는 것은 마땅하지 않고
아래로 내려오는 것이 마땅하다. 크게 길할 것이다.

飛鳥以凶이로다.

위로 날아오르는 새는 이로써 흉하다.

過其祖하여 遇其妣니 不及其君하고 遇其臣하여
无咎니라.

그 할아버지를 지나쳐서 그 할머니를 만나니, 그 군왕에게는 미치지 못하고
그 신하를 만난다. 허물할 일은 없다.

弗過防之하면 從或戕之리니 凶하니라.

지나치게 막지 않으면 따르는 자가 간혹 그를 살해할 수도 있을 것이다.
흉하다.

无咎하리라. 弗過遇之하면 往厲必戒리니
勿用永貞이니라.

허물할 일이 없다. 지나칠 정도로 그를 대접하지 않으면 앞으로 나아갈 때
위태로우니 반드시 경계해야 할 것이다. 오래도록 고집을 피우지 말라.

密雲不雨하여 自我西郊니라. 公弋取彼在穴이로다.

구름이 빽빽하게 끼어 있으나 비는 오지 않으니, 우리는 성 밖 거친 들에라도
부지런히 둥지를 튼다. 왕공이 주살을 쏘아 땅구멍 속의 들짐승까지 잡는다.

弗遇過之하고 飛鳥離之하여 凶하니 是謂災眚이니라.

만나지 못하고 그것을 지나치고, 높이 날아오른 새가 멀리 떠난다. 흉하다.
이런 것을 재앙이라고 말하는 것이다.

无咎하니라. 弗過遇之하면 往厲必戒리니 勿用永貞이니라.

무구(无咎)는 허물할 일이 없다는 뜻이다. 허물이 없다는 것은, 소과의 운세가 다가오면 무슨 일을 하든 기본적으로 실패해서 비난을 받을 일은 없다는 말이다. 하지만 아무 일도 하지 않아도 좋다는 말은 아니다.

불과우지(弗過遇之)는 지나칠 정도로 그를 대접하는 일을 하지 않는다는 뜻이고, 왕려필계(往厲必戒)는 앞으로 나아가면 위태로울 것이니 반드시 경계해야 한다는 뜻이다. 소과의 운세가 다가오면 일을 도모하기 위해 평소 때보다 더 철저하게 준비해야 한다. 당연히 가능한 한 여러 사람을 만나 지나칠 만큼 정성스럽게 대접해야 한다. 그런데 이처럼 하지 않는다는 것이니 일을 계속 진행하면 위태로운 일이 있을 수밖에 없다. 그러므로 이럴 때일수록 더욱 조심스럽게 행동해야 한다는 것이다. 물용영정(勿用永貞)은 오래도록 고집스럽게 행동하는 일을 하지 말라는 뜻이다. 상대방을 대접하지 않고서 만나는 일을 계속해서는 안된다는 것이다.

密雲不雨하여 自我西郊니라. 公弋取彼在穴이로다.

밀운불우(密雲不雨)는 구름이 빽빽하게 끼어 있으나 비는 오지 않는다는 뜻이다. 비는 음(陰)의 기운과 양(陽)의 기운이 조화를 이루어야 내린다. 그런데 소과의 때에 이르러서는 음양의 조화가 쉽게 이루어지지 않는다. 작은 지나침이니 조금만 되돌아오면 곧 균형을 이룰 수 있을 것처럼 보인다. 하지

戒 계 경계하다/ 비난하다 密 밀 빽빽하다/ 촘촘하다/ 조용하다 雲 운 구름 郊 교 들, 야외/ 성 밖/ 성 밖에서 교제사를 지내다 弋 익 주살(활의 오늬에 줄을 매어 쏘는 화살), 주살질하다/ 사냥하다 彼 피 저, 저쪽/ 그 穴 혈 구멍/ 구덩이/ 굴, 동굴/ 소굴

만 구름이 어둡게 내려와 있어도 비가 오지 않을 수 있는 것은, 음의 기운이 너무 강해 이 균형이 잘 이루어지지 않는다는 것이다.

자아서교(自我西郊)는 진실로 우리는 성 밖에 둥지를 틀고 있다는 뜻이다. 서(西)자는 서쪽 방향을 가리키는 글자이기도 하지만, 원래는 새 둥지를 그린 것으로 '둥지를 틀다'는 의미를 가지고 있는 글자이기도 하다. 아직 비가 내리지는 않으니 성 밖 거친 들에라도 부지런히 둥지를 만들어야 한다는 뜻이다.

공익취피재혈(公弋取彼在穴)은 왕공이 주살을 쏘아 땅구멍 속에 숨어 있는 저것을 잡는다는 뜻이다. 덕 있는 왕공이라면 땅구멍 속에 숨어 있는 들짐승까지는 잡지 않는다. 그런데 이 들짐승까지 잡으니 너무 지나친 것이다. 소과(小過)의 때가 막바지에 이르면서 더 이상 소과의 균형을 이루지 못하는 상황을 묘사한 것이라고 볼 수 있다.

^{불 우 과 지} ^{비 조 이 지} ^흉 ^{시 위 재 생}
弗遇過之하고 飛鳥離之하여 凶하니 是謂災眚이니라.

불우과지(弗遇過之)는 만나지 못하고 그것을 지나친다는 뜻이다. 곧 멈추어야 할 때 멈추지 못하고 멈출 곳을 지나쳤다는 말이고, 다시 되돌아와 만남으로써 균형을 잡을 일이 더 이상 없다는 말이다. 비조이지(飛鳥離之)는 높이 날아오른 새가 멀리 떠난다는 뜻이다. 또한 아래로 내려와 자신의 일을 찾아 균형을 잡을 일이 더 이상 없다는 말이다. 이와 같은 상황은 음(陰)의 기운이 세상을 완전히 뒤덮은 것이며, 양(陽)의 기운과 조화를 이룰 가능성

離 리 떠나다/ 떼어놓다/ 갈라지다/ 흩어지다, 새들이 흩어져 날아가다　謂 위 이르다, 말하다/ 일컫다/ 가리키다　眚 생 재앙

마저 아주 사라져 버린 것이다. 소인배의 욕심이 일정한 범위와 기준을 지나쳐 간사하고 악독한 지경에 이른 것이다. 세상의 혼란이 극에 달한 것이다.

흉,시위재생(凶,是謂災眚)은 흉하니 이런 것을 재앙이라 부른다는 뜻이다. 여기서 재(災)자는 하늘의 지나침으로 일어난 재앙을 가리키고, 생(眚)자는 사람의 지나침으로 생겨난 재앙을 가리킨다. 곧 균형을 이루지 못하고 혼란이 극에 달해 최악의 재앙을 맞이하는 세상의 모습을 나타낸 말이다.

과도한 지나침은 화를 부른다

사물이 생겨나고 자라나는 것은 음(陰)의 기운과 양(陽)의 기운이 조화를 이룰 때이다. 음양의 조화를 통해 하늘과 땅, 해와 달, 여름과 겨울, 남과 북 등이 만물을 낳고 기른다.

사람의 일도 이러하다. 나라를 움직이는 일이든, 작은 조직을 운영하는 일이든, 가정을 꾸려나가는 일이든 음양의 조화가 이루어져야 시작해서 이루어 나갈 수 있다. 어른과 아이, 남자와 여자, 친구와 친구, 윗사람과 아랫사람이 화합해야 가정과 사회가 평화롭다. 권력이 있는 사람과 없는 사람, 재산이 많은 사람과 조금밖에 가지지 못한 사람, 많이 배운 사람과 조금밖에 배우지 못한 사람 등이 어울려 협력해야 사회와 나라가 안정적으로 발전한다. 개인적인 차원에서도 마찬가지이다. 꿈과 현실, 감정과 이성, 말과 행동 등이 상충하지 않고 균형을 잡아야 앞으로 나아갈 수 있다.

하지만 이러한 조화와 균형에만 신경 쓰다 보면 자칫 한자리에 머물러 정체되기 쉽다. 재미가 없다는 이야기이다. 작은 지나침의 상태, 조금 지나치거나 조금 모자란 상태, 얼마간 균형이 맞지 않는 상태에서 앞으로 나아갈 동기가 나타나고 더 크게 성장할 힘이 생긴다. 이처럼 조금 넘치는, 작은 지나침의 상태가 좋은 것이다. 하지만 과도한 넘침, 과도한 지나침은 화를 부른다. 소과괘(小過卦)가 관심을 가지는 것은 어떻게 하면 이와 같은 작은 지나침의 동력을 긍정적으로 쓸 수 있는가의 문제이다. 그리고 어떻게 하면 과도한 지나침으로 인한 화를 막을 수 있는가의 문제이다.

소과괘가 말하는 지나침은 음(陰)의 기운이 양(陽)의 기운보다 강한 것을 일컫는다. 자연으로 치면 땅의 기운이 하늘의 기운 위로 올라서는 것이고, 사람으로 치면 여자의 기운이 남자의 기운을 제압하는 것이다. 음의 기운이 양의 기운보다 세다고 해서 무조건 나쁜 것은 아니다. 때와 상황에 따라서는 음의 기운이 양의 기운보다 센 것이 더 좋은 경우도 있다. 하지만 음의 기운이 양의 기운보다 지나치게 세서 음양의 조화를 깨뜨릴 정도에 이르면 안된다. 이렇게 되면 큰 화를 부르고 만다.

소과괘는 너무 높이 날아오르는 새의 비유를 통해 과도한 지나침을 경계한다. 기본적으로 사람의 지나친 욕심이 이처럼 해를 향해 날아오르는 새의 어리석음과 유사하다는 것이다. 욕심을 부리더라도 자신이 통제할 수 있는 수준까지는 괜찮지만 욕심이 지나쳐 이를 통제할 수 없는 수준에 이르는 것은 흉한 결과를 초래하고 만다는 것이다. 또한 만남(遇)의 비유를 통해 작은 지나침의 적정 수준에 대해 말한다.

63.기제旣濟괘 ; 큰 강을 건넘

목표를 이룸, 기획득자(旣獲得者), 성공, 달성

<ruby>旣濟<rt>기 제</rt></ruby>는 <ruby>亨小<rt>형 소</rt></ruby>하고 <ruby>利貞<rt>이 정</rt></ruby>하니 <ruby>初吉終亂<rt>초 길 종 란</rt></ruby>이리라.

기제(旣濟)는 이미 큰 강을 건넜다는 것이니, 모든 일이 이루어진다는 말이다. 이 기제의 때에는 무슨 일이든 완수하고 승리하고 성공한다.

공공선(公共善)의 실현에 뜻을 두었던 군자는 권력을 얻고, 경제적으로 성공하고자 했던 사업가는 큰 재물을 얻는다. 새로운 길을 모색했던 청년은 넓고 평평한 길을 찾고, 위험을 무릅썼던 모험가는 목적지에 다다른다. 이루고자 하는 삶의 목표를 이미 이루었으므로, 얻고자 하는 것을 이미 얻었으므로 이들은 기획득자(旣獲得者)이며 기득권자이다.

형소(亨小)는 힘차게 자라는 것은 작다는 뜻이다. 이미 모든 일이 이루어

旣 기 이미, 벌써/ 원래/ 그러는 동안에, 이윽고/ 다하다　濟 제 건너다/ 구제하다/ 성공하다　初 초 처음, 시초/ 시작　終 종 마치다/ 끝내다/ 죽다/ 이루어지다/ 완성하다/ 마침내　亂 란 어지럽다/ 어지럽히다/ 난리

졌으므로 사물의 성장기인 형(亨)의 시절에 그랬던 것처럼 새로 무언가를 이루고자 앞으로 나아가는 일은 줄어든다는 말이다. 이정(利貞)은 올바름을 지키는 것이 이롭다는 뜻이다. 또한 많은 것을 가지고 있는 상태에서는 자칫 방만해지기 쉬운 법이니, 더욱 정도의 원칙을 지켜야 한다는 말이다. 초길종란(初吉終亂)은 처음에는 길하지만 마지막에는 어지러워진다는 뜻이다. 모든 일을 이룰 무렵에는 기제의 운세가 강해 연이어 좋은 일만 일어난다. 하지만 점차 기제의 운세가 약해지면서 그동안 이루어 놓은 것들이 무너져 어지러워질 것이라는 말이다.

예 기 륜   유 기 미   무 구
曳其輪하며 濡其尾나 无咎리라.

예기륜(曳其輪)은 그 수레바퀴를 뒤로 끈다는 뜻이고, 유기미(濡其尾)는 그 수레바퀴의 꼬리를 적신다는 뜻이다. 무구(无咎)는 허물할 일이 없다는 뜻이다.

여기서 수레는 권력과 재물을 얻기 위해 벌여 놓았던 일을 말한다. 그러므로 수레바퀴를 뒤로 끈다는 것은 벌여 놓았던 일을 멈춘다는 의미이다. 이로써 한발 뒤로 물러나 그동안 이루어 놓은 기득권을 지키고자 하는 것이다. 꼬리가 젖는다는 것은 권력과 재물의 일부를 쓸 수 없게 된다는 말이다. 이미 모든 것을 이룬 기제의 때에 이르러 나아가는 속도를 늦추다가 얼마간의 손해를 보는 일은 그리 걱정할 일이 아니다. 그러므로 허물할 일이 없다(无咎)고 말하는 것이다.

曳 예 끌다, 끌어당기다 **輪 륜** 바퀴/ 수레 **濡 유** (물에) 적시다, 젖다/ 윤(潤)이 나다, 윤기가 있다/ 부드럽다
尾 미 꼬리

부 상 기 불　　　물 축　　　　칠 일 득
婦喪其茀이니 勿逐하여도 七日得하리라.

부상기불(婦喪其茀)은 아내가 그 머리 가리개를 잃는다는 뜻이다. 불(茀)은 부인들이 타는 수레에서 부인들의 얼굴이 보이지 않도록 가리는 것을 가리킨다. 이는 곧 기획득자가 그동안 쌓아올린 권력과 재물을 일부 잃는다는 것이다. 물축,칠일득(勿逐,七日得)은 쫓지 않아도 칠일이면 얻는다는 뜻이다. 얼굴 가리개를 잃어버렸다 하여 일희일비하며, 조급한 마음으로 추격해서는 안된다는 말이다. 칠일은 짧은 기간을 가리킨다.

아내의 머리 가리개는 단지 그동안 쌓아올린 권력과 재물의 작은 일부분일 뿐이다. 하지만 이를 잃는다는 사실이 의미하는 바는 작지 않다. 이는 곧 기획득자의 권력과 재물을 훔치거나 빼앗으려는 세력이 마침내 성공을 거둔다는 말이기 때문이다. 기획득자는 이런 위협이 성공을 거둔다는 사실만으로도 명예의 손상을 당한다. 잃은 재물보다 잃은 명예가 더 뼈아프다는 말이다. 그러므로 머리 가리개를 되찾기 위해 쫓아가기보다는 자신이 지켜온 성실과 신의의 원칙을 다시 한번 돌아보고 이를 굳게 지키는 것이 중요하다. 이렇게 하면 오래지 않아 잃은 명예를 되찾을 수 있다.

고 종 벌 귀 방　　　　삼 년 극 지　　　소 인 물 용
高宗伐鬼方하여 三年克之니 小人勿用이니라.

고종벌귀방(高宗伐鬼方)은 현명한 군왕이 귀신의 지방을 친다는 뜻이고, 삼년극지(三年克之)는 삼년 만에 그들을 이긴다는 뜻이다. 고종(高宗)은 고

婦 부 아내/ 며느리 　**茀 불** 풀이 우거지다/ 덮다/ 제초하다/ 머리꾸미개, 가리개 　**逐 축** 쫓다, 뒤쫓아가다/ 내쫓다/ 물리치다/ 다투다 　**伐 벌** 치다/ 정벌하다/ 찌르다

既濟는 亨小하고 利貞하니 初吉終亂이리라.
이미 큰 강을 건넜을 때는 힘차게 자라나는 것이 작다. 올바름을 지키는 것이
이롭다. 처음에는 길하지만 나중에는 어지러워질 것이다.

曳其輪하며 濡其尾나 无咎리라.
그 수레바퀴를 뒤로 끌며 그 꼬리를 적신다. 허물할 일은 없을 것이다.

婦喪其茀이니 勿逐하여도 七日得하리라.
아내가 그 얼굴 가리개를 잃는다. 쫓지 않아도 칠일이면 얻을 것이다.

高宗伐鬼方하여 三年克之니 小人勿用이니라.
현명한 군왕이 귀신의 지방을 쳐서 삼년 만에 그들을 이긴다. 소인을
등용해서는 안된다.

繻有衣袽하고 終日戒니라.
비단 옷을 해진 헝겊으로 기워 입고 하루를 마칠 때까지 경계한다.

東鄰殺牛가 不如, 西鄰之禴祭니 實受其福이니라.
동쪽의 이웃이 소를 잡아 제사를 지내는 일이 서쪽의 이웃이 간략한 제사를
지내는 것만 못하다. 실제로 그 복을 받는다.

濡其首니 厲하니라.
그 머리를 적셔 정신이 혼미해지면 위태롭다.

대 중국의 지배자였던 은(殷)나라의 군왕인데, 여기서는 기제(旣濟)의 운세를 타고난 현명한 군왕을 의미한다. 귀방(鬼方)은 은나라 서북방의 오랑캐로, 귀신처럼 나타나 백성들을 괴롭히는 무리를 의미한다. 이 구절의 의미는 곧 기제의 운세를 타고난 군왕이 오랑캐와의 전쟁에 나서 삼년 만에 성공을 거두었다는 것이다.

소인물용(小人勿用)은 소인을 등용해서는 안된다는 뜻이다. 전쟁이 끝난 후의 논공행상(論功行賞)에서 소인에게는 관직이나 권한을 주어 정치를 할 수 있도록 해서는 안된다는 것이다. 여기서 소인이란 혹 무예가 뛰어나 전공을 세웠을지는 몰라도, 인의의 덕과 행정적인 능력은 갖추지 못한 자를 말한다. 이와 같은 소인을 등용하면 곧 나라 전체가 삿된 이익을 탐하는, 좀벌레와 같은 자들로 채워질 것이므로 이를 염려한 말이다.

繻有衣袽하고 終日戒니라.
<small>수 유 의 녀</small> <small>종 일 계</small>

수유의녀(繻有衣袽)는 비단옷이 해진 헝겊을 가지고 있다는 뜻이다. 곧 비단옷을 입을 만큼의 재물을 가지고 있지만 비단옷을 기워 입을 만큼 검소한 생활을 한다는 의미이다. 수(繻)자는 젖는다는 의미의 유(濡)자로 보기도 한다. 이 경우 이 구절은 배에 물이 새어들어 젖기 시작한 곳을 헝겊 덩어리로 막는다는 뜻이다. 종일계(終日戒)는 하루를 마칠 때까지 경계한다는 뜻이다. 날마다 권력과 재물을 위협하는 내외부적 요인은 없는지 살피며 굳게 지킨다는 말이다. 기획득자가 외부적으로는 불한당의 침입을 막고, 내부적으로는 자신의 생활을 돌이켜 반성한다는 것이다.

繻 수 비단/ 고운 명주/ 명주 조각 **袽 녀** 해진 옷/ 해진 헝겊 **戒 계** 경계하다/ 비난하다

東^동鄰^린殺^살牛^우가 不^불如^여, 西^서鄰^린之^지禴^약祭^제니 實^실受^수其^기福^복이니라.

　동린살우(東鄰殺牛)는 동쪽의 이웃이 소를 잡아 제사를 지낸다는 뜻이고, 불여,서린지약제(不如,西鄰之禴祭)는 서쪽 이웃의 간략한 제사와 같지 않다는 뜻이다. 곧 서쪽 이웃의 간략한 제사가 동쪽 이웃의 거창한 제사보다 더 좋다는 것이다. 실수기복(實受其福)은 그 복을 실제로 받는다는 뜻이다. 서쪽 이웃의 간략한 제사로 이와 같은 결과를 얻을 수 있다는 것이다.

　이 구절에서 동쪽과 서쪽은 이웃들이 실제로 살고 있는 방향을 의미하는 것이 아니다. 오행 사상과 결부시켜 볼 때, 동쪽은 험준한 산(山)의 방향이며 서로를 해치는 상극(相剋)의 방위이다. 그리고 서쪽은 평평한 땅(坤)의 방향이며 서로 북돋는 상생(相生)의 방위이다. 곧 서쪽 이웃의 간략한 제사가 더 좋은 결과를 가져온다는 말은 서로 북돋우며 살아가는 상생의 자세를 강조한 것이라고 할 수 있다.

濡^유其^기首^수니 厲^여하니라.

　유기수(濡其首)는 그 머리를 적신다는 뜻이다. 이 기제괘(既濟卦)의 초반부에서 유기미(濡其尾)는 그 꼬리를 적신다는 뜻으로, 쌓아 놓은 권력과 재물의 일부를 쓰지 못하는 상황을 의미하는 것이라고 설명한 바 있다. 그런데 이제 기제괘의 막바지에 이르러 머리까지 적시는 일이 벌어졌으니, 이는 곧 권력과 재물을 대부분 쓸 수 없는 상황을 암시하는 것이라고 할 수 있다. 그래서 위태롭다(厲)고 말하는 것이다.

鄰 린 이웃/ 돕다　**殺 살** 죽이다/ 죽다/ 없애다　**禴 약** 봄 제사/ 여름 제사/ 봄과 여름에 지내는 간소한 제사

또한 머리는 사람의 정신을 이끌어 가는 곳이니, 이 머리가 젖는다는 것은 곧 정신적인 태도에 뭔가 심각한 문제가 생겼다는 의미를 나타낸다. 술이나 쾌락 등으로 인해 생활이 흐트러진 상황을 말하는 것이다. 그러므로 기제의 운세를 가지고 있다고 해도 엉뚱한 곳에 마음을 **빼앗겨서는** 안될 일이다.

이미 획득한 것을 지키는 일이 더 어렵다

이미 강을 건너온 사람은, 지금 현재 물을 건너고 있는 사람이나 강 건너에서 두려움에 떨며 물에 뛰어들지 못하는 사람들과는 다른 삶을 살 것이 분명하다. 또한 다른 삶을 살아야 마땅하다. 이들은 획득했으므로 좀더 획득하는 일보다는 이미 획득한 것을 지키는 일로 더 큰 고심을 한다. 더 큰 고심을 해야 마땅하다. 과연 얻고자 한 것을 이미 획득한 이들 기획득자(旣獲得者)에게 필요한 처세의 원칙은 무엇인가?

기제괘(旣濟卦)는 자신이 목표로 삼았던 일을 이룬 기획득자의 이야기를 다룬다. 여기서 기제괘가 삶의 목표로 상정하는 것은 '권력과 돈'이다. 이 권력과 돈은 다른 사람들을 자신의 뜻대로 움직일 뿐만 아니라 다른 사람들에 대한 생사여탈권까지 가진, 강력한 힘이다. 온갖 분야에서의 정치적인 권력과 돈이며, 분야와 분야까지 통합할 수 있는 권력과 돈이다. 이처럼 기제괘가 삶의 목표로 권력과 돈을 상정하고 있다는 점은, 〈주역〉의 세속적인 측면을 고려할 때 거부감 없이 이해할 수 있다.

권력과 돈을 획득했다는 점에서, 기획득자는 이른바 '기득권자(旣得權者)'라고 할 수 있다. 지금의 우리가 사용하는 '기득권자'라는 말에는 다분히 부정적인 느낌이 들어 있다. 부당한 방법으로 사회적·경제적 권리를 차지한 후, 이 권리를 배타적으로 유지하기 위해 수단과 방법을 가리지 않는, 하는 일 없이 무위도식하는 자들이라는 의미를 이 말속에 포함시켜 말한다는 것이다. 하지만 기제괘는 이들 기획득자의 존재를 부정적으로 보지 않는다. 오히려 이들의 사회적 책임과 위상에 대해 인정하고 이들의 존재 의의를 긍정한다.

물론 언제나 항상 옳다는 것이 아니다. 기제괘는 이들 기획득자(旣獲得者)의 존재가 때로는 독이 되고 위해를 미칠 수 있다고 설명한다. 나쁜 기획득자의 삶, 추악한 기획득자의 말과 행동이 문제이며 이를 경계해야 한다는 것이다. 나쁘고 추악한 면이 있다고 해서 이들 기획득자의 존재 자체를 부정하고, 이들의 삶을 외면한다면 세상을 바라보는 균형을 잃을 수 있다. 기제괘에 따르면, 한 나라의 군왕이 기제의 운세를 타고 나면 백성들을 괴롭히는 오랑캐의 무리를 평정한다. 이는 곧 이미 물을 건넌 기획득자에 대한 지지요 인정이라 할 만하다.

기획득자는 대부분, 권력과 명예의 손상을 당하더라도 곧 회복할 수 있다. 주변에 이들을 돕는 이들이 나타나고 이들에게 유리한 환경이 만들어진다. 하지만 기획득자도 기득권을 지키는 데만 급급하여 때를 놓친다면 재앙을 면하기 어렵다. 주변 사람들과 권력과 재물을 나누는 삶을 살고자 하지 않고 자신만 권력과 재물을 누리고자 한다면 처음에는 윤택할지 몰라도 나중에는 궁핍을 면하기 어렵다.

기제의 운세는 아무나, 아무렇게나 얻을 수 없는, 귀한 명운(命運)이다. 하지만 평생 이를 유지하며 살아가기 위해서는 검소한 생활을 유지하며 날마다 스스로를 경계해야 한다. 그리고 술이나 쾌락 등에 빠져 정신이 황폐해져서는 안된다. 또한 시대의 흐름과 자연의 변화를 놓치지 않도록 노력해야 한다.

64. 미제未濟괘 ; 아직 큰 강을 건너지 못함

아직 이루지 못함, 미획득자(未獲得者)들, 미완성

未濟는 亨小하니 狐汔濟라가 濡其尾하니 无攸利니라.

미제(未濟)는 아직 큰 강을 건너지 못했다는 것이니, 이루어진 일이 없다는 말이다. 이 미제의 때에는 무슨 일이든 완성하지 못하고, 성취하지 못하고, 성공하지 못하며, 획득하지 못한다. 군자는 권력을 얻지 못하고 사업가는 재물을 얻지 못하고 청년은 자신의 자리를 얻지 못한다. 이루고자 하는 삶의 목표를 아직 이루지 못했으므로, 얻고자 하는 것을 아직 얻지 못하였으므로 이들은 미획득자(未獲得者)이다.

아직 얻은 것이 없는 미획득자(未獲得者)는 무언가를 얻기 위해 아무런 기반도 없는 상태에서 도전에 나설 수밖에 없다. 그래서 형소(亨小)라고 말

狐 **호** 여우 　汔 **흘** 거의/ 물이 마르다 　濟 **제** 건너다/ 구제하다/ 성공하다 　濡 **유** (물에) 적시다, 젖다/ 윤(潤)이 나다, 윤기가 있다/ 부드럽다 　尾 **미** 꼬리

하는 것이니, 힘차게 자라나는 것이 작다는 뜻이다. 곧 새로 무언가를 이루고자 앞으로 나아가려 해도 조금씩밖에 나아가지 못한다는 말이다. 여기서 형(亨)자는 만물의 성장기인 형(亨)의 시절에 무언가가 힘차게 자라나는 모습을 가리킨다.

호흘제(狐汔濟)는 여우가 물이 거의 마른 곳으로 강을 건넌다는 뜻이고, 유기미(濡其尾)는 그 꼬리를 적신다는 뜻이다. 꼬리를 위로 들고 걷는 여우는 강을 건너기 위해 가능한 한 강물이 적은 곳, 마른 곳을 찾아야 한다. 하지만 여우는 이 물이 마른 곳에서도 꼬리를 적시고 만다. 곧 미획득자는 기획득자가 보기에는 어렵지 않은 일들, 성취하기 쉬운 일들에서조차 실패하고 만다. 무유리(无攸利)는 이로울 것이 없다는 뜻이니, 미획득자에게는 모든 일이 쉽지 않다는 의미이다.

그러나 절망할 것은 없다. 설령 꼬리를 적시더라도, 그나마 가진 것을 잃고 더 어렵게 된다 하더라도 처음부터 가진 것이 없었으니 잃을 것도 많지 않다. 그리고 미획득자가 갈 길은 하나뿐이다. 더 큰 강을 건너기 위해 도전하는 것이다.

濡其尾니 吝하니라.

유기미,린(濡其尾,吝)은 그 꼬리를 적시니 옹색하다는 뜻이다. 기획득자에게 꼬리를 적시는 일은 권력과 재물의 극히 일부만을 손해본다는 의미이다. 하지만 미획득자에게 꼬리를 적시는 일은 가진 것의 전부를 잃는 일이

狐 호 여우 汔 흘 거의/ 물이 마르다 濟 제 건너다/ 구제하다/ 성공하다 濡 유 (물에) 적시다, 젖다/ 윤(潤)이 나다, 윤기가 있다/ 부드럽다 尾 미 꼬리

548

다. 그러므로 옹색해진다고 말하는 것이다. 기획득자는 가지고 있는 것을 조금 잃어도 어렵지 않게 회복할 수 있지만, 가진 것이 조금밖에 없는 미획득자는 조금만 잃어도 처음으로 돌아가 다시 시작해야 한다는 것이다. 그러므로 미획득자는 새로운 일에 도전할 때, 더욱 철저하게 준비하고 신중에 신중을 거듭해야 한다.

曳其輪하니 貞吉하니라.

수레를 끌고 강을 건너는 것은 인생의 모든 것을 끌고 변화와 발전을 추구한다는 의미이다. 미획득자는 마땅히 큰 강을 건너는 도전을 감행해야 한다. 닥쳐올 위험이 무섭다고 강가에만 머물러 있다면 마지막에는 흉한 결과를 피할 수 없을 것이다. 안전해 보이는 물웅덩이에 머물러 있다가는 썩은 물이 되고 만다.

예기륜(曳其輪)은 그 수레바퀴를 뒤로 끈다는 뜻이고, 정길(貞吉)은 올바름을 지키면 길하다는 뜻이다. 수레바퀴를 뒤로 끈다는 것은 미획득자가 도전해 왔던 일을 잠시 멈춘다는 의미이다. 잠시 멈추어서 그동안 추진해 왔던 일을 돌이켜 보고 자신이 나아가는 길이 올바른 길인지 확인해 보는 것이다. 물론 이 도전이 올바른 원칙에서 벗어나지 않는다면 길하다.

未濟에 征凶하나 利涉大川하니라.

미제,정흉(未濟,征凶)은 아직 강을 건너지 못한 상태에서 적극적으로 일을 추진하면 흉하다는 뜻이다. 백성들의 지지를 받지 못하는 군왕이 외적과

曳 예 끌다, 끌어당기다 **輪 륜** 바퀴/ 수레

未濟는 亨小하니 狐汔濟라가 濡其尾하니 无攸利니라.
아직 큰 강을 건너지 못했을 때는 자라나는 것이 작다. 여우가 물이 거의 마른
곳으로 강을 건너다가 그 꼬리를 적신다. 이로울 것이 없다.

濡其尾니 吝하니라.
그 꼬리를 적시니 옹색하다.

曳其輪하니 貞吉하니라.
그 수레바퀴를 뒤로 끄니 올바름을 지키면 길하다.

未濟에 征凶하나 利涉大川하니라.
아직 강을 건너지 못하고서 일을 적극적으로 추진하면 흉하다. 큰물을
건너는 것이 이롭다.

貞吉하여 悔亡하리니, 震用伐鬼方하여 三年에
有賞于大國이로다.
올바름을 지켜야 길하고 후회할 일도 없을 것이다. 천둥 같은 용기로 귀신의
지방을 쳐서 삼년 만에 그들을 이기고 대국으로부터 상을 받는다.

貞吉하여 无悔니, 君子之光이 有孚吉하니라.
올바름을 지켜야 길하고 후회할 일도 없다. 군자가 빛나는 것이, 믿음이 있어
길하다.

有孚于飮酒면 无咎어니와 濡其首면 有孚失是하리라.
술을 마실 때도 믿음이 있으면 허물이 없다. 그 머리를 적셔서 정신이
혼미해지면 믿음을 가지고 있어도 이를 잃을 것이다.

의 전쟁을 일으키거나, 주변 사람들의 지지를 받지 못하는 군자가 인력 동원 사업을 벌이면 성공할 수 없다는 것이다. 충분한 자본을 축적하지 못한 재력가가 대형 투자 사업을 시작하면 성공할 수 없다는 것이다. 우선 탄탄한 권력과 충분한 재물을 확보한 이후에 본격적으로 일을 추진해야 한다는 말이다.

이섭대천(利涉大川)은 큰물을 건너는 것이 이롭다는 뜻이다. 곧 과감한 도전에 나서 이 도전에 성공해야 한다는 것이다. 여기서의 도전은 탄탄한 권력과 충분한 재물을 확보하기 위한 도전을 가리킨다.

貞吉하여 悔亡하리니, 震用伐鬼方하여 三年에 有賞于大國이로다.

강을 건너지 못한 자는 아직 젊고 경험이 부족하다. 그런데도 성급하게 성공을 이루고자 하여 자칫 올바르지 않은 방향으로 나아가기 쉽다. 간사한 자들과 결탁하거나 옳지 않는 방법으로 권력과 재물을 얻고자 하는 것이다. 그래서 정길,회망(貞吉,悔亡)이라고 말하는 것이니 올바름을 지켜야 길하고 후회할 일도 없다는 뜻이다.

진용벌귀방(震用伐鬼方)은 천둥 같은 용기로 귀신의 지방을 친다는 뜻이고, 삼년,유상우대국(三年,有賞于大國)은 삼년 만에 그들을 이기고 대국으로부터 상을 받는다는 뜻이다. 곧 아직 권력과 재물을 가지지 못한 장수나 병사가 전쟁에서 공을 세워 전쟁이 끝난 후에 상을 받는다는 것이다. 귀방(鬼方)과의 전쟁은 앞의 기제괘(旣濟卦)에서 설명했던 것과 같이, 은(殷)

震 진 천둥, 우레/ 번개/ 진동/ 천둥이 치다/ 진동하다/ 놀라다/ 두려워하다　**伐 벌** 치다/ 정벌하다/ 찌르다
賞 상 상, 상주다/ 증여하다/ 아름답다

나라의 군왕 고종이 오랑캐인 귀방을 쳐서 삼년 만에 승리한 전쟁을 말한다. 이 구절에서의 장수나 병사는 전쟁에 참여하기 전에는 미획득자이지만, 현명한 군왕을 따라 참여한 전쟁에서 천둥같은 용기를 발휘해 상을 받음으로써 기획득자의 자리를 얻는다.

정 길   무 회   군 자 지 광   유 부 길
貞吉하여 无悔니, 君子之光이 有孚吉하니라.

정길,무회(貞吉,无悔)는 또한 올바름을 지켜야 길하고 후회할 일도 없다는 뜻이다. 정길(貞吉)이라는 어구는 이번 미제괘에서만 세 번째 나오는 것이다. 그만큼 아직 강을 건너지 못한 미획득자에게는 유혹과 갈등이 많기 때문에 거듭하여 경계하는 것이다. 군자지광(君子之光)은 군자가 빛난다는 뜻이고, 유부길(有孚吉)은 믿음이 있어 길하다는 뜻이다. 곧 군자의 가르침이 환하게 빛나서 백성을 교화하는 것은, 그 성실과 신의의 덕이 있기 때문이라는 말이다.

유 부 우 음 주   무 구   유 기 수   유 부 실 시
有孚于飮酒면 无咎어니와 濡其首면 有孚失是하리라.

유부우음주(有孚于飮酒)는 술을 마실 때 믿음이 있다는 뜻이고, 무구(无咎)는 허물이 없다는 뜻이다. 여기서 믿음은 자기 자신의 능력에 대한 자신감이자 함께 술을 마시는 사람에 대한 신뢰를 말한다. 곧 이와 같은 믿음을 가지고 주도(酒道)를 갖추어 술을 마시면 실패할 일이 없다는 말이다.

유기수(濡其首)는 그 머리를 적신다는 뜻이고, 유부실시(有孚失是)는 믿

飮 음 마시다/ 호흡하다/ 음료, 음식 **酒 주** 술, 술을 마시다/ 잔치 **孚 부** 미쁘다(믿음성이 있다)/ 믿음, 신뢰/ 알이 깨다/ 기르다, 자라다

음을 가지고 있어도 이를 잃는다는 뜻이다. 앞서 미제괘(未濟卦)에서 그 머리가 젖는다는 유기수(濡其首)는 술로 인해 정신적인 문제가 생긴 상황을 의미하는 것이라고 설명한 바 있다. 여기서도 마찬가지이다. 이 구절의 의미는 곧 술에 취해 정신을 차리지 못하고 말과 행동을 함부로 하면 모든 믿음이 사라지고 만다는 것이다.

〈주역〉은 이처럼 술을 조심하라는 말로 끝을 맺는다. 대자연의 섭리를 말하지도 않았고 인간의 운명에 대한 예언을 내놓지도 않았다. 그저 술 조심하라는 말로 그 끝을 맺은 것이다. 실망스러운가? 하지만 필자는 이로써 다시한번 〈주역〉 전체의 의미를 되새긴다. 〈주역〉은 모든 사물의 변화 원리를 담고 있으면서도, 잡다한 인생사의 현실에 대한 처세의 지혜를 제공한다는 것이다.

무언가를 획득하려는 노력이 아름답다

〈주역〉의 마지막 괘는 아직 강을 건너지 못한 사람들, 아직 그 목표를 달성하지 못한 사람들을 위한 것이다. 물려받는 권력이나 재산도 없고 출중한 능력도 없는 평범한 사람들을 위한 응원이다. 그래도 열심히 살아가는 우리들 대부분을 위한 격려이다.

미제(未濟)는 아직 강을 건너지 못했다는 뜻이다. 얻은 것이 없는 미획득자(未獲得者)는 또한 많은 것을 가진 기획득자(旣獲得者)와는 다른 삶을 살아간다. 기획득자는 강을 건너다가 꼬리를 조금 적셔도 별 허물이 없지만, 미획득자는 꼬리만 조금 적셔도 큰 탈이 난다. 가진 것이 많지 않으니 조금만 잃어도 인생이 옹색해지고 힘에 부치는 삶을 살 수밖에 없다. 여우가 물이 마른 강을 건너다가 꼬리를 적시는 것과 같으니, 기획득자에게는 쉬운 일들도 미획득자에게는 어렵기만 하다. 그러므로 미획득자는 매사에 더 조심하고 더 노력하는 방법밖에 없다.

그렇다고 낙담하면서 주저앉을 일은 아니다. 인생이 아름다운 것은 이미 많은 것을 가지고 있기 때문이 아니다. 가지지 못한 것을 얻고 없는 것을 만들어내기 위해 노력하는 과정 속에 인생의 참다운 아름다움이 숨어 있는 것이다. 이런 점에서 미제괘(未濟卦)는 미획득자의 운명과 한계에 대해 말한 괘가 아니라, 미획득자가 '획득'의 결실을 향해 걸어가야 할 과정을 밝힌 괘이다.

미제괘에 따르면, 미획득자는 기획득자와 달리 큰물을 건너는 모험을 감행함으로써 탄탄한 권력과 충분한 경제력의 기반을 마련할 수 있다. 모험을 거부하는 미획득자는 영원히 미획득의 삶을 살 수밖에 없다. 권력도 없고 재물도 없는 미획득자들이 그런 모험과 노력조차 거부한다면 대체 무슨 수로 획득의 결실을 얻을 수 있단 말인가? 이처럼 안이한 삶에 무슨 보람이 있고 무슨 성공이 있단 말인가?

미제괘가 우리의 인생에서 획득해야 할 목표로 상정하는 것은 세속적인 의미의 권력과 재물이다. 이는 〈주역〉 전체의 일관된 관점이기도 하다. 하지만 〈주역〉은 또한 이 권력과 재물이 우리 인생의 모든 것은 아니라고 말한다.

필자는 사람들이 권력과는 거리가 먼 지위에서 고달픈 삶을 이어가더라도, 재물을 모으지 못해 궁핍한 생활을 계속하더라도, 그렇다고 해서 반드시 행복하지 않은 것은 아니라고 믿고 싶다. 권력과 재물은 현실적인 세속의 삶에서 중요한 것임에는 틀림없지만 이것이 인생의 유일한 가치일 수는 없는 것이기 때문이다. 권력과 재물이 행복한 삶의 확률을 높여줄 수는 있겠지만 이보다도 더 소중한 가치가 있을 것이기 때문이다.

〈새로 쓰는 주역강의〉를 내며

周易

필자는 지난 2008년 이 〈주역강의〉의 초판을 낸 바 있다. 당시 필자는 〈주역〉 읽기를 통해 얻는 나름의 지혜를 종합적으로 정리해 보고자 했다. 이를 통해 그때까지의 인생을 돌이켜 본 후, 심기일전(心機一轉)하여 남은 삶을 준비해 보려는 것이었다. 그런데 이 〈주역강의〉는 독자들로부터 뜻하지 않은 인기를 얻으며 '동양철학 부문 베스트셀러'에 올랐다. 급기야는 서울대학교가 선정한 서울대생이 읽어야 할 100권의 책에 선정되기까지 했다.

〈주역강의〉가 성공을 거둔 일은, 필자로서는 크게 기대하지 않았던 망외(望外)의 일이었다. 이러한 성공의 대부분은 밝은 눈을 가진 독자들 덕분이었을 것이다. 하지만 필자 스스로의 노력이 어느 정도 평가받은 듯하여 마음속으로 몹시 기뻐하기도 했다. 필자는 역학자로 살면서 다양한 처지와 상황에 놓인 숱한 사람들을 만난 바 있다. 그리고 이들과 현실적인 고민을 함께 나누며 〈주역〉의 처세 철학에 대한 이해를 심화(深化)시켰다. 또한 이러한 이해를 〈주역강의〉에서 가능한 한 쉽고 구체적으로 설명하고자 애썼다. 〈주역강의〉의 성공은 이러한 노력에 대한 보상처럼 주어진 것이라고 필자가 생각했던 것이다.

그러나 기뻐하는 마음 한편으로는 아쉬움도 없지 않았다. 이해가 부족한 부분도 있었던 데다 전문 필자도 아니었던 탓에 내용을 제대로 설명하지 못한 부분이 곳곳에 흩어져 있었기 때문이다. 명쾌하지 못한 설명을 늘어놓는 경우가 적지 않았고, 심지어는 내용을 잘못 설명하는 경우까지 있었다. 그런데 시간이 지날수록 아쉬움은 부끄러움으로 변했다. 〈주역〉을 거듭 다시 읽고 쓰면서, 좀더 많은 사람들을 만나면서 필자의 〈주역강의〉에서 부족했던 부분이 점점 더 명확해졌기 때문이다.

이에 개정판 출간을 작정하고 〈주역강의〉의 잘못된 내용을 수정하는 일을 조금씩 진행했다. 그렇지만 작업은 지지부진했다. 정신은 또렷해졌지만 체력은 예전과 같지 않았고, 눈은 밝아졌지만 손은 따라주지 않았다. 그런데 마침 인연이 닿은 뜻있는도서출판이 필자의 속사정을 알고 개정판 출간을 제안해 주었다. 뜻있는도서출판은 개정판 출간을 맡아 주면서 윤문 및 개서 분야에서 경험이 많은 전문 필자의 도움까지 제공해 주었다. 덕분에 이번에 새로 내는 〈주역강의〉는 잘못된 설명을 바로잡은 것은 물론, 문장 또한 좀더 명확해졌다.

아무쪼록 보다 많은 사람들이 이 〈새로 쓰는 주역강의〉를 통해 삶의 가장 근본이 되는 진리를 발견하고, 구체적인 생활의 지침을 찾을 수 있게 되기를 소망한다.

2020년 12월 초아 서대원

새로 쓰는
주역강의

1판 1쇄 발행 2021년 1월 2일
1판 2쇄 발행 2021년 10월 1일
1판 3쇄 발행 2022년 2월 12일

지은이 서대원

펴낸이 이지순　　**편집** 이남우　　**윤문·개서** 이상영
디자인 채서윤　　**교정** 심강보　　**마케팅·관리** 최유진

펴낸곳 뜻있는도서출판
　　　　경상남도 창원시 의창구 중앙대로 210번길 3 경남신문사 1층
　　　　tel. 055. 282. 1457　　**fax.** 055. 283. 1457　　**e-mail.** ez9305@hanmail.net
　　　　등록 2020년 5월 25일 제567-2020-000007호

ISBN 979-11-971175-0-3(03150)